중국의 한국전쟁 참전 기원

중국의
한국전쟁 참전 기원

한중관계의 역사적 · 지정학적 배경을 중심으로

김경일 지음 | 홍면기 옮김

논형

중국의 한국전쟁 참전 기원

초판 1쇄 발행 2005년 1월 10일
초판 2쇄 발행 2019년 6월 30일

지은이 김경일
옮긴이 홍면기
펴낸곳 논형
펴낸이 소재두
등록번호 제2003-000019호
등록일자 2003년 3월 5일
주소 서울시 영등포구 양산로 19길 15 원일빌딩 204호
전화 02-887-3561
팩스 02-887-6690
ISBN 978-89-90618-05-4 94910
값 25,000원

한국어판 머리말

　나의 한국전쟁에 대한 관심은 오랜 인연과 역사를 가지고 있다. 나 자신이 중국이민 2세라는 점도 그러하지만 30여 년 전 군대생활을 하였던 중국 인민해방군 제39군은 한국전쟁에 참전하였던 부대이기도 하였다. 이러한 인연으로 나는 오래 전부터 연안에서 조선의용군으로 활약하였거나, 그 후 한국전쟁에 참전하였던 많은 분들로부터 우리 근대사에 대한 생생한 증언을 접하게 되었다. 이와 같은 개인사적 경험이 한국전쟁에 대한 감성적 지식의 폭과 깊이를 더해주는 계기가 되었음은 물론이다.

　그러나 내가 한국전쟁을 본격적으로 천착하게 된 것은 1990년대부터라고 하겠다. 즉 1996년에는 한국 정신문화연구원에, 1998년에는 일본 게이오대학에 체류하면서 한국과 일본의 많은 자료들과 만날 수 있게 되었던 것이다. 특히 일 년여의 일본 체류기간 중에 저명한 한국 문제 전문가인 오코노기 마사오(小此木政夫) 교수가 주관한 한국전쟁 재검토 세미나에 참여하면서 보다 넓은 시각에서 한국전쟁 연구의 흐름을 살펴볼 수 있게 되었다. 나는 게이오대학 도서관 등에서 중국에서 구하기 어려운 미국·한국·일본·대만의 자료들을 찾을 수 있었다. 또한, 1990년대 이

후 중국에서 한국전쟁에 관한 연구 결과가 쏟아지면서 충분한 연구 자료를 확보할 수 있게 된 것도 연구자로서는 매우 큰 행운이었다.

이렇게 한국전쟁에 관한 연구가 본격화되면서 나는 중국과 한반도의 관계사라는, 좀 더 거시적인 시각에서 중국 파병의 원인을 밝힌 연구가 매우 적다는 사실을 발견하게 되었다. 사실 근현대시기의 한중 관계 전개는 중국과 한반도의 역사적·지정학적 구조와 밀접한 관련을 갖는 것이었다. 특히 해방공간과 한국전쟁 전후의 한중관계는 일본의 침략과 식민통치에 맞서 싸우면서 다져진 한중 간의 역사적 유대를 떠나서는 생각할 수 없다.

종전 후 동북아 정세는 중국과 한반도에서의 치열한 내전과 갈등으로 요동치고 있었고, 이러한 급격한 정세변동은 동아시아의 냉전 형성과 고착은 물론 중국의 한국전쟁 참전과도 깊은 인과관계를 가지고 있었다. 따라서 이 격변의 주역이었던 중국공산당과 국민당, 그리고 남북한 간의 복잡하게 얽힌 이익과 갈등 구조를 살펴보는 것이야말로 중국의 한국전쟁 참전배경을 검토하는 가장 중요한 전제가 되는 것이다. 한국전쟁에 참전한 것이 중국이었음에도 불구하고 그동안의 중국의 한국전쟁 참전연구에서 이러한 역사적 맥락과 한중관계의 특수성이 사상(捨象)되어 온 것은 이해하기 어려운 일이었다. 나는 이러한 문제의식을 가지고 이들 '양국 4자'간의 관계를 추적하면서 중국의 한국전쟁 파병 기원을 살펴보고자 한다.

한국전이 끝난 지 반 세기, 국토가 분단된 지 60년이 되었지만 한반도의 분단과 휴전상태는 통일과 평화구조로 대체되지 못하고 있다. 2000년의 역사적인 남북정상회담 이후 남북관계가 괄목할 만큼 진전되고 있는 것은 사실이지만 전쟁의 교전국이었던 북한과 미국 관계는 아직도 갈등과 불신의 벽을 넘지 못하고 있다. 오히려 냉전 종식 이후 계속 불거져 온 북핵 문제로 한반도는 일촉즉발의 위기마저 경험한 바 있으며, 지금도 그 위기는 완전히 가시지 않고 있다.

북한에 대한 미국의 강압정액이 고조되고 미국의 선제공격이 운위될 때 세계의 이목은 역시 중국이 어떠한 입장을 가지고 있느냐에 집중되었다. 이른바 '제2의 한국전쟁'이 발발하면 중국은 과연 50여 년 전의 역사를 되풀이할 것인가? 역사에는 가설이 없다고 하지만 역사는 미래를 예측하고 전망하는 나침반 역할을 하기도 한다. 바로 이러한 시각에서 빈약한 이 글이 한반도 문제 해결에 작은 교훈과 시사를 줄 수 있다면 저자로서는 더할 나위없는 기쁨이 될 것이다.

한반도는 강대국과 한반도의 지정학적 전략이 상호작용하고 교차되어 온 공간이었다. 근대의 역사뿐만 아니라, 이 책에서 다루고 있는 해방 정국의 역사가 그러하고, 냉전 후의 역사 역시 그러하며, 앞으로의 한반도 역사 또한 이러한 지정학적 상호작용과 영향으로부터 완전히 자유롭지는 못 할 것이다. 이렇듯 한반도의 국제정치적 맥락에는 항상 한반도의 지정학적 조건이 강력하게 작용하여 왔다. 특히 근현대 시기에 한반도는 강대국들의 지정학적 전략에 의한 경쟁과 갈등의 각축장이었고, 이러한 지정학적 특징은 결국 한반도의 분단이라는 비극을 초래한 원인이 되었다.

그럼에도 불구하고 지정학 조건의 피해자였던 한반도가 결국은 지정학적 조건의 혜택을 받는 새로운 역사를 열어갈 수 있으리라는 희망을 가지고 있다. 바로 이러한 시각에서 『한반도 근현대 국제관계사론』을 구상하고 있으며, 그 핵심은 한반도의 지정학적 대응을 중심으로 근현대사를 다시 살펴보면서, 이 책의 부족함을 보완할 수 있을 것이다.

이 책을 구상하면서 많은 분들의 도움과 격려를 받았다. 우선 한국외교사 연구의 길을 닦은 전 동국대학교 총장 신국주 교수님께 감사를 드린다. 신 교수님은 나의 부친의 고향인 함북 명천 출신으로, 내가 한국에 갈 때마다 상도동 자택을 찾아 한국근현대사의 맥락을 읽을 수 있는 귀한 가르침을 주셨다. 심심히 감사를 드리는 바이다.

일본의 오코노기 마사오 교수와의 인연도 잊을 수 없다. 오코노기 교수는 저자를 동 대학에 초청하여 한국전쟁에 관한 시야를 넓힐 수 있는 기회를 갖게 해주었고 이 책의 구상과정에 많은 지도를 해주었다. 그리고 한반도 현대사에 연구가 깊은 스즈키(鐸木昌之) 교수, 미국의 동아시아 전문가이신 스칼라피노 교수는 내가 잘 알지 못하는 부분에 대해 많은 조언을 해 주셨다. 오코노기 교수의 박사과정 지도학생 이소자키 군은 나의 일이라면 언제나 발 벗고 나서 도와주며 일본의 한국전 관련 자료를 챙겨 주었다.

한국의 북한 문제 전문가들인 신치호 박사, 장제국 박사, 신정화 박사 등 여러 분들과도 게이오대학에서 인연을 맺으면서 많은 도움을 받았다. 세종연구소의 송대성 박사, 백학순 박사 등은 언제나 변함없이 나의 연구를 도와주었다. 지금은 NSC 차장으로 재직하고 있는 이종석 박사 역시 여러 면에서 많은 도움을 주었다. 그 밖에도 일일이 열거할 수 없을 정도로 많은 분들의 도움을 받았다. 모든 분들에게 깊은 사의를 표한다.

나의 지도교수인 북경대 국제관계학원 진봉군(천펑쥔, 陳峯君) 교수는 나를 물심양면으로 지원하면서 많은 지도를 해 주었으며 이 글의 주제에 대한 이해와 시각을 보다 넓혀주었다. 북경대학 국제관계학원의 조장성

(차오장성, 曹長盛) 교수, 방연경(팡리엔칭, 方連慶) 교수, 한국의 근현대 역사에 밝은 장연귀(짱랜꾸이, 張璉瑰) 교수, 권혁수(權赫秀) 교수는 전문가적 시각에서 나에게 많은 도움을 주었다. 이 자리를 빌려 감사의 인사를 드린다.

이 책의 번역을 맡아준 홍면기 박사는 북경대학 국제관계학원에서 인연을 맺은 후 줄곧 나를 도와주었다. 특히 이 책에서 인용한 일부 대만자료는 그가 대만 정치대학에서 연구할 당시 대만 국사관(國史館)에서 한 글자 한 글자 타이핑하여 나에게 보내준 내용이다. 바쁜 와중에 이 책의 한국어 번역을 맡아주기까지 하여 깊이 감사한다.

어려운 출판사정에도 불구하고 이 책의 출판을 맡아주신 논형의 소재두 사장에게 심심히 감사를 드린다. 소재두 사장의 다방면에 걸친 해박한 지식과 학문에 대한 열정을 읽을 때마다 나는 다시 한번 자신을 되돌아보는 계기를 갖곤 하였다.

이 책은 또한 한반도 문제를 전공하고 있는 아내와 대학에서 국제법을 전공하고 있는 딸아이의 격려 속에서 완성되었다. 늘 빚진 마음이다. 변변치 못한 책이지만 이 책을 가장 드리고 싶은 분들은 역시 나를 정신적으로 이끌어 주신 부모님들이다. 김의택(金義澤)과 최련옥(崔連玉)님, 부모님의 이름을 여기에 적으면서 나는 이민 1세로 갖은 풍상고초를 겪어오신 부모님께 조금이나마 효도를 해드렸다는 위안을 갖고자 한다.

아쉬움이라면 정성껏 도와주신 많은 분들의 기대에 못 미친 것이라고 할 수 있다. 언젠가는 보다 깊은 학문으로 여러 분들의 기대에 보답하리라 기약하며 머리말에 갈음한다.

차례

제1장
서론

역사의 최종적 결과는 항상 수많은 개별적 의지의 충돌로부터 생기며, 이 하나하나의 의지는 허다한 특수한 생활조건에서 생성되어지는 것이다. 이와 같이 역사의 무대는 무수히 서로 교차되는 힘의 양, 무수한 힘의 평행사변형이 존재하며, 이들이 상호작용하여 하나의 역사적 사건이 발생하는 것이다. 이 역사적 결과는 전일체로서 무의식적으로, 무의지적으로 작용하는 하나의 힘의 산물이라고 할 수 있다. 어떤 사람이 원하는 것이 다른 사람의 방해를 받게 될 것이며, 그리하여 결국에는 아무도 원하지 않았던 그러한 무엇이 나타나는 것이다. 그러므로 역사는 자연사적 과정처럼 진행되고 있으며 본질적으로 동일한 운동법칙의 지배를 받고 있는 것이다.[1]

— 엥겔스

한국전 발발 50돌을 맞이한 2000년, 이 전쟁의 교전국이었던 미국과 중국, 남한과 북한, 그리고 유엔군의 이름으로 참전하였던 당사자들은 모두 자신들의 참전을 정의의 전쟁으로 규정하면서 대대적인 기념행사를 치루었다. 그러나 한반도의 남과 북이 아직도 휴전상태라는 전쟁의

---

1)「恩格斯致約·布洛赫」,『馬克思恩格斯選集』(第4卷), (人民出版社, 1976), p.478.

그림자에서 벗어나지 못하고 있다는 점에서 한국전쟁은 어찌 보면 아직까지도 끝나지 않은 전쟁이라고 할 수 있다.

한국전쟁은 제2차 세계대전 후 가장 큰 규모의 '열전'이었다. 이 전쟁은 미소 간의 냉전이 가열되면서 폭발한 사건이면서 동서 냉전체제를 최종적으로 고착시킨 사건이기도 하였다. 그리고 이 전쟁은 한반도와 아시아뿐만 아니라 전세계적 차원에서도 지대한 영향을 미쳐왔고, 또한 지금까지도 미치고 있다. 즉 한국전은 공간적으로 한반도 범위를 초월하여 동북아시아 국제정치뿐만 아니라 세계적인 냉전구도의 형성에 영향을 미쳐왔고, 시간적으로도 냉전체제하에서는 물론 냉전이 종식된 오늘에까지 영향을 미치고 있다는 것이다. 오늘에 와서도 한반도에서 끊임없이 위기상황이 발생하고 국제사회가 이에 깊은 우려와 관심을 가지고 있는 까닭도 바로 한국전쟁의 인과관계와 깊은 관련을 가지고 있는 것이며, 이 전쟁이 아직도 끝나지 않은 전쟁이라는 사실을 말해주는 것이다.

전쟁이 끝난 지 반 세기가 지난 지금까지도 한반도에는 새로운 평화의 질서가 구축되지 못하였으며, 이 전쟁에 대한 새로운 시각과 연구 결과가 끊임없이 발표되고 있다. 전쟁의 기원에 관한 논쟁, 특히 중국이 한국전쟁에 참전하게 된 배경도 예외가 아니어서 여러 가지 주장이 제기되고 있다.

앞의 엥겔스의 이론에 따르면 한국전쟁과 중국의 참전은 역시 "무수히 서로 교차되는 힘의 양"과 "무수한 힘의 평행사변형"이 상호작용하여 빚어진 하나의 결과물이며 "수많은 개별적 의지가 상호 충돌하여 이루어진 역사적 사건"이라고 볼 수 있다. 이것은 한국전쟁의 기원이나 중국의 참전 배경이 결코 어느 한두 개의 요소에 의해 이루어진 것이 아니라 복합적인 요소의 상호작용에 의해 이루어진 것이라는 것을 말해주는 것이며,

따라서 어느 한 요소나 어느 일방의 '의지'만을 강조하는 것으로는 역사적 진실을 밝혀내기 어렵다는 것을 시사해 주는 것이기도 하다.

냉전시기에 중국의 한국전 파병에 대한 연구는 냉전과 한국전쟁의 기원에 대한 연구와 맞물려 진행되어 왔으며, 여기에는 서로 입장을 달리하는 두 시각이 존재하여 왔다. 즉 전통주의와 수정주의로 대표되는 두 입장은 냉전과 한국전쟁의 기원에 대하여 확연히 다른 입장을 취해 왔고, 중국의 한국전쟁 참전 원인에 대해서도 역시 대조적인 주장을 제기하여 왔다.

1950년대 전통주의 학파가 주류적 위치를 차지하고 있던 미국학계에서 중국의 한국전쟁 참전은 소련의 냉전전략의 한 부분으로서, 침략적이고 이성을 잃은 폭력행위로 규정되었다.[2] 이러한 견해는 당시 서방 진영의 입장과 맥락을 같이 하는 것이었다.

1960년대에 수정주의학파가 등장하면서부터 미국에서도 중국의 참전에 대한 여러 가지 다양한 시각이 나타나기 시작하였는데, 이는 대체적으로 다음과 같이 몇 가지로 나누어 볼 수 있다. 첫째, 중국이 참전하게 된 주요한 원인은 자국의 안전을 수호하고, 전쟁이 중국 영토로 확대되는 것을 방지하기 위한 것이었다. 둘째, 모택동(마오쩌둥, 毛澤東)은 북한의 혁명을 고수하고 세계의 개혁정신을 수호하며 국내 반동분자들을 진압하기 위하여 참전하였다는 것이다. 셋째, 중국은 참전하지 않을 경우 예상되는 국내의 재정적·정치적 위기를 모면하기 위해, 즉 국내정치

---

2) 중국이 참전한 후인 1951년 1월 30일 유엔 안전보장이사회와 2월 1일 유엔총회는 공산중국을 한국에 대한 침략자로 규정하고 규탄하는 결의안을 통과시켰다. 그 내용은 전통학파들의 주장과 일맥상통하는 것이다.

적 필요 때문에 참전하게 되었다는 것 등이다.

일부 서방학자들은 당시 중국이 참전을 결정하게 된 결정적인 요소로 중국 동북 지방의 공업에 중요한 역할을 하고 있던 압록강 발전시설을 거론하면서, 당시 미국과 유엔군이 중국의 '사활적 이익'을 침해할 의도가 없음을 중국에 표명하고 충분히 설득하였다면 중국의 개입은 막을 수 있었을 것이라고 주장하였다.[3]

그러나 다른 일각에서는 중국의 참전은 안전보장을 위한 것도 아니고 미국에 대항하기 위한 것도 아니며 단지 스탈린의 압력에 의한 것이라는 견해가 제기되기도 하였다. 스탈린이 중국을 참전하게 함으로써 미국에 모욕을 주는 동시에 중국을 약화시키는 일거양득의 실리를 챙겼다는 것이다.[4]

재미 중국계 학자 진겸(천지엔, 陈兼) 등은 참전 원인을 중국 국내 정치적인 수요에서 찾고 있다. 그는 모택동이 참전을 결정한 것은 중국 동북 변경의 안전뿐만 아니라 혁명민주주의와 애국주의 기치를 높이 들고 한반도의 위기를 정치적 총동원의 새로운 원천으로 전환시킴으로써 새로운 중국에 대한 중국 인민의 지지와 일체감을 대대적으로 강화시키기 위한 것이었다는 견해를 제기하였다.[5] 진겸은 또한 중국이 중국식의 방법으로 아시아와 세계혁명을 고무시킴으로써 역사적인 '중앙왕조'의 지

---

3) 神谷不二, 『朝鮮戰爭』(中央公論社, 1988), p.100.

4) Golam W.Choudhry, "Reflections on the Korean War(1950−1953)− The Factors behind Chinese Intervention," *Korea and World Affairs*, No.14(Summer, 1990), pp.258~274.

5) 『冷戰以来的朝鮮半島問題國際學術會議論文集』(復旦大學韓國/朝鮮研究中心·復旦大學美國研究中心, 2001), p.1.

위를 부활하고자 했다고 주장하였다.[6]

『조선전쟁』의 저자인 일본학자 가미야 후지(神谷不二)는 중국의 참전은 일본에 대한 경고 메시지를 담은 일종의 군사적 시위로, 중국은 일본으로 하여금 미국의 종속국 지위를 벗어나 중립으로 나가도록 하기 위하여 참전하게 되었다는 입장을 제시하고 있다. 이것은 일본의 시각에서 본 비교적 독특한 견해라고 할 수 있다. 그는 또한 중국이 아시아, 나아가서 세계 무대에서의 자신의 위신을 회복하고자 한 만큼, 같은 공산주의 체제인 이웃나라 북한의 불행을 도외시했을 경우 자국의 이미지에 오점을 남기게 될 것이라는 점을 고려했다고 주장하였다. 그는 계속하여 갓 정권을 잡은 중국공산당이 국내적으로 '반혁명 분자', '제국주의 주구', '국민당 특무' 등등의 수많은 적들을 상대하고 있는 상황에서, 파병으로 안게 될 경제적 부담을 감안할 때 국내의 '평정' 임무에서 인민해방군의 일부를 빼내는 것은 결코 용이한 일이 아니었을 것이라는 점은 인정한다고 해도 반대로 북한을 방기할 경우 맥아더나 장개석(쟝제스, 蔣介石)의 '대륙광복'(大陸光復)에 대한 용기를 북돋우게 되고, 이는 결국 국내 반 정부 분자, 반혁명분자들에게 새로운 희망을 안겨주게 되었을 것이었다고 지적하고 있다.[7]

다른 일본학자 와다 하루끼(和田春樹)는 같은 이름의 저서에서 북한·소련·중국의 삼각관계를 분석하면서 한국전쟁의 기원과 진행과정을 밝히고 있다. 그는 중국 국공내전 시기 중국의 조선족이 중국의 동북 지방, 그리고 전국의 해방전쟁에 참가한 후 북한으로 되돌아 간 역사를 언급하면서 중국의 국적과 당적을 가지고 있던 이들이 북한으로 이동한 사실은

---

6) 潘志華, 『中蘇同盟與朝鮮戰爭硏究』(廣西師範大學出版社, 1999), p.193.
7) 神谷不二, 앞의 책, pp.106~107.

중국공산당이 한국전쟁의 발발에 대해 전혀 몰랐다고 할 수 없는 증거라고 지적하고 있다.[8]

박명림과 이종석 등의 한국학자는 중국공산당과 북한의 관계를 중심으로 한 러시아의 구소련 외교문서 등에 대한 연구를 통해 중국공산당과 북한의 관계가 한국전쟁 발발과 관련이 있음을 밝히고 있다.[9]

앞에서 살펴본 바와 같이 한국전쟁 전 중국과 한반도 관계에 대한 국외의 연구는 대부분 한국전쟁의 기원을 밝히는 틀 속에서 논의되어 왔다. 이들 연구는 대부분 한국전쟁의 기원에서 중국이라는 요소를 다루면서 중국 참전의 원인을 규명하고 있으며, 그 가운데서도 특히 중국과 소련, 중국과 북한의 관계에 관심을 집중하고 있다.

1990년대 이후 중국에서도 한국전쟁과 관련한 회고록, 보고문학 등 일차적 자료들이 나오기 시작하였다. 주요한 것으로는 시성문(즈청원, 柴成文)과 조용전(짜오용티엔, 趙勇田)의『판문점담판(板門店談判)』(1992), 홍학지(홍쉬에즈, 洪學智)의 『항미원조전쟁회억(抗美援助戰爭回檍)』(1990), 두평(두핑, 杜平)의『지원군총부에서(在志願軍總部)』(1989), 양적(양띠, 杨迪)의『지원군사령부에 있던 나날(在志願軍司令部的歲月里)』, 제덕학(치더쉬에, 齊德學)의『조선전쟁 결책 내막(朝鮮戰爭決策內幕)』(1991), 서일붕(쉬이펑, 徐一朋)의『맞대결, 조선전쟁 고층결투록(直弧-朝鮮戰爭高高層決鬪錄)』(1997), 서경약(쉬징위에, 徐京跃)의『일출일락 삼팔선(日出日落三八線)』(1995) 등이 있다.

---

8) 和田春樹,『朝鮮戰爭』(岩波書店, 1995), p.82. 와다 하루끼 지음, 서동만 옮김,『한국전쟁』(창작과비평사, 1999) 참조.

9) 박명림,『한국전쟁의 발발과 기원(Ⅰ·Ⅱ)』(나남출판, 1996); 이종석,『북한-중국관계 1945-2000』(중심, 2000).

20   중국의 한국전쟁 참전 기원

학자들의 연구도 활발히 이루어져 왔다. 참전 당사국의 학자로서 이들은 주로 중국의 참전 결정 과정과 전쟁의 진행 경과에 관심을 집중하였다. 주요 연구 성과로는 조학공(짜오쉬에공, 趙學功)의 『조선전쟁 중의 미국과 중국(朝鮮戰爭中的美國與中國)』(1995), 군사과학원 군사역사 연구부의 『항미원조전쟁사억(抗美援助戰爭史)』(2000), 봉선지(펑시엔즈, 逢先知)와 이첩(리티에, 李捷)의 『모택동과 항미원조(毛澤東與抗美援助)』(2000), 장민(장민, 張民), 장수연(잔시우쥐엔, 張秀娟)의 『주은래와 항미원조 전쟁(周恩來與抗美援助戰爭)』(2000) 등이 있다.

중국의 참전 문제에 대해 중국학자들은 대부분 중미관계, 중소관계에 연구의 초점을 맞추었다. 주요 연구성과들로는 화경소(화칭자오, 華慶昭)의 『얄타에서 판문점까지(從雅爾塔到板門店)』(1992), 심지화(션즈화, 瀋志華)의 『중소동맹여조선전쟁연구(中蘇同盟與朝鮮戰爭硏究)』(1999), 임리민(리리민, 林利民)의 『중국 봉쇄- 조선전쟁과 중미관계(遏制中國 - 朝鮮戰爭與中美關係)』(2000), 진신명(천신밍, 陈新明)의 『삼팔선의 교량- 조선전쟁과 중·소·미의 상호관계(三八線的較量- 朝鮮戰爭與中蘇美互動關係)』(2000) 등이 있다. 1990년부터 2000년까지 중국 국내 간행물에 발표한 한국전쟁관련 논문은 300여 편이 되는데 그 대부분이 항미원조 전쟁에 관한 연구이다.[10]

일부 학자들은 한국전쟁의 발발과 중국의 참전 원인에 대하여 중국의 전통적 견해와 다른 견해를 제기하기도 하였다. 예컨대 장성발(장성파, 張盛發)는 『스탈린과 냉전(斯大林與冷戰)』에서 한국전쟁을 유럽에서의

---

10) 중국에서의 한국전쟁에 대한 연구 동향과 주요 저작에 관해서는 홍면기, 「중국의 한국전쟁에 대한 인식 변화」, 『전사』(국방부 군사편찬연구소 2002. 6) 참조.

미소의 쟁탈과 대립의 연장이자 굴절로 보면서, 결국 미소 양국이 냉전 기간 중 양국 간의 충돌을 해소하기 위한 분출구를 찾은 결과였다고 주장하였다. 이어서 한국전쟁은 스탈린이 한반도에 대한 정책을 전환하고 미국을 오판하여 한반도의 통일계획을 서두름으로써 발발한 것이고, 중국이 참전하게 된 것도 스탈린이 중국을 반미투쟁의 제일선으로 떠밀었기 때문이었다고 주장하였다.[11] 장성발은 주로 러시아에서 공개한 구소련의 외교문서를 이용하고 있는데, 이러한 견해는 중국학자들의 전통적인 견해와는 확실히 구별되는 것이다.

심지화는 중국의 한국전 참전은 극히 어려운 상황에서 강제적으로 내린 결정이라고 주장하면서 모택동은 주로 세 가지 측면에서 참전 문제를 고려했다고 주장하고 있다. 즉 중국은 첫째, 중국이 '티토의 길'을 가고 있다는 비난을 받으며 사회주의 진영에서 고립되는 것을 피하는 것, 둘째, 중국 국경 내에서 미국과 전쟁을 벌임으로써 중국 정세가 혼란에 빠지지 않도록 하는 것, 셋째, 미국이 전쟁의 불길을 중국으로 확대시킨 기회를 틈 타 소련이 중소동맹조약을 빌미로 중국 동북 지방에 진출하는 것을 방지하기 위하여 참전하였다는 것이다.[12] 냉전 종식 후 중국 내에서도 중국의 참전이 과연 옳은 것이었느냐 하는 쟁점을 중심으로 중국의 참전 문제에 대한 논쟁이 일기도 하였는데,[13] 이와 같은 심 교수의 입장

---

11) 張盛發, 『斯大林與冷戰』(中國社會科學出版社, 2000). 저자는 이 책의 제4장 제1절의 2에서 '朝鮮戰爭: 與美國冷戰的另一種形式'이라는 제목으로 한국전쟁을 다루고 있다. pp.404~431.

12) 潘志華, 『中蘇同盟與朝鮮戰爭研究』(廣西師範大學出版社, 1999), p.194.

13) 냉전이 끝나면서 중국 국내에는 이러한 전통적인 견해에 대해 회의를 품거나 반론을 제기하는 글들이 발표되기 시작하였다. 그 대표적인 것은 青石, 『1950년의 대만 해방계획』(『百年潮』 1997年 第一期), 「眞相」(『隨筆』, 1999年 第6期), 『審視中學語文教育世紀末的尷尬』 등이다. 이 글들은 대부분이 구소련의 외교문서 또는 국외에

도 역시 기존 중국학자들의 견해와는 다른 것이다.

학자들이 관심을 기울이는 초점이 다르다는 것은 연구하는 시각과 견해의 차이를 드러내는 것이다. 이런 점에서 중국 내외의 연구동향을 비교하는 것이 유용할 것이다. 그동안 중국 밖에서는 전쟁의 기원을 밝히는 데 초점을 둔 반면 중국 내에서는 전쟁의 진행과정에 초점을 두어왔다고 할 수 있다. 즉 국외 학자들이 누가 전쟁을 일으켰느냐라는 문제에 많은 관심을 기울여 왔던 데 반해 중국학자들은 대부분 내전으로서의 한국전쟁을 누가 일으켰느냐를 연구하는 것은 별로 의의가 없다고 생각해 왔다. 중국의 참전 배경에 관해서도 국외에서는 중국과 소련, 중국과 북한의 관계에 중점을 둔 반면에 중국학자들은 중국공산당과 미국과의 관계와 참전의 결정 과정에 주된 관심을 기울여 왔다고 할 수 있다.

이러한 공통점에도 불구하고 그동안 중국 내외에서 이루어진 한국전쟁 연구에서 공통적인 현상은 전후 중국과 한반도의 '양국 4자', 즉 한국과 대만, 중국과 북한 관계를 둘러싸고 중국의 참전의 배경을 밝힌 연구가 극히 드물다는 점이다. 제2차 세계대전이 종식된 후부터 한국전쟁 발발 1년 전까지만 해도 중국을 대표한 정부가 장개석의 국민당 정부였다는 점을 상기한다면 국민당 정부와 한반도의 관계를 떠난 한국전쟁 연구는 적어도 하나의 중요한 측면을 빠뜨리고 있는 것이라고 아니할 수 없다.

이 책의 주제는 바로 전후 중국과 한반도의 남북한 간, '양국 4자 관계'

서 발표된 견해를 인용하여 전통적인 견해에 이의를 제기하고 '진상'을 밝히고자 하고 있다. 사실 그 내용들은 이미 중국 국외에서도 '구문'이지만 중국 내에서는 사실의 진상을 밝히는 '뉴스'로 발표되어 일부 비공식적인 장소와 인터넷 등에서 논쟁이 일어난바 있다. 필자는 어느 한 쪽의 요인에 치우치거나 결과로 원인을 규명하는 것으로는 복잡하게 얽힌 역사적 사실의 진상을 밝힐 수 없으며 이러한 근거로 중국의 참전을 논하는 것은 편면성을 극복할 수 없음을 주장한 바 있다.

를 중심으로 중국의 참전 문제를 검토하고 그 기원을 밝혀보려는 것이다. 중국의 참전이라는 역사적 사건은 어느 한 행위자만이 아닌, 전후 동북아시아 국제정치 속의 다양한 '힘'과 '의지'가 복잡하게 얽혀 있는 역동적인 관계 속에서 이루어진 결정이라고 할 수 있다. 물론 중국공산당과 미국, 소련과의 관계가 중국의 참전 결정에 중요한 요소 중의 하나였음에 틀림없지만 그것이 모든 것을 해명할 수는 없는 것이다. 중국이 한반도에 참전한 문제를 검토하면서 중국과 한반도의 역사적이고, 특수한 관계를 떠나 참전의 기원을 밝히려는 것으로는 문제를 전체적으로 분석해낼 수 없다는 것은 분명한 것이다.

또한 중국과 한반도의 관계에서 중국공산당과 북한의 관계가 매우 중요한 것이 사실이라고 하더라도 그 역시 다양한 상호작용과 충돌의 한 측면에 불과한 것이라고 할 수 있다. 다시 말하면 중국대륙에서 중국공산당이 승리하면서 장개석 집단의 영향력이 급속히 약화된 것은 사실이지만 국민당 정부가 중국을 대표하였던 정부이며, 전후 중국과 한반도 관계를 주도한 중요한 한 행위자였다는 것은 홀시할 수 없다는 것이다. 장개석의 국민당 정부와 남한의 이승만 정권은 특수한 역사적 인연과 공통의 현실적 이해관계를 가지고 있었으며, 그것은 한국전쟁의 발발을 초래한 긴장 조성과 밀접한 연관을 갖고 있었다. 장개석과 이승만 정권의 관계, 이 두 정권의 운명과 대륙과 한반도의 정세 또한 한국전쟁을 둘러싼 모순과 갈등의 한 중요한 측면이라고 아니할 수 없다. 따라서 이러한 한 측면을 사상(捨象)하고 중국의 한국전쟁 참전 배경을 밝힌다는 것 역시 편면적인 분석의 한계를 가질 수밖에 없는 것이다.

이 책은 이러한 문제의식에서 출발하여 중국과 한반도 관계의 특징과 역사적 경험을 종적·횡적으로 분석함으로써 중국의 한국전쟁 참전의 배경과 경과를 밝히고자 하고 있다. 특히 앞에서 밝힌 바와 같이 그동안의 연구에서 공백으로 남아있던 국공관계와 남북한 간의 양국 4자 관계를 종합적으로 검토함으로써 한국전쟁 연구의 새로운 문제의식을 제기하고자 한다.

이 책은 다음과 같이 구성되어 있다.

우선 서론에 이어 제2장에서는 중국과 한반도의 역사적 관계를 세 가지 측면, 즉 문화적·체계적·지정학적 측면으로 나누어 논술한다. 두 나라가 공유한 역사 이데올로기[14]에 대한 분석을 통해 양국 관계의 바탕을 이루고 있는 심층의 요소를 분석하려는 것이다. 또한 이 심층적 유대를 토대로 당나라 중엽부터 두 나라가 중국 중심의 국제질서를 형성하고 있었음을 밝히고, 명의 조선 출병도 이 체제를 수호하기 위한 것이었음을 적시하고 있다. 그 후 근대에 들어서면서 중국 중심의 국제질서가 무너지고 한반도의 지정학적 중요성이 부각되게 되었는데, 전통적인 중조관계를 회복하기 위한 청나라의 마지막 시도가 좌절되면서 양국 관계가 질적으로 변화하게 되었음을 설명하고 있다. 요컨대 중국 중심의 국제질서가 붕괴되면서 힘의 공백지대가 된 한반도는 중국의 이른바 이이제이(以夷制夷)에도 불구하고 열강의 각축장이 될 수밖에 없었다는 것이다. 결국 강대국들의 치열한 경쟁 속에서 중국은 한반도라는 무대에서 패퇴하였으며, 그 후 일본의 한반도와 중국 침략으로 중국과 한반도의 관계는 순망치한의 관계로 전환되었다.

제3장에서는 한국 독립운동의 주요 무대가 중국이었다는 점에서, 그것

---

14) 여기에서는 중국과 한반도가 역사적으로 공유하였던 유교, 불교, 도교 등을 역사이데올로기라는 표현으로 총칭하였다.

은 중국 정세의 영향을 받지 않을 수 없었다는 점을 설명하고 있다. 한국 독립운동 시기의 중국은 중국국민당과 중국공산당 두 개의 진영으로 갈라져 중국의 운명을 결정하는 격전을 벌이고 있었다. 일본의 침략으로 인해 두 진영은 한 때 합작의 길을 걷기도 했지만 그 합작 속에서도 갈등과 충돌이 그치지 않았다. 바로 이러한 중국 현대사의 소용돌이 속에서, 중국의 제1차 국내혁명전쟁 시기와 항일전쟁 시기에 전후 한반도 정국을 주도하게 되는 두 세력이 형성되었다. 이들이 각각 중국의 국공 양당과 밀접한 관계를 형성해 가면서 전후 양국 4자 관계의 기반이 되었음은 물론이다.

제4장에서는 미소관계 속의 한반도와 중국을 살펴보면서 한반도 분열의 내적 요인과 외적 요인을 검토하고, 이들 내외의 요인이 상호작용함으로써 한반도의 분단구조가 굳어지게 되었음을 설명하고 있다. 다시 말해서 미소의 한반도 분할점령이 한반도 분열의 외적 요인이 되었음을 부인할 수 없지만 독립운동 시기에 이미 형성된 두 진영의 분열이 분단의 주요한 내적 요인으로 작용했음을 지적한 것이다. 해방 공간에서 이들 두 진영은 이른바 찬탁과 반탁 운동을 계기로 공공연한 대립관계를 형성하게 되는데, 이 사건은 한반도가 정치적 분열로 나가게 된 분수령이 되었을 뿐만 아니라 이를 계기로 한반도 내의 좌우 두 세력에 대한 중국공산당과 국민당의 입장도 확연히 갈라지게 되었다.

제5장에서는 전후 한반도에 대한 국민당 정부의 영향을 다루고 있다. 여기서는 국민당이 제2차 세계대전의 종전 전후 한국임시 정부에 대한 승인을 서두른 내막과 전후 초기 임시 정부 세력이 한반도의 정국의 주도권을 차지하도록 지지한 배경, 그리고 미소공동위원회 결렬 후 미국과 함께 유엔총회에서 이승만 정권의 출범을 앞장서 지지하고 승인한 경

위 등을 소개하고 있다. 이승만 정권의 출범은 장개석 정부의 노력과 결코 무관하지 않은 것이었다. 이러한 사실은 전후 한반도에 대한 장개석의 구상과 맥락을 같이 하고 있는 것이었고, 또한 그가 주장한 한국의 독립이 사실상 친(親) 장개석 세력의 한반도 정국 주도를 전제로 했음을 극명히 보여주고 있다.

제6장에서는 전후 중국의 동북 지방 문제를 둘러싼 국제적인 갈등과 이해관계의 충돌 속에서 중국공산당과 국민당이 각각 북한과 남한과 서로 다른 의미에서의 지정학적 이해관계를 갖게 되었음을 밝히고 있다. 당시 국민당과 공산당 중 누가 동북을 장악하느냐 하는 문제가 한반도 장래에 결정적인 변수로 떠오르게 되었고, 중국의 동북 해방전쟁을 둘러싼 양국 4자 관계 또한 새로운 양상으로 전개되게 되었다. 또한 이 장에서는 이러한 역사의 소용돌이 속에서 동북 조선민족의 이중적 특성을 설명하고, 중국의 참전 논의에서 학계의 쟁점이 되어온 조선족 사병 귀국 문제를 그 시기의 특수한 역사적 환경 속에서 검토하고 있다.

제7장에서는 장개석과 이승만의 반공연맹 구상을 검토하고 있다. 중국 대륙에서 패퇴한 장개석 집단과 남한에서 국내외적인 위기상황에 처해 있던 이승만 정권은 대만과 남한에 대한 미국의 정책변화를 유도하며 미국을 아시아의 문제에 끌어들이기 위하여 극동반공연맹의 결성을 시도하였다.

이 장에서는 특히, 장개석 집단이 중국공산당의 대만 수복을 저지하기 위해 한반도에서 돌파구를 찾고자 했으며, 이를 위해 남북한 간의 긴장을 조장하고 충돌을 사주하려 했다는 사실을 사료를 통해 밝히고 있다.

제8장에서는 중국혁명의 승리가 한반도에 미친 영향을 논급하고 있다. 중국혁명의 승리로 동북아시아 국제정치의 구도는 근본적으로 변화

될 수밖에 없었으며, 중국에서의 미소 간 대립은 한반도로 옮겨오게 되었다. 결국 남한과 장개석의 대만이 미국의 명실상부한 전략적 교두보로 떠오르게 되면서 동아시아 정세의 핵으로 부상하게 되었던 것이다. 이러한 맥락에서 한국전쟁 후 미국이 그토록 신속하게 한반도와 대만 문제에 개입한 것은 결코 우연이 아니다.

제9장에서는 한국전쟁과 중국의 참전을 설명하고 있다. 한국전쟁은 '전쟁 이전 전쟁'의 연속선상에서 미소 간의 냉전구도가 형성되어 가고 있는 가운데 "무수히 서로 교차되는 힘과 힘의 평형사변형"의 상호작용이 초래한 결과라고 할 수 있다. 어떤 의미에서 중국의 참전은 국공 내전 시기 중국공산당과 미국, 중국공산당과 장개석 집단 간의 갈등과 대립의 연속이었으며 전후 중국과 한반도를 둘러싼 양국 4자 간 모순과 갈등관계의 최종 귀착점이라고 볼 수 있다.

역사적으로 중국은 명나라와 청나라, 그리고 한국전쟁 등 모두 세 차례의 결정적 시기에 한반도에 파병을 단행하였다. 이 세 차례의 파병에서 우리는 위에서 밝힌 유교를 바탕으로 하는 역사 이데올로기나 현실적인 이데올로기적인 공유, 동일한 국제질서의 일원이라는 관계, 지정학적 이해의 고려라는 공통된 특징을 발견할 수 있다. 1950년의 한국전 파병은 과거의 역사적 사건과는 달리 훨씬 복잡한 국제환경 속에서 이루어졌고, 그 원인 또한 매우 복합적인 것이 사실이다. 그러나 중국과 한반도의 관계사라는 측면에서 볼 때 한국전쟁은 이전의 역사와 완전히 유리될 수 없는, 역사의 재현(再現)이라는 측면 또한 강하게 가지고 있다고 하겠다.

제2장

중국과 한반도
그 역사적 경험과 이해의 구조

중국과 한반도의 역사적 관계는 '일의대수'(一衣帶水), '보거상의'(輔車相依), '순망치한'(唇亡齒寒)이라는 세 단어로 개괄할 수 있다. 한반도에 대한 중국의 역사관뿐만 아니라 중국에 대한 한반도의 역사관도 역시 이 세 개의 측면에 기초하고 있다고 할 수 있다.

중국과 한반도의 관계에 있어서 '일의대수'란 지리적 개념일 뿐만 아니라 역사와 문화가 융합되어 형성된 복합적 의미를 가진 개념이다. 한반도는 수천 년의 역사 속에서 중국문화의 깊은 영향을 가장 많이 받아 왔으며, 특히 중국의 유교문화는 한반도 전통문화에서 그 심층구조의 핵심을 이루고 있다. 또한 한반도에서는 역사적으로 중국과 마찬가지로 고도로 유교화된 사회체제와 통치방식, 그리고 생활양식 등의 표층구조가 지속적으로 등장했다.

이러한 문화와 의식형태의 유사성은 양국의 역사관계를 연결하는 심층적 유대의 기초가 되었으며, 서로 돕고 의지하는 이른바 보거상의(輔車相依)라는 형태로 표출되었다. 중국을 중심으로 한 '천조예치체제'(天

朝禮治體制)[1]가 형성된 후부터 동일한 문화체제에 속해 있던 중국과 한반도는 다시 하나의 국제질서, 즉 하나의 국제정치체제에 포섭되게 되었고, 보거상의는 바로 이 체제를 수호하는 기체로서의 의미를 갖는 것이었다. 명나라 때 중국이 조선에 파병한 것이 그 한 예이다.

근대에 들어서면서 중국과 한반도는 서세동점(西勢東漸)의 거센 파고 속에서 기존 국제질서에 대한 열강들의 도전에 직면하게 되었다. 청나라는 동학혁명을 기화로 조선에 파병하여 중국 중심의 질서를 회복하기 위한 최후의 노력을 기울였지만 이로 인해 촉발된 갑오 중일전쟁에서 패배하였다. 결국 한반도는 일본의 식민지로 전락하고 일본의 중국 침략을 위한 발판이 되었다. 이러한 격동기를 거치면서 기존의 중국 중심체제의 질서 속의 보거상의 관계는 양국이 함께 생존을 위해 도모해 나가는 순망치한의 관계로 변화하게 되었고, 이러한 한반도의 지정학적 의의는 크게 부각되기 시작하였다.

이와 같이 고대로부터 근대에 이르기까지 중국과 한반도의 관계사는 바로 양국이 공유한, 유교문화를 기반으로 한 역사 이데올로기, 동일한 국제체제, 서로 영향을 주고받는 지정학적 요인 등의 세 가지 측면에서 형성되고 발전하여 왔다고 할 수 있다.

---

1) 天朝禮治體制는 홍콩의 황지연(黃枝連) 교수가 제시한 개념으로, 중국의 봉건왕조를 중심으로 예의를 주요 내용으로 하는 일종의 국제관계형태를 이르는 것이다. 黃枝連, 『東亞的禮義世界-中國封建王朝與朝鮮半島關係形態論』代序 참조.

제1절 문화적 경험과 구조의 공유
일의대수의 관계

　문화[2]를 역사의 투영이라고 하듯이 한반도에 대한 중국 문화의 지대한 영향을 떠나서 중국과 한반도 관계의 심층적 요소를 밝혀내기란 매우 힘든 일이다. 중국의 저명한 학자 양수명(양슈밍, 梁漱溟)은 "중국문화는 사방으로 뻗어나가 멀고도 큰 영향을 일으켰다. 북쪽으로는 시베리아, 남쪽으로는 남양군도, 동쪽으로는 조선과 일본, 서쪽으로는 총령(蔥岺)[3]에 이르기까지 모두 이 문화의 영향권에 속해 있었다"[4]고 지적한 바 있다. 그렇지만 이러한 나라들과 지역 중에서 중국문화의 영향을 가장 깊게 받았고, 중국과 가장 유구한 관계를 유지하며 밀접한 이해관계를 가져온 지역은 역시 한반도뿐이다.[5]

　한반도는 이미 주나라와 춘추전국 시기에 중국과 문화를 교류하고 있었으며 삼국시대에는 중국의 한자가 한반도에 전파되어 기록의 수단이 되었는가 하면 중국의 사상과 제도를 소개하는 매개가 되기도 하였다. 유학의 경전과 사기(史記), 한서(漢書) 등의 사서들이 고구려에 전해졌으며 오경(五經) 등이 백제에 전해졌다. 그 시기 백제는 이미 오경박사 제도를 가지고 있었으며, 유학을 일본에 전파하였다. 신라에는 중국에서 충·효·신의 유교 덕목이 전래되었으며 유학의 생활이념이 이미 보편

---

2) 여기에서는 문화의 개념을 "도식화되어 반복적으로 역사에 나타나는 요소"로 이해하고 사용한다. 菲利普 · 巴格比, 『文化: 歷史的投影』, 夏克等 譯(上海人民出版社, 1987), p.149.

3) 고대 파미르 고원, 곤륜산, 천산 서쪽 지역을 합하여 부른 이름.(역자)

4) 梁漱溟, 『中國文化要義』(學林出版社, 1987), p.3.

5) 梁容若, 「從文化上看中韓交誼」, 『中韓文化論叢』(臺灣), p.262 참조.

화되었다. 인도로부터 중국에 전래된 불교도 삼국시대에 다시 한반도에 전파되어 삼국의 사회발전에 정신적 지주의 역할을 하게 되었던 것이다. 중국 후한 시대의 도교 역시 남북조 시대에 고구려에 전파되었다. 이렇듯 중국의 주요한 이데올로기가 삼국시대에 이미 모두 한반도에 전파되었고 기존의 고유문화와 융합되면서 한반도의 전통문화로 자리매김되기 시작하였다.

통일신라 후 불교는 왕권중심의 고대국가에 통일체의 이념을 심어주었으며 불교와 왕권이 결합하여 왕실불교, 국가불교로 발전하였다.[6] 불교는 국가의 지배사상이 되었고 왕실로부터 일반 백성에 이르기까지의 호국사상, 기복신앙으로서의 역할을 하게 되었다. 그러나 불교가 가장 성행했던 신라시대에도 통치계급은 왕권의 전제화를 위하여 유교적 정치이념으로 국가를 통치할 필요가 있었다. 이를 위해 유교의 경전을 전수할 목적으로 중국의 서한 중기에 세워졌던 관부 학교와 같은 유형의 학교, 즉 국학을 설립하였다. 국학을 세운 목적은 두말할 것 없이 유교의 정치이념을 받아들여 왕권전제에 필요한 관리를 양성하는 것이었다.

고려조에 이르러 불교와 유교는 각기 정신세계를 지배하는 종교 신앙으로, 정치 이념과 사회 윤리도덕의 토대로서 기능하면서 함께 발전해 나가게 된다. 그러나 고려 말에 이르러 권문세족이 폭정을 일삼고 불교계가 타락하면서부터 중국의 북송과 남송 시대의 '이학'(理學 즉 성리학)이 한반도에 전파되었다. 이 새로운 학문은 당시 정치무대에 진출하기 시작한 신흥사대부 계급의 지도이념으로 채택되었고, 부패하고 타락한

---

6) 大學敎材硏究會編, 『韓國文化史』(圖書出版韓一, 1993), pp.54~55.

불교는 비판과 배척을 받기 시작하였다. 불교와 권문세족의 결탁이 극심한 상황에서 성리학을 지도이념으로 신흥사대부 계급의 불교에 대한 비판과 배척은 자연히 정치투쟁과 연결될 수밖에 없었으며, 따라서 성리학은 사회개혁 사상의 역할을 담당하게 되었다.[7] 이처럼 이학이 송나라 이후의 중국의 전통문화에 중대한 영향을 미친 것[8]과 마찬가지로 성리학은 고려 후기의 문화에 지대한 영향을 미치게 되었으며, 한반도 전통문화의 기본 정신으로 자리 잡아 가게 되었다.

성리학은 조선조 이후 지배계급의 통치사상이 되었지만, 정치투쟁이 연계되어 정치적 대립과 분열의 붕당정치를 초래하는 등 모순을 드러내게 되었다. 성리학은 그 독존사상으로 모든 비판을 억압하고 다른 학문의 존재를 부인하면서 사회발전의 질곡으로 작용하게 되었던 것이다. 이러한 배경 속에서 실학이 등장하기도 하였지만, 그럼에도 불구하고 성리학은 여전히 조선 후기 사회의 사상과 문화를 주도한 이데올로기였다. 한편 조선 중기 주자학의 발전이 정점에 오르고, 명나라가 조선에 파병하여 일본의 침략을 물리치면서 조선에는 중국 중심의 대외관과 문화 관념이 고조되기도 하였다.[9]

유교사상은 중국과 한반도 관계에 있어서 뿌리깊은 사상문화로서, 역사적 의식형태의 심층구조로, 그리고 중국과 한반도 역사를 연결하는 연대의 고리 역할을 해왔다. 한반도는 문화적으로 철저한 유교화를 추구하였을 뿐만 아니라, 이러한 이념을 주변국과의 관계에도 적용하였다. 다

---

7) 앞의 책, pp.138~139.

8) 徐儀明 等 主編, 『中國文化論綱』(河南大學出版社, 1992), p.97.

9) 全海宗, 『한국과 중국』(지식산업사, 1979), p.46.

시 말하면 한반도와 주변국과의 관계에서 가깝거나 먼 관계를 설정하는 척도가 바로 '문화'였던 것이다. 예컨대 고려왕조는 만당(晩唐), 북송, 금(金) 왕조와 천조예치체제의 틀 안에서 밀접한 관계를 유지하였지만 거란이나 몽골, 특히 원나라와의 관계는 매우 껄끄러웠는데, 그것은 거란이나 몽골이 농경문명과 중화전통에 대한 수용 정도가 매우 낮은데 기인한 것이었다.[10]

바로 이러한 의미에서 중국과 한반도의 역사적 관계를 일의대수 관계라고 표현하는 것은 지리적 의미도 있지만 보다 중요한 것은 그 문화적 의의에 있다고 하는 것이다. 중국과 한반도가 천 년이 넘도록 천조예치체제를 유지할 수 있었던 것은 바로 이와 같은 문화적 수용성에 뿌리를 두고 있는 것이며, 그 체제가 상대적으로 안정을 유지한 것 역시 상대적으로 불변적인 역사 이데올로기로서의 문화를 공유한데 기인한 것이라 할 수 있다.

제2절 중국 중심 국제체제의 형성과 균열
천조예치체제와 보거상의

많은 학자들은 한반도가 '자고'(自古)로 중국이 외적을 방어하는 '완충지대' 역할을 해왔음을 강조하여 왔다.[11] 이 '자고'에 대한 시간적 정의를 어

---

10) 黃枝連, 앞의 책, p.164.

11) Rober R. Simmons, 林建彦, 小林敬爾 譯, 『朝鮮戰爭と中蘇關係』(日文), (コリア 評論社, 1976), p.6.

떻게 내리는가에 대해서는 물론 많은 견해가 있을 수 있다. 그렇지만 문자로 역사를 기록하기 시작한 이래 한반도의 지정학적 위치가 중국에 있어서 중요한 것은 아니었다. 즉 해양세력이 한반도를 통해 중국의 대륙을 정복하려 하기 전까지 중국에 있어서 한반도는 완충국이라는 지정학적 맥락보다는 상호 관계에서의 호오(好惡)에 의해 결정되었던 것이다.

고대 중국에서 중원의 정권을 위협한 세력은 주로 북방의 소수민족이었다. 그러므로 한반도가 독자적으로, 혹은 거란과 여진, 몽골과 연합하여 남진하게 되면 중원의 정권으로서는 매우 큰 위협이 아닐 수 없었다. 수와 당 시대와 그 이전 한반도와 중국 간의 충돌이 바로 이러한 예가 되고 있다고 할 수 있는 데, 이러한 의미에서 중국에게 있어서 조선과 평화적 관계를 유지하는 것은 큰 이익이 되는 것이었다.[12] 다른 한 편으로 이것은 또한 "중국의 국가나 국토의 발전과정이 채 완결되지 않은 상황이었고, 때문에 대륙과 반도의 국경이 유동적이었다는 사실을 말해주는 것이기도 하다."[13]

삼국시대에 중국과 한반도의 관계는 비교적 안정적으로 발전하는 단계에 들어서게 되었다. 당나라 중엽에 이르러 "한반도에서 위세를 떨치던 고려인들은 중국인의 대국으로서의 지위와 그 권위를 받아들이기 시작하여 사대이례(事大以禮) 관계의 형태를 확립하여 천조예치체제(天朝禮治體制)가 점차 형성되기 시작하였다."[14] 이로부터 양자는 이 체제 안에서 보거상의(輔車相依)의 관계를 발전시켜 나가게 되는 데, 이러한 체

---

12) 黃枝連, 앞의 책, p.27.

13) 앞의 책, 代序 p. VI.

14) 앞의 책, 代序 pp. VI∼VII.

제는 사실상 당시의 국제질서를 의미하는 것으로 중국의 입장에서 보면 이 체제를 지키는 것이 곧 봉건왕조의 이익을 수호하는 것으로서 대단히 중요한 것이었다. 또한 한반도의 입장에서도 "중국의 대륙에 하나의 강대한 국가가 자리 잡고, 그 주변지역에 일종의 국제질서를 구축하고 조선과 중국 변경의 평화, 나아가서 동북아시아 지역의 평화를 지켜줄 것"[15])을 희망하였던 것이다. 다시 말하면 한반도는 분열된 중국이거나 약소한 중국이 아니라 한반도와 문화를 공유하는 강대한 중국에 의한 국제질서를 원했다는 것이다.

근대에 중국과 한반도가 같은 운명에 처하게 되자 많은 사람들이 '중한일가'(中韓一家)라는 표현을 쓰기도 하였는데, 중국과 한반도의 위와 같은 역사적 관계를 음미해보면 이것은 결코 우연한 것이 아니다. 국가라는 말에 '가'(家)가 있듯이 어느 민족보다 '가족관계'를 중시하는 중국인들이 한반도와의 관계를 '일가'(一家)로 표현한 것으로부터 양국의 돈독한 역사적 관계를 읽을 수 있는 것이다.

그렇지만 이러한 천조예치체제의 발전이 역사적으로 결코 순조로웠던 것만은 아니었다. 중국에 정세 변동이 생기거나 세상이 바뀌어 신구 왕조교체가 이루어질 때면 기존의 체제는 항상 진통을 겪기 마련이었으며, 양국 관계에도 변화가 생기고 충돌도 뒤따랐다.

당나라 멸망 후 5대 10국 시기에 고려는 송나라와 우호관계를 유지하면서 거란과 여진을 견제함으로써 거란과 충돌하게 된다. 원이 중국을 통일한 후 원나라는 무력으로 한반도를 정복함으로써 원과 고려는 정복

---

15) 앞의 책, p.109.

자와 피정복자의 관계가 되었고, 더 이상 하나의 국제체제 안에서 서로 평화로운 질서를 유지하고 의지하는 과거의 관계를 지속할 수가 없었다. 이것은 천조예치체제를 지탱한 심층의 구조가 역시 양국이 공유한 문화였다는 것을 말해주는 것이다. 다시 말하면 고려와 원나라와의 관계에서 "몽골인들이 유학, 유술(儒術), 예치주의의 찬성자거나 지지자가 아니었기 때문에" 문화적으로 소통이 어려웠으며 쌍방 관계는 거시적 틀 안에서의 "천조예치체제의 질서가 아니었던 것이다."[16]

원과 명의 교체시기에 이르러 고려의 공민왕은 반원친명(反元親明) 정책을 실시할 것을 주장하였지만 친원파들의 반발로 고려왕조는 친원과 친명 두 파로 갈리게 되었다. 당시 명이 고려에 압력을 가해 두 나라 간의 긴장이 고조되자 고려 왕조는 요동정벌을 결정하였다. 그러나 반대파 이성계는 군대를 되돌려 쿠데타를 일으킴으로써 고려 왕조의 멸망을 재촉하게 되었다. 명과 청의 교체기에 이르러 조선 왕조는 처음에는 명과 청의 사이에서 중립적인 외교정책을 펼치지만 인조반정 후 친명배금(親明排金)으로 정책을 전환하고, 결국 이러한 외교노선은 후금으로부터 청 초에 이르기까지 두 차례 내침을 초래하였다.

이러한 역사적 경험은 비록 당나라 중엽 이후 중국과 한반도가 하나의 국제체제를 형성 유지하여 왔지만, 그것은 항상 중국 정국의 영향을 받아왔으며, 한반도의 왕조가 중국의 왕조교체기마다 진통을 겪은 후 다시 새로운 중국 왕조를 중심으로 하는 질서에 편입되곤 했다는 사실을 보여주고 있다. 그러나 결국 이러한 진통은 기존의 질서체제를 고집하거나 새로

---

16) 앞의 책, p.183.

운 질서체제를 수립하기 위해 벌인 과도기적 갈등과 충돌이었다고 할 수 있다. 다시 말하면 이러한 과도기를 거친 후 중국에서는 왕조에도 불구하고 역사적인 예치체제의 성격에는 본질적인 변화가 일어나지 않았다는 것이다. 일단 다시 새로운 왕조가 자리를 잡고 체제가 확립되면 중국과 한반도 쌍방은 이 체제를 복원하고 수호하기 위한 노력을 기울여 왔다. 중국은 체제와 질서의 중심국으로서 이 체제와 질서의 유지를 왕조 이익의 한 부분으로 간주하였으며 한반도 역시 이것을 국가이익의 차원에서 다루어 왔다고 할 수 있다. 16세기 말 명나라가 두 차례나 조선에 파병을 한 것은 물론 중국에 대한 일본의 침략을 막기 위한 것도 있지만 더욱 중요한 것은 바로 이 체제와 질서를 수호하기 위한 것이라고 할 수 있다.

1588년에 100여 년의 전국시대를 종식시키고 일본을 통일한 도요토미 히데요시(豊臣秀吉)는 1592년 20만의 대규모 병력을 동원하여 조선을 침략하였다. 부산에 상륙한 일본군은 파죽지세로 북상하여 서울과 평양 등을 점령하였다. 히데요시는 조선을 침략한 후 명나라에 쳐들어가 명나라를 쓸어버리고 일본 · 조선 · 명 삼국을 하나로 통합하는 것이 자기의 숙원이라며 조선침략의 목적을 밝혔다.[17] 그가 바라는 것은 중국과 조선을 포함한 일본 대제국을 세워 '불멸의 업적' 다시 말하면 중국 중심의 동아시아 질서를 무너뜨리고 일본에 의한 질서를 세우려고 했던 것이다.

당시 일본의 국력과 군사력으로 중국대륙을 넘본다는 것은 어불성설이었지만 조선의 사정은 달랐다. 일본에 대비한 조선은 너무나 약했다.

---

17) 王芸生,「中朝一家」, 大公報出版委員會,『朝鮮戰局與世界形勢』(上海大公報出版社, 1951), p.4에서 재인용.

조선은 중국 중심의 국제질서 속에서 안주하고 있었다. 오랜 태평세월 속에 군사는 싸움에 익숙하지 않았고, 조선 국왕 또한 전쟁에 대비하지 않았다. 결국 기강이 서지 않은 군대는 일본군의 맹렬한 진공을 막을 수 없었고 패퇴를 거듭하였다. 조선의 국왕이 명나라에 정세가 급박함을 알리자 명은 "조선은 명의 울타리와 같으니 반드시 조선을 지원하지 않으면 안 된다"고 하면서 파병을 단행하였다.[18]

조선에 대한 파병에 대해 당시 명의 조정에서 극소수가 반대하였지만 대다수는 일본의 조선 침략을 중국을 겨냥한 것으로 인식하고 중국과 한반도 간의 이해관계가 순치(脣齒)의 관계이며, 이웃을 구하는 것이 바로 자기를 구하는 것이라는 것, 도의적으로 보나 전략적으로 보나 출병을 하지 않으면 안 된다는 점에 생각을 같이하고, 결국 파병을 결정하게 되었다.[19]

1594년 9월 명나라는 일본군과 제1차 화의를 맺고 대부분의 군대를 철수시켰지만 1597년에 히데요시가 또다시 조선을 침략하자 명은 재차 조선에 병력을 파병하였다. 일본군은 중조 연합군에 패퇴하였고, 히데요시의 죽음을 계기로 7년이나 계속되었던 일본의 침략전쟁은 실패로 막을 내리게 되었다. 그러나 명나라 역시 두 차례나 되는 조선원조 전쟁으로 막대한 대가를 치를 수밖에 없었다. 『명사』(明史)에는 명나라가 "조선에서의 왜란 7년 동안 수십 만의 군대를 잃었고 군비를 충당하면서도 아직까지 승산이 없다."[20]고 적고 있다. 이와 같이 국력과 기력을 소진하는

---

18) 楊國楨・陳支平, 『明史新編』(人民出版社, 1993), pp.245~246.

19) 周一良 編著, 『中朝人民的友誼關係與文化交流』(北京: 開明書店, 1951), p.37.

20) 『明史』, 卷三二二, 「日本傳」, 楊國楨・陳支平, 『明史新編』(人民出版社, 1993), p.247.

전쟁으로 명왕조의 변방은 더욱 허약해졌고 정치적 위기를 맞이하게 되었다.[21]"고 역사는 기록하고 있다. 즉 명은 원조전쟁(援朝戰爭)으로 국력이 쇠진한 틈을 타서 동북에서 성장한 청(淸이)라는 새로운 적수를 맞이하게 되었던 것이다.

홍콩학자 황지연(황즈리엔, 黃枝連)은 임진년 일본의 조선 침략전쟁은 천조예치체제에 대한 일본의 엄중한 도전으로서, 그것은 천조예치체제가 동아시아에서 전개된 이래 처음으로 직면한 전례 없는 도전[22]이었다고 지적하고 있다. 그에 따르면 도요토미 히데요시의 침략행위는 한반도와 대륙, 나아가서 아시아 기타 지역을 정복하여 새로운 국제관계 체제를 수립하려는 데 목적이 있는 것이었다는 것이다. 그렇지만 위에서 밝혔듯이 당시의 일본이 중국 대륙을 넘겨 보기에는 역부족이었다. 결국 명나라 조정은 "조선인이 왜를 끌어들여 요동을 범하려 한다"는 요언(謠言)과 의구심을 물리치고, 막대한 대가를 지불하며 군사를 동원하여 조선을 지원하기로 결정하였다. 이는 물론 자체의 국가안전을 도모하기 위한 면이 없는 것은 아니지만 보다 중요한 것은 "조선이 건국 이후 중국에 대한 예의와 성의를 다하여 왔고, 또 대명률을 쓰고 대통력을 대대로 사용하면서 모든 면에서 중화를 숭모(崇慕)하였기 때문이었다"[23]고 할 수 있는 것이다. 이것은 국제체제와 문화라는 시각에서 명나라의 참전 원인을 심층적으로 밝힌 것이라고 할 수 있다. 이에 대해 황지연은 "이러한 의미에서 조선인과 중국인이 치른 전쟁은 천조예치체제를 수호하기 위

---

21) 楊國楨 · 陳支平, 앞의 책, p.247.

22) 黃枝連, 앞의 책, p.421.

23) 앞의 책, 代序 p.Ⅷ.

한 위도전쟁(衛道戰爭)으로서, 그것은 동토(東土: 동방의 나라, 즉 한반도) 수 천리가 금수(禽獸)의 땅으로 전락하는 것을 막기 위한 것이었다"[24] 고 규정하였다.

요컨대 당나라 중엽부터 근대에 이르기까지 중국과 한반도의 관계는 이 천조예치라는 국제체제와 질서를 중심으로 전개되어 왔으며, 명나라가 두 차례에 거쳐 조선에 파병 역시 중국 중심의 국제질서와 체제를 수호하기 위한 것이었다고 할 수 있다는 것이다.

제3절 지정학적 구조와 그 변화
순망치한의 관계

19세기에 이르러 외국자본주의 세력이 물밀듯 중국을 침입하기 시작하였다. 영국이 일으킨 아편전쟁은 청조 통치자들의 매국투항으로 막을 내리고 중국은 반식민·반봉건사회로 전락하였다. 세계의 모든 식민지를 분할한 후 제국주의 열강은 반식민지 중국을 쟁탈하기 시작한 후 자신도 지켜내기 어려운 상황에서 중국이 유명무실해진 천조예치체제를 수호한다는 것은 더욱더 어려운 일이었다.

한반도도 제국주의 열강의 침탈에서 예외가 아니었다. 프랑스·영국·미국·러시아 등 열강은 함선을 동원하여 무력으로 조선의 문호를 개방하고자 하였다. 그러나 대원군 통치하의 조선 정부는 쇄국정책을 강

---

24) 위와 같음.

행하면서 중국을 제외한 모든 나라들과의 통상을 엄금하였다. 중국이 핍박에 의해 구미 각 국에 문호를 개방한 후에도 조선은 여전히 이들과의 교섭을 거절하였으며, 서방의 자연과학, 기독교 등도 중국을 통하여 받아들였다. 일본의 개항 후 조선은 외국과 내왕하는 일본을 경계하면서 일본과 접촉하지 않겠다는 방침을 취하고, 1869년 양국의 국교를 회복하자는 일본의 요구를 거절하였다.[25] 이에 대해 일본은 정한론(征韓論)을 내세우고 무력으로 조선의 문을 열기 위해 1875년에 운요호(雲楊號)를 조선에 보내 강화도사변을 도발하였다. 그리고 이 사건을 구실로 또다시 여섯 척의 군함을 파견하여 조선 정부를 압박하여 1876년 2월 조선의 첫번째 불평등조약인 강화도조약을 체결하였다.[26]

당시 청조는 자본주의 열강의 침략과 그 자신의 부패로 국력이 쇠퇴하였고 백성들은 도탄에 빠져 있었다. 이러한 상황에서도 청조는 조선에 대한 전통적인 영향력을 유지하기 위하여 필사적으로 노력하였다. 그러나 당시 한반도에 발을 들여놓은 열강은 일본뿐만이 아니었고, 대세를 바꿀 수 없음을 인식한 청조는 열강 간의 갈등을 이용하여 한반도에서의 지위를 유지하고자 하였다.

강화도조약 후 미국은 일본을 통해 조선과의 접촉을 시도하였지만 조선은 이를 번번이 거절했고, 조선을 독식하고자 했던 일본 또한 미국의 요청에 큰 관심을 기울이지 않았다. 미국의 의도를 간파한 청조는 미국의 힘을 빌려 조선에 대한 일본과 러시아의 영향력을 견제하고자 하였다. 당시 일본주재 청국 공사관 참사 황준헌(黃尊憲)은 『조선책략』에서

---

25) 신국주, 『한국 근대 정치외교사』(탐구당, 1976), p.26~33.
26) 신국주, 『한국 근대사 재평가』(정우당출판, 1994), p.6.

조선이 러시아에 방비할 것을 당부하면서, 러시아를 견제하기 위하여 조선이 '친중국, 결일본, 연미국'(親中國 結日本 聯美國)할 것을 건의하였다. 그가 보기에 한반도 문제는 이미 중국 한 나라가 좌우할 문제가 아니었던 것이다. 이처럼 청은 한반도 문제를 복잡한 국제관계를 속에서 고려하기 시작하였고, 조선 역시 새로운 국제관계 속에서 이이제이의 지정학적 전략을 구상하게 되었다.

바로 이러한 인식 위에 이홍장(리홍장, 李鴻章)은 조선이 미국과 수호통상조약을 맺을 것을 제의하였다. 1881년에 조선은 김윤식을 중국에 파견하여 이홍장과 미국과의 조약체결 문제를 상의하게 되는데, 사실상 조선과 미국의 담판을 주도한 이홍장은 1882년 '조미수호통상조약'의 체결을 성사시키면서 동 조약에 "조선이 청의 속방"이라는 조항을 삽입할 것을 주장하였다.[27] 이홍장으로서는 역사적으로 당연시되었던 조선에 대한 지배적인 지위를 새로운 국제질서 속에서 확인하고 지키고자 하였던 것이다. 이것은 청조가 조선과의 전통적인 체제와 질서관계를 수호하고 국제적인 승인을 받기 위한 필사적인 외교적 노력이었다. 그러나 이러한 요구는 미국에 의해 묵살되었고, 미국의 힘을 빌려 일본과 러시아를 견제하려던 이홍장의 구상도 결국은 빛을 보지 못하였다. 미국이 조선에 대해 취한 정책은 '불개입'과 '친일'의 입장으로, 그 후 갑오 중일전쟁과 러일전쟁에서 미국은 모두 일본의 입장을 지지하였다.

한편 일본은 뚜렷한 목적을 가지고 있었다. 그것은 한마디로 아시아를 정복하려던 히데요시의 꿈을 이루는 것이었다. 이를 위해 일본은 먼저

---

27) 박은봉, 『한국사 100장면』(도서출판 가람기획, 1993), p.247.

중국과 한반도에서의 주도권 쟁탈에 나서게 되었다. 당시 선견지명을 가진 중국의 많은 지식인들은 이미 한반도 지정학의 성격의 변화와 그 중요성을 인식하고 있었다. 혹자는 "조선이 없으면 동북3성이 무사할 수 없다"고 생각하고 있었고, 혹자는 조선의 중국에 대한 중요성은 유구(琉球)에 비할 바가 아니라고 하면서 "유구는 중국의 발톱과 머리카락이지만 고려는 중국의 팔꿈치와 같다. 발톱과 머리카락은 비록 사람 몸에 달린 것이지만 그것은 베거나 잘라도 크게 아까울 것 없다. 그러나 사람이 팔꿈치를 아까워하지 않고, 그것을 자르거나 벨 수 있겠는가"라고 지적하기도 하였다. 또한 일부 인사는 일본이 조선을 점령한 후 "철갑선으로 압록강을 오가며 포성을 울릴 때 중국이 남의 일처럼 무사태평하게 지낼 수 있을 것인가"라고 경각심을 환기하기도 하였다.[28]

이렇듯 중국과 한반도의 관계는 이미 '이와 입술'처럼 공동운명체가 되어가고 있었으며 일본과의 정면대결은 이미 피할 수 없는 단계에 접어들고 있었다. 1894년 조선에 동학혁명이 일어나면서 청 정부는 조선의 요구에 의해 병력을 파병하였다. 그러나 청군이 조선에 도착하였을 때에는 동학군은 첫 봉기에 실패하고 패퇴한 뒤였고, 결국 청군이 맞부딪친 것은 조선의 동학군이 아니라 중국의 조선 파병을 빌미로 한반도에서 중국을 밀어내어 히데요시의 꿈을 이루려는 일본군이었다. 결국 중국이 이 전쟁에서 패전함으로써 천조예치체제는 철저히 붕괴되었고 중국은 한반도라는 무대에서 주도권을 상실하였다.

이제 중국과 한반도의 관계도 더 이상 공통의 체제를 수호하기 위한

---

28) 周一良 編著, 앞의 책, pp.43~46.

관계가 아닌, 양국의 안전과 존망을 지키기 위해 상호의존하는 '순망치한'의 관계로 질적인 전환을 하게 되었다. 즉 두 나라의 안위가 밀접한 관계를 갖게 되었다는 것인데, 조선의 안위는 중국의 안위와 직결되었고 역으로 중국의 흥망성쇠는 조선의 안위와 직결되게 되었으며, 그 후의 양국관계는 이러한 지정학적 운명을 중심으로 전개되었다.

중국·러시아·일본 사이에 위치한 근대 한반도는 점차 대국의 각축장이 되었으며 '동방의 발칸'으로 불리어 왔다. 1894년의 갑오 중일전쟁, 1904년의 러일전쟁은 모두 한반도를 둘러싸고 일어난 전쟁이었으며 일본은 한반도를 발판으로 중국을 침략하였다. 현대에 들어서 한반도는 중국뿐만 아니라 주변국에도 매우 중요한 지정학적 영향력을 갖게 되었다. 미국기자 스톤이 지적했듯 "일본은 조선을 대륙에서 내민 권총으로, 중국인은 한반도를 일본이 대륙을 침략하는 교두보로, 러시아인은 한반도를 블라디보스토크에 대한 위협으로 미국은 한반도를 공산주의의 확장을 막고 억제전략을 실시하는 요충지로 간주하였다"는 것이다.[29]

중국 중심의 국제질서가 깨진 후의 근현대사 역사는 중국이 약국으로 전락하고 해양세력의 진출 목표가 되면서 중국의 안전에 대한 한반도의 지정학적 중요성이 크게 부각되었다는 것을 잘 보여주고 있다. 바로 이러한 이유로 중국은 냉전 종식 전까지 한반도가 독립자주국가가 되어 해양세력의 대륙진출을 막는 완충지대로서 기능하느냐의 여부를 중국의 안보와 직결되는 문제이며 극동지역의 세력균형을 유지하는 데 있어서 지극히 중요한 문제라고 인식해 왔던 것이다.

---

29) I. F. 斯通, 南佐民 等譯, 『朝鮮戰爭內幕』(浙江人民出版社, 1989), p.38.

제3장
중국에서의 항일 독립운동과 '양국 4자 관계'의 형성

한반도가 36년 일본의 식민통치를 받는 동안 국내의 항일 독립운동은 지하로 잠입해 들어가게 되고 일부 인사들은 중국 · 미국 · 소련 · 일본 등 해외로 무대를 옮겨 독립운동을 전개하였다. 특히 일본이 한바도를 발판으로 중국의 동북 지방을 손아귀에 넣고 중국 대륙에 대한 전면적 침략전쟁을 도발하게 되면서 중국은 항일투쟁의 주요한 무대가 되었다. 중국에서 전개된 이러한 한국인들의 독립운동은 격변하던 중국 정세에 영향을 받지 않을 수 없었으며, 국제정세의 변화, 양국의 지정학적 요소, 중국의 국내정치적 요소, 한국 독립운동의 내적 요인 등에 의해 한국의 독립운동은 점차 두 개의 진영, 즉 '공산주의 진영'과 '민족주의 진영'으로 갈라지기 시작하였다.[1] 그리고 전자는 중국공산당, 후자는 국민당 정부와 밀접한 관계를 맺게 되었고, 이 두 정치세력은 전후 한반도 남과

---

[1] 한국 독립운동 시기의 두 진영은 개념적으로 두 가지로 나누어 볼 수 있다. 하나는 임시 정부 내의 두 진영이고 다른 하나는 전체 독립운동에서 상이한 이데올로기를 대표한 민족주의와 공산주의 진영이다. 여기서는 후자를 가리킨다.

북의 정치 판도를 좌우하는 주요 세력이 되었다.

제1절 중국공산당과 한인 공산주의자들

동북항일연군(東北抗日聯軍)[2]의 핵심 장군이었던 주보중(저우빠오중, 周保中)은 "10월 혁명 후에 많은 조선 동지들이 중국에 망명하여 중국혁명에 참가하였다. 당시 일본에 건너가 군사지식을 배우기 어려웠던 많은 조선의 동지들이 중국의 운남(원난, 云南), 황포(황푸, 黃埔), 보장(빠오딩, 保定) 등 군사학교에서 학습하였다. 광주 폭동[3] 때는 최용건 동지가 지휘한 160여 명 조선동지들이 거의 모두 다 희생되었다. 그들은 중국 인민의 마음속에 인공적으로 쌓을 수 없는 기념비를 세웠다"[4]고 말하였다. 김일성 역시 중국은 "과거 항일투쟁에서 조선의 많은 혁명 간부와 의용군을 양성하였다"[5]고 술회한 바 있다.

1. 동북항일연군과 한인 공산주의자들

1910년 일본이 한국을 병탄한 후 나라를 잃은 수많은 한국인들이 중국의 동북 지방으로 이주하게 되었고, 그 후 일본은 한반도를 중국 침략의

---

2) 중국공산당이 이끌던 중국의 동북인민항일 무장세력이다. 1933년 5월에 '동북인민혁명군'이라는 이름으로 세워졌고 1936년 2월에 '동북항일연군'으로 개칭하였다.(역자)

3) 1927년 12월 11일 중국공산당이 광동성(廣東省) 광주(廣州)에서 일으킨 무장봉기로. 12월 12일 국민당군의 반격으로 실패하였다.(역자)

4) 趙素芬, 『周保中將軍傳』(解放軍出版社, 1988), p.484.

5) 「金日成將軍會見記」, 『新華月報』(1951. 4), p.1227.

기지로 만들기 위하여 집단이민의 형식으로 많은 한국인들을 강제 이주시켰다. 1930년대에 이르러 동북의 한국인 인구는 200만에 달하였다.[6] 일본 제국주의의 박해는 잔혹했고 반일정서가 지극히 높았던 동북 지방의 한민족은 수많은 항일단체들과 항일명장들을 배출하였다. 1920년 홍범도를 수반으로 하는 여러 갈래의 독립군 연합부대는 길림성의 왕청현 봉오동(汪淸縣 鳳梧洞)과 화룡현 청산리(和龍縣 靑山里)에서 일본군과 격전을 벌여 혁혁한 전과를 올렸다. 그 후 이에 대한 보복으로 일본군은 동만(東滿) 일대에서 대대적인 토벌을 벌이고 대학살을 감행하였다. 일본군의 이른바 '경신대토벌'(庚申大討伐)에서 3,500여 명이 희생되었고 5,058명이 체포되었으며 2,500여 채의 가옥이 불에 탔다.[7] 그러나 이러한 시련에도 불구하고 한민족의 항일무장투쟁은 줄기차게 계속되었다.

1925년에 성립된 조선공산당은 흑룡강의 영안(닝안, 寧安)에 조선공산당 만주총국을 설치하여 동만, 남만, 북만에 기층당 조직을 건설하였다. 그러나 1928년 코민테른이 '일국일당의 원칙'을 천명하면서 조선공산당은 해체되었다. 그 후 중국공산당은 많은 한국 공산주의자들을 받아들여 동북 지방에서의 역량을 강화하게 되는데, 1931년 11월 현재 동북 지역 중국공산당 당원 총 2,000여 명 중 한국인이 85% 이상을 차지하게 되었다. 중국공산당 만주성 위원회는 동만과 북만, 남만 지역의 각 현(縣)에 지속적으로 현 위원회를 조직하였고 많은 한인들이 현 위원회의 서기를 역임하였다.[8]

---

6) 『延邊日報』(1991. 9. 6).

7) 『吉長日報』(1920. 11. 10, 15, 19).

8) 『延邊日報』(1991. 9. 6).

9·18사변[9]이 터지면서 중국공산당은 동북 각지에서 항일 무장부대를 조직하게 되었다. 연변지구의 경우에도 중국공산당 동만 특위(東滿特委)의 지도하에 각지에서 항일유격대를 조직하였다. 1933년에는 "중국노농홍군(勞農紅軍) 제32군 동만 유격대"가 창설되었고[10] 동만 항일근거지에는 각 급 소비에트 정권이 수립되었다. 당시 중국 남방의 중국공산당 핵심 근거지를 제외한 지역에 소비에트 정권이 거의 전무했다는 점을 감안하면 이러한 사실은 ─물론 러시아를 지척에 두었기 때문에 러시아 10월 혁명의 영향도 무시할 수는 없었지만─ 동만 일대의 항일투쟁과 중국공산당의 관계를 잘 읽을 수 있는 대목이 아닐 수 없다. 당시 유명한 항일유격대로는 반석(盤石) 유격대, 동만(東滿) 유격대, 주하(珠河) 유격대, 영안(寧 安) 유격대, 탕원(湯原) 유격대, 요하(饒河) 유격대 등이 있었다. 1935년 동북항일연군이 창설된 후 이들 유격대는 각각 항일연군의 제1군, 제2군, 제3군, 제5군, 제6군, 제7군의 모태가 되는데, 약 20여 만 명의 병력과 각종의 경무기와 중무기를 보유하고 있었다. 이들 부대에는 많은 한국인들이 있었고 적지 않은 사람들이 중요한 직책을 맡고 있었다. 예컨대 반석유격대는 1932년에 중국인과 한인들이 하마하자(哈馬河子) 일대의 반일 폭동 중에 조직된 것으로, 이 부대를 조직하고 지휘한 사람이 바로 중국공산당원이며 한인인 이홍광(李紅光)이었다. 이홍광은 후에 항일연군 제1군 참모장을 맡았으나 일본군과 위만군(僞滿軍)[11]과의 전투에서 희생되었다.

---

9) 1931년 일본 제국주의가 중국 동북 지방을 침략하기 위하여 심양(瀋陽)에 있는 중국 동북군을 공격하고 심양을 점령한 사건이다.(역자)

10) 『延邊朝鮮族自治州概況』(延邊人民出版社, 1984), p.71.

11) 위만군(僞滿軍)은 당시 일본이 세운 위만주국의 군대를 가리킨다.(역자)

당시 김일성은 항일연군 제1군의 한 사단의 사단장(師長)으로 있었다. 동만유격대는 항일연군 제2군의 전신으로 동만 지구의 한인이 절대다수를 차지하고 있었다. 김책(金策)은 조상지(짜오샹즈, 趙尙志) 장군 휘하의 항일연군 제3군에서 정치부주임을 맡고 있었으며 이복림(李福林)은 제1사단 사단장을 맡고 있었다. 항일연군 제6군 제1사 사단장 마덕일(馬德一), 정치부주임 서광해(徐光海) 등도 한민족 지도자로서 이들은 일본군과의 전투에서 모두 목숨을 잃었다.[12]

1937년 일본군은 네 개 사단의 병력을 동원하여 '삼강성(三江省)[13] 대소탕'을 감행하면서 정치·군사적으로 투항을 권유하고, 식량과 의복을 원천적으로 봉쇄하면서 항일연군을 맹렬히 압박·공격하였다. 1939년에 이르기까지의 반(反)소탕 전쟁에서 항일연군은 병력의 절반 이상이 감소되고 30여 명의 사단장 이상의 간부가 희생되는 등 심각한 타격을 받았다. 이후 항일연군에 대한 일본군의 공격은 더욱 잔혹해졌으며 양징우(楊靖宇)와 같은 항일연군의 고급 장교들이 차례차례 희생되었다.[14]

이러한 위기에 직면한 동북항일연군은 1942년 여름 주보중과 이조린(리자오린, 李兆麟)은 일단 부대를 보존한 후 일본군을 소멸하기 위하여 공동으로 부대를 소련 경내에 이동시켜 군사훈련을 할 계획을 세우게 되었다. 이에 따라 항일연군의 세 주력부대는 중소 변경지구에 야영지를 설치하고 집중적인 훈련을 하게 되었는데, 그 해 가을에 코민테른의 동

---

12) 趙琪·林洪,「中朝人民的革命友情」,『人民日報』(1950. 11. 13).

13) 1934년 일본이 세운 만주국은 중국의 동북 지방의 행정구역을 14개 성과 두 개 특별시로 구분하였다. 삼강성은 그 가운데의 하나로서 삼강평원에 있는 화촨(樺川), 푸진(扶錦), 쟈무스(佳木斯) 등이 포함되어 있다.(역자)

14) 『周保中文選』(雲南人民出版社, 1985), pp.122~126.

의를 거쳐 중국 동북 지방의 항일연군 부대들은 항련교도여단(抗聯敎導旅, 일명 국제여 또는 88여단)으로 개편되었다. 여기서 중보륭을 여단장에, 장수전(장셔우지엔, 張壽錢)을 부여단장 겸 정치위원에, 최석천(崔石泉, 즉 최용건)을 참모장에 임명하였고, 동시에 교도여단에는 중국공산당 동북 당위원회가 설립되어 최석천이 서기, 주보중, 빙중운(펑중윈, 馮仲云), 이조린이 위원이 되었다.[15]

김일성이 소련에서 소집되는 코민테른 회의에 참가하기 위해 부대를 이끌고 소련에 들어가서 항일연군 주력부대와 합류하기 직전, 항일연군 제1로군(第一路軍) 정치위원 겸 중국공산당 남만성(南滿省)위원회 서기였던 위증민(웨이쩡민, 魏拯民)은 병으로 거동을 할 수 없게 되자 김일성에게 그가 조선인민혁명군을 대표하는 동시에 항일연군 제1로군과 중국공산당 남만성위원회를 대표할 것을 위탁하였다고 한다.[16] 당시 김일성의 활동에 대하여 국내의 남양경찰서장은 상급기관에 김일성이 소련을 경유하여 연안에 들어가 모택동, 하룡(허룽, 賀龍), 강생(캉성, 康生) 등을 만나 소일전쟁이 시작될 경우 중공 군대와 항일연군이 합작하는 문제 등을 토의했으며, 김일성이 연안부근의 조선공산당원들을 접견하였다고 보고하고 있다.[17] 비록 오보이기는 하지만 김일성과 중국공산당과의 밀접한 관계를 짐작할 수 있는 대목이다.

소련의 극동지구에 세워진 국제여단(國際旅)에는 동북 중국공산당의

---

15) 楊蘇·楊美清, 『周保中將軍』(運南民族出版社, 1998), p.406.

16) 『김일성동지회고록: 세기와 더불어(계승본)』(평양: 조선노동당출판사, 1998), pp.52~53.

17) 『남양경찰서장이 함경북도 경찰부장에게 보낸 경찰자료』(1944. 2. 21), 위의 책, p.244에서 재인용.

주요 수뇌부와 동북에서 항일운동을 전개해온 한인 공산주의자들의 핵심이 집결하여 있었다. 두 민족의 공산주의자들은 동북의 항일무장투쟁을 함께 전개하였으며, 국제여단에서도 소부대를 조직하고 중국의 동북 지방에 침투하여 정찰활동 등을 전개하였는데, 주보중, 이조린, 김일성 등이 이런 소부대활동을 직접 지휘하였다고 한다.[18] 당시 주보중은 소련측 책임자들에게 보낸 편지에서 김일성이 남만 제1로군에서 유일하게 중요한 간부이며 양정우, 위증민 두 동지가 희생된 후 그가 남만 유격운동을 지도하면서 남만과 관련된 모든 문제를 계속 책임질 수 있다고 밝히고 있다.[19]

국제여단이 조직, 창설되던 시기에 동북항일연군에 대한 지도권 문제에 관해 중국 측과 소련 측의 갈등이 있었다. 처음 소련 극동 홍군 사령부와 당 위원회에서는 동북항일연군 각 부대와 당 조직을 통합하여 이를 소련 극동 홍군의 관할권에 두고 소련이 중국 측 항일연군의 총 사령관을 맡고자 하였다. 이에 주보중은 항일연군은 중국공산당의 지휘를 받으며 중국공산당의 항일노선을 집행해야 한다고 주장하였다. 그는 소련은 국제주의에 입각하여 다른 나라 인민혁명을 지원하는 차원에서 각국 공산당의 독립성을 보다 더 존중해야 할 것이며, 더 나아가 동북 항일연군 총 사령관은 절대로 소련 측이 맡을 수 없다고 강조하였다.[20] 당시 김일성은 주보중이 중국 혁명을 소련 혁명에 복종시키거나 소련 혁명의 부속

---

18) 楊蘇·楊美淸, 앞의 책, p.127.
19) 「1941年 9月 15日 王新林에게 보낸 周保中의 편지」, 앞의 책, pp.256~257.
20) 楊蘇·楊美淸, 앞의 책, pp.391~396.

물로 여기는 것을 허용하지 않겠다는 분명한 지지 입장를 표명하였다.[21]

1945년 7월 동북 당 위원회는 새롭게 개편되었다. 주보중을 서기로 한 새로운 중국공산당 동북임시위원회는 이조린, 최석천, 김책, 김광협(金光俠), 왕명귀(왕구이밍, 王明貴), 빙중운(펑중윈, 馮仲云), 팽시로(펑스뤼, 彭施魯), 노동생(뤼뚱셩, 魯東生), 강신태(姜信泰)와 왕일자(왕이즈, 王一知) 등 13명으로 구성되었다.[22] 그 가운데 최석천, 김책, 김광협, 강신태가 한인 공산주의자들이었다.

1945년 일본이 투항한 후 국제여단 중의 중국인과 조선인들은 소련군을 따라 중국의 동북 지방과 한반도로 진출하게 되었다. 일부 한인, 예컨대 강건(姜健, 즉 강신태), 박락권(朴洛權), 최광(崔光) 등은 중국의 동북 지역에 파견되었다. 소련을 떠나기 전에 주보중은 주둔지에서 동북항일연군 반공(反攻)준비 동원대회를 소집하여 "소련의 작전에 보조를 맞추어 일본 관동군을 소멸하며 전국 항전의 최후승리를 쟁취하자"는 제목의 보고를 하였다. 보고에서 그는 몇 가지 준비에 대한 구체적 방침을 제시하였다. 그것은 첫째, 도시를 점령하고 팔로군과 동북에서 회합하는 것, 둘째, 국민당이 미 제국주의의 지지를 업고 동북을 먼저 차지할 경우 항일연군부대는 농촌에 깊숙이 침투하여 대중을 동원하면서 동북을 지키기위한 유격전쟁을 벌이며, 나아가서 팔로군, 신사군과 협력하여 국민당의 진공을 물리치고 종국적으로 동북 지방과 전 중국을 해방한다는 것, 셋째, 팔로군이 국민당 군대에 막혀 동북으로 진출하지 못하고 동북이 국민당에 의해 완전 점령당할 경우 동북 지방에서 장기 유격전을 준비하며 국

---

21) 앞의 책, p.257.
22) 「周保中」, 『解放軍將領傳』(解放軍出版社, 1985), pp.242~245.

민당의 반동통치를 단호히 반대한다는 것이었다. 마지막으로 주보중은 동북에 진출한 후 당 중앙의 명령에 절대 복종하며, 팔로군, 신사군과 협동작전을 할 것을 강조하면서, 전체 항일연군 지휘관과 전투원들은 귀국한 후 혁명을 끝까지 수행하며 혁명을 위해 어떠한 일도 감내할 수 있는 사상적 무장을 해야 할 것이라고 호소하였다.[23] 이는 중앙당과 동북항일연군과의 소속관계를 분명히 밝혀주는 부분으로, 여기서 우리는 그가 당시 중국공산당 중앙과 연계가 단절된 상황에서 앞으로 동북에서 벌어질 공산당과 국민당의 대결을 정확하게 예측하고 있었음을 알 수 있다.

동북항일연군과 함께 동북으로 돌아 온 일부 한인 공산주의자들은 한민족이 집결되어 있는 지역에 파견되어 주보중이 제기한 방침을 관철하게 된다. 같은 시에 김일성은 주둔지에서 군사, 정치 간부회의를 소집하여 새로운 전략임무, 즉 건당(建黨), 건국(建國), 건군(建軍)의 3대 임무를 제기하였다.[24]

위에서 살펴본 바와 같이 동북항일연군과 동북에서 항일무장투쟁을 벌여 온 한인 공산주의자들은 매우 돈독한 관계를 유지하였으며, 이러한 유대는 그 후 중국공산당과 북한 관계의 기반이 되었다는 것은 의심할 바 없는 것이다.

2. 중국공산당과 조선독립동맹

1925년부터 1926년까지의 중국국민당과 공산당의 제1차 합작시기에 일부 한인들도 직접 북벌전쟁에 참가하였다. 그러나 1927년 국공 양당

---

23) 위와 같음.
24) 앞의 책, p.472.

의 합작이 결렬되고 광주봉기에서 황포군관학교에 있던 160여 명의 한인들이 희생되고 난 후 일부 혁명가들은 중국공산당의 해방구(解放區)로 들어가고 일부는 여전히 상해, 북경 등지에서 반제국주의운동을 전개하였다. 항일전쟁 기간 중 중국공산당의 대외 방침 중의 하나는 동방 민족이 단결하여 동방 각 민족의 반파쇼 통일전선을 수립한다는 것이었다. 한국독립운동에 대해서도 중국공산당은 역시 혁명투쟁에서 나타난 이전의 분열현상을 극복하고 전 민족의 일치된 항일전선을 결성할 것을 희망하였다.[25] 이와 같은 흐름 속에서 제2차 국공합작이 이루어지자 무한(武漢)에서 활약하던 조선민족혁명당, 조선청년전위동맹, 조선민족해방동맹, 조선무 정부주의자동맹 등은 연석회의를 열고 '조선민족연합전선'의 명의로 조선의용대를 결성하게 되었다. 무한이 함락된 후 민족혁명당은 광서(廣西)의 계림(桂林)으로, 청년전위동맹은 낙양(洛陽), 섬서(陝西)의 연안(延安) 등지로 흩어지게 되었다. 연안에 간 한국청년들은 역시 중국공산당의 항일 행렬에 가담하게 되는데 1940년 40여 명의 한국인 청년들이 항일군정대학을 거쳐나가게 되었다. 그들은 중국공산당의 홍군 시절에 중국공산당과 함께 싸운 한국의 오랜 혁명가들과 손을 잡고 팔로군과 신사군이 활동하는 영역의 전선에서 직접 항일무장투쟁에 뛰어들었다. 화북과 화중 전선에서 항일전선에 직접 참가하던 한인 청년들은, 1941년 1월에 산서성 동남부의 전투 중 '화북조선청년연합회'를 결성하였는데[26] 팔로군 부총사령관 팽덕화(펑더화이, 彭德懷)가 이 연합회 창립

25) 朱德, 「建立東方各民族的反法西斯統一戰線」, 『新華日報』(重慶), 1942. 1. 1.
26) 김일성종합대학 편저, 『朝鮮民族解放鬪爭史』(평양: 東方書社出版社, 1951), pp.133~135.

56   중국의 한국전쟁 참전 기원

대회에 참가하여 연설하였다. 그는 항일전쟁이 시작된 후 중국 내의 조선 청년들이 화북에서만 중국의 항일전쟁에 참가한 것이 아니라 이에 앞서 일찍이 동북에서 3,000여 명의 병력을 조직하였다고 지적하고, 3,000명이란 결코 작은 수효가 아니며 대단한 일이라고 평가하였다. 그는 조선은 반드시 광범위한 반일 민족통일전선을 결성하여야 하며, 민주적인 작풍과 불요불굴의 정신으로 조선 국내의 민중을 동원하면서 처절한 싸움을 벌여야 한다고 역설하였다. 그는 또한 투쟁에서 승리를 굳게 믿어야 한다고 강조하면서 중국공산당과 팔로군이 매우 어려운 상황에 처해 있기는 하지만 아무리 어려운 상황에서도 한결 같이 조선을 도울 것이라고 천명하였다.[27]

조선청년연합회는 창설된 지 반 년도 되지 않은 1937년 7월에 중국의 후방인 중경, 낙양 등지에서 온 조선혁명단체의 청년들을 받아들여 '조선의용군'을 결성하게 되었는데, 조선의용군은 팔로군, 신사군과 밀접한 관계를 가지고 있었는데, 조선의용군 화중지대(華中支隊)는 신사군 전체 지휘관, 전투원들에게 보낸 편지에서 자신들은 신사군과 함께 항일 민주 근거지를 지키기 위해 싸울 것이며, 항일 민주근거지는 신사군의 국토일 뿐만 아니라 조선 혁명인민의 제2의 고향이라고 주장하였다.[28]

1942년 조선청년연합회는 '조선독립동맹'으로 확대·발전하게 되는데, 조선독립동맹은 중국공산당의 열렬한 지지를 받으며 항일무장투쟁을 조직·지도하며 일본 제국주의에 대항하였다.[29] 팔로군 참모장 섭검

27) 『晋察冀日報』(1941. 1. 28).
28) 「朝鮮義勇軍華中支隊致新四軍全體指戰員書」, 『解放日報』(延安: 1942. 2. 2).
29) 김일성종합대학 편저, 앞의 책, pp.133~135.

영(예지엔잉, 葉劍英)은 일본군과의 싸움에서 희생된 조선의용군들을 추모하는 글에서 조선의용군은 팔로군, 신사군과 긴밀하게 협조 속에 투쟁을 전개하여 왔으며, 중국에서의 조선혁명의 핵심이자 반파쇼 투쟁의 새로운 역량으로 지대한 기여를 하고 있다고 치하하였다.[30] 중국의 저명한 작가인 숙삼(수산, 蕭三)은 조선의용군을 스페인공화군의 '국제군' (Interational Brigade)과 비견할 만하다고 칭송하였다.[31]

연안의 조선독립동맹과 조선의용군은 또한 섬감녕 변구(陝甘寧 邊區)[32]의 사업에 적극 참여하였으며 섬감녕 변구도 이들을 위하여 편의를 제공하였다. 1941년 11월 조선의용군 사령 무정(武亭)과 조일봉(趙一峰)은 섬감녕 변구 제2기 참의회 제1차 대회 참의원으로 당선되었다. 1942년 9월에 진기로예 변구(晋冀魯豫邊區)[33] 임시 참의회는 이대장(리따장, 李大章)과 등소평(덩샤오핑, 鄧小平)이 공동으로 제안한 '일본, 조선참의원 초빙안'을 통과시켰는데[34] 조선독립동맹 서기인 박효삼(朴孝三)이 동변구의 임시참의회 참의원에 당선되었다.[35] 한편 1943년 초 진서북행정공서(晋西北行政公署)[36]에서는 조선인의 혁명활동을 적극 돕기 위한 네가지 방침을 제정하였다. 거기에서는 화북조선독립동맹 진서북 분맹(晋西北分盟)과 화북조선의용군의 합법적 지위를 확인하였으며, 조선의 교

---

30) 葉劍 英,「悼朝鮮義勇軍陣亡同志」,『解放日報』(延安: 1942. 9. 20).

31) 蕭三,「紀念抗戰中在中國死難的朝鮮同志們」,『解放日報』(延安: 1942. 9. 20).

32) 항일전쟁시기 중국공산당의 중심근거지로서 일명 섬감 소비에트구역이라고도 함. 섬은 섬서성, 감은 감숙성, 영은 영하성을 약칭함.(역자)

33) 항일전쟁시기 중국공산당이 영도하는 적후 항일근거지 중의 하나. 산서성, 하북성, 산동성, 하남성의 변계(邊界)에 있음. 진·기·로·예는 각각 이 네 성의 약칭임.(역자)

34) 『解放日報』(延安: 1942. 9. 24).

35) 『解放日報』(延安: 1942. 9. 28).

36) 중국공산당의 항일근거지인 산서성 서북지역의 행 정부서.(역자)

민들이 근거지에 오는 것을 환영하였는가 하면 조선의 남녀 청년들이 근거지에서 학습하기를 원하면 그에 적합한 무료로 운영하는 각종 학교에 학교에 들어갈 수 있다고 하였다. 그 가운데 조선의용군이나 팔로군, 신사군에 참가하려는 사람은 각급 정부에서 소개를 해주며 조선혁명가들의 활동에 대해서는 여러 가지 편의와 도움을 제공한다고 밝히고 있다.[37]

같은 해 4월 15일에 진찰기 변구(晋察冀邊區)[38]의 행정위원회도 "중화민족과 연합하여 일본 제국주의와 싸우거나 전란을 피하여 이 지역에 오는 조선인민을 보호하기 위하여 '진찰기 변구 조선인민 우대방법'을 공포하였다.[39]

1945년 2월 5일 연안에 조선민족 해방을 위한 간부를 양성하는 위한 조선혁명 군정학교가 세워지고 김두봉(金抖奉)이 교장을, 박일우(朴一禹)가 부교장을 맡았다. 주덕(주더, 朱德), 오옥장(우위장, 吳玉章), 서특립(쉬터리, 徐特立)[40] 등이 개학식에 참가하여 연설을 하였다. 주덕은 조선 동지들이 민족통일전선을 어떻게 결성하는가를 배워 전체 조선인민을 단결하고 자신의 무력을 구축하며 민족의 독립과 해방을 이루기 위하여 군사, 정치 뿐만 아니라 경제와 생산도 배워야 할 것이라고 주장하였다. 아울러 그는 중국공산당의 풍부한 경험은 조선 동지들에게 참고가 될 수 있다고 지적하였다. 오옥장은 조선 혁명전사들의 수양에 대한 의견을 피력하면서, 개인영웅주의를 극복하고 일체는 대중을 위하는 입장

---

37) 『解放日報』(延安: 1943. 3. 29).

38) 항일전쟁시기 팔로군의 주요 전략지역임.(역자)

39) 「晋察冀邊區優待朝鮮人民辦法」, 『晋察冀日報』(1943. 4. 30).

40) 주덕은 당시 팔로군 총사령을, 오옥장은 연안 노신(魯迅)예술학원원장, 연안대학교장을 맡고 있었고, 서특립은 모택동의 스승으로 당시 섬감녕 변구 정부 교육청장 등의 직책을 맡고 있었음.(역자)

을 강화하며 모택동의 이론과 중국혁명의 실제경험을 학습할 것을 제의하였다. 한편 서특립은 학습방법에 있어서 중국혁명 경험을 학습하는 데 주의를 기울이되, 이를 맹목적으로 답습하기보다 그 정수를 이해함으로써 조선혁명의 현실에 맞게 학습할 것을 당부하였다.[41] 이 시기 미국 정보보고에서는 연안의 조선혁명 군정학교를 중국공산당이 전후 조선의 행정 간부를 양성하기 위해 창설한 것이라고 주장하고 있다.[42]

1945년 새해를 맞아 화북 조선독립동맹은 모택동, 주덕 총사령관, 팽덕화 부총사령관 및 팔로군과 신사군에 보낸 신년 축하 메시지에서 "조선독립동맹은 당신들이 세운 위대한 항일 민주근거지에서 당신들의 지도와 도움을 받으며, 당신들의 영용무쌍한 혁명정신과 작품을 배우며 4년을 성장해 왔다"[43]고 소회를 피력하였다. 이 메시지는 또한 중국공산당이 조선 인민의 훌륭한 벗이라는 것을 역사적 경험으로 증명하였다고 주장하면서, 조선독립동맹은 중국공산당의 정치적인 입장을 옹호하며 그와 동시에 중국이 하루 빨리 연합 정부를 수립할 것을 희망한다고 밝혔다. 아울러 그들은 연합 정부의 수립이 중국 인민의 해방뿐만 아니라 조선과 동북인민의 해방과도 관련이 되기 때문이라고 주장하였다. 조선독립동맹은 이를 위해 모택동의 연합 정부론을 번역하여 진지하게 학습하며 적 치하의 조선 인민에게 선전할 것이라고 언명하였다.[44]

세계적인 반파쇼전쟁이 승리를 거듭하고 항일전쟁의 승리가 임박하

---

41) 『解放日報』(延安: 1945. 2. 10).
42) James Irnving Matray 저, 구대열 역, 『한반도의 분단과 미국』(을유문화사, 1989), p.47.
43) 『解放日報』(延安: 1945. 1. 4).
44) 『解放日報』(延安: 1945. 7. 10).

자 조선독립동맹은 전후 한반도의 진로를 구상하기 시작하였다. 여기에서 지적할 것은 모택동의 신민주주의론이 조선독립동맹에 가장 큰 영향을 미쳤다는 사실이다. 중국공산당 제7차 당 대표대회에서 조선의용군 부사령인 박일우는 신민주주의론이 중국혁명을 지도할 수 있을 뿐만 아니라 조선인민혁명의 정치 · 군사노선과 조직노선 등의 중요한 문제를 해결하였다고 밝히고 있다.[45] 전후 조선독립동맹은 '조선신민당'으로 개칭하게 되는데, 이들은 전후 조선이 자산계급 민주주의 발전단계에 처해 있다고 규정하고, 민주정권의 수립을 혁명의 임무로 선언하였다.[46] 조선독립동맹 주석 김두봉은 일본의 항복 후 조선 국내외 각 당파와 단체 영수들에게 전보문을 보내 단결하여 새 조선을 건설할 것을 호소하였는데, 이는 바로 이러한 인식을 바탕으로 했던 것이다. 김두봉은 조선의 독립은 일찍이 카이로회의에서 결정된 것이지만 '적당한 시기'(in due course)[47]라는 부가조건을 단 것이라고 하면서, 그 시기의 길고 짧음은 조선의 각 당파와 단체들의 단결, 그리고 건국능력에 의해 결정되는 것이라고 하였다. 김두봉은 또 일본이 항복하고 동맹군이 조선에 진출한 이 시기의 가장 급선무는 일치단결하여 공동으로 민주적이고 행복한 공화국을 세울 준비를 하는 것이라고 하면서, 일치단결해야만 '적당한 시기'를 앞당길 수 있으며, 30여 년 동안 앞 사람이 죽으면 뒤 사람이 이어

---

45) 「王巍同志在中共七大大會上的發言」, 楊昭全 等編, 『關内地區朝鮮人反日獨立運動資料匯編』(遼寧民族出版社, 1987), p.1439. 王巍는 곧 박일우이다.

46) 『解放日報』(朝鮮: 1946. 3. 12~13).

47) 'in due course'에 대한 번역은 "적절한 절차를 거쳐서"(C. L. 호그, 『한국분단보고서』, 풀빛, 1992), 또는 '적당한 시기에'(소진철, 『한국전쟁의 기원』, 원광대학교 출판국, 1996) 등 여러 가지가 있다. 중국에서는 대부분 '일정한 시기에'(在一定的時期)로 번역되어 있다. 당시 한국의 독립을 승인하는 문제의 초점이 시간이라는 것을 감안해 여기에서는 '적당한 시기'로 옮긴다.(역자)

온 피어린 투쟁 속에 우리는 갈망하던 진정한 독립의 목적을 실현할 수 있다고 호소하였다.[48]

박일우는 중국공산당 제7차 당 대표대회에서 조선독립동맹의 임무는 간부를 하루 빨리 양성하고 조선인민의 항일무장대오, 즉 조선의 팔로군을 조직하는 것이라고 주장하였다. 그는 강대한 중국공산당은 동방 피압박 민족해방운동에서 결정적 역할을 할 것이며, 따라서 중국공산당의 승리는 곧 조선인민의 승리라는 입장을 피력하였다.[49]

조선독립동맹은 바로 이러한 인식을 가지고 있었기 때문에 국공관계에 있어서 중국공산당의 입장을 흔들림 없이 지지하였다. 반면 이들은 국민당이 전후 조선에서 그들이 관리하고 양성해온 인사들을 통해 반동적인 삼민주의를 실행하려 하고 있으며, 조선을 국민당의 식민지화하려는 음모를 가지고 있다고 주장하면서, 국민당이 조선을 점령하려는 것은 조선을 반공, 반소련 기지로 만드는 데 목적이 있다고 비난하였다.[50]

일본 패망 후 서울에 파견된 조선독립동맹의 한빈(韓斌)은 1946년 초 신민당의 한 대회에서 미국의 반동 침략정치가들은 미국 자본주의의 활로를 찾기 위해 태평양 연안의 여러 나라들을 자기들의 식민지로, 즉 태평양을 미국의 '내호'(內湖)로 만들려 한다고 주장하였다. 미국의 이들 반동정치가들은 중국이라는 시장이 없으면 미국 자본주의의 활로가 없다고 생각하고 있기 때문에 자기들을 맹목적으로 따르고 복종하는 장개석을 부추겨 중국의 내전에 참가하고 있으며, 미국이 반동정치가들의 책동

---

48) 『新華日報』(重慶: 1945. 9. 15).

49) 楊昭全 等編, 앞의 책, p.1439.

50) 앞의 책, p.1443.

으로 가장 파쇼적인 장개석을 지지하고 있다고 비난하였다.[51]

상술한 바와 같이 중국공산당과 조선독립동맹의 관계는 중국공산당과 동북의 조선공산주의자들의 돈독한 유대 관계와 더불어 전후 중국공산당과 북한 관계에서 또 하나의 튼튼한 기반이 되었다는 것을 알 수 있다.

제2절 중국국민당과 대한민국 임시 정부

1919년 3월 1일 한반도에서의 역사적인 항일독립운동이 일본군의 피비린내 나는 진압에 참담한 좌절을 겪은 후, 같은 해 4월 해외로 망명한 독립운동 지도자들은 중국의 상해에 모여 이승만을 국무총리로 하는 대한민국 임시 정부를 결성하였다. 임시 정부는 제2대부터 국무총리제를 대통령제로 바꾸어 이승만이 초대 대통령을 맡게 되는데, 1925년에는 박은식(朴殷植)이 이승만의 뒤를 이어 대통령이 되고, 같은 해 대통령제를 국무령제로 전환하였다. 1940년 제15대부터는 다시 주석제로 바꾸어 김구(金九)가 광복이 될 때까지 주석을 맡았다. 임시 정부는 중국의 항일 전쟁이 시작된 후 중국의 내지를 전전하다가 1940년 국민당을 따라 중경으로 옮겨가게 되었다.[52]

한국임시 정부 수립 후 손문(쑨원, 孫文)이 광주(廣州)에서 비상대통령으로 당선되었다. 1920년 12월 임시 정부는 여운형(呂運亨)을 광주에 파

---

51) 八·一五解放一周年紀念中央準備委員會,『反日鬪士演設集』(八一五解放一周年紀念中央準備委員會, 1946), pp.82~83.

52) 葛赤峰,『朝鮮革命記』(商務印書館, 1945), pp.20~25.

견하여 그의 취임을 축하하였고,[53] 이듬해 4월에는 다시 여운홍(呂運弘)이 이승만의 밀서를 가지고 광주의 손문을 찾아 한국독립운동을 지원해 줄 것을 요청하였다.[54] 다시 같은 해 9월에는 국무총리 대리 겸 외무총장인 신규식(申圭植)을 전권사절로 광주에 파견하여 호법 정부(護法政府)[55]와 직접 교섭하여 호법 정부의 외교적 승인을 받고자 하였다. 11월 3일 손문은 광주에 온 신규식을 접견하였다. 1911년 중국에 망명한 후 이듬해 동맹회에 가입하여 손문을 따랐던 신규식은 손중산 정부가 한국임시정부를 정식 승인할 것과 호혜평등의 입장에서 한국의 국권회복 운동을 원조해 줄 것을 요청하였다. 이에 손문은 중한 양국은 동문동종(同文同種)이며 본래 형제국으로서 유구한 역사 속에서 서로 돕고 의지하는 밀접한 관계를 형성하였는데, 그것은 마치 영국과 미국의 관계처럼 한시도 갈라놓을 수 없는 관계라고 화답하였다. 그는 중국은 한국의 국권 회복 운동을 원조할 의무를 가지고 있으며, 한국임시 정부를 승인하는 데 있어서도 원칙적으로 아무런 문제도 없다고 언명하면서 임시 정부에 대하여 깊은 동정을 표하였다.[56] 당시 자리를 같이 했던 호한민(후한민, 胡漢民) 비상대통령부 총참의(總參議)는 "한국은 동방의 발칸과 같아 한국 문제를 일찍 해결하지 않으면 아시아의 정세가 균형을 잃게 된다"[57]고 지적

---

53) 大正十年 一月 二十五日, 高警第1917號.(韓國) 金正明, 『朝鮮獨立運動』(二), pp.424~425.

54) 국사편찬위원회, 『日帝侵略韓國36周年史』(6), p.148, 楊昭全 等編, 앞의 책, p.651에서 재인용.

55) 1917년 국무총리 권좌에 오른 단기서가 '임시약법'(臨時約法)과 국회의 회복을 거절하자 손숭산이 광주에서 호법(護法)운동을 벌이며 세운 정부.(역자)

56) 楊昭全 等編, 앞의 책, pp.658~659.

57) 앞의 책, p.660.

하고 있는데, 이는 그가 이미 한반도의 지정학적 중요성을 정확하게 읽고 있었음을 보여주는 것으로, 여기에서 한국 문제의 해결이란 한국이 독립국가로서의 국권을 회복하며 아시아에서의 세력균형을 이루어야 한다는 것을 의미한다고 할 수 있다.

같은 해 11월 18일 있었던 호법 정부 북벌전쟁 출정식에서 비상대통령 손문은 한국임시 정부의 '국가사절'을 정식으로 접견하였고, 쌍방은 상호 승인을 하게 되었다.[58] 중국의 남북이 분열된 상태에서 한국임시 정부에 대한 손문 정부의 승인은 실질적 의미보다 정치도의적 의미가 중요했다고 할 수 있다.

손문이 서거한 후 국민당의 대권을 장악한 장개석은 한국임시 정부와 여러 면에서 연계를 가지게 되었다. 장개석은 일찍이 "중한 우의는 역사적으로는 수족과 같이 친밀했던 바, 앞으로는 더욱 밀접해져야 한다"[59]고 언명하였다. 그러나 한국임시 정부 내부의 분쟁과 4·12 반공산당 쿠데타 후 장개석이 공산당 토벌에 여념이 없었던 까닭에 1920년대 장개석과 한국임시 정부의 관계는 실질적인 진전을 이루지는 못하였다. 그 후 9·18사변이 일어나고, 윤봉길 의사가 상해 홍구공원에서 일본군 시라가와(白川) 대장을 암살한 후 한국임시 정부와 장개석 정부의 관계는 다시 밀접해지기 시작하였다. 장개석은 1933년 5월에 남경에서 김구를 만나 한국독립군을 양성해 주기로 약속하고 중앙군관학교 낙양(洛陽) 분교에 한국인을 위한 특별반을 설치하기로 하였다.[60] 후에 국민당 정부는 낙

---

58) 앞의 책, p.656.

59) 馬義, 『朝鮮革命史話』(自由東方社, 1946).

60) 국사편찬위원회, 『한국독립운동사』(四), p.70. 楊紹全 等編, 앞의 책, p.666에서 재인용.

양군사학교 제7분교 내에 한국인반을 정식으로 설치하였는데, 분교의 총 단장과 대장도 한국임시 정부의 이청천과 이범석이 맡았다. 1932년 이후 임시 정부의 실권을 점차 장악한 김구는 국민당 중앙조직부에 일본 군사정보를 수집하고 비밀 특무공작을 참여시켜 줄 것을 요구하였으며 국민당의 활동경비도 지원받았다. 그때부터 국민당은 한국임시 정부의 가장 유력한 지지자가 되었다고 할 수 있다. 그러나 당시 장개석 정부가 일본과 미묘한 관계를 유지하고 있었기 때문에 임시 정부에 대한 국민당의 지지는 유보적이고 비공개적인 것이었다.

1937년 7·7사변이 터진 후 중국에서 활동하고 있던 한국 독립운동 각 진영이 다시 활기를 띠게 되고 장개석 정부가 공개적으로 한국의 독립운동을 지지하기 시작하면서 점차 한국임시 정부에 대한 영향력을 강화하여 나갔다. 국민당의 관련 인사들이 고문의 신분으로 임시 정부내 각 파의 분쟁을 조정하기 시작하였으며 임시 정부 내 고급 직책의 인선과 정원배분 등 중요한 문제에도 관여하기 시작하였는데, 장개석 자신도 정견이 다른 김구와 김약산(金若山)을 각각 접견하여 한국 독립운동 좌우파의 합작을 권유한 바 있다.[61]

태평양전쟁이 발발한 후 장개석은 국민당 중앙당부 조직부에 '조선국권회복운동 협력 지도방안'을 제정할 것을 지시하고 이를 실시해 나갈 것을 승인하였다.[62] 1943년 7월 장개석은 한국임시 정부 주석 김구, 외무부장 조소앙(趙素昻), 선전부장 김규식, 광복군 사령관 이청천, 부사령관 김약산 등을 회견하는 자리에서 중국혁명의 최후 목적은 조선과 태국

---

61)『中國近代史論集』(30), 第二十六編(臺灣商務印書館), p.847.
62) 위와 같음.

을 도와 완전독립을 이루게 하는 것이라고 언명하였다.[63]

그럼에도 불구하고 국민당 정부는 한국임시 정부를 승인하는 문제와 관련하여 너무 일찍 승인하면 영국이 불쾌해 하고 미국도 그 영향을 받을 것이며, 너무 늦게 승인하면 소련이 두려운 딜레마를 안고 있었기 때문에 공식적으로 한국임시 정부를 승인하지 못하고 있었다.[64]

1944년 9월 김구는 장개석을 방문한 자리에서 중국 정부가 한국임시 정부를 합법적으로 승인하고 한국임시 정부에 대한 원조를 크게 늘려 줄 것 등 6개 요구안을 제기하였다. 이에 대해 장개석은 한국임시 정부를 승인하는 것이 국민당 정부의 방침임을 천명하고 시기가 성숙되면 우선적으로 승인할 것이라고 하면서, 활동경비 500만 원, 정무비 및 생활비를 매달 100만 원을 지원할 것을 약속하였다. 국민당 정부는 군사적·재정적으로도 한국임시 정부를 지원하였다. 1940년 한국광복군이 중경에서 창설될 때 한국임시 정부 내의 당파 분쟁이 광복군에 파급되자 장개석은 하응흠(허잉친, 何應欽)에게 한국광복군을 군사위원회에 소속시키고 참모총장이 이를 관할하도록 하였다. 이때부터 광복군의 통수권은 중국군사위원회에 속하게 되는데 이러한 조치는 1944년 8월에야 철회되었다. 그 후에 국민 정부는 다시 '한국광복군 원조방안'을 제정하였다.[65]

1944년 9월 14일 국민당은 한국광복군을 정식으로 한국임시 정부에 귀속시켰으며, 한국임시 정부에 대해 사실상의 승인을 하고 한국임시 정

---

63) 추헌수, 『한국독립운동』(1) (연세대 총판부, 1973), pp.414~415.

64) 『商討朝鮮問題會議紀錄』(1942. 8. 1.); 胡春惠, 『韓國獨立運動在中國』, 신승하 역, 『중국 안에서의 한국독립운동』(단국대학교 출판부, 1978, p.269.

65) 『中國近代史論集』(30), 第二十六編 (臺灣商務印書館), p.850.

부의 국권회복운동을 고무 · 격려하였다.[66)]

중국에서의 한국임시 정부의 주요 활동경비는 해외 독립단체들의 원조, 중국 사회민간 단체들의 찬조와 국민당 정부의 재정지원으로 충당되었다. 1940년대부터 한국임시 정부는 재정적으로 주로 국민당 정부의 지원에 의지하였다. 국민당 정부는 매달 한국독립당, 한국임시 정부 및 한국교민들의 생활비를 지급하였는데 1941년 겨울에 매달 6만 원을 지급하였고, 1942년 6월부터는 20만 원, 1943년부터는 50만 원, 1944년 9월부터는 100만 원, 1945년 4월부터는 300만 원을 지급하였다. 주목할 만한 것은 한국임시 정부 임원들이 1945년 말 개인자격으로 귀국한 후에도 국민당 정부는 재중 한국임시 정부 대표단에 이 경비를 지급하였을 뿐만 아니라 1947년 1월부터는 그 지급액을 1000만 원으로 증액하였다는 점이다. 이러한 재정지원은 1947년 10월 11일 재중 한국임시 정부 대표단이 해산될 때까지 계속 되었는데, 이것은 한국임시 정부에 대한 국민당 정부의 기대를 엿볼 수 있는 대목이다. 국민당 정부는 위에서 서술한 경상적 지출을 위한 경비 외에도 적지 않은 항목의 임시경비를 지원하였다. 예컨대 한국임시 정부 임원들이 개인 자격으로 한국에 되돌아갈 때 장개석은 이들에 대한 귀국경비 지급을 승인하였다. 거기에는 귀국 시 소요경비, 초기 사업비, 간부들을 각지에 파견하여 청년들을 조직 개편하는 데 필요한 경비 등이 포함되었는데, 이 지원금은 1억 프랑과 20만 달러 규모였다.[67)]

1944년 12월 국민당의 소육린(샤오위린, 邵毓麟)이 태평양학회 제9기

---

66) 張群 · 黃少谷 編, 『蔣總統對世界自由和平之貢獻』(臺北, 1968), pp.287~288.
67) 『中華民國史事記要(初稿)』(臺灣 中央文物供應社, 1945), p.396.

회의 및 유엔창립대회 참석차 미국을 방문할 때 김구는 국민당 비서장 오철성(우티에청, 吳鐵城)에게 편지를 보내 소육린이 미국에서 여러 면에서 대한사업(對韓事業)을 벌일 수 있도록 오철성과 국민당이 지원해줄 것을 희망하였다. 또한 김구는 소육린에게 한국임시 정부 고문의 자격으로 재미한인의 여러 파의 협조를 구해줄 것을 부탁하기도 하였다.

그 시기 미국의 한인들은 두 파로 갈라져 있었다. 하나는 이승만이 영도하는 '한국대표부'(Korean Commission)이고, 다른 하나는 그와 대립한 한시대(韓始大)가 영도하는 '한국연합위원회'(United Korean Committee)였다. 재미 한인들은 많은 파벌을 이루고 있었다. 이승만은 자기 조직이 중국의 한국임시 정부를 대표할 뿐만 아니라 전 한국, 나아가서 전 세계의 한인을 대표한다고 자칭하였지만, 대다수의 한인 파벌은 이승만을 반대하고 있었고, 이 사람들이 한국연합위원회를 조직하고 있었다.[68] 미국 체류 중 소육린은 이승만에게 조직을 개편하여 각 파를 아우르고 연합할 것을 제의하고 그를 설득하였지만 이승만은 이를 끝까지 거부하였다. 그는 말끝마다 자기를 반대하는 사람들은 모두 좌파가 아니면 공산당이라고 주장하면서 그들과 합작할 수 없다고 하였다.

이에 대해 소육린은 1945년 2월 24일 오철성에게 보낸 편지에서, "본인이 한인 각 파 대표들과의 의견 교환을 통해 얻은 결론은 미국 주재 대표 이승만의 독선과 무능이 단결을 해치는 주원인이라는 것이다. 때문에 한국연합위원회는 임시 정부에 거액의 자금을 지원하는 것을 꺼려하고 있었다. 한국대표부를 위원회로 개편하여 각 파를 묶으면 임시 정부를

---

68) 邵毓麟, 『使韓回의 憶錄』(臺灣傳記文學出版社, 1980), p.63.

전력으로 지원할 수 있을 것이다. 또한 본인이 국무성 간부와 이승만 주변의 사람들을 조사한 결과 모두 이승만의 태도에 불만을 품고 있었다. (중략) 미·영·소 세 강대국 회의에서 폴란드 문제를 다룬 경험에 비추어 러시아에 대처해야 한다. 한편으로 임시 정부가 기회를 보아 재러 한인들에게 협조를 호소하게 하면서 우리 정부가 외교를 통해 러시아의 의심을 희석시키고 폴란드의 전철을 밟지 않도록 해야 할 것이다"[69]라는 의견을 피력하였다.

해방 후 한국임시 정부 인사들이 개인자격으로 귀국하게 되자 장개석은 국민당 총재의 신분으로 김구를 환송하면서 한국을 전력 지원할 것을 약속하면서 한국이 즉시 독립되어야 한다는 것을 재차 천명하였다. 장개석은 한국이 독립과 자유평등을 이루지 못하면 중국도 독립과 자유평등을 이루지 못한다고 보고, 한국 문제를 중국과 밀접한 관계가 있는 절실한 문제로 인식하고 있었다. 김구는 장개석에게 그 자리에서 진립부(천리푸, 陳立夫) 또는 소육린을 한국 주재 중국 대표로 파견하여 모든 것을 협조해 줄 것을 장개석에게 요청하였다. 또 한국 문제에 관해 자기들이 전국을 통일하고 진정한 독립을 이루도록 끝까지 도와줄 것을 희망하였다.[70]

한국광복군 사령관 이청천은 상해를 방문하여 중국군사당국의 동의를 얻어 상해 주재 한국 광복군사령부 판사처(辨事處)를 설치하고, 일본군을 이탈한 한국 국적의 사병을 받아들여 상해지대(上海支隊)를 잠정

---

69) 위의 책, p.87.
70) 앞의 책, pp.599~601.

편성하였다.[71] 1945년 9월부터 중국의 전쟁지역에서 투항한 한국적 병사 약 5만 여 명을 모두 광복군으로 개편하여 건군(建軍) 훈련을 받은 후 1946년 해외 정규부대의 명의로 귀국시키고자 하였다. 그러나 이러한 계획은 미군정 당국의 거절로 무산되었다. 이들은 해산 후 개인 자격으로 귀국하여 후에 '광복청년회'로 발전되면서 한국 국군의 기반을 이루게 된다.[72]

한국임시 정부는 수립에서 귀국할 때까지 26년이라는 시간을 중국에서 보냈다. 이 기간에 장개석 정부는 임시 정부의 가장 유력한 지지자였으며, 이 과정에서 이들이 맺은 관계는 전후 장개석의 대한반도 정책에 중요한 기반이 되었다.

제3절 독립운동 두 진영의 갈등과 대립

한국 독립운동의 주요한 두 진영은 중국에서 이미 갈등과 대결의 불씨를 안고 있었다. 동북 지방의 조선공산주의자들은 주로 동북의 깊은 산림 속에서 게릴라전으로 일본군과 싸웠고 후에 소련으로 갔기 때문에 후방 도시 중경(重慶)에 있는 한국임시 정부와 접촉과 소통이 있을 수 없었다. 그렇지만 무엇보다도 경력과 이념의 차이가 이미 그들을 갈라놓았다고 할 수 있다. 또한 중국국민당의 중심부 중경과 중국공산당의 중심부

---

71) 앞의 책, pp.634~635.

72) 애국동지후원회, 『한국독립운동사』(애국동지후원회, 1956), p.381; 『中國近代現代 史論集』(30), (臺灣 商務印書館), p.851.

연안에 자리한 한국임시 정부와 조선독립동맹도 비록 항일전쟁시기에 공동의 통일전선을 결성하기 위하여 그 갈등이 표면화되지는 않았지만 이 두 진영은 조선의용군 총사령이었던 무정(武亭)이 이야기한 바와 같이 "정치적으로 아무런 연계를 가지지 않았으며"[73] 어떤 형식의 합작도 이루어보지 못하였다. 이 점에서 한국 독립 운동 두 진영은 두 차례의 합작을 이루었던 중국의 국공 양 진영과 다르다고 할 수 있다.

중국의 항일전쟁 기간 중 연안의 중국공산당과 중경의 국민당이 서로 다른 이념을 대표한 것과 마찬가지로 연안의 조선독립동맹, 동북의 공산주의자들과 중경의 한국임시 정부는 일본을 물리치고 독립을 성취하자는 데에 있어서는 목표를 같이 하였지만 서로 다른 이데올로기를 가지고 있어 이미 갈등 요소를 안고 있었다.

한국임시 정부가 성립되던 시기는 중국에서 공산주의운동이 일어나던 시기였다. 1920년대에 중국은 국공합작, 북벌전쟁, 장개석의 4·12쿠데타, 공산당의 무장봉기 등 폭풍과 같은 정치적 격변기를 겪고 있었다. 이 격변 속에서 한반도의 독립운동 역시 중국 정국의 영향을 받지 않을 수 없었다. 1927년 11월 순수 민족주의 세력의 안창호 등은 장개석의 '청당운동'(清黨運動)에 호응하여 상해에서 '한국유일독립당촉진회'를 결성하였고 1929년에는 한 걸음 나아가 '한국독립당'을 창실하여 상해 한국임시 정부 내 민족주의파의 핵심을 이루게 되었다.[74] 후에 안창호가 홍구공원 사건으로 체포된 후 한국독립당은 조소앙의 지휘 아래 좌익 인사의 '한국 대일전선 통일동맹'과 합병하게 되었고, 김구 일파는 이 당을 이탈

---

73) 「무정장군회견기」, 『조선인민보』(1946. 1. 14).
74) 坪江汕二, 『韓國獨立運動秘史』, 신승하 역, 앞의 책, p.193에서 재인용.

하여 따로 '한국국민당'을 창설하였다. 한국 독립운동에서 국수주의 집단으로 불리운 한국국민당은 그 취지가 한국의 전통문화를 발양하고 서방문화를 반대하며, 또한 공산주의와 사회주의를 철저히 반대하는 것이었다. 독립의 책략에 있어서도 이들은 소련과 합작하는 것조차 반대하였다.[75] 한국국민당의 성립은 중국국민당의 지지와 떼어 놓고 생각할 수 없을 정도로 절대적인 관계를 갖고 있었던 것이었다.[76]

1940년 한국임시 정부 안에서 경제적으로 한국국민당에 의지하던 조선혁명당, 한국독립당 등 우익 정당은 한국국민당과 합병하여 새로운 '한국독립당'을 창설하게 되는데, 이들 역시 한국국민당의 취지를 이어받게 되었다. 1943년 8월 장개석은 한국독립당을 지지하고 한국독립당의 지도적 지위를 확립할 것을 지시하였다.[77] 장개석이 당파가 난무하는 한국 독립운동 정당 가운데서 한국독립당을 중점적으로 지지하게 것은 그 역사적인 교류관계도 물론 있겠지만 보다 중요한 것은 이념적인 것이었다고 보아야 할 것이다.

중경의 한국임시 정부와 달리 중국공산당의 중심지역에서 활동하던 조선독립동맹은 이념적으로 한국임시 정부와 근본적인 차별점을 가지고 있었다. 중국공산당 제7차 대표대회에 보낸 축하전문에서는 조선독립동맹은 동맹이 중국공산당의 도움으로 성립되었음을 밝히고 있다. 또한 조선독립동맹은 "중국공산당의 25년간의 영웅적 투쟁경험, 특히 중국공산당의 수령인 모택동 동지의 탁월한 저작 『신민주주의론』과 영명한 영도

---

75) 『民國33年, 外交部情報司致中央秘書處的韓國黨派之調查與分析』, 앞의 책, p.196 에서 재인용.

76) 蕭錚, 『韓國光復運動之鱗爪』, 신승하 역, 앞의 책, p.196에서 재인용.

77) 위의 책, p.243.

작품(作風)은 우리 조선민족 해방운동의 지침"[78]이라고 인정하고 있는데, 이 동맹이 귀국 후 '신민당'으로 개칭한 것은 이 동맹과 중국공산당이 이념적으로 매우 밀접한 관계였음을 반영한 것이었다.

동북 지방에서 동북항일연군과 함께 항일무장투쟁을 벌이던 조선공산주의자들 역시 이념적으로 한국임시 정부와는 전혀 다른 이념적 지향을 가지고 있었다. 이것은 두 개 측면으로 설명할 수 있다. 하나는 그들 절대 다수가 중국공산당 당원이었다는 것, 다른 하나는 장개석에 대한 그들의 입장이 한국임시 정부와 전연 달랐다는 점이다. 1939년 동북항일연군 제7군 군장을 맡았던 최석천(즉 최용건)은 한 연설에서 장개석의 철저하지 못한 항일정책과 중국의 대지주, 대자본가를 대표하는 왕정위(왕징웨이, 汪精衛)의 투항이 일본 제국주의의 침략 야심을 조장하였다고 비난하였다. 그는 또한 일본 제국주의는 중일전쟁을 속히 끝내기 위하여 왕정위를 내세워 남경 괴뢰정권(僞南京政權)을 세우고 장개석에게 회유정책을 펴면서, 공산당과 소련을 반대하는 장개석의 반동성을 이용하여 중일전쟁을 반소·반공전쟁으로 몰고 가는 동시에 내전을 도발하는, 이화제화(以華制華)의 상투적인 수법을 쓰려 하고 있다고 지적하였다.[79] 이러한 주장은 분명히 한국임시 정부와 전혀 다른 입장이다.

두 진영은 다 같이 민족통일전선을 주장하였지만 이념적으로 다른 길을 걸었기 때문에 중국의 국공합작과 마찬가지로 항일 등 원칙적인 면에서도 역시 갈등을 드러내게 되었다.

---

78) 『解放日報』(延安: 1945. 7. 26).

79) 8·15해방 1주년기념 중앙준비위원회, 『반일투사연설집』(8·15해방 1주년기념 중앙준비위원회, 1946), pp.22~23.

1940년 조선독립동맹의 허정숙(許貞淑)[80]은 화북군정대학 제7분교에서 한 연설에서 이 두 진영을 비교·평가한 적이 있다. 그녀는 동북항일연군의 많은 조선혁명가들은 일본 제국주의와 20여 년의 무장투쟁을 진행하여 왔으며, 그 가운데 조선 민족에게 가장 익숙한 김일성은 일본 제국주의가 가장 골머리를 앓는 조선 민족의 영웅이라고 주장하였다. 그는 또 중국에서도 조선에서 오랫동안 투쟁을 하던 혁명가와 애국지사들이 장기적인 투쟁을 하고 있다면서, 그들의 대부분은 화북에서 팔로군에 참가하여 조선의용군의 이름으로 활동을 하고 있다고 밝히고 있다. 허정숙은 이른바 중경의 한국임시 정부는 임시 정부라는 간판을 지키는 것밖에 한 일이 없다고 주장하면서, 그들은 장개석의 도움으로 생존하면서 항일에는 참가하지 않고 있다고 비난하였다. 그들은 항일에 참가하지 않을 뿐만 아니라 국제파쇼의 뒤를 이어 한결같이 반공·반소에 전념하면서 조선의 진보적이며 민주주의적인 청년애국자들을 반대하고 장래 조선에 반공, 반민주주의적인, 지주계급과 낡은 통치계급을 대표하는 귀족정권을 세울 꿈을 꾸고 있으며, 또한 이러한 목적을 달성하기 위하여 국제 파쇼와 반민주주의와 결탁하여 중국의 진보적이며 민주적인 정당과 군대, 즉 중국공산당과 팔로군의 항일운동을 반대한다는 것이었다. 허정숙은 또 조선의 민주주의와 애국자들, 양심이 있는 일반 인민들은 기필코 반민주적인 독재정권을 세우려는 김구 등의 음모를 분쇄할 것이라고 천명하고 있는데,[81] 이와 같은 허정숙의 연설은 당시 중경의 한국임시 정부에 대한 조선독립동맹의 시각을 잘 보여주고 있다.

---

80) 허정숙은 후에 북한 문화선전부장을 역임하였다.(역자)
81) 8·15해방 1주년기념 중앙준비위원회, 앞의 책, pp.63~64.

전 조선의용군 총사령관 무정은 일본 패망 후 한 회견에서 한국임시 정부는 이름을 봐서는 정부 같지만 실질은 아니며, 더 정확히 말해서 이른바 '임시 정부'라는 것은 고유명사에 불과한 것으로, 그것은 국내외 혁명집단에 정권으로서의 아무런 보장 역할도 하지 않았다고 주장하였다. 또한 그는 정권이란 민족을 대표해야 하지만 임시 정부는 민족을 대표하여 일본 제국주의와 싸운 실천이 없으며, 있다면 오로지 윤봉길의 암살 사건뿐이라고 주장하였다. 무정은 또 임시 정부는 본질적인 내용이 없기에 정부라고 할 수 없으며, 스스로 정부라고 하지만 그것을 단체로 보기도 어려우며, 때문에 이도 저도 아닌, 객관적으로 평가하면 개인으로 구성된 망명가 집단으로밖에 볼 수 없다고 혹평하였다.[82]

또한 종전 후 조선공산당의 오기섭(吳淇燮)은 한국임시 정부를 다음과 같이 평가하고 있다. 즉 임시 정부는 첫째, 단체역량이 없고 인민적 기초가 없으며 그 각료들도 김구 외에 모두가 조선의 양반 자제들이다. 둘째, 외교권을 팔아먹은 매국단체이다. 셋째, 3 · 1운동 이후 조선의 독립운동과 관련이 없다. 넷째, 3 · 1운동 이후 비록 합법적인 간판을 내걸었지만 조선의 해방운동과 격리된 채 정부의 기능을 행사한 적이 없으며, 외교활동을 벌였다고 하지만 아무런 국제회의에도 참가한 적이 없다. 다섯째, 광복군은 174명뿐이었다는 것이다. 오기섭은 이예 김구의 한국임시 정부를 '돈키호테 정부'라고 폄하하였다.[83]

독립운동 시기부터 생겨난 이와 같은 두 진영 간의 분열은 분명 이데

---

82) 「무정장군회견기」, 『조선인민보』(1946. 1. 14).

83) 吳淇燮, 『莫斯科三外長會議有關朝鮮鮮的決定和反動派的反對鬪爭』, p.5, 일본 게이오대학 도서관소장.

올로기의 차이에 그 뿌리를 두고 있는 것이었다. 일본과의 갈등이 주요 모순이던 상호접촉이 없었던 독립운동 기간에는 쌍방의 모순과 갈등이 불거지지는 않았다. 그러나 전쟁이 종결되면서 각자가 대표한 계급이익, 정당이익이 갈등과 충돌을 일으키면서 쌍방 간의 갈등이 주요한 모순으로 제기되었고 이데올로기는 자연히 이들의 주요한 목표이자 무기가 되었던 것이다.

일본 항복 직후 김구는 국민당 비서장 오철성과의 대화에서 중국국민당과 한국독립당의 역사적 관계가 예전부터 돈독함을 강조하면서, 앞으로 더욱 관계를 강화하고 지원하면서 공산당세력의 확장을 방지할 것을 제의하였다.[84] 한편 극단적 반공주의자 이승만은 귀국 직후부터 공개적으로 공산당이 국민 간의 갈등과 불화, 그리고 유혈을 조장하고 있다고 비난하면서 중국도 이러한 과격한 자들 때문에 곤욕을 치르고 있다고 주장하였다.

이승만은 조선공산당이 일본의 경제 원조를 받고 한국임시 정부에 반대하고 소련 정부와 임시 정부 간의 오해를 조성하고 국제적 분규를 날조하고 있다고 주장하였다. 또한 그는 조선공산당이 조선 인민의 소유물을 강탈하고 무지하고 순결한 청년들을 오도하여 '암살동맹'에 가입하게 하고 있으며, 농민과 노동자들이 폭동을 일으키도록 교사하며 갖가지 수단으로 민심을 협박하면서 국내를 혼란과 공포상태에 몰아넣고 있다고 비난하였다.[85] 여기에서 조선공산당이 일본의 경제원조를 받는다고 한 것은 역시 반일정서가 강한 국민심리를 이용하려 한 것으로 보인다. 이

---

84) 楊昭全 等編, 앞의 책, p.82.
85) 「李承晚指責共黨制造朝鮮騷亂」, 『中央日報』(1945. 11. 23).

승만은 한국임시 정부의 환국을 환영하는 대회에서조차 공산주의자들을 '매국분자'라고 비난하였으며, 같은 날 라디오 연설에서는 공산주의자들을 아예 양 무리 속의 이리로 비유하면서 그들을 '자기의 조국'으로 물러가라고 힐난하였다.[86] 소련으로 물러가라는 것이었다.

전후 미소 두 진영의 한반도에서의 모순과 충돌은 사실상 피하기 어려운 것이었다. 더욱이 미국과 소련의 한반도 분할 점령은 한반도 안팎에서 대치하고 있던 두 독립운동 진영의 한반도에서의 근거지를 미리 마련해준 셈이 되고, 두 진영의 귀국과 분열을 가속화하게 된 배경이 되었던 것이다.

---

86) 『서울신문』(1945. 12. 21).

제4장
전후 미소 경쟁관계 속의 한반도와 중국

제1절 한반도와 중국을 둘러싼 미소의 각축

미·영·소의 수뇌가 참석한 1945년 얄타회담에서 루스벨트와 스탈린은 한반도 문제를 구두로 논의하기는 하였지만 회담의 토론범위에 들어가지 않았으며 미·소 양국이 한반도를 자기의 세력범위에 넣으려는 주장을 펴지도 않았다. 그러나 미국과 소련은 이미 카이로회의에서 한국의 독립에 관해 '적당한 시기'라는 모호한 시간적 개념을 부여하였으며, 즉각적인 한국의 독립을 인정하지 않았다. 중·미·영 3국이 비록 일본의 투항을 권고하는 포츠담선언에서 "카이로선언의 조건들을 반드시 실시한다"고 하였지만 한반도 문제를 구체적으로 언급하지는 않았다. 한반도 문제에 관해 미·영·소 3국의 지도자들은 여전히 한국인들이 자치능력이 없기 때문에 강대국들이 한반도를 신탁통치 한다는 종전의 입장을 반복하였다.[1]

---

1) 金基兆, 『三八線分割의 歷史(1941-1945)』(東山出版社, 1994), p.152.

미국과 소련이 언제 38선을 그어 한반도를 분할점령 하기로 결정했는가에 대해서는 오늘까지 논쟁이 계속되어 왔다. 다만 지적해 둘 것은 1945년 봄과 여름까지 미국과 소련은 한반도 문제의 처리에 관해 큰 견해의 차이가 없었다는 점이다.[2] 다만 미국과 소련이 모두 상대방이 한반도를 독점하는 것을 원하지는 않았다. 중국의 장개석 정부는 더더욱 소련의 한반도 독점을 바라지 않았으며, 근대 이후 러시아의 한반도 진출을 꺼려왔던 영국도 물론 한반도가 소련의 세력범위에 들어가는 것을 원하지 않았다는 점은 명확하다. 미국은 다른 한편에서 장개석 정부가 한반도를 독점하게 될 것을 우려하였다. 요컨대 미·영·중 3국은 모두 소련이 한반도를 독점하는 것을 우려하고 있었다는 점에서 공통적인 입장을 가지고 있었다고 하겠다.

그러나 한반도의 운명에 가장 큰 관심을 가지고 신경을 쓴 것은 역시 미국과 장개석 정부였다고 할 수 있다. 1943년에 한반도에 대한 신탁통치 방안이 제기된 후 미국은 소련보다 한반도에 더 큰 관심을 가지게 되었는데 이는 미국의 아시아 팽창정책의 일환이었다. 미국은 한반도가 소련의 손에 들어갈 경우 극동에서의 미국의 이익이 위협받게 된다는 점을 인식하고 있었던 것이다. 따라서 미국은 한편으로는 소련의 대일 선전을 희망하면서도 다른 한편으로는 작전지역에 대한 소련의 영향력 확대를 바라지 않았던 것이다. 당시 미국은 한반도에 대해 명확하게 확정된 정책을 가지고 있었던 것은 아니었다고 할 수 있다. 미국에게 한반도는 깊이 개입할 필요성을 가질 정도로 대단한 존재는 아니었지만 공산화를 저

---

2) Peter Lowe, 김시완 역, 『한국전쟁의 기원』(도서출판 인간사랑, 1989), p.29.

지한다는 측면에서 대단히 중요한 존재였다.[3]

미국과 소련은 전시에 한반도 문제에 한해 구체적 협의를 한 바가 없다. 단지 카이로선언에서 '적당한 시기'에 한국의 독립을 허용한다는 모호한 약속을 한 것과 얄타회담에서 루스벨트와 스탈린이 한반도를 강대국이 신탁관리 한다는 구두협의를 한 것이 전부라고 할 수 있다. 원래 미국의 계획은 일본 본토를 점령한 후 한반도를 점령하는 것이었는데[4] 일본 공략을 위해서 미국은 소련이 미국의 골칫거리인 일본 관동군을 소탕하기 위해 출병할 것을 원했던 것이다. 그러나 미국은 소련이 출병을 앞당기고 일본이 그처럼 신속히 투항할 것을 예측하지 못했고, 또한 소련이 그토록 빨리 한반도 북부에 진출하리라고는 더더욱 생각을 하지 못했다. 상황이 이렇게 되자 미국은 일본군의 항복을 접수한다는 명분으로 황급히 38선을 그으며 한반도 점령계획을 작성하게 되었다. 미국의 이러한 계획은 결코 일본군의 항복을 접수하기 위한 것이 아니었으며 미국이 일관하게 주장해 온 신탁통치를 실현하기 위한 것도 아니었다. 미국의 목적은 단 하나, 즉 한반도를 선점함으로써 소련의 한반도 독점이나 한반도에서의 친소정권 수립을 저지하는 것이었을 뿐이다. 이런 맥락에서 미국은 1945년 인천에 미군을 상륙시킬 때까지 한반도에서 무엇을 해야 할 것인가에 대한 명확한 계획을 가지고 있지 않았으며, 다만 '반드시' 한반도에 상륙해야 했을 뿐이었다는 것이다.

브루스 커밍스가 지적한 바와 같이 미국이 단지 일본의 항복을 접수하기 위해 한반도에 진주했다고 하는 것은 구실에 불과한 것이었다. 실제

---

3) 앞의 책, p.9.
4) 한국정치외교사학회 편, 『해방정치사의 인식』(대왕사, 1990), p.139.

당시 동아시아에 있어서 세력관계의 발전은 누가, 어디에서 일본군의 항복을 접수하느냐에 의해 결정되는 상황이었다.[5] 스탈린도 "이번 전쟁은 이전의 전쟁과 달리 일방이 한 지역을 점령하면 그 지역에 자기의 제도를 이식하게 된다. 군대가 가는 곳에 제도도 따라가게 된다. 그럴 수밖에 없다"[6]고 말한 바 있다. 미국도 또한 이러한 인식을 가지고 소련이 한반도를 침식하거나 또는 친소정권을 세우는 것을 방지하기 위하여 신속히 한반도 남부에 병력을 파병하였던 것이다.[7] 이에 대해 브레진스키는 소련과 미국이 모두 기선을 제압하여 한반도의 많은 부분을 차지하려 했지만 이 경쟁은 결국 38선을 경계선으로 긋는 협의로 해결되었다고 말하고 있다.[8] 한반도 점령을 둘러싼 미소 간의 이러한 경쟁은 곧 한반도에서의 미소냉전의 서곡이자 한반도 분열의 서장이 되었다.

에드가 스노우는 미군이 한반도 진주 결정을 내리면서 본래 스틸웰 장군을 주둔군 사령관으로 내정하였는데 장개석의 반대로 다른 사람으로 바뀌게 되었다고 주장하였다. 그에 따르면 장개석은 자신과 불화를 빚고 있던 스틸웰을 대륙에서 철저히 배제하려 하였고, 결국 동아시아에 대해 탁월한 식견을 가지고 있는 그가 희생물이 된 대신 하지가 급히 사령관으로 임명되었다는 것이다.[9] 이에 대해서는 여러 가지 설이 있지만 그 당

---

5) Bruce Cumings, 김자동 역, 『한국전쟁의 기원』(일월서각, 1986), p.175.

6) 吉拉斯, 『和斯大林的談話』; 華慶昭, 『從雅爾塔到板間店』(中國社會科學出版社, 1992), p.30에서 재인용.

7) Bruce Cumings, 앞의 책, p.175.

8) 兹比格涅夫·布熱津斯基, 『競賽方案－進行美蘇競爭的地緣戰略綱領』(中國對外翻譯出版公司出版, 1988), p.40. 한국어 번역판이 있다. 즈비그뉴 브레진스키 저, 김명섭 역 『거대한 체스판』(삼인, 2000).

9) 『獨立新報』1~17號(1946. 5. 16); 斯諾, 「朝鮮政治內幕」, 『解放日報』(1946. 7. 20). 주한미군사령관 파견 문제에 대해 소육린은 그의 회고록에서 당시 미국은 본래 웨드

시 장개석은 중국 문제와 한반도 문제를 불가분리의 문제로 보고 있었다는 점에서, 장개석이 "주덕과 함께 총을 들고 싸우겠다"[10]고 까지 한 스틸웰 휘하의 미군이 중국이나 한반도에 진주하는 것을 반대한 것은 확실하다고 할 수 있다. 그리하여 결국 아시아, 특히 한반도의 역사와 문화, 그리고 정치에 대해 아무런 지식도 없는 하지가 지휘하는 24군이 한국에 진주하게 되면서 한국에 대해 '점령군식' 통치가 시작되었다.

하지가 지휘하는 미군이 한국에 상륙하기 이틀 전 여운형이 이끄는 '조선건국준비위원회'[11]는 '조선인민공화국'의 성립을 선포하고 이를 기정사실화 하고자 하였다. 당시 발표된 55명 중앙인민위원의 명단에는 이승만, 김구, 여운형, 김일성, 이승엽, 무정 등 국내외 각 정치세력의 대표적 인물들이 망라되어 있었다.[12] 그러나 하지는 38선 이남에는 하나의 정부, 즉 미군정만이 있으며, 다른 정부의 존재를 허용하지 않을 것임을 천명함으로써 사실상 '조선인민공화국'을 부정하였다.[13]

하지의 정책은 우선 미군정 당국을 제외한 어떠한 정부도 허용하지 않는다는 정책이었으며, 좌우합작을 추진한다고 하면서도 우익세력과 친

마이어 장군을 파견하려 하였지만 그의 임무가 중요하고 다른 직책을 겸직할 수가 없었기 때문에 하지를 파견하기로 하였다고 한다. 소육린, 앞의 책, p.84.; 그러나 브루스 커밍스는 『한국전쟁의 기원』에서 한국에 파견된 미 24군은 본래 스틸웰 장군이 사령관으로 있던 제10군의 관할이었는데 장개석의 반대로 일본이 투항한 후 제10군에서 분리되어 맥아더의 관할권으로 들어왔다고 한다. 이러한 사정으로 미루어 보아 장개석이 스틸웰의 영향력을 줄이려 한 것은 사실인 것으로 보인다.

10) Barbara Tuchman, *Stilwell and the American Experience in China 1911-45* (N.Y.: MacMillian, 1971), pp.527~528.

11) 1945년 8월 15일에 세워진 '조선건국준비위원회'는 그 규모나 관할범위가 한반도 전역에 이르렀고, 좌우익의 중간에서 균형을 이룬 연합조직으로서 당시 한반도 내의 '사실상의 정부'로 볼 수 있다. 한국정치외교사학회 편, 『해방정치사적인식』(대왕사, 1990), p.99 참조.

12) 崔永禧, 『激動의 解放三年』(翰林大學校出版部, 1996), p.21.

13) 노중선 편, 『민족과 통일 I』(자료편), (사계절출판사, 1985), p.113.

일파 등 반공세력에 의지하는 것이었는 바, 이는 소련을 경계하여 한반도에 진주한 미국의 점령목적에도 부합하는 것이었다. 하지는 한국에서 공산주의를 방지하려면 우파를 이용할 수밖에 없다고 생각하였다. 철저한 반공주의자로서 하지는 자기의 정책을 반대하는 성향을 가진 자는 모두 공산주의 색채를 띤 자들이라고 주장하였다. 하지와 그의 고문들은 우익 인사들만이 미국을 지지하고 있고, 이들만이 믿을 수 있는 사람들이며, 반면 좌익은 위험한 공산주의자들이라고 생각하였다.[14] 결국 미국은 중대한 역사의 순간에 유럽과 아시아가 사상이나 행동에서 좌로 움직이고 있을 때 한 걸음 더 우로 움직이고 있는 셈이었다.[15]

소련이 북한에서 실시한 정책은 남한에서의 미국의 정책과 정반대였다. 소련은 반일민주단체와 민주정당의 성립을 지지하고 그 활동을 지원하였다. 이와 동시에 남부의 조선건국준비위원회와 맥락을 같이 한 평남건국준비위원회, 함남건국준비위원회 등 각지에서 자발적으로 조직되고 또 이를 기초로 설립된 각 도 인민위원회들을 승인하였다. 1945년 10월에 이르러 각 도 인민위원회를 기반으로 북한 5도 행정국이 설립되었으며 그 기초 위에 다음 해 2월에는 북조선 임시인민위원회가 수립되었다.[16]

이와 같은 미국과 소련의 상이한 정책은 한반도에서 미소의 '경쟁'이 세력범위의 다툼이었을 뿐만 아니라 두 가지 제도의 싸움이었다는 것을 말해주는 것이다. 이에 대해 당시 포레스탈(Forestal) 미 해군사령관은

14) Peter Lowe, 김시완 역, 앞의 책, p.41.
15) 資中筠, 『美國對華政策的緣起和發展』(1945-1950), (重慶出版社, 1987), p.12.
16) 金南植 외, 『解放前後史의 認識』(北韓編), (한길사, 1989), pp.203~218.

"미국은 자본주의 민주방식이 계속되는 세계를 유지하기 위해 노력하고 있다. 소련이 진정한 마르크스 변증법을 견지한다면 자본주의 민주방식을 붕괴시키는 것이 그들의 이익이 될 것이며, 이러한 사실은 우리의 임무를 한층 더 복잡하게 만들었다"[17]고 설파한 바 있다.

비록 미국과 소련이 한반도에서 잠시 협력을 한 바 있고, 더욱이 극단적인 반소, 반공을 주장하던 이승만과 미군정 간에 갈등과 충돌이 있기도 하였지만, 미소 양국이 한반도에서 진정한 협력관계를 유지할 수는 없었다.

미국의 대한반도 정책이란 미국의 세계전략의 한 부분이었으며 그것은 또한 소련과 세력범위를 다투는 싸움으로 전개되었다. 미국에 있어서 한반도는 비록 작은 지역이기는 하지만 그것은 공산주의 제도와 민주주의가 승부를 겨루는 전장으로서 포기할 수 없는 지역이었다.[18] 세계적 범위에서 미소 간의 냉전이 시작되면서 한반도에서의 미국의 정책은 더욱더 반소반공의 색채를 강화하면서 그 대리인을 지지·지원하는 쪽으로 경사되었다. 이 때문에 미국은 한국에서 민중의 반항과 공산당 및 좌익세력의 맹렬한 반격을 받게 되었고, 한국의 정국은 크게 요동치기 시작하였다. 이와 반대로 소련은 북한에서 친일세력을 철저히 숙청하고 인민위원회 등 자생적 조직과 단체를 도와주었다. 브루스 커밍스는 당시 북한 인민들은 동유럽보다 더 큰 자치권을 향유하고 있었다고 주장하고 있다.[19]

---

17) 華特·米利斯,『福萊斯特日記-冷戰內幕』(1952), p.134. 資中筠, 앞의 책, p.7에서 재인용.
18) 梁敬錞,『中美關關係論文集』(臺灣 聯經出版事業公司, 1982), pp.264~265.
19) Bruce Cumings, 앞의 책, p.478.

이처럼 미국과 소련이 상이한 정책을 추구하면서 한반도의 남과 북은 더욱더 깊은 분열의 길을 재촉하게 되었다. 미국과 소련의 분할점령이 한반도 분열의 외적요인이라는 것은 의심의 여지가 없는 것이다. 이러한 외적 요인은 하나의 단일 '의지'가 아닌 두 개의 상이한 '의지'로 하나의 모순체를 구성한 것이다. 마찬가지로 한반도 분열의 내적 요소 역시 하나의 통일된 '의지'가 아니라 두 진영 간의 모순 관계를 이루고 있었다. 외적 요인의 두 개의 '의지'가 내적 요소와 통일이 되었을 경우 또는 적어도 외부 일방의 '의지'와 통일이 되었을 경우 한반도는 분열을 면할 수 있었을 것이다. 그러나 사실은 이 두 가지 중 어느 하나도 아니었다. 내외의 요인 중의 두 개 '의지'는 모두 상호 충돌하였으며 그 충돌은 또 서로 상호작용을 하면서 영향을 미치게 되었다. 즉 미소의 갈등과 충돌은 남북한 두 진영에 영향을 미쳤고 남북 두 진영의 갈등과 대결은 역으로 미소 관계에 영향을 미쳤던 것이다. 바로 이러한 상호영향, 상호작용의 구도 속에서 분열은 어찌 보면 피할 수 없는 운명의 길이었던 것이다.

미국과 소련의 한반도 진출과 같은 시기에 중국에도 진출하였다. 소련은 대일 선전포고를 하고 중국의 동북으로 진출하였다. 미군은 같은 해 9월 30일 천진의 당고(탕구, 塘沽)에 18,000명의 해병대가 상륙한데 이어 진황도(秦皇島), 청도(靑島) 등의 지방으로 진출하여 11월 말 현재 113,000명의 병력을 파병하였다.[20] 미국은 국민당 군대를 도와 일본의 항복을 접수하며, 국민당 군대를 동북 지방으로 수송한다는 구실을 대고 중국에 상륙하였지만 미국이 중국에 병력을 전개한 의도는 역시 한반도

---

20) 王功安·毛磊, 『國共兩黨關係通史』(武漢大學出版社, 1991), p.761.

에서와 마찬가지 맥락을 가지고 있었다. 얄타협정에서 중국이 미국이나 소련의 세력범위 안에 들어가지 않았지만 미소 양국은 중국에서 역시 세력범위를 다투고 있었던 것이다. 그 후에 전개된 동북 지방에서의 미소 갈등, 국공내전시기 미국과 중국공산당의 갈등도 모두 이에 기인한 것이었다고 할 수 있다. 요컨대 당시 중국과 한반도에서의 사태 발전은 모두 이러한 미소 간의 갈등과 경쟁 관계와 밀접한 인과관계를 가지고 전개되었던 것이다.

제2절 모스크바 3상회의와 좌우익의 갈등

위에서 서술했듯이 미국과 소련의 한반도 분할점령은 마치 해외에서 형성된 한국 독립운동의 두 개 진영에 둥지를 마련해 준 셈이 되었다. 국내로 돌아온 독립운동의 두 진영은 하나는 남에, 다른 하나는 북에 자리를 잡았지만, 이들은 접촉이나 협상을 시도하지 못하고 자기 진지를 구축하며 정국의 주도권을 잡는 데만 전념하였다. 북으로 들어간 공산주의자들은 북부 지역 민족주의자들과의 협력을 모색하였다. 남쪽의 이승만과 김구의 한국임시 정부는 우익정당과 단체의 지지를 받으며, 임시 정부를 기초로 한 정부 수립을 시도하였다. 당시 이승만과 김구는 북부의 공산주의자들이 아닌 남부 지역의 공산당과 좌익세력의 저항에 직면하였다. 이처럼 남북의 두 진영이 공개적으로 분열의 길로 나가게 된 것은 어떤 면에서는 필연적인 것이었다고 할 수 있는데, 이 결렬의 도화선에 불을 붙인 사건이 바로 한반도를 휩쓴 찬탁과 반탁 운동이었다.

1945년 12월 모스크바에서 열린 미·영·소의 3상 회의는 한국을 신탁관리하며 한국을 도와서 임시 정부를 수립하고 신탁기간은 5년 내외로 할 것을 결정하였다. 신탁에 관한 소식이 전해지자 김구의 한국임시 정부를 중심으로 반탁 국민 총동원위원회가 결성되어 그 지도하에 대규모의 데모가 일어났다. 12월 31일 시위자들은 철시, 파업을 감행하고 공무원들이 출근하지 않고 각 유흥업소가 문을 닫고 교사들이 총 사직하며 각 산업기관이 파업하는 등 마치 둑 터진 홍수처럼 전국적으로 시위가 발생하였다.[21] 이승만과 김구는 이 천재일우의 기회를 놓치지 않고 반탁에 앞장섰다. 그러나 공산당을 수반으로 하는 5개 정당은 모스크바 3상 회의결정을 지지한다는 연합성명을 발표하였고, 뒤이어 서울과 평양에서 모스크바 3상회의 결정을 지지하는 시위로 기세를 올렸다. 표면상 이들 양 측은 찬탁이냐 반탁이냐 하는 문제로 갈라진 것으로 보이지만, 그 내용을 분석해보면 두 진영이 가지고 있던 본래의 갈등과 정국 주도권을 둘러싼 다툼에 그 뿌리가 있다고 보아야 할 것이다. 북측은 이승만과 김구가 한국의 독립과 한국 문제에 관해서 국제적 승인을 얻으려고 한 것은 결코 인민을 위한 것이 아니라 저들 개인의 권력욕을 충족시키고 정치적 야심을 이루기 위한 것이라고 주장하였다. 또한 이승만과 김구가 모스크바 3상회의 결정을 결사반대하고 민중을 선동하여 대규모의 반대운동을 일으키는 것은 바로 임시 정부의 간판과 주석의 자리를 지키지 못할 것으로 판단하였기 때문이라고 비난하였다. 나아가 이들은 만약 모스크바 3상회의가 이승만과 김구의 임시 정부를 승인하고, 또한 김구

---

21) 李應長, 「信託統治와 解放運動」, 『開闢』(1946. 4(74號)), p.69.

와 이승만을 주석으로 인정했다면 그들도 신탁통치를 반대를 하기는커녕 크게 환영했을 것이라고 주장하였다.[22]

김구는 반탁운동의 앞장에 서서 즉각 "우리의 유일한 정부인 한국임시정부"를 승인할 것을 요구하면서, 신탁통치에 반대한다는 입장을 천명하였다.[23] 김구는 한국임시 정부의 정권 장악을 요구하였고 이승만도 같은 구호를 내걸었다. 그러나 이승만은 이 기회를 이용하여 공산당의 세력을 제거하고 소련과의 합작을 거절하는 것에 더 큰 관심을 기울였다. 이승만은 모스크바 결의는 소련이 주장한 것이라고 주장하면서 즉각 독립을 갈망하는 민중의 심리에 반소운동의 물결을 일으켰다. 이승만은 또한 미 점령군이 남쪽에서 좌우합작을 시도하는 활동을 반대하여 미 점령군 사령관 하지와 심한 마찰을 빚었다. 이승만의 논리대로라면 공산당과의 합작을 시도하는 하지의 노력은 헛수고라는 것이다. 강대국의 신탁을 반대하는 상황 속에서 이승만은 그 예봉을 소련과 공산당에 돌리었다. 이에 대해 당시 미소공동위원회의 예비회담을 성공시키려던 하지는 이승만의 연설문을 심사하면서 소련과 공산주의자들을 비난하는 모든 부분을 삭제하였는데, 이승만은 이에 분노하여 연설문을 버리고 공산당을 반대하는 즉석연설을 하여 하지를 격노시켰다.[24]

소련은 이승만과 김구가 영도하는 모스크바 결의 반대 운동은 바로 김구가 '정통 정부'를 자칭하고 친일 자본가, 봉건지주 및 극소수의 우파정당을 조직하여 일으킨 운동이며, 그것은 반동적 자본을 획득하고 김구

---

22) 五一紀念共同準備委員會, 『파쇼, 반민주분자의 정체』(평양, 1946), p.13.

23) 『朝鮮日報』(1946. 1. 13).

24) 佐佐木春隆, 「李承晩の思想と鬪爭」(5), 『防衛大學校紀要』(人文科學分冊(第五十輯), 昭和六十年三月), p.249.

정부의 승인에 목적을 두고 있는 것이라고 인식하였다.[25]

한편 소련공산당 기관지 프라우다는 이승만이 2차 세계대전 종식 전에 워싱턴에서 소련이 한반도에 소비에트 정권을 세우려 한다고 비난하였으며, 미국인들에게 40년 전 미국이 우려했던 소련의 팽창주의 위험이 극동에서 사라지지 않고 있다고 주장하는 등 반소활동을 전개하였다고 폭로하였다. 프라우다는 또한 이승만이 유엔 창립대회가 열릴 즈음 루스벨트가 얄타회담에서 소련이 한반도를 관리하도록 승낙했고 한반도를 소련에 맡겼다고 하였는데, 소련의 시각에서 볼 때 이승만의 의도는 분명히 미소 간의 갈등을 조장하는 것이라고 보도하였다.[26]

이승만과 김구의 맹렬한 공세에 부딪친 하지는 이승만의 미국고문인 올리버에게 이승만은 한국의 가장 위대한 정치가이자 유일한 지도자라고 할 수 있으나 그가 이렇게 소련을 공격하면 미국이 후원하는 정부에 참가할 수 없다고 언명하였다. 하지는 올리버에게 소련의 도움 없이는 한반도 문제의 해결이 있을 수 없다는 점을 이승만에게 알리고, 이승만이 소련을 비난하지 않도록 설득할 것을 주문하였다. 올리버가 하지의 뜻을 이승만에게 전하자 이승만은 오히려 소련이 지금 동유럽에서 그 지배를 확대하고 있을 뿐만 아니라 그들의 한국에 대한 음모는 이미 오랜 역사를 가지고 있기 때문에 소련이 한국 문제에 참여하면 그것은 한국에게 독립을 포기하라는 것과 같다고 응대하였다.[27]

북한은 김구 일파가 독립이라는 구호를 내걸고 모스크바 결정을 반대

---

25) 「朝鮮應設設臨時民主政府」, 『解放日報』(延安: 1946. 1. 16).

26) 五一紀念共同準備委員會, 앞의 책, p.3.

27) 佐佐木春隆, 앞의 글, p.249.

하는데, 그들이 말하는 '독립'이란 사실상 자본가, 지주, 친일파의 소수 특권계급의 대표인 김구 일파에게 정권을 넘기자는 것이라고 비난하였다.[28] 조선공산당의 이강국(李康國)은 "소위 재중경 대한민국 임시 정부의 귀국은 조선 정계에 또다시 파문을 일으키고 있다. 이 정부의 성격을 엄정하게 규정한다면 그것은 망명 정부가 아닌 해외혁명세력의 일부를 대표하는 망명객의 집단에 불과한 것이다. 그러나 그것은 지리멸렬하게 명맥을 이어왔고, 역사가 긴 만큼 조선 민중 속에 관념적으로 다소 영향력을 가지고 있다. 그러나 불행한 일은 임시 정부가 국내 민주주의 세력이 결집해 있는 인민공화국의 존재를 말살하려는 반동세력 내지 친일파 민족반역자를 통하여 민중의 지지를 기대하고 있는 사실이다"라고 주장하였다.[29]

귀국 후 조직을 확대하기 위해 서울에 간 조선독립동맹 부주석 한빈(韓斌)은 하지가 조선에 오자마자 가장 반동적인 김구와 이승만을 조선 민족의 수령으로 받들었다고 비난하고, 일부 사람들은 이것을 하지가 한국의 사정을 몰라 저지른 우연한 실수라고 여길 수 있지만 하지가 각 기관에서 일본 제국주의에 충실히 봉사하였던 특무들을 여전히 중용하고 그들이 계속 일본 제국주의 압박 밑에서 신음하던 조선인민을 착취하게 하면서 악질 지주와 친일파를 자기들 정책의 사회기초로 삼고 있는 사실 등은 하지의 정책이 결코 실수도 아니고 우연한 것도 아니라는 것을 증명하는 것이라고 주장하였다.[30]

---

28) 吳淇燮, 앞의 책, p.18.
29) 李康國, 『民主主義朝鮮의 建設』(朝鮮人民報社, 1947), p.13.
30) 8·15解放一周年紀念中央準備委員會, 앞의 책, p.23.

조선공산당의 오기섭은 또한 모스크바 3상회의 결정을 가장 선두에 서서, 또 가장 애국적인 언사로 미친 듯이 반대하는 사람들이 바로 과거 나라를 일본에 팔아먹은 친일분자와 신생 파쇼분자들이라는 사실은 참으로 이상한 일이라고 꼬집었다.[31]

1946년 초에 이르러 모스크바 3상 회의결정을 둘러싸고 생긴 갈등은 공산당 및 좌익진영과 한국임시 정부 및 우익진영을 직접적인 대립 관계로 몰고 갔다. 한반도는 국토분열로부터 이념과 정치의 분열로 나아가게 되었던 것이다. 특히 김구의 한국임시 정부가 북한에 상해의 '남의사'(藍衣社)를 표방한 '백의사'(白衣社)라는 결사 테러조직을 파견하여 김일성, 최용건, 김책(金策), 강양욱(康良煜) 등 북한 임시인민위원회 지도자들을 암살하려는 테러사건을 일으키면서 쌍방의 모순과 충돌은 극한으로 치닫게 된다.[32]

북한은 김구와 이승만은 국제파쇼와 반동세력의 연결체이며 파쇼사상의 계승자라고 비판하면서, 그들이 중국에 있을 때 이미 중국공산당과 기타 진보단체와 대립적인 태도를 보였으며 인민을 반대하고 민주를 반대하는 파쇼독재통치를 실시하는 국민당과 한 덩어리가 되었다고 주장하였다. 또한 그들은 사상적으로도 국민당을 학습하고 삼민주의의 변형인 삼균주의를 창조하여 해방 후 조선에서 반동적인 삼민주의를 실시하려 하고 있다고 비난하였다.

---

31) 吳淇燮, 앞의 책, p.18.

32) 백의사결사대는 1946년 북한의 3·1운동 기념집회에서 폭탄을 던져 김일성을 암살하려고 하였는데 소련군 중위가 땅에 떨어진 폭탄을 다른 곳에 던져 암살은 미수에 그쳤다. 뒤이어 백의사결사대는 최용건과 김책의 자택을 각각 두 번 습격하려다 실패하였고, 후에 강량욱의 자택을 습격하여 강의 딸과 보모, 경비원을 살해하였다. 都珍淳,『韓國民族主義와 南北關係』(서울대학교출판부, 1997), pp.78~79.

북한은 이들이 국민당의 날개 밑에서 조선의 파쇼를 양성하면서 파쇼 특무들과 결탁하여 생활비를 타먹으며 생존을 도모했다고 힐난하면서 중국의 항일전쟁 과정에 임시 정부가 중국의 항일전쟁에 참가하지 않고 수수방관하면서 8년 동안 중경에 들어앉아 한 명의 일본군도 사살하지 못했다고 비난하였다. 일본 놈 하나도 죽이지 못했고 자기 내부에서 서로 죽이려고 했을 뿐만 아니라 더욱이 항일 독립운동단체의 활동을 고의로 방해하고 진보인사를 살해하였다고 주장하였다.[33]

북한의 선전기구들은 또한 김구와 이승만이 중국 국민당과 9개의 비밀 조약을 체결하였다고 주장하면서, 밀약의 핵심적인 내용은 조선외교정책을 좌우하는 권리를 국민당에게 넘겨주되 그 대가로 임정이 열강들의 승인을 받기 전까지 매달 중국 화폐 300만 원을 지불받는 것이었는데, 이 내용이 일반에 공개되자 국민당은 이 조약을 파기할 수밖에 없었다고 주장하였다.[34]

공산당 측의 한국임시 정부에 대한 공격의 핵심은 줄곧 임정이 항일하지 않았다는 것이었는데, 이것은 사실상 임시 정부로서는 가장 치명적인 약점이라고 할 수 있을 것이다. 일본 침략자와 총을 맞대고 피를 흘리며 싸운 동북항일연군 중의 조선공산주의자들과 비교할 때 임시 정부의 공적은 그에 훨씬 못 미치는 것이었다. 공산당 측에서는 과거 임시 정부가 벌인 활동은 결코 조선의 독립을 위한 것이 아니라 임정의 간판을 내걸고 사욕을 차리면서 봉건 영웅식의 권력투쟁과 매국활동을 한 것이었다고 비난하였다. 또한 한국광복군이라는 것도 그 인원이 기껏 몇 백 명에

---

33) 五一紀念共同準備委員會, 앞의 책, pp.15~16.
34) 앞의 책, p.17.

지나지 않는 것이었으며, 항일전쟁에도 참가한 적도 없이 중경에서 밥과 간판을 축낼 뿐이었다고 비난하였다. 또한 임정이 이들 광복군의 잔여부대를 조선에 끌고 온 것은 조선민족의 통일전선을 파괴하고 분열활동과 테러활동을 하기 위한 것이라고 주장하면서 이승만과 김구가 국외에서 통일전선의 분열을 조장한 것은 해외 혁명사에 명백히 기재되어 있는 사실이라고 주장하였다.[35]

현실 문제에 있어서 공산당 측은 이승만과 김구가 손을 잡은 한국민주당은 조선에서의 친일 지주, 대자본가의 총본산이며 일본의 파쇼통치를 위하여 봉사한 친일파들의 규합체로, 그 당수이며 미군정 당국의 한국 자문위원회 위원장 김성수(金性洙)는 더욱이 대지주, 대자본가로서 일본 제국주의의 비호 아래 조선의 노동자, 농민의 피땀을 착취했고, 또한 일본의 침략전쟁 기간에 총력연맹(總力聯盟)을 조직하여 무수한 조선의 청년들을 강제로 침략전쟁의 희생물로 내몰았던 장본인이라고 주장하였다. 공산당의 입장에서 볼 때 한국민주당은 민족 반역자들의 소굴이었으며, 자신들의 친일경력을 덮어 감출 수 없다는 것을 알고 있었던 한국민주당 역시 임시 정부에 기대어 민중의 화살을 피하고자 하였던 점도 없지 않았다. 요컨대 공산당은 임정과 한국민주당은 반인민 · 반민주 · 반공 · 반소에서 하나가 되어 조선의 봉건 잔여세력과 파쇼 친일파들의 결합체가 되었으며, 그들의 적은 처음부터 일제와 파쇼가 아니라 조선의 공산주의자와 진보적 인민이었다고 결론을 내리게 되었다.[36] 공산당 측에서는 임시 정부를 수반으로 하는 반탁운동은 조선 민중의 민족감정과

---

35) 앞의 책, p.18.
36) 앞의 책, pp.19~21.

애국심을 이용하고 격앙시키면서 파쇼의 온상을 만들어 민족을 분열과 자멸의 길로 끌고 갈 것이라고 주장하였던 것이다.

이승만과 김구가 자기들과 첨예하게 대립된 북한의 정치세력뿐만이 아니라 남한의 공산당 세력과 좌익세력의 공세에 직면하였다. 일본의 항복 후 여운형이 조직한, 후에 미군정에 의해 단속 대상이 되었던 조선인민공화국 중앙위원회는 1946년 1월 2일에 발표한 담화에서 "이승만과 김구에게는 조선의 완전 독립보다는 대한민국 임시 정부라는 간판이 소중한 것이며, 조선민족의 통일보다는 그들의 소위 법통과 체면에 미련이 있는 것이다. 그들은 친일파 민족반역자에게 포위되고 호화로운 환대에 도취되어서 한편으로는 테러에 의지하고 다른 한편으로는 인민의 애국심을 역이용하여 대중적 지지를 얻으려는 파쇼적 경향을 나타내고 있다."[37]고 비난하였다. 이러한 남한 내의 강력한 공세로 남한 정국의 주도권을 장악하지 못한 이승만과 김구는 북한에 대응할 겨를이 없었으며, 남한의 주도권을 장악하기 위한 싸움에 정력을 소진하고 있었다.

이승만과 김구는 모스크바회의 결정이 소련의 음모였다고 주장하였지만, 모스크바 회의결정은 미ㆍ영ㆍ소 3국이 공동으로 결정한 것이며, 한국에 대한 신탁통치 구상은 미국과 영국이 처음 제기한 것이다. 일찍이 1942년 3월 27일 루스벨트는 영국 외상에게 전후 한반도를 신탁관리할 구상을 천명한 바 있고, 국무차관 윌스는 이 주장을 중국의 외교부장 송자문(송즈원, 宋子文)에게 전달하였다. 이것이 전후 한반도의 지위에 대한 루스벨트의 의견이었다. 카이로 회의에서 비록 장개석의 호소로 "적

---

37) 李康國, 앞의 책, pp.89~90.

당한 시기에 조선의 자유와 독립을 허용한다"는 결의를 하였지만 이 문구에 대한 미국의 해석은 신탁과정을 포함하는 것이었고, 따라서 카이로 선언 후에 태평양 작전회의에서 루스벨트는 전후 한반도가 40년간 신탁관리를 받아야 한다는 의견을 재차 제시하였다. 얄타회담에서 스탈린이 한국 문제를 제기하자 루스벨트는 스탈린에게 장래 한국의 독립은 몇 나라에서 감독하고 신탁관리를 하는 것이 좋다는 입장을 피력하였다. 여기서 한 걸음 더 나아가 같은 해 5월 모스크바를 방문한 루스벨트의 측근 고문 홉킨스(Harry Hopkins)는 미국 정부를 대표하여 스탈린과 한국에서의 신탁관리위원회 구성 문제를 논의하였는데, 이러한 일련의 과정으로 보아 한국에 대한 미국의 신탁관리 주장은 일관된 것이었다.[38] 미국이 신탁관리를 주장하는 이유 중의 하나는 한국이 나라를 잃은 지 오래 되었기 때문에 행정관리 간부가 모자라 당장 효율적인 정부를 당장 세우기 어렵다는 것이고, 다른 하나는 한국인들이 단결과 협력을 할 수 없기 때문에 단기간에 통일된 국가를 수립하기 어렵다는 것이었다. 따라서 동맹국들이 5년간 국제신탁관리를 하면서 한국인들을 교육하고 훈련해야 한다는 것이었다.[39] 제2차 세계대전이 종식되기 전 미 국무장관 헐은 신탁관리는 가장 만족스러운 해결방법이라고 주장하였다. 그는 태평양전쟁 후 소련과 국민당이 통치하는 중국이 손을 잡지는 않을 것이고 신탁관리에 참가하는 미국과 소련·중국·영국 4대국 중 미국의 역할이 가장 중요하다고 생각하였다.[40] 이러한 형태로 신탁관리가 이루어지게 되면 미

---

38) 『中華民國史事記要』(初稿), (臺灣 中央文物供應社, 1945), pp.599~601.

39) 邵毓麟, 앞의 책, pp.52~53.

40) Peter Lowe, 앞의 책, p.27.

국·영국·중국이 한편이 되고, 소련이 또 다른 한편이 되는 형세가 될 것이고 이는 미국에 매우 유리한 국면이라고 판단한 것이다.

한반도 두 진영이 모스크바 3상 회의 결정을 둘러싸고 치열한 공방전을 벌이고 있을 때인 1946년 1월 23일 소련주재 미국 대사 해리만은 이임 인사차 스탈린을 예방하였다. 이 자리에서 스탈린은 해리만에게 12월 모스크바회의에서 4강이 한반도를 신탁관리 할 계획을 통과시켰지만, 자신의 정보에 의하면 한국에 있는 미국 대표가 뒤에서 이 협의를 위반하고 있다고 불만을 토로하면서, 그들은 소련만이 한반도의 신탁관리를 원한 것처럼 말하는데 그것은 사실 루스벨트가 처음 제안한 것이라고 지적하였다. 스탈린은 "소련 정부는 미국보다 신탁관리를 조금도 더 원치 않으며, 신탁관리는 두 나라가 원하면 취소할 수 있다"고 주장하였다. 이에 대해 해리만은 미국은 반드시 모스크바 결정을 이행할 것이라고 하면서, 번즈(Byrns) 국무장관은 한반도의 신탁관리는 "미소 양국 정부가 어떻게 협력할 수 있는가 하는 것을 보여줄 수 있는 매우 좋은 기회"로 보고 있다고 응답하였다.[41]

소련의 타스통신도 한반도의 신탁통치 문제에 대해 소련이 대단히 적극적인 반면 미국은 이와 상반된 입장을 견지한다는 논조를 반박하면서, 이것은 역사의 진상을 왜곡하는 '비열한 정보'라고 비난하였다.[42] 또한 주한 미군 사령부가 모스크바 3상회의의 결정을 반대하기 위한 반동적 데모를 지지하는 태도를 취하고 있다고 주장하였다.[43] 이러한 사실들은

41) W·艾夫里爾·哈里曼, 伊利·艾貝爾, 『特使–與丘吉爾·斯大林周旋記』(生活·讀書·新知三聯書店, 1978), p.592.

42) 「塔斯社聲 明: 朝鮮問題眞相」, 『解放日報』(延安: 1946. 1. 27).

43) 「朝鮮反動分子企圖推翻三外長協議」, 『新華日報』(重慶: 1946. 1. 28).

한반도 두 진영의 첨예한 대립이 미소관계에 어떻게 영향을 미쳤는가를 것을 보여 주는 것이다.

그러나 당시 미국과 소련은 전면적인 냉전에 돌입하지 않은 상황이었으며, 비록 미군정 당국이 신탁관리 문제에 애매한 태도를 취하고, 이 때문에 미소 간에 약간의 갈등이 빚어지고 있었지만 미국은 여전히 미소공동위원회의 틀 안에서 문제를 해결하고자 하였다. 당시 미국의 대한반도 정책은 외국의 통제를 받지 않고, 유엔에 참가할 자격을 가진 자치국가를 세우는 것이었다. 모스크바 3상회의의 결정에 의해 수립되는 임시 정부의 문제에 대해서도 미국은 우익 극단분자도 아니고 좌익 극단분자도 아닌, 이들을 아우르는 능력있는 지도자를 선택하여 안정적인 다수를 구축하려고 하였으며, 특히 이러한 지도자는 반드시 한국인이어야 하며 그 어떤 외국세력의 괴뢰여서도 안 된다고 인식하고 있었다.[44] 다른 한편 미국이 우려한 것은 이승만과 김구가 영도하는 반탁운동이 반소·반공 운동으로 번질 경우 궁극적으로 미군정을 반대하는 운동으로 발전하리라는 것이었다. 미국의 이러한 입장은 이승만, 김구와 미군정 간의 갈등을 빚게 되었는데, 이승만은 미국에 가서 하지를 고발하고 김구는 암살사건으로 법정에 서는 등 일련의 사건으로 비화하였던 것이다. 그러나 후에 미군정도 역시 공산주의 저지를 결정하고 신탁통치를 통해서 소련과 한반도 문제를 협상하려는 워싱턴 당국의 입장에서 반대하게 되었다.[45] 미국은 대한반도 정책에서 우익 극단분자도 아니고 좌익 극단분자도 아닌

---

44) 「美國國務院, 陸軍部, 海軍部協調委員會通過的政策文件: 對朝鮮的政治政策」, 『戰後國際關係史料』(第一輯, 1983), p.80, 83.

45) Peter Lowe, 앞의 책, p.9.

능력 있는 지도자를 발견하는 데 주력하였지만 유럽에서 소련과의 갈등을 겪으며 미국의 목표는 점차 확연해지기 시작하였다. 그리고 미국 대외정책과 한국점령의 목표는 소위 이러한 불편부당한 중도파 인사 지지와는 양립할 수 없는 것이었을 뿐만 아니라 한국의 정국도 이미 이러한 중립적 인사가 정국을 주도할 상황이 아니었다.

신탁통치를 찬성 또는 반대하는 이 정치적 격랑은 한반도의 좌익과 우익, 공산주의자와 민족주의자, 친일세력과 항일세력을 결정적으로 갈라놓았다.[46] 1946년부터 한반도의 두 진영은 찬탁과 반탁 운동을 시작으로 공공연하게 분열의 길을 걷기 시작하였다. 그것은 과거 두 진영 간에 깊이 뿌리내린 갈등이 겉으로 드러난 것이었고, 또한 남과 북이 정치적 분열을 넘어 군사적 대립으로 나가는 전조였다고 할 수 있다.

중국공산당과 국민당 역시 모스크바 3상회의 중국 문제에 관한 결정에 대하여 의견 대립이 있었다. 한반도와 마찬가지로 공산당 측에서는 중국과 한반도 문제에 관한 모스크바 3상회의 결의를 지지한 반면 국민당은 모스크바 3상회의의 결정에 소극적인 입장을 취하였다. 국민당의 이러한 태도는 동 회의의 결정이 열강이 중국의 내정에 간섭하지 않으며 외국군대가 최단기간 내에 중국에서 철군해야 한다는 것을 명확히 밝히고 있었기 때문이었다.[47] 중국공산당 대변인이 지적하고 있듯이 국민당은 3상회의의 중국 문제에 관한 협의에 침묵으로 항의의 뜻을 표시했던 것이다.[48] 그러나 비록 국공 양당이 모스크바회의의 결정에 서로 다른 입장을

---

46) 朴明林, 『한국전쟁의 발발과 기원(1)』(나남출판, 1996), p.90.
47) 「中共中央發言人對三外長莫斯科會議關于中國的協議的談話」, 『解放日報』(1945. 12. 31).
48) 『解放日報』(延安: 1945. 12. 31).

가지고 있었지만 한반도에서와 같은 공방전으로 비화하지는 않았다. 이 것은 중국에 이미 합법적 정부가 존재하고 있었다는 것도 중요한 원인이 었겠지만 또 하나의 원인은 두 진영이 이미 수십 년 동안 대립하여 왔기 때문에 이 문제를 계기로 상호 간의 모순을 공개할 필요가 없었다는 점 이었다. 이에 비해 제2차 세계대전 전후 시기 주로 해외에서 형성된 한 반도의 두 진영은 공개적인 대결과 충돌의 역사를 가져 본 적이 없었다. 쌍방 간의 숙명적인 대결이 시작되는 시점에 모스크바 3상회의가 일으 킨 파문은 마침 이들에게 공개적으로 자기의 주장을 천명할 기회를 부여 하였고, 이를 시작으로 국외에서 형성된 이데올로기도 국내적 근거를 한 층 강화하게 되었던 것이다. 결국 이를 계기로 두 진영은 각각 남과 북에 서 뿌리를 내리게 되고, 각자 자기의 '의지'로 상호 충돌하는 역사를 시작 했다고 할 수 있다.

한국의 신탁 문제를 둘러싼 이러한 소용돌이는 원래 취약했던 미소 관 계에 직접적인 충격을 주게 되었다. 1946년 3월 20일부터 5월 8일까지 개최된 미소공동위원회 제1차 회의에서 소련은 모스크바 3상회의를 반 대한 우익은 동 회의에서 수립하기로 결정한 임시 정부에 참가할 수 없 다고 주장한 반면 미국은 좌익이 임시 정부를 지배하는 것을 저지하기 위해 이를 반대하였다.[49] 결국 미소 공위는 타협점을 찾지 못한 채 회의 가 무기한 연기되고, 미소관계도 급속히 악화되게 되는데, 이러한 사태 발전은 한반도에서 미소냉전이 시작되는 분수령이 되었다.

전후 미국과 소련에 의한 분할 점령이 한반도를 분열시킨 가장 큰 원

---

49) 한국정치외교사학회 편, 앞의 책, p.225.

인이었음은 두 말할 필요가 없다. 그렇지만 우리는 이러한 외적 요인과 더불어 상호작용하였던 내적 요소를 홀시할 수 없다.

　제2차 세계대전을 전후로 형성된 남북한의 두 진영은 각각 당시의 시대적인 조류를 대표하고 있었는데, 미소의 한반도 분할점령은 상이한 이데올로기를 가진 이 두 진영에 안착지를 마련한 셈이 되었다. 두 진영은 남과 북에서 각자의 진지를 구축하기 시작하였으며, 어떠한 국가를 수립할 것인가 하는 문제를 둘러싸고 이들의 대립과 충돌은 피할 수 없는 것이었다. 모스크바 3상회의의 한반도 문제에 관한 결정은 이 충돌의 도화선으로 작용하게 되었다. 사실 이 두 진영의 갈등과 충돌이 모스크바 3상회의 결정에 대한 반대 또는 찬성이라는 양상으로 나타났지만, 이는 두 진영이 공개적인 분열로 나가는 구실이 된 것에 불과하였다. 본래 찬탁이냐 반탁이냐에 대해서는 이데올로기적인 대립이 없었다. 반소 · 반공 노선의 이승만은 미국과 영국이 일관되게 주장하던 바를 반대하였고, 공산당과 좌익은 역설적으로 미국과 영국의 주장을 찬성하게 되었다. 그러나 이러한 대립은 두 진영을 분열시키는 서곡이 되었고, 상이한 이데올로기를 대변하는 수식어가 되었다. 이것은 바로 문제의 본질이 모스크바 결정 그 자체에 있지 않았다는 것을 말해 주는 것이다. 만약 한반도가 당시 하나가 되어 모스크바 3상회의 결정을 지지하거나 반대하였다면 상황이 달라졌을 것임은 의심할 바 없는 것이었다. 그것은 어찌 보면 전후 한반도에 주어진 단 한 번의 통일 정부 수립의 기회였다고 할 수 있다.

　요컨대, 신탁 문제를 둘러싼 격렬한 대립은 한반도 내 두 진영이 각자의 정치적 토대를 구축하는 계기가 되었고, 이후의 사태 발전 또한 외부 요소의 개입 속에 전개되었다. 결국 한반도의 두 진영은 자연히 미소 진영에 종속되었고 내외의 요소가 서로 상호작용하면서 한반도는 분열의 길을 걷게 되었던 것이다. 이 내외의 두 요인 중 어느 것이 더 중요했는가를 판단하기는 매우 어려운 문제이다. 외적 요소로서 미국과 소련의 '역사적인 충돌'이 한반도에 지대한 영향을 미쳤다는 사실은 의심의 여지가 없다. 그러나 또한 내적 요소로서의 한반도 두 진영 역시 통일된 '의지'를 이루지 못하였으며, 그들 간의 충돌이 미국과 소련의 대한반도 정책에 영향을 끼치게 되었음도 틀림 없는 사실이다. 결국 한반도의 분열은 이렇듯 외적 요소와 내적 요소가 교착된 결과라고 말할 수 있다.

제5장
전후 중국국민당 정부의
대한정책과 이승만 정권의 출범

제1절 국민당 정부의
대한민국 임시 정부 승인 추진

　대한민국 임시 정부는 수립 당시부터 국제사회의 승인을 받는 것을 가장 중요한 목표의 하나로 삼고 있었으며, 이를 위해 전쟁이 끝난 후까지도 끈질긴 노력을 경주하였다. 임시 정부는 1919년 파리회의와 1921년 워싱턴회의에 김규식, 이승만 등을 파견하여 강대국들이 한국의 독립을 승인할 것을 호소하였지만 강대국들의 관심을 끌지 못하였다. 열강들의 승인을 바랄 수 없는 상황에서 임시 정부는 중국의 국민당 정부에 희망을 걸게 되었다. 중일전쟁과 태평양전쟁이 발발한 후 장개석의 국민 정부는 대한민국 임시 정부에 대한 지지와 지원을 대폭 강화하였고, 대한민국 임시 정부 승인 문제에도 적극적인 태도를 취하며 한국임시 정부에 대한 국제사회의 승인을 위해 노력하였다. 1942년 3월 국민 정부 입법원장 손과(쑨커, 孫科)는 한국 문제에 관한 특별연설에서 처음으로 중국은 대한민국 임시 정부를 하루 속히 승인하여야 하며 한국의 독립을 추진해야 한다고 명확히 천명하였다.[1] 이에 대해 주미 한국대표부(Korean Commission) 위원장 이승만은 손과에게 "전체 재미 한국 교포와 미국의 벗들은 중국이 조속히 한국을 승인할 것을 찬성한 손의 주장을 열렬히 찬상(讚賞)한다"는 내용의 전보를 보냈다. 이승만은 또한 그를 선견지명이 있는, 정치가의 자질을 갖춘 인물로 추켜세우면서 중국이 앞장서 승인하면 미국도 그 뒤를 따를 것이라고 주장하였는데,[2] 여기에서 한국을 승인한다는 것은 물론 '한국임시 정부'를 승인한다는 것이다.

1943년 8월 4일 국민 정부 외교부장 송자문(송즈원, 宋子文)은 런던에서 담화를 발표하여 중국은 일본 패망 후 동북 지방과 대만을 수복할 것이며, 또한 조선은 반드시 독립국이 되어야 한다는 내용의 담화를 발표하였다.[3] 뒤이어 그해 11월의 카이로회의에서 장개석은 한국 독립 문제를 처음으로 공식 제기하였다. 장이 카이로회의로 떠나기 전 국민 정부 국방위원회 비서실은 그에게 카이로회의에서 제기할 전시 군사합작, 전시 정치협력에 관한 두 가지 방안을 전달하였다. 그 중 전시 정치협력 방안의 제1조는 "중국·미국·영국·소련은 즉시 공동 또는 개별적으로 조선의 독립을 승인하거나 전후 조선의 독립을 담보하는 선언을 발표한다. 기타 연합국가들도 같은 보조를 취해야 한다"는 내용을 담고 있었다. 아울러 이 방안은 중국 정부가 단독으로 한국 임정을 승인하는 문제에 관해 다음과 같은 분석을 내놓고 있었다. 우선 중국이 대한민국 임시 정

---

1) 『中國近代現代史論集(30)』(臺灣商務印書館), p.858.
2) 張存武·胡春惠 主編, 『近代中韓關係史資料滙編』(第12冊) (臺灣國史館, 1990. 6), p.399.
3) 『中央日報』(重慶: 1943. 8. 6).

부를 승인할 경우 소련은 대일 관계 때문에 어떠한 의사 표시도 하지 않을 수 있고, 영국은 인도 문제에 영향을 미칠 것을 우려해 동의하지 않을 수 있으며, 영국과 소련이 동의하지 않으면 미국도 주저할 수밖에 없다는 것이 불리한 점으로 지적되었다. 상황이 이렇게 되면 세상 사람들에게 동맹국가 간에 틈이 생겼다는 나쁜 인상을 심어 줄 수 있다. 그러나 일소 간의 충돌이 일어날 가능성을 고려한다면, 소련 정부가 국민당 정부에 앞서 한국의 독립을 승인할 가능성이 있다. 이에 대한 대응으로 국민당 정부는 마땅히 소련에 앞서 한국의 독립을 승인하여 기선을 장악하는 것이 좋을 것 같고, 그렇기 때문에 현재 중경에 있는 한국임시 정부와 우호적 관계를 유지해야 한다. 이렇게 되면 장차 소련이 한국의 독립을 승인할 때 소련도 다른 한국 정부와 관계를 맺기 어려울 것인 바, 이러한 점이 단독승인의 이점이라고 이 방안은 분석하고 있다. 이 방안은 또한 위와 같은 장단점은 상호 충돌하는 것이고, 따라서 중국으로서는 적당한 시기에 한국임시 정부를 먼저 승인하는 것이 좋을 것이라는 입장을 정리하였다.[4]

카이로선언의 초안을 수정하는 과정에서 영국은 카이로선언의 초안에 들어있던 "한국을 자유, 독립국가로 되게 한다"는 문구를 "한국이 일본의 통치를 벗어나게 한다"로 수정한 안을 제기하였다. 영국은 한국의 독립을 승인할 경우 여타의 아시아 식민지 국가에 영향이 미칠 것을 우려해 이를 저지하려 한 것이다. 당시 중국 국방최고위원회 비서장인 왕총혜(왕총후이, 王寵惠)는 이러한 영국의 제안을 극력 반대하였고 결의문은

---

4) 張存武·胡春惠 主編, 『近代中韓關係史資料滙編』(第12冊), (臺灣國史館, 1990), pp.382~383.

마지막에 본래의 초안 문구를 유지하게 되었다. 그러나 그 후 3국의 정상들이 최후로 이 선언문 내용을 결정지을 때 처칠의 제의로 '적당한 시기에'(in due course)라는 모호한 문구를 삽입하였다. 이에 대해 장개석은 그의 일기에서 "카이로회의의 경험을 보면 영국은 결코 자기의 이익을 희생하여 남을 도우려 하지 않았다. 그들은 영국을 구해 준 미국에 보답하기 위해서라도 미국의 주장에 양보를 해야 했지만 결코 타협하려 하지 않았으며, 이런 상황에서의 중국의 생사존망 같은 것은 더더욱 안중에도 없었다"[5]고 술회하고 있다.

카이로회담에서 루스벨트는 본래 영국과 중국이 한국의 신탁통치에 동의하도록 설득하려 했으나 장개석이 한국의 독립을 강하게 주장하였기 때문에 그의 주장을 관철하지 못하였다. 장개석의 강경한 태도에 대해 루스벨트는 중국의 의도에 의구심을 갖게 되었으며, 이러한 우려를 처칠에게 전달하였다. 루스벨트는 중국이 전후 한반도를 군사적으로 점령할 의도가 있지 않는가 의심하게 되었던 것이다.[6]

장개석이 한국 독립 문제와 한국임시 정부를 승인하는 문제를 이렇게 서둘러 제기한 것은 2차 세계대전이 끝날 무렵 그가 이미 전후의 동북아 국제정치질서를 고려하기 시작했으며, 특히 한반도의 운명에 특별한 관심을 기울였기 때문이다. 장개석은 전후 한반도가 세계 열강에 의해 분할되는 것을 우려했으며, 특히 한반도에 대한 소련의 야심을 경계하였다.[7]

---

5) 邵毓麟, 앞의 책, pp.54~55.

6) 洪淳鎬, 『韓國國際關係史理論』(大旺社, 1993), p.334.

7) 胡春惠, 辛勝夏 譯, 앞의 책, p.275.

1944년 세계적인 반파쇼 전쟁이 승리를 거듭하면서 국제사회에서 한국임시 정부를 승인할 것을 요구하는 목소리가 더욱 높아졌다. 8월 29일 한국독립당, 조선민족혁명당, 조선민족해방동맹, 조선무 정부주의자 총연맹 등은 공동선언을 발표하여 동맹국들이 한국임시 정부를 승인해 줄 것을 요구하였다.[8] 국민 정부 참정회도 정부에서 한국임시 정부를 조속히 승인할 것을 요구하는 안을 통과시켰으며 중한문화협회도 한국임시 정부를 승인할 것을 요구하였다. 국민 정부의 손과, 오철성 등도 국제사회가 한국임시 정부를 승인해야 한다는 점을 거듭 강조하였다.

그 당시 중국공산당은 중경의 한국임시 정부와 일정한 관계를 맺고 임정의 활동에 깊은 관심을 가지고 있었다. 중국공산당도 한국의 혁명지사들이 빈번히 동맹국에 독립을 보장하라는 주장을 제기하는 것에 대해 전폭적인 동정과 지지를 보여주었지만 한국임시 정부를 승인하는 문제에 대해서는 태도를 표명하지 않았다. 1944년 8월 신화일보는 "단결하여 국권을 회복하자"는 사설을 통하여 동맹국들에게서 독립을 보장받는 것보다 백 배 더 중요한 것은 실제 항전 사업에 더욱 노력하며 통일전선을 더욱 확대하고 민족단결을 공고히 하는 것이라고 지적하면서, 일본에 항거하고 국권을 회복하는 임무를 민중에게 인식시켜 그것이 적 점령 지역과 한국 본토에까지 전파되도록 하여야 한다고 주장하였다.[9]

이 사설이 비록 한국임시 정부를 직접 거론하지 않고 있지만 여기에서 한국임시 정부에 대한 중국공산당과 국민당의 상이한 입장을 쉽사리 간

---

8) 「韓各政黨發表共同宣言要求盟國承認韓國臨時政府」, 『新華日報』(重慶: 1944. 8. 29).
9) 「團結復國!」, 『新華日報』(重慶: 1944. 8. 29).

파할 수 있다. 당시 중경의 한국임시 정부는 한반도와 멀리 떨어져 있고 또한 중국 항일전쟁의 전선과 적 점령지역뿐만 아니라 한민족이 집거하고 있는 동북 지방과도 멀리 떨어져 있었기 때문에 현실적으로 그가 표방하는 것처럼 정부로서의 지도력을 발휘하기가 매우 어려웠던 것이 현실이었다. 그렇기 때문에 중국공산당은 비록 연합국가들이 한국의 독립을 보장해야 하고 이러한 보장이 철저히 실시되어야 한다고 주장하면서도 한국독립에 대한 국제적 보장만큼 한국인들의 항일운동의 의의와 역할이 중요하다고 주장한 것이다.[10]

어떻게 국제사회의 승인을 받을 것인가에 대해 중국공산당의 신화일보는 '한국의 민주단결' 제하의 사설을 통해 프랑스의 민족해방위원회가 동맹국의 승인을 받은 후 날이 갈수록 국내외 광범위한 인민의 지지와 호응을 받는 것은 바로 위원회가 여러 차례 개조(改組)를 거치면서 각 민주당파의 대표를 포섭하였기 때문이라고 지적하였다. 아울러 이 사설은 유고슬라비아 임시 정부가 소련뿐만 아니라 영국과 미국의 원조를 받을 수 있었던 것은 그들이 모든 반파쇼 단체와 민족을 결집하여 단결된 무력으로 파쇼집단에게 타격을 가하는 찬란한 전과를 올렸기 때문이라고 덧붙였다.[11]

중국공산당은 비록 국제사회가 한국임시 정부를 승인하는 문제에 대해 명확한 태도를 표명하지는 않았지만 중국공산당의 주장은 여기에서 완곡하게 드러나고 있다고 할 수 있다. 즉 중국공산당은 한국의 독립운동이 항일을 통해 국권을 회복하고 그 전과로 민심을 얻고 인정을 받으

---

10) 「掀起韓國內部的反日運動」, 『新華日報』(重慶: 1943. 12. 21).
11) 「韓國的民主團結」, 『新華日報』(重慶: 1944. 4. 30).

며 발언권을 획득하는 것이 중요하며 후방에서 터무니없이 국제사회의 승인을 추구하는 것은 온당하지 않다는 것이었다.

이와 반대로 장개석은 한국임시 정부와 마찬가지로 제2차 세계대전 종전이 다가오자 한국임시 정부를 승인하는 문제에 대해 더욱더 관심을 보이게 되는데, 이는 전후 동북아시아 국제질서에 대한 장개석의 구상과 관련이 있는 것이었다. 즉 장개석은 다른 나라보다 먼저 한국임시 정부를 승인함으로써 전후의 한반도 정국에서 주도권을 확보하려 하였던 것이다. 이에 대해 일찍이 1941년 1월 3일 중국주재 미국 대사 고오쓰는 한국임시 정부에 대한 조사보고에서 소위 한국임시 정부란 중경에 체류하고 있는 200여 명의 한국인을 대표할 뿐이며 그 세력도 강하지 않을 뿐더러 당파분쟁이 극심하다고 하면서 조직도 건전하지 않고 본토 국민과의 접촉은 더욱 없다고 지적한 바 있다. 그는 또 중국 정부의 한국임시 정부에 대한 지원은 전통적인 패권을 회복하기 위한 노력의 일환[12]이라고 하고 있는데, 이는 장개석 정부에 대한 루스벨트의 우려를 상기시키는 것이었다.

1944년 7월 3일 한국임시 정부 주석 김구는 장개석에게 임시 정부를 승인할 것을 요구하는 서한을 보냈다. 장개석은 비서장 오철성과 외교부장 송자문에게 한국임시 정부를 실제 승인을 할 것인가, 아니면 '사실상의 승인'을 할 것인가의 문제를 협의하도록 지시하였다. 그러나 외교부는 카이로회의에서 거론된 전후 한국의 독립과 한국임시 정부 승인 문제는 서로 다른 별개의 문제이며, 또한 소련이 카이로회담에 참가하지 않

---

12) 洪淳鎬, 앞의 책, p.319에서 재인용.

았고 태도도 명확하지 않기 때문에 이 문제는 신중하게 처리해야 한다고 인식하고 있었다.[13]

8월 28일 국민당중앙위원인 진과부(천꾸어푸, 陳果夫)는 한국임시 정부 승인 문제에 관해 외교부장 송자문에게 보낸 서한에서 "한국 정부가 우리나라에 와서 10~20여 년 동안 별로 큰일을 하지 못했고, 의기가 소침하였는데 오늘에 와서 전기가 마련되었으니 그들로 하여금 무언가 하도록 해야 할 것이다. 최근의 국제정치의 흐름을 보면 각국이 전후 평화를 설계하기 위해 온 힘을 기울이고 있다. 한반도가 중국·미국·소련·일본 4국의 관심이 교차되는 지리적 요충지에 자리하고 있는 만큼 우선적으로 미래 한국의 지위가 결정되지 않으면 안 될 것이다. 미국의 태평양정책이 한국의 독립을 힘껏 원조하는 것이란 말을 들었는데 우리 나라도 이제 미국과의 협력 하에 이러한 흐름에 부응해야 할 것이다."[14]라고 지적하고 있다. 진과부가 거론했듯이 국민당 측에서도 한국임시 정부가 중국에서 몇 십 년 동안 별로 큰일을 한 것이 없다는 점을 인정하고 있었던 것이다. 그뿐만 아니라 카이로선언 후 동맹국 군대가 태평양 각 전선에서 공세를 펼치며 승승장구하면서 전진하는 시점에 한국임시 정부 내부에서는 임시약헌(臨時約憲)의 수정과 주석 및 국무위원의 선거 등의 가장 중요한 문제를 둘러싸고 의원들 간, 특히 각 당파 간의 다툼이 일고 이를 해결하지 못하고 있었다.[15] 그렇지만 진과부도 지적했듯이 이때 국민당이 보다 중요하게 고려한 것은 한국임시 정부의 항일전선에서의 공

---

13) 『中國近代現代史論集(30)』(臺灣 商務印書館), p.858.
14) 『外交部檔案三一八之四, 一號』, 張存武·胡春惠主編, 앞의 책, pp.379~380.
15) 「韓國的民主團結」, 『新華日報』(重慶: 1944. 4. 30).

로 유무가 아니라 한국의 미래 지위와 지정학적 중요성이었으며, 때문에 미리 전후 관계에 대책을 마련하기 시작한 것이다.

국민당 정부가 한국임시 정부에 대한 승인을 국제사회에 호소할 때 이승만도 중국이 이 문제를 주도하려 한다고 생각하였다. 그는 1945년 초 미 국무성에 보낸 서한에서 "6개월 전까지만 해도 전혀 열의를 보이지 않았던 중국 정부가 이제는 임시 정부 승인 문제에 대해서 연합국들의 지지를 조건으로 이를 주도하려 하고 있다. 본인은 미국 정부가 한국의 승인과 관련하여 중국과 협조하게 되기를 희망한다. 중국 정부는 미국 국무성의 양해가 없이는 조치를 취하지 않을 것이며, 만일 국무성이 중국에 대하여 협조하겠다는 암묵적인 양해를 하게 되면 중국은 대한민국의 현 지위를 공식적으로 인정할 것이다"[16]라고 주장하였다. 이승만은 "(본인은) 러시아의 지원 하에 시베리아에서 유지되고 있는 한국공산당이 기회를 틈타 한국 내로 밀고 들어와서 반도 전체를 휩쓸어버림으로써 망명중인 한국민족주의 민주 정부의 한국 환국 기회를 봉쇄해 버릴지 모른다는 위험에 대해 확실한 증거를 가지고 누차 문제를 제기해 왔다. 그렇게 되면 한국민들은 자신들이 원하는 정부형태에 관한 의사표시 기회를 상실하게 될 것이며, 이러한 사태는 한국뿐 아니라 미국과 중국에 대해서도 불리할 것이다"[17]라고 주장하였다.

이승만은 소련이 비호하는 공산주의자들이 전후 한반도 정국을 주도하는 것을 두려워했고 장개석도 소련이 한반도 문제에 관여하는 것을 가

---

16) 美國務省秘密外交文件, 金國泰 譯, 『解放三年과 美國 1』(도서출판 돌베개, 1984), p.21.
17) 위의 책, p.22, 주해 12.

장 우려하고 있었다. 그리하여 1945년 2월에 국민당 정부는 워싱턴에 미국 정부가 한국임시 정부를 즉각 승인해줄 것을 요구하면서, 한국을 해방 후 미국·영국·중국 3국의 한국에 대한 군정 실시계획을 신속히 수립할 것을 제의하였다. 국민당 정부는 소련이 태평양 전쟁에 참가하면 한국 문제에 참여하게 될 것을 우려하였던 것이다.[18]

그러나 이승만의 서한 내용에 관해 소련주재 미국 대사 케난은 1945년 4월 미 국무성에 보낸 전문에서 소위 조선해방위원회가 블라디보스토크에 존재한다는 보고나 소문을 들은 바 없다고 보고하였다. 그는 오히려 중국공산당의 정치·군사적 지위가 향상되고 국공 간의 대립이 더욱 격화되면 임시 정부의 잠재적 경쟁자는 아마도 중국 공산주의자들의 지배 하에 있는 중국 서북지역에서 출현하게 될 것이라는 의견을 제시하였다. 그는 아울러 그렇게 된다면 동만주 간도지역[19] 및 한반도는 그 후의 사태 발전에 비옥한 토양을 제공해 줄 것이라고 덧붙였다.[20] 같은 날 케난은 블라디보스토크 총영사에게 중국공산당 지역 내에 이미 조선해방기구가 수립되었다는 사실을 통보하였다.[21]

이승만이 말한 이른바 시베리아의 조선해방위원회라는 것은 케난의 지적처럼 확실히 존재하지는 않았지만, 당시 소련 극동지역에는 앞에서 서술한 동북항일연군과 함께 국제여단을 결성한 조선공산주의자들이 활동하고 있었다. 케난이 앞서 지목한 한국임시 정부의 잠재적 경쟁자란

---

18) James Irnving Matray, 具次列 譯, 앞의 책, p.46.
19) 지금의 길림성 연변지구.(역자)
20) 金國泰 譯, 앞의 책, p.27.
21) 具次列 譯, 앞의 책, p.28, 주해 25.

연안의 조선독립동맹과 조선의용군을 가리키는 것으로, 케난은 이미 중경의 한국임시 정부와 공산주의자들을 라이벌 관계로 보고 있었다. 확실히 이승만과 케난은 공산주의 세력이 한반도에서 득세하는 것을 우려하고 있었던 것이다. 그러나 다른 한 편으로 미국은 국민당 정부에 대해서도 일종의 불안감을 가지고 있었다. 미국이 한반도에 대한 뚜렷한 정책을 가지고 있었던 것은 아니지만 한반도라는 이 공백을 장개석의 국민당이 메우는 것은 원하지 않았던 것이다.

이승만은 미국에서 한국임시 정부의 이름으로 외교적 승인을 받기 위한 활동을 적극 전개하였다. 한국임시 정부를 승인하라는 이승만의 요구에 대해 미 국무성 극동국장대리 프랭크 록카르트(Frank P. Lockharty)는 국무장관 대리를 대신하여 1945년 이승만에게 서한을 보내고, 한국임시 정부는 한국의 어떠한 부문에 대해서도 행정권을 행사한 바 없으며 오늘날의 한국 민중을 대표한다고 간주할 수도 없다고 주장하였다. 그는 또한 임시 정부의 추종자들은 심지어 망명 한국인들 가운데서도 극소수에 한정되어 있다고 지적하고, 한국임시 정부와 같은 그룹들에 대한 미국의 정책은 연합국의 승리가 달성되었을 때, 한국인들에게 자신들이 원하는 정부의 궁극적인 형태 및 지도자를 선택할 권리를 방해할지도 모를 어떠한 조치도 취하지 않는다는 것이라고 언명하였다.[22] 이에 이승만은 같은 해 6월 다시 서한을 내고 "현재의 상황에서 미국과 소련의 궁극적인 대립을 방지할 유일한 방법은 가능한 한 비공산주의적인 제 민주세력을 굳건하게 구축하는 것"[23]이라고 주장하였다.

---

22) 위의 책, p.31.
23) 金國泰 譯, 위의 책, p.23.

이 때 이승만은 한반도에서 자신을 중심으로 하는 정부를 수립할 준비를 하고 있었다. 일찍이 1944년 5월에 일본의 패망을 예측한 이승만은 자기가 영도하는 구미위원회 내에 정치, 경제 등 5개 부문 위원회를 설치하고 해방 후 건국과 집권을 위한 조직상의 준비를 하였다고 한다. 그 가운데 정치위원회의 사업은 대한민국 헌법초안을 기초하는 것, 임시 정부에서부터 합헌 정부로 이행하는 계획을 제정하는 것, 장래 성립될 대한민국 의회에 통과시킬 헌법초안을 제출하는 것 등이었다. 내무위원회는 임시 정부와 구미위원회에 대한 한국인의 충성심을 강화하는 것, 전후에 수립될 대한민국 정부를 위해 요원을 훈련하고 준비하는 것 등을 목적으로 하고 있었다. 경제위원회는 전후 한국의 경제, 농업, 은행신용, 수송합동 신용체계 등을 위하여 이에 상응한 발전계획을 제정하는 역할을 맡았다. 이승만의 제의에 따라 1944년 6월 워싱턴 소재 구미위원회 사무실에서는 18인이 모여 인원과 부장을 선출하였고, 각 위원회도 정식으로 출범하였다고 한다.[24] 이승만이 전후 조선에 대한 자기의 구상이 있었지만 미국에 있는 그로서는 한국임시 정부의 존재를 무시할 수 없었기 때문에 표면상 시종 한국임시 정부 간판을 이용하며 활동하였다.

제2차 세계대전 종전이 임박한 1945년 7월 21일에 이승만은 미국 대통령 트루먼에게 보낸 서한에서 종전 후 한국 내에서 국제평화를 교란시키고 한국과 소련 간의 우호관계를 해치게 될지도 모르는 공산주의자들과 민족주의자들 간의 내전 가능성을 배제하기 위해 한국임시 정부를 즉각 승인해 줄 것을 요구하였다. 이승만은 또한 미국이 1882년 조선과 체

---

24) 『中央日報』(서울: 1999. 8. 15).

결한 조미수호통상조약을 이행함으로써 국제협정의 존엄을 지켜달라고 요청하였다. 며칠 후 이승만은 극동국장 대리에게 편지를 보내고 1944년 4월에 민족주의자, 공산주의자 그리고 심지어는 무 정부주의자까지 포함한 연합내각을 구성하여 중국의 자유지역 내의 모든 한국 민중들 간의 통일을 이루었다고 하면서, "한국인이 분열되어 있다는 주장"은 처음에는 친일파에 의해, 그리고 나중에는 용공세력에 의해 광범위하게 유포되어 한국 민족에 대한 왜곡된 인상을 공공연히 만들어 냈다고 주장하였다. 또한 그는 미국 국무성이 누차 언급해 왔고 또한 국무성의 관리들이 한국임시 정부와 동등하게 거론하는 이른바 '여타 한국인 그룹들' 및 '여타 기구들'이란 한국판 루블린(Lublin) 위원회[25] 결성을 겨냥하고 있는 한 줌밖에 안 되는 한국인 공산주의 선동자 또는 용공주의 그룹에 불과한 것으로, 몇몇 국무성 관리들이 그들을 지원하고 있으며 대다수 한국인들이 임정에 반대하고 있다는 인상을 날조하고 있다고 비난하였다.[26]

미국에 있는 이승만의 한국대표부와 김구의 중경 한국임시 정부는 표면상으로는 우호적이었지만 사실상 동상이몽의 관계를 유지하고 있었다.[27] 그러나 제2차 세계대전이 끝나게 되면서 김구는 국제사회의 승인을 받기 위해 이승만의 외교적 노력이 필요했으며, 또한 재미 한인들의 지지를 쟁취해야만 하였다. 한국이나 중국과 멀리 떨어져 있었던 이승만 역시 김구의 한국임시 정부라는 간판이 필요했으며, 또한 미국에 많은 반대파가 있는 상황에서 더욱 그러하였다.

---

25) 2차 세계대전 당시 폴란드가 해방된 후 루블린에 자리잡은 소련에 의해 승인된 폴란드 임시 정부.(역자)
26) 金國泰 譯, 앞의 책, p.36.
27) 邵毓麟, 앞의 책, p.63.

이승만은 미국의 한국임시 정부 승인 문제를 일관되게 공산주의자에 대한 대항과 연계시켰다. 이승만은 전후 한반도에 임시 정부를 핵심으로 하는 정권을 수립하려 할 때 가장 큰 위협이 공산주의 세력이라는 것을 잘 알고 있었다. 그는 한국임시 정부에 반대하는 한국 공산주의자들의 또 다른 정부가 수립되면 다수의 민족주의 분자와 소수의 공산주의 분자들 간에 유혈사태가 벌어질 것이라고 인식하고 있었다. 이승만은 트루먼에게 보낸 편지에서 소비에트 정부가 홍군 중 약 8,000명의 한국인들을 퇴역시킨 후 민간인의 신분으로 한국에 파견하려 한다고 말하였다.[28] 이승만의 목적은 명확하였는 바, 그것은 소련의 위협을 구실로 미국을 협박하여 한국임시 정부에 대한 미국의 승인을 받아내며 동시에 소련과 미국의 관계를 이간시키는 것이었다. 이 면에서 이승만은 뛰어난 국제정치의 감각을 가졌다고 보아야 할 것이다. 그러나 소육린이 "완고하고 독재적인 성격에다 음험하고 교활한 수단을 구비하였다"[29]고 묘사한 이승만은 결국 마지막까지 미국의 승인을 받아내는 목적을 이루지 못하였다.

다른 한 면으로 이승만은 장개석의 국민당 정부를 끌어당겨 자기와 보조를 맞추게 하기 위한 노력도 포기하지 않았다. 1945년 5월에 이승만은 미국에 체류하고 있는 소육린에게 자신이 지극히 중요한 뉴스를 즉각 공개하겠으니 그 내용을 중국 대표단에 전해 달라고 부탁하였다. 그 내용인 즉 미국·영국·소련의 3국 정상들이 2월의 얄타비밀회담에서 중국 동북 3성의 주권과 한국의 국가이익을 팔아먹었다는 것으로, 이승만은

---

28) 金國泰 譯, 앞의 책, pp.37~38.
29) 邵毓麟, 앞의 책, p.59.

이 뉴스를 미국의 신문에 발표하였다.[30] 그 후 중국의 중경에서는 이와 관련한 유언비어[31]가 급속히 퍼져 나갔다. 이에 대해 미 국무성 극동국장 발렌타인은 그것을 황당무계한 유언비어일 뿐이라고 반박하였고, 한국 임시 정부도 담화를 발표하여 이 유언비어의 진원지는 유럽이며 미국주재 한국대표 이승만에게 그 책임을 전가하는 것은 공정하지 못한 것이라고 주장하였다.[32] 중국공산당의 신화일보도 시평을 발표하여 이 유언비어는 반소를 목적으로 한 것으로, 얄타회의와 카이로회의, 테헤란회의의 정신은 일관된 것이라고 천명하였다.[33] 마치 미국에서의 나비 날갯짓이 중국에 태풍을 몰아올 수 있다는 비유를 이승만이 연출한 것처럼 판단한 것 같았다. 장개석 정부와 중경의 한국임시 정부, 그리고 미국에 있던 이승만의 끈질긴 노력에도 불구하고 임시 정부에 대한 국제사회의 승인은 결국 이루어지지 못하였다. 이에 대해 국민당은 중경의 한국임시 정부가 중국 조야의 전폭적인 지지를 받아 반침략국가들의 정식 승인을 받을 좋은 기회를 가졌지만, 결국 내부의 혼란과 대립, 그리고 국제공산당과 그 동조자들의 은밀한 방해공작으로 말미암아 성공을 눈앞에 두고 실패했다고 주장하였다.[34] 그러나 임시 정부가 국제사회의 승인을 받지 못한 책임을 이른바 국제공산당과 그 동조자들에게 돌린 것은 견강부회라고 할 수 있다. 한국임시 정부가 국제사회의 승인을 받지 못한 주요 원인은 미

---

30) 邵毓麟, 앞의 책, p.57.

31) 「爲什麽造這個謠言」, 『新華日報』(重慶: 1945. 5. 28).

32) 「韓臨時政府發言人就戰後韓國地位之謠傳發表談話」, 『中央日報』(重慶: 1945. 5. 28). 「朝鮮獨立問題, 雅爾塔會議的決定和開羅會議無衝突」, 『新華日報』(重慶: 1945. 5. 28).

33) 「爲什麽造這 個謠言」, 『新華日報』(重慶: 1945. 5. 28).

34) 『中華民國史事記要』(初稿), (臺灣: 中央文物供應社, 1945. 11), pp.599~601.

국이 일관되게 불승인정책을 취해왔기 때문이다. 미국 국무장관 대리는 1945년 6월 8일에 성명을 발표하여 한국임시 정부와 기타 한국단체들은 아직까지 승인을 받을 만한 충분한 자격을 가지고 있지 않다고 지적하면서, 미국 정부가 한국임시 정부와 같은 단체들에 대해 어떠한 행동을 취하지 않는 것이 바로 미국의 정책이라고 주장하였던 것이다.[35] 미국이 한국임시 정부를 승인하지 않은 원인으로는 첫째, 한국임시 정부는 하나의 독립단체일 뿐이며 한 번도 정부의 직능을 수행한 적이 없고 국내와의 연계도 부족하였다. 둘째, 2차 세계대전이 종결되고 루스벨트가 몇몇 강대국들의 한반도 신탁관리를 구상하였기 때문에 자연히 어느 한 단체를 정부로 승인하여 다른 강대국들의 이익과 충돌을 불러오려 하지 않았다. 셋째, 미국은 한국임시 정부를 적극 지지하는 장개석 정부에 대해 의구심을 가졌으며, 장개석이 전후 한반도에서의 패권에 대한 야심을 가질 것을 우려하였다는 점 등을 들 수 있다. 미국의 이러한 불승인정책은 전후에까지 계속되었다.

그렇지만 한국임시 정부에 대한 장개석의 관심은 특이하다 할 만큼 집요한 것이었다. 1945년 5월 국민당 제6차 전국대표대회에서 결정한 신정강(新政綱)의 민족주의 장(章)에 "카이로선언을 실현하고 국가의 영토와 주권, 행정의 완정(完整)을 적극 도모한다. 그리고 조선의 독립을 돕는다"[36]라고까지 규정하고 있다. 또한 국민당의 중앙일보는 한반도의 독립은 국민혁명의 일관된 목적이며 항일전쟁의 목적이라고 언명하기도

---

35)「格魯稱美將實現韓國獨立對重慶韓國臨時政府不予承認」,『解放日報』(延安: 1945. 6. 11).
36)『中國國民黨歷次代表大會及中央全會資料』(下冊), (光明日報出版社, 1985), p.933.

하였다.[37] 항일전쟁이 끝나게 될 무렵 국민당이 한국의 독립을 돕는다고
한 것은 결코 모든 정치세력에 대해서가 아닌, 한국임시 정부에 의한 독
립을 실현한다는 데 힘을 실은 것으로 국민당 정부의 이러한 노력은 전
후에까지 이어지게 된다.

제2절 초기 해방공간에서의
대한민국 임시 정부와 국민당 정부

일본 패망 후 미소가 한반도를 분할 점령한 상황에서 누가 한반도의
정치적 공백을 메우며 전후 한반도의 정국을 주도할 것인가 하는 문제는
당연히 한국 국내와 국외에서 귀국한 각 정치세력의 초미의 관심사가 되
었다. 김구의 한국임시 정부는 일본이 항복한 새로운 상황에서도 마지막
한 가닥의 희망을 포기하지 않고 국제사회의 승인을 받기 위한 노력에
박차를 가하게 되었고, 장개석 정부도 임시 정부의 노력에 전폭적인 지
원을 아끼지 않았다.

1945년 8월 31일 한국임시 정부 대표단은 중국주재 미국대사 헐리를
방문하여 미 국무성에 보내는 비망록을 전달하였다. 비망록은 이승만의
주장과 대체로 일치하는 것으로 해방 후 러시아 한인과 연안의 한국 공
산주의자들이 대거 한국으로 입국하고 있다고 지적하였다. 그리고 만주
를 경유하여 한국에 입국할 준비를 하고 있는 연안의 조선인대학[38] 총장

---

37) 「實現開羅會議宣言」, 『中央日報』(重慶: 1945. 6. 13).
38) 연안의 조선군정대학을 가리킴.(역자)

김백연(金白淵, 즉 김두봉: 金枓奉)은 한국에 공산주의 이념을 추종하는 정부를 수립하는 것이 그들의 목표임을 천명했다고 주장하고 있다. 비망록은 계속하여 미국식 입헌주의를 신봉하여 지난 40여 년간 한국의 자유를 위하여 싸워 온 한국의 민주주의자들은 점차 희망을 잃어가고 있고 한국 내에서 그들의 기회도 점점 감소해 가고 있다고 말하면서, 한국이 민주주의 국가로 발전해 갈 것인가 아니면 공산주의 국가의 길을 갈 것인가의 문제는 미국이 지금 당장 무엇을 하는가에 달려있다고 믿는다고 지적하였다. 또한 그러한 결정을 내리지 못하면 결국 공산주의자들을 유리하게 해 주는 일이 될 것이라고 하였다.[39] 그러나 김백연이 연안을 떠나기 전에 한 발언은 "조선 인민들은 그들에게 유리한 정권형식을 자유롭게 선택할 것이다. 중국과 비슷한 신민주주의 공화국의 신 조선이 35년의 망국의 고난을 겪은 후 탄생하게 될 것이다."[40]라는 것이었다.

이승만은 미국에서 전후의 정세를 면밀히 주시하였다. 8월 21일 이승만은 장개석에게 전보를 보내 소련과 미국이 남북한을 분할 점령하는 계획을 채택하지 않도록 트루먼을 설득해 줄 것을 요청한다. 이승만은 독립이라는 위장 밑에 한국을 괴뢰로 이용하려는 계획이 진행 중이라고 하면서 장개석이 트루먼에게 전보를 보내 분할 점령계획을 저지해줄 것을 요청한 것이다. 이승만은 또 한국민은 한국을 완전 독립시키려 하지 않는 어떠한 계획도 받아들이지 않을 것이라고 하면서 장개석에게 단결되고 민주적이며 독립을 성취한 한국은 중국의 충실한 맹방이 될 것이라고

---

39) 金國泰 譯, 앞의 책, p.47.

40) 「朝鮮革命軍政學校學員整裝待發」, 『解放日報』(延安: 1945. 8. 15).

언명하였다.[41)]

일본 투항 후 중국주재 미국대사 헐리가 본국에 업무 보고차 귀국할 때 국민당 정부는 미국 정부에 보내는 국민당 정부의 세 가지 요구를 전달하였다. 그것은 첫째, 미국이 한국의 건국 문제에 대한 태도를 천명할 것, 둘째, 미군이 속히 비행기를 보내 중국에 거류하고 있는 한국독립운동 지도자들을 한국에 보내줄 것, 셋째, 남한의 미군정 당국이 "한국임시정부" 간부들이 군 정부에서 행정 직무를 맡도록 최대한 도와줄 것 등이었다.[42)]

8월 24일 장개석은 국방최고위원회와 중국국민당 중앙상무위원회 임시연석회의에서의 연설에서 "우리 국민혁명의 가장 중대한 목표와 가장 절박한 사업에는 세 가지가 있다. 첫째, 우선 동북 3성의 영토주권과 행정의 완정을 회복한다. 둘째, 대만과 팽호(澎湖)의 실지를 회복한다. 셋째, 한국의 독립과 자유를 회복한다. (중략) 국민혁명이 만주의 청조를 타도하고 일본에 저항한 것은 중국 자체의 자유와 평등을 위해 분투한 것이자 한국의 해방과 독립을 위해 분투한 것이기도 하다. 앞으로 우리는 더욱 이와 같은 취지에 입각하여 모든 관련 맹방들과 공동으로 민족독립과 평등의 원칙을 존중하면서 그들이 획득해야 하는 지위를 영원히 보장해 주어야 한다"[43)]고 말했다. 일본이 항복한 후 장개석이 중국의 동북, 대만과 한반도 문제를 "국민혁명의 가장 중요한 목표이며 가장 절박

---

41) 張存武·胡春惠 主編, 『近代中韓關係史資料滙編』(第十二册), (臺灣國史館, 1990), pp. 400~401.

42) 「1945年 9月 25日 中國國民黨中央執行委員會有關韓國, 越南, 泰國問題座談會紀錄」, 胡春惠: 辛勝夏 譯, 앞의 책, p. 290에서 재인용.

43) 『中央日報』(重慶: 1945. 8. 25).

한 사업"으로 특별히 언급한 것은 한반도 문제를 얼마나 중시하였는지 보여주는 대목이다. 그러나 한반도가 어떻게 독립을 해야 하는가에 관해서 자기 나름대로의 계산을 가지고 있었다. 그것은 우선 강대국이 한반도를 신탁관리하는 것을 반대하고, 그 후 한국임시 정부가 한반도의 주도권을 장악하도록 하는 것이었다.

9월 15일 장개석은 주미대사 위도명(웨이다오밍, 魏道明)에게 미국 정부에 대한반도 정책을 문의하고, 트루먼이 그 정책방침을 명시해 줄 것을 요구하라는 훈령을 보냈다. 그는 국민당 정부는 여전히 루스벨트 대통령이 제안한 방침에 따라 우선 4국이 공동으로 한국인을 도와 훈정(訓正) 정부를 조직하는 것에 동의하기는 하지만, 이는 중경의 망명 정부를 기반으로 하여 확대하는 것이 타당하다고 주장하면서, 그렇지 않고 따로 새 정부를 세운다면 공산당에 먹히는 것 외에 다른 길이 없을 것이라고 강조하였다.[44] 루스벨트의 전후 한반도 구상의 핵심은 강대국에 의한 신탁관리였다. 장개석은 표면상 이에 동의하기는 하였지만 전후 한반도에 대한 핵심 구상은 친 장개석의 한국임시 정부가 한반도의 정국을 주도하도록 하는 것이었다. 장개석은 소련이 참가하는 강대국의 신탁관리가 지지하여 수립할 새 정부가 공산당에 의해 장악될 것을 우려하였으며, 결국 한반도에 대한 강대국의 신탁관리를 공개적으로 반대하기 시작하였다. 9월에 주중 미국대사관은 국민당 정부 외교부에 '한국 문제에 관한 연구 개요'(韓國問題研究綱要草案)를 전달하고, 한국을 군사적으로 점령한 후 임시 국제감독기구를 설치할 것을 제안하였다. 장개석은 이에 대

---

44) 『中華民國史事記要』(中華民國三十四年 八, 九月, 草稿), (臺灣 中央文物供應社), pp.988~989.

해 10월 27일 외교부장 송자문에게 중국은 미국·영국 등과 이 문제에 관한 의견을 교환할 수 있지만 한국이 하루 빨리 독립을 이루도록 돕는다는 일관적인 주장은 포기할 수 없고 국제기구가 한국을 신탁 관리하는데는 절대 동의할 수 없다고 하였다.[45]

장개석은 비록 한국임시 정부에 대한 국제사회의 승인이 가망이 없다는 것은 알고 있었지만 여전히 한국임시 정부 승인에 대한 미련을 가지고 있었으며 임정 승인을 위한 마지막 노력을 기울이게 된다. 9월 25일 국민당 정부 정보부장 오국장(우꾸어쩐, 吳國幀)은 주중 미국대사관을 방문하여 소련군이 한국 점령 지역 내에 공산주의 행정조직을 조직, 후원한다는 보고를 받았다고 밝히고, 이런 사정을 감안하여 장개석이 중경의 한국임시 정부 요원들이 가능한 한 정부 내 행정직 위원의 신분으로 귀국하는 것을 허락해 줄 것을 건의했다고 말했다. 오국정은 미국이 한국임시 정부를 승인하면 중국은 기꺼이 그 뒤를 따를 것이라고 하였다.[46] 같은 날 진립부는 국민당 중앙위원회에서의 한국·베트남·태국 문제 좌담회에서 국제정치적 시각에서 볼 때 중국이 한국임시 정부를 과감히 승인하지 않은 것은 실책이라고 주장하였다.[47] 9월 26일 주미 중국대사인 위도명은 미 국무장관 대리 애치슨을 만나 한국에 대한 미국의 계획과 사태의 발전에 관심을 표명하였다. 그는 카이로선언에 대해 언급하면서 애치슨에게 트루먼의 대한반도 정책이 루스벨트에 비해 미묘한 변화가 있는 것인지의 여부를 문의하였으나 애치슨은 한반도의 장래에 대한

---

45)『中國近代史論集』(30) 第二十六編, (臺灣 商務印書館), p.859.

46) 金國泰 譯, 앞의 책, p.65.

47) 胡春惠 著, 辛勝夏 譯, 앞의 책, p.315.

미국의 정책에는 추호의 변화도 없다고 말하였다. 이 자리에서 애치슨은 미국의 신탁통치 구상에 대한 위도명의 물음에 대해 이 문제는 이미 중국의 송자문이 미국 대통령과 논의를 한 바 있으며, 당시 송이 한국에 대한 4국의 신탁통치에 동의를 표한 것으로 알고 있다고 말하였다. 뒤이어 위도명은 중경의 한국임시 정부를 거론하면서 임정이 최종적으로 한국 정부의 기반이 될 수 있다고 주장하였다.[48]

한편 김구의 한국임시 정부는 미국, 중국 등의 승인을 받고 임시 정부의 자격으로 귀국하여 전후 정국을 주도하기 위하여 일본 투항 후 몇 개월 동안 귀국을 서두르지 않고 있었다. 그러나 9월에 미국으로부터 돌아온 소육린은 중경에서 김구를 만나, 일본은 투항했고 포츠담회의 후 미소 양군은 이미 한반도 남과 북에 진주했다는 정황을 상기시키면서, 듣건대 미국이 남한에 군 정부를 세울 계획이고 현재로서는 미소의 군사 점령을 번복할 수 없다는 점을 설명하였다. 그는 김구에게 현실을 직시할 것을 권고하며, 한국임시 정부가 다년간 추진하던 독립운동의 지도권을 조속히 한국 본토에 이전시켜야 한다고 김구를 설득했다. 또한 소련과는 협력은 기대하기 어려우며, 미국 점령군, 군정 측과 협력하면서 임시 정부의 역량을 결집, 확대한 후 전체 한국민을 지도하여 국제신탁을 결연히 반대해 나가면서 완전한 독립을 위해 계속 분투해야 할 것이라고 충고하였다.

소육린은 독립된 정권이라면 본국의 영토와 국민을 떠나 있을 수는 없는 것이며 그렇지 않으면 그것은 신기루일 뿐이라고 하면서 김구에게 조속히 귀국할 것을 거듭 권유하였다. 김구는 원칙적으로 동감을 하면서도

---

48) 金國泰 譯, 앞의 책, p.65.

여전히 외교적 승인에 대한 미련을 버리지 못하였다. 그리고 그 후로도 한국임시 정부는 동맹국들이 먼저 외교적 승인을 해 줄 것을 기대하며 정부 자격으로 환국하기 위하여 다방면의 활동을 전개하였다.[49]

역시 같은 해 9월 국민당 중앙 조직부장 진립부는 김구가 동맹국이 먼저 한국임시 정부를 외교적으로 승인해줄 것을 희망한다는 비망록을 장개석에게 전달하였다. 국민당 외교부는 10월에 장개석이 보낸 문서에 대한 답신에서 미국·영국·소련 3국이 한국을 신탁관리하기로 한 상황에서 중국 단독으로 동맹국에 한국임시 정부를 우선 승인할 것을 건의할 수는 없다고 지적하였다.[50] 김구의 임시 정부는 그때서야 결정을 내리고 개인 자격으로 환국할 준비를 하게 되었는데, 국민당 정부는 소육린을 김구 일행과 함께 한국으로 보내 '군사위원회위원장 주한 연락원'을 맡도록 조치하였다.

10월 16일 미국으로부터 환국한 이승만은 활발한 활동을 시작하였다. 10월 23일에 독립촉성 중앙협의회 조직 준비위원회에서의 연설에서 김구 선생은 명예와 권리를 탐내지 않는다고 하면서 전체 국민이 좋은 정부를 세우면 자기는 따라 갈 것이라고 언명하였다. 이 말은 매우 의미심장한 것으로, 능란한 어법으로 당시 정국의 가장 민감한 부분을 건드린 것이다. 또 아주 그럴듯하게 김구의 임시 정부가 오늘까지 환국하지 못하는 것은 중국공산당이 간섭하기 때문인 것 같다고 주장하였다. 같은 회의에서 공산당의 박헌영(朴憲永)은 "중경의 임시 정부가 유엔의 승인

---

49) 邵毓麟, 앞의 책, p.71.
50) 앞의 책, p.72.

하에 천도(遷都)한다"는 식의 화법을 반대한다고 주장하였다.[51]

11월 김구의 한국임시 정부가 귀국 길에 오르기 전 소육린은 김구와 한국임시 정부 귀국 후의 문제에 대하여 논의하였다. 한국임시 정부의 주중대표 인선에 대해 김구는 복정일(濮精一), 민석린(閔石麟)이 정·부 대표를 맡을 것이라고 얘기하였다. 소육린은 미군정 문제에 대해 김구가 주한미군 총사령 하지 장군 및 군 정부와 전적으로 협력하고, 소련과의 합작은 불가능하므로 임시 정부 및 독립당 임원들을 군정에 들여보내 일 하게 할 것을 권유하였다. 또한 그는 당파 문제에 관해 독립당은 당연히 한국영토 내에서 대중적인 토대를 확보해야 하기 때문에 당을 재조직하 고 다가올 선거에 대비하여야 하며 일거에 정권을 장악해야 한다고 말하 였다. 소육린은 국제 신탁관리 문제에 대해 중국은 장개석 주석부터 일 반 민중에 이르기까지 이를 모두 반대하고 있으며 한국인들과 공동으로 투쟁할 것이라고 위로하면서, 소련이 북한을 점령하기는 하였지만 미국 과 영국이 소련의 남진을 저지할 것이고, 미국의 남한점령 또한 일시적 이고 과도적인 방법이므로 이러한 국제적 역학관계를 이용하여 국제신 탁관리를 앞당겨 취소시켜야 할 것이라고 말하였다.[52]

소육린의 이러한 발언은 전후 초기 장개석 정권의 대한반도 정책을 개 괄한 것으로, 그 핵심은 한국임시 정부가 정권을 장악하도록 전적으로 지지한다는 것이었다. 김구 일행이 귀국할 즈음 11월 4일 장개석은 한국 이 즉각 독립하여야 함을 재차 강조하면서 심지어 "한국이 독립과 자유

---

51) 김종범·김동운, 『解放前後의 朝鮮眞相』(第一輯), (朝鮮政經硏究所, 1945. 12.), p.14.

52) 邵毓麟, 앞의 책, p.74.

평등을 이룩하지 못하면 중국이 독립과 자유평등을 이루지 못하는 것과 마찬가지이다"[53]라고까지 주장하였다.

11월 7일 한국임시 정부 주석 김구 등 30여 명의 요인이 귀국하였다. 이승만은 라디오 연설에서 자기는 줄곧 한국임시 정부에 복종하고 김구를 옹호하여 왔기 때문에 정식으로 타협할 다른 방법을 찾기 전에는 다른 정부 또는 다른 정당에 들어갈 수 없다고 말하였다. 그는 정부는 하나이기 때문에 미군정은 조선인민공화당은 허용하지만 '국(國)'이라는 명칭의 사용을 허용하지 않고 있다고 하면서 현재 한국에는 단 하나의 군정청 정부만 있을 뿐이라고 주장하였다. 그는 한국임시 정부가 과도기를 원만히 수습하여 국권을 회복하고 여러 나라의 승인을 받도록 해야 한다고 하면서, 당장 서울에 들어오는 김구의 정부가 비록 유엔의 정식 승인을 받지 못한 것이 유감이지만 전 국민이 대동단결하여 이들을 맞이한다면 국제사회의 승인도 멀지 않을 것이라고 말하였다. 아울러 이승만은 장개석이 자기의 친구이자 김구의 친구라는 점을 강조하면서 임시 정부가 귀국하면 전국적으로 큰 환영을 받으리라고 믿는다고 말했다.[54]

비록 김구 등이 개인 자격으로 귀국하였지만 귀국 후 그들에 대한 미군정의 대우는 정부 수뇌에 못지 않은 것이었다. 미국 기자 스노우는 이를 다음과 같이 묘사하였다. "미국은 임시 정부의 김구가 중경을 떠나 환국한 후 서울에 멋진 관저와 사무실을 차려주었다. 이승만도 워싱턴에서 전용기로 귀국한 후 경비가 삼엄한 궁궐에 자리를 잡았다. 하지는 망명 정부 임원들이 개인의 자격으로 귀국한다고 선포했지만 그들의 귀국 후 담

---

53) 위의 책, p.55.
54) 김종범·김동운, 앞의 책, pp.154~155.

화나 기자회견에서 그들을 여전히 아무개 부장 등으로 지칭하고 있다."[55]

김구의 임시 정부 간부가 귀국한 후 장개석은 국민당과 외교부에 현실에 맞춰 대한정책을 서둘러 추진할 것을 지시하였다. 장개석은 미국과 소련이 한국의 남과 북을 분할 점령한 상황에서 국제적으로 미국과 긴밀히 협조하는 한편 주한 미소 군사당국과 동등한 연계를 가져야 한다고 주장하였다. 그래야만 외교적으로 초월적인 입장에서 중립을 지키면서 미소 양국의 교량역할을 하고 양자의 관계를 이용할 수 있다고 말하였다. 또한 그는 친중국 인사들을 양성하여 한국의 각 정파들과 단결하여야 한다고 말하였다. 즉 한국에서는 한국임시 정부 인사들을 전폭적으로 지원하고, 동북, 화중, 대만에 거주하고 있는 300만 한국 교민을 확실히 장악하여 향후 대한외교의 자본을 삼아야 할 것이라는 것이다. 나아가 그는 이러한 이유 때문에 대한정책은 반드시 내정과 외교를 통일적으로 운용하면서 점진적으로 추진해 나가야 한다고 주장하였다. 장개석은 또한 소육린을 군사위원회 위원장의 중장급 대표로 임명하여 수행원을 붙여 한국에 파견하였다. 그리고 장개석은 소육린에게 미소 군부와 연계를 취하며 한국 실정을 관찰할 것, 재한 교포(화교)를 다독거리며 한국에서 중국의 응분의 권익을 유지할 것, 중국 내 수복지역의 한국 교민 상황을 현지 조사하여 향후 대한정책의 수행에 대비할 것 등을 지시하였다.

한편 장개석은 외교부 정보국 국장 출신인 소육린의 건의에 따라 한국 교민 업무를 통일적으로 관장하는 기구를 설치하여 중국내 적성(敵性) 한국 교민의 재산을 처리하여 한국광복군을 확충하거나 빈궁한 한국교

<hr>

55) 斯諾,「朝鮮政治內幕」,『解放日報』(延安: 1946. 7. 21).

민을 송환하는 경비로 활용하도록 지시하였다.[56] 11월 18일 소육린은 한국 교민 처리 문제에 관한 건의서를 제출하였다. 이 건의에는 한반도에서의 미소 관계로 보아 중국은 그 중간에서 중국의 일관된 정책을 관철하면서 미소에 협조하는 것 외에 친중 한인들과 협조하여 자주독립의 정부를 세우도록 해야 한다는 것, 전국에 한국 교민 사무국을 설치하여 전국의 한인재산을 책임지고 처리하며, 이러한 재원을 한국의 부대를 확대하고 한인을 구제하는 경비로 이용한다는 것 등의 내용이 담겨 있었다. 소육린은 정부가 300만 재중 한인의 지지를 확실히 확보할 수 있다면 앞으로의 대한 외교에 있어서 큰 도움을 주게 될 것이라고 덧붙였다.[57]

장개석 정부가 한국의 독립운동을 지지한 것은 사실이다. 그러나 장개석은 전시나 전후에 줄곧 한국의 독립과 한국임시 정부의 승인을 동일시하였다. 그에게는 친 장개석의 한국임시 정부 세력이 전후 한반도 정국의 주도권을 장악하는 것이 무엇보다도 중요하였던 것이다. 그는 한반도에 대한 강대국의 신탁관리에 대해서 처음부터 동의하지 않았지만 모스크바 3상회의에서 4국의 신탁관리 결정 후에도 여전히 한국에서 유리한 상황을 도출할 수 있는 기회가 있다고 생각하고 있었다.[58] 그러나 소위 유리한 상황이란 물론 각 파가 연합한 통일된 한반도가 아니었다. 그것은 국토의 절반을 차지하는 정권이라고 할지라도 친장반공(親蔣反共)의 정치세력이 정권을 장악하는 것이었으며, 바로 이러한 취지에서 장개석은 이승만의 남한 단독 정부 수립을 지지하는 방향으로 대한정책을 전환

---

56) 「國民政府代電(府軍義字第九十九號)」, 『中華民國史事記要』, p.1071.

57) 앞의 책, p.1072.

58) 위의 책, p.1373.

하게 되는 것이다.

제3절 국민당의 이승만 단독 정부 지지로의 선회

1. 이승만의 중국 방문

1946년 이승만은 남한 과도입법의원 선거 등 문제에 대해 주한 미군 사령 하지와 정치적인 견해 관계의 대립이 날로 첨예해지자 미국에 가서 자신의 주장을 호소하기로 결정하였다. 이승만은 미국에서 주한 미군정 당국이 '군사독재'를 하고 있으며 공산당에 "지나치게 관용을 베풀고 있다"는 점을 규탄할 생각이었다. 그러나 이승만 방미의 주된 목적이 여기에 있었던 것만은 아니었다. 그의 방미는 한마디로 남한에서 '과도적 독립 정부'를 세우기 위해 미국을 설득하는 것이었다. 이승만이 미국에 체류하는 동안 마침 주한미군 사령관 하지도 업무보고차 귀국하였다. 흥미로운 것은 이승만과 하지가 미국에서 이구동성으로 소련과 북한 그리고 중국공산당의 위협을 강조하였다는 점이다. 하지는 소련과의 교섭이 절망적이라고 지적하면서, 북한에서 50만의 청년이 군대에 동원되었고, 더욱이 북한이 중국의 팔로군 관병을 중심으로 이미 강력한 군대를 보유하게 되었다는 사실을 단언할 수 있다고 보고하였다.[59] 아울러 그는 소련은, 미국이 소련군이 북한에서 50만의 군대를 훈련시키고 있으며 한반도의 미소군 접촉면에서 군사적 충돌이 일어났다는 등의 유언비어를 퍼뜨

---

59)『大同新聞』(서울: 1947. 2. 26).

리고 있다고 비난하였다.[60] 그런데 이승만은 남한에 폭동과 항쟁이 일어
난 것은 "중국의 팔로군이 무기를 가지고 북한에서 내려와 선동하여 일
으킨 결과"라고 하면서[61] 하지와 마찬가지로 북한이 이미 50~60만의 군
대를 보유하고 있다고 주장하였다.[62] 같은 시기 중국국민당의 중앙일보
도 "동북 공산군, 조선으로 들어가 북한의 주력 부대화"라는 제하의 보도
를 게재하였다.[63] 이 모든 것들이 미국의 대한정책에 매우 큰 영향을 미
쳤다는 것은 의심할 바 없다. 이승만이 북한과 소련으로부터의 위험을
부풀려 말한 것은 남한에서의 단독정권 수립을 위한 여론조성이었다고
볼 수 있다.

1947년 3월 미국에 체류하고 있던 이승만은 미국이 30일부터 60일 내
에 남한의 단독 정부 수립을 허용하고, 새 정부의 유엔 가입을 지지하며
대사급 고위 관리를 서울에 파견할 것이라고 주장하였다. 또한 미국 정
부는 의회에 거액의 대한 차관을 신청하여 남한의 경제부흥에 협조할 것
이며 미국인을 임시 정부 고문으로 초빙할 것이라고 발언하였으나 미 국
무성 대변인은 그것은 모두 이승만의 가설일 뿐이라고 일축하였다.[64]

그 후에 하지는 이승만의 귀국을 저지하기 위해 이승만의 미 군용기
탑승을 저지하였다. 이승만은 주미 중국대사관에 가서 고유균(꾸웨이쥔,
顧 維鈞) 대사가 장개석에게 급전을 보내 남경으로 갈 수 있도록 도와 줄
것을 희망하였다. 장개석은 이 요청을 받아들여 이승만에게는 큰 도움이

---

60) 『人民日報』(晋冀魯豫), 1947. 3. 10).
61) 『民主主義』(서울: 1947, 通卷19號), p.13.
62) 『大同新聞』(서울: 1947. 4. 29).
63) 『中央日報』(南京: 1947. 3. 9).
64) 『中央日報』(南京: 1947. 3. 23).

되었다.[65] 중국으로 떠나기 전 이승만은 중국은 자유 한국의 발전에 언제나 관심을 가져 왔기 때문에 지금 이 시각 한국 국내에서 진행되고 있는 중요한 사항에 대한 '공통의 이해'가 매우 필요하다고 말하였다.[66] 4월 9일 이승만은 일본을 경유, 맥아더와 회담한 후 남경으로 가서 한국 교민들에게 자신은 미국에서 미국 정부와 정부를 조직하는 일을 자세히 논의하여 이미 결론을 내렸다고 주장하면서 이번에 귀국하게 되면 곧바로 정부 구성 준비를 할 것이라고 언명하였다.[67]

이승만은 도성(都城)호텔에서 기자들을 접견하고 담화를 발표하였다. 그는 정부 조직에 관한 일들은 이미 미국 정부 당국과 논의하고 결론을 얻었으며 하지 장군의 동의도 받았다고 주장하였다. 그는 중국에 오는 도중 동경에서 맥아더와 두 시간 동안이나 회담을 하였는데, 맥아더도 한국임시 정부를 수립하고, 한국인이 한국을 통치한다는 두 가지 원칙에 전적으로 동의를 표했다고 주장하였다. 이어서 자신은 이번에 귀국하는 대로 정부를 조직하기 위해 움직일 것이며 한국의 입법기구에서 선거법이 통과되는 즉시 보통선거를 실시하여 민선의 중앙 정부를 수립할 생각이며 그 날이 멀지 않았다고 언급하였다. 그러나 자신이 구상하고 있는 정부는 남한에만 한정되는 것이라고 언명하였다. 이승만은 우리가 원하는 정부는 남북을 모두 포함하는 것이지만 북한을 소련군이 통제하고 있기 때문에 하지 장군이 소련과의 오해소지를 우려하여 북부지역을 잠시 유보해 두기로 하였으며, 그는 남쪽에 정부가 수립된 후 소련과 직접 협

---

65) 邵毓麟, 앞의 책, pp.89~90.

66) 『中央日報』(南京: 1947. 4. 2).

67) 『中華民國史事記要』, pp.103~104.

상을 벌여 소련군을 철수시키고 남북한 통일 정부를 완성할 것을 희망하고 있다고 발언하였다.[68]

미 국무성 대변인의 부인에도 불구하고 이승만은 남경에서 여전히 미국에서 하던 말을 반복하였다. 그는 미국 방문 중 트루먼 대통령이 한국 정부가 세워진 후 미국이 한국에 차관으로 경제협조를 하는 데 동의를 했다고 하면서, 이 안은 미국이 이집트와 터키에 대한 차관안이 의회에서 통과된 후 제출될 것이라고 주장하였다. 이승만은 이번의 중국 방문 목적에 대해 "이번 걸음은 아무런 비밀임무를 갖고 온 것도 없고 단지 장개석 주석을 배알하여 양국의 상호 간 요해(了解)를 깊이하고 방교(邦交)를 증진하려 할 뿐이다. 한국 인민들은 장 주석에 대해 감격만분(感激万分)이다. 특히 한국임시 정부에 대한 장 주석의 협조에 대해 뜨거운 감사를 드리는 바이다. 중한 양국의 합작은 극동의 평화에 매우 큰 도움이 될 것이다."라고 설명하였다. 그는 공산당 문제에 대한 장개석의 대응에 대해 깊은 동정을 표하며 한국이 현재 처한 상황도 중국과 마찬가지라고 하였다. 이승만은 또한 " 정부 조직 후 첫 번째 실시할 국책은 소련과의 합작을 이루고 양해를 구하는 것이며, 이외에 환율을 개방하고 외교를 수립하며 경제적 지위를 세우는 일 등이 필요하다"고 언급하였다.[69]

4월 13일 장개석은 이승만을 접견하였는데 이것이 두 사람의 첫 번째 만남이었다. 장개석은 한국이 독립을 성취하는 데 동정을 표하면서 중한 양국은 형제의 나라로서 응당 상호 협력해야 하며, 중국은 한국 정부 수

---

68) 위와 같음.
69) 위와 같음.

립에 최대한 협조할 것이라고 약속하였다.[70] 장개석을 방문한 후 기자회견에서 이승만은 언제 한국 정부를 조직할 것인가에 대한 기자들의 물음에 3개월 내에 끝낼 것을 희망한다고 답하였다. 국내 공산당 문제에 관해 그는 기자들에게 한국 남부에는 공산당 문제가 존재하지 않는다고 하면서 모든 공산당 분자들은 대부분 북부에서 와서 불안한 상황을 조성하고 있다고 주장하였다. 한편 이승만은 맥아더도 한국 정부가 조속히 수립되기를 희망하고 있다고 주장하였다. 또한 이 문제에 대해 주한미군 사령관 하지의 견해도 맥아더와 일치해가고 있으며, 하지는 한국 정부에 공산당원이 참가해야 한다던 주장을 포기하고 공산당 참여 문제는 자율에 맡길 것임을 밝혔다고 발언하였다.[71]

이승만이 미국에 체류하는 동안 먼저 한국에 귀임한 하지는 이승만의 태도에 부정적인 생각을 가지기 시작하였는데, 그는 이승만이 미국에서 남한 단독 정부 수립과 신생 정부의 유엔 참가를 주장했지만 자기가 알기로 이승만은 이미 이러한 극단적인 방안을 포기한 것으로 알고 있다고 말하였다.[72] 하지는 그러나 이승만의 중국 발언에 대해서 이를 부인하지도 않았다. 이 때문에 일부 학자들은 이승만과 하지가 미국에서 이미 남한의 단독 정부 수립에 관해 밀약을 하였다고 주장하고 있다.[73]

이승만은 중국 방문을 통해 한국 정국에 대한 장개석 정부의 입장이 자기와 대동소이함을 다시 한 번 확인하였다. 국민당은 미소 간의 얽히

---

70) 『申報』(上海: 1947. 4. 14, 第二版).

71) 『申報』(上海: 1947. 4. 14, 第一版).

72) 『大同新聞』(서울: 1947. 4. 8).

73) 都珍淳, 앞의 책, pp.132~133.

고설킨 모순이 한국으로서는 불행한 일이며, 특히 극동의 평화에도 불리한 일이라고 인식하고 있었다. 또한 국민당 정부는 이러한 불행은 모스크바 3상회의의 한국 문제에 관한 협의에 기인한 것으로, 모스크바의 회의는 민족자결의 정신을 저버리고 한국을 두 개로 갈라놓았으며 한국의 독립을 지연시키고 미소 관계의 모순을 격화시켰을 뿐만 아니라 중국의 동북 지방에 중대한 위협을 초래하였다고 생각하고 있었다. 그들은 카이로선언의 정신이나 유엔헌장의 정신에 비추어 볼 때, 나아가 극동 평화의 앞날이라는 측면에서도 한국의 독립과 자유가 필수적인 것이라는 점을 인정하였으며, 이른바 공동 신탁관리라는 것도 한국과 극동의 안정과 평화를 가져올 수 없으며 오히려 한국과 극동의 분란과 위기를 초래할 뿐이라고 인식하고 있었다.[74]

중국에서 이승만이 한 발언의 많은 부분은 이미 미국 방문시 미국 당국에 의해 부인된 것이었으며 사실과도 부합하지 않는 것이었다. 그러나 한 가지 확실한 것은 이승만이 미국에 이어 중국에서도 자신에게 유리한 여론을 조성하고 장개석의 지지를 끌어내려 했다는 것이다. 이승만이 상해에서 자신의 중국행이 아무런 정치적 의도도 없다고 천명했지만 그의 모든 언행은 일종의 선거 캠페인과 같다고 할 수 있는 것이었다. 이승만은 상해에서 "미국 정부가 이미 6억 달러의 차관을 제공키로 했다"고 했지만 이것은 실제와 다른 것으로, 이승만은 결국 미국의 힘을 빌려 중국의 지지를 얻어 냄으로써 국내 정치적 목적을 달성하려고 한 것이었다.[75]

이승만은 중국 방문을 통해 남한에서의 단독 정부 수립에 가장 큰 지

---

74) 『申報』(上海: 1947. 4. 17).

75) 邵毓麟, 앞의 책, p.92.

지자를 확보하였다고 할 수 있다. 장개석은 한국 정부 수립에 최대한 노력을 할 것을 약속하였고 이것은 마치 이승만에게 흥분제를 주입한 것과 같았다. 소육린이 그의 회고록에서 서술했듯이 이승만 방중의 정치적인 수확은 금전으로 환산할 수 없는 것으로, 하지도 이승만을 새삼 달리 보게 되고 일반 국민의 그에 대한 반응도 자연히 달라질 수밖에 없었다. 이승만은 정치적 주가는 치솟게 되었다.[76]

2. 국민당 정부와 유엔에서의 한국 문제 토의

한국임시 정부가 중국의 국민당 정부와 함께 유엔을 무대로 국제사회의 승인을 받기 위한 활동을 벌인 것은 유엔이 창립될 때부터이다.

제2차 세계대전이 끝날 무렵 미국 · 영국 · 소련 · 중국 등은 샌프란시스코에서 유엔 창립대회를 개최하기로 결정하였다. 국제사회의 승인을 받기 위한 노력을 계속해 온 한국임시 정부로서는 이 절호의 기회를 놓칠 수는 없는 입장이었고, 샌프란시스코회의 참가를 위해 적극 노력하였다. 장개석도 이에 지지를 표명하고 한국임시 정부 측에 여비 지급까지 허락하였으나 미국의 반대로 한국임시 정부의 희망은 결국 좌절되었다.[77]

유엔 창립대회 기간에 유엔대회에 참가할 수 없었던 한국의 각계 인사들은 중국의 협조 아래 동 회의를 이용하여 국제적 선전을 강화하여 국제신탁 반대, 카이로선언에서 명시한 기한 내 한국의 독립 보장 등을 요구하였다.

---

76) 앞의 책, p.93.
77) 『中國近代史論集』(30), 第二十六編, (臺灣 商務印書館), p.859.

한국 측에서는 중경임시 정부, 주미 한국대표부, 재미한국연합위원회
및 기타 약간의 한국 영수 개인들이 나서서 한국의 독립을 요구하며 국
제신탁을 반대하는 홍보물을 인쇄하여 각국 대표단을 방문하거나 각국
기자 초대회를 여는 방식을 통해 선전을 확대하여 나갔다. 중국대표단도
외교적 지위를 이용하여 한국인들을 도와 여러 가지 문건과 성명을 배포
하였다.[78]

당시 한반도 문제에 관해 국민당 정부는 한국임시 정부와 미국에 있던
이승만과 보조를 같이 하였는데, 그들의 입장은 한마디로 강대국의 신탁
관리를 반대하고 한국임시 정부의 승인을 요구하는 것이었다. 일찍이 유
엔 창립 전인 1945년 봄에 미국에서 열린 태평양학회 제9기 회의에서 중
국대표 소육린은 한국대표와 함께 한국의 국제신탁을 반대한다고 발언
함으로써 한국 문제에 대한 국민당 정부의 기본 입장을 천명한 바 있다.

1947년 제1차 미소공위 결렬 1주년에 즈음하여 미 국무장관 마샬은 4
월 4일 소련외상 몰로토프에게 서한을 보내 미소가 회담을 속개하여 한
국 통일 문제에 협조할 것을 제의하였다. 미국은 이 서한의 부본을 국민
정부에 보냈다. 국민당 정부 외교부장인 왕세걸(왕쓰지에, 王世杰)은 4
월 16일 미 국무장관 마샬에게 답신을 보내 한국 문제에 대한 중국 정부
의 관심을 표명하였다. 이 서한에서 왕은 "한국의 앞날은 중국과 중대한
이해관계를 갖고 있으며 중국은 한국 문제에 각별한 관심을 가지고 있
다. 중국 국민과 정부는 가능한 한 조속히 한국인민을 독립시켜야 한다
고 주장해 왔다. 중국은 한국 정부의 수립과 그 사업의 추진을 더이상 미

---

78) 邵毓麟, 앞의 책, p.57.

룰 수 없다고 인식하고 있으며, 미소 양국이 조속한 시일 내에 한국인들의 자유 독립 희망을 실현하기 위한 합의에 도달할 수 없으면 중국과 모스크바 협정에 참가했던 미국, 소련, 영국 4개국이 전면적인 협상을 신속히 재개할 것을 제안한다"는 입장을 피력하였다.[79] 즉 국민당 정부는 미국과 소련이 한국 문제를 해결할 수 없다면 4개국 회의를 열어 해결하자고 주장한 것이다.

1947년 3월 20일에 이승만은 미국 의회에서 한국 문제를 신속하고 전면적으로 토론할 것을 강력히 주장하였다. 그는 미국이 비록 그리스에서는 소련과 항쟁하고 있지만 극동에서는 공산주의에 투항하고 있다고 하면서, 극동에서 민주주의를 강화하려면 반드시 미군 점령하의 남한을 독립시켜야 한다고 주장하였다. 그는 또 결정적인 조치를 취하여 한국에 약속했던 독립을 부여하여야만 미국이 아시아에서의 위신을 회복할 수 있다고 하면서 한국에서 민주주의가 확립되면 한국은 아시아의 전범(典範)이 될 수 있으며, 그것은 또 중국에게 자극이 될 수 있다고 말하였다.[80] 분명한 것은 이승만이 말하는 독립은 남한의 독립이었고, 때문에 미소공위의 어떠한 협상도 반대한다는 것이었다.

1947년 미소 공동위원회는 다시 제2차 회의를 개최하였지만 역시 임시 정부를 구성하는 문제에서 합의점을 찾지 못하고 회담은 다시 결렬되었다. 표면상 쌍방 간 논쟁의 핵심은 협상에 참가하는 민주당파와 단체의 자격 문제였지만 실질적으로는 미소 간의 냉전이 한반도에서의 굴절되어 나타난 것이라고 할 수 있다.

---

79) 『中華民國史實紀要』(初稿), p.183.
80) 『京鄕新聞』(1947. 3. 21).

회담 결렬 후 미국은 소련과 협력하여 한반도 문제를 해결하려는 모든 희망을 포기하고 중국·미국·영국·소련 4국이 워싱턴에서 한국의 독립 문제에 관한 회의를 개최할 것을 제의하였다. 위에서 밝혔듯이 이것은 사실상 국민당 정부가 같은 해 4월에 제기하였던 방안이었다. 9월 1일 국민당 정부 외교부는 워싱턴회의 참가에 동의하였다. 그러나 소련은 이를 거절하였고, 미국은 한국 문제를 유엔에 회부하기로 결정하였다. 소련은 미국의 제안은 남북한이 각각 단독으로 임시입법의회를 세운 후 전국 입법의회를 세우는 것으로, 결국 한반도를 더욱더 분열로 치닫게 하는 것이라고 주장하였다. 소련의 주장은 가능한 한 빠른 시일 내에 통일된 임시 정부를 우선 수립하자는 것이었다.[81] 미소 갈등의 초점은 임시 정부 수립의 단계에 관한 문제인 것처럼 보이지만, 앞에서 설명한 바와 같이 이는 본질적으로 미소 간의 냉전적 구조가 한반도에 투영된, 다시 말하면 한반도 문제에 관한 양국의 대립 양식이 바뀐 것에 지나지 않는 것이었다.

10월 2일 점령지역 담당 국무차관보 찰스 살츠만(Charles E. Saltzman)은 중국 외교부장 왕세걸에게 한국 문제를 유엔에 이관하고 유엔의 의제로 다루는 문제에 관한 중국의 입장을 문의하였다. 왕은 중국 정부는 한국 문제에 관한 4대국의 모스크바협정이 계속 유효하다고 생각하고 있으며, 때문에 4개국 회담을 개최하여 한국 문제를 해결해야 한다는 입장을 고수하고 있다고 답하였다. 같은 날 오후 미국 대표단 고문 찰스 보룬은 왕과 한국 문제를 논의하면서, 미국은 이미 한국 문제를 유엔에 회부한 것은 유엔의 의제로 상정한 만큼 4대국 회의를 동의하

---

81) 『人民日報』(晉冀魯豫, 1947. 9. 11).

기 어려울 것이라는 입장을 표명하였다. 마샬은 10월 9일 왕에게 미국 정부가 한국 문제를 유엔에 회부한 것은 유엔의 협조를 받아 모스크바협정의 결정에 각 항 목표를 실현하려는 것이지 한국 문제에서 손을 떼려는 것은 아니라고 설명하였다. 이에 대해 왕은 마샬에게 소련이 이 기회를 이용하여 모스크바협정의 결정에 구속되지 않는다고 주장할 구실을 주고, 반면 중국·영국·미국은 유엔 결정을 따를 의무를 지게 되어서는 안 될 것이라는 입장을 설명하였다.[82]

10월 14일에 왕세걸은 중국은 더 이상 4대국 회의를 고집하지 않을 것이며, 모스크바 협정을 과도하게 중시하지도 않을 것이라고 언명하였다. 그리고 미국의 제안은 단지 새로운 조치를 찬성하는 것으로, 또 다른 방법, 즉 유엔을 통하여 한국 독립에 대한 공동의 보장을 이끌어내는 것이라고 주장하였다. 따라서 국민당 정부는 미국의 이번 제안을 수용할 수 있으며 유엔이 이 문제를 처리할 것을 희망한다고 언명하였다. 왕은 또한 중국에게 중요한 문제는 미소군의 한반도 철군을 반드시 중국과 협의해야 한다는 것이며, 이는 양국군의 철수가 중국 동북 지방의 정세에 영향을 미칠 수 있기 때문이라고 설명하였다.[83]

소련은 미국의 제안을 반대하였다. 유엔 총회 소련대표 비신스키는 소련은 한국 문제를 유엔에 넘길 이유가 없다고 보며, 만약 미국이 하루 빨리 독립된 한국 정부 수립을 희망한다면 소련이 제의한 바와 같이 미소 양국군이 철수하고 한국민이 미국과 소련의 간섭이 없이 자기 스스로 정부를 수립하는 제안을 받아들여야 할 것이라고 주장하였다. 그는 한국민

---

82) 顧 維鈞, 『顧 維鈞回憶錄』(第六分冊), (中華書局, 1988), pp.224~225.
83) 위의 책, pp.229~230.

은 이러한 능력을 충분히 가지고 있다고 믿는다고 덧붙였다.[84]

10월 19일 왕세걸은 유엔에서의 기자회견을 통해 중국은 미국의 제안을 찬성하며 유엔이 한국을 도와 한국이 조속히 독립을 획득할 수 있는 방법과 절차를 토론할 것을 제의하였다.[85] 그는 미국이 제출한 한국 문제의 제안 중 보안부대를 조직하는 문제에 대한 제의는 대단히 중요하다고 전제하고, 남한이 스스로의 군대를 보유하지 못한 상황에서 미군이 철수해서는 안 될 것이며, 그렇지 않으면 북한은 손쉽게 남한을 무력으로 접수하여 전 한반도를 공산 국가로 만들 것이라고 주장하였다.[86]

이 문제와 관련하여 고유균(꾸웨이진, 顧 維鈞)은 같은 해 웨드마이어에게 공산화된 한국이 일본과 중국 동북 지방과 태평양 지역의 심각한 위협이 되지 않을 것인가에 대해 의견을 구한 바 있었다. 웨드마이어는 고유균의 생각에 동감을 표하면서 한국의 전략적 지위는 서구의 오스트리아와 같은 것이고, 그것은 오스트리아가 공산화 된다면 독일과 프랑스에 위협이 되는 것과 마찬가지라고 부연하였다.[87] 한반도에서 공산주의 승리를 저지하는 것은 장개석에게 한시도 늦출 수 없는 과업이 되었으며, 그가 이승만 정권의 출범을 적극적으로 추진한 것도 이러한 전략적 고려의 한 단면을 보여주는 것이었다.

10월 20일 왕세걸은 뉴욕에서 장개석에게 전문을 보내 소련의 반대로 4국 회담이 열리지 못했고, 미국이 한국 문제를 유엔총회의 토론에 회부

---

84) 위의 책, p.231.
85) 『中央日報』(南京: 1947. 9. 20).
86) 앞의 책, p.233.
87) 앞의 책, pp.234~235.

했다는 사실을 보고하였다. 장개석은 한국의 통일과 독립에 관한 제안에 동의하고 이를 추진해 나갈 것을 지시하였다.[88] 10월 22일에 왕은 다시 장개석에게 전문을 보내 중국대표단의 주선으로 베를린 문제가 평화적으로 해결될 수 있게 되었고, 한국 문제에 있어서 영국은 중국의 입장을 지지하고 있다고 보고하였다. 아울러 그는 중국의 입장은 물론 한국 정부를 정식으로 승인하는 것이지만 북한 정권은 승인할 수 없으며, 주한 미군은 남한 정부가 치안과 질서를 충분히 유지할 수 있는 능력을 갖춘 후에 철수하여야 한다고 지적하였다.[89]

같은 달 왕은 뉴욕에서 한국의 조속한 독립을 주장하는 성명을 발표하였다. 그는 한국의 전도는 중국과 중대한 관계를 갖고 있다고 전제하고, 중국인과 중국 정부는 항상 한국민이 당연히 하루 속히 완전한 독립을 성취해야 한다는 점을 지지해왔다고 주장하였다. 그는 또 카이로회의부터 포츠담회담, 나아가서 모스크바회의에 이르기까지 중국은 일관되게 이러한 주장을 견지해 왔다는 점을 상기시켰다. 또한 이른바 두 '우방'이 한반도를 점령한지 2년이 지난 시점까지도 한국임시민주 정부는 여전히 빛을 보지 못하고 있으며 미소공동위원회는 지금까지 아무것도 해놓은 일이 없다고 비난하였다. 그는 또한 한국 각 민주당과 단체 대표들은 어떠한 기초 위에서 협상할 것인가 하는 문제조차 합의를 이루지 못했다고 꼬집었다. 나아가 왕세걸은 두 점령국과 모스크바협정 체결 4개국이 협의를 이루지 못하고 있는 상황에서는 이 문제를 유엔총회에 회부하여 토론할 수밖에 없다고 주장하고, 중국은 미소 양군이 동시에 한국 영토에

---

88) 秦孝儀, 『總統蔣公大事長篇初稿』, 卷六(下), p.561.

89) 앞의 책 p.470.

서 철수하자는 소련 정부의 제의를 전적으로 환영하다고 언급하였다. 단지 미소 양국은 한국민, 그리고 모스크바 협정의 기타 두 협정 체결국에 대해 중대한 책임을 지고 있기 때문에 양국 군대의 철수로 한국이 무 정부상태나 내전에 빠지는 것을 방지할 수 있는 보장을 해야 할 것이라고 지적하였다.[90]

10월 28일 유엔대회에 참석한 국민당 정부 대리 수석대표 고유균은 유엔 총회 57개국 정치위원회에서 한국이 조속히 독립을 이룩할 것을 희망한다는 입장을 재차 천명하였다. 고는 중국과 전 세계가 한국의 장래에 깊은 관심을 갖고 있는 바, 한국민이 독립을 성취하는 것은 극동의 평화와 안전에 대단히 중요한 의의를 갖고 있다고 지적하였다. 그는 또 "한국은 전략적으로 중국의 관문으로서 중국과 러시아, 일본과의 투쟁에서 도구적(道具的) 위치에 있기에 자신은 독립된 한국을 동북아시아의 평화와 안전에 없어서는 안 될 필수 불가결한 요소로 이해하고 있다"고 발언하였다.[91]

10월 28일 유엔 정치위원회는 한국 문제를 심의하기 시작하였다. 10월 30일 유엔 정치위원회는 한국에 유엔 한국임시위원단 파견 결의를 통과시키고, 한국대표 초청에 대한 소련의 제안을 부결하였다.[92] 11월 5일 고유균은 기자회견을 통해 이번 유엔 총회 정치안전소위에서 취한 중요한 조치는 바로 한국에 관한 것이라고 지적하였다. 그는 총회에서 통과한 한국 문제 결의안을 논평하면서 정치안전소위에서 통과한 중국 수정

90) 『申報』(上海: 1947. 11. 21).

91) 『中央日報』(南京: 1947. 10. 30).

92) 노중선 편, 『민족과 통일 I』(資料編), (도서출판 사계절, 1985), p.239.

안의 중요성을 강조하였는데, 중국의 수정안은 미소군이 한반도에서 철수하는 방안을 수립할 때 중국과의 협의를 보장하는 것이라고 밝혔다. 고는 중국은 한국의 조속한 독립을 갈망하며 동시에 한국의 이익에 입각해 미국과 소련 양국이 한국에서 질서 있게 철군할 것을 희망한다고 언명하였다. 그는 "중국이 미국과 소련 군대의 질서 있는 철수를 희망하는 것은 한국이 중국 동북의 여러 성과 인접해있기 때문이다"라고 부연하였다.[93] 한편 고유균은 한국에서의 정부 수립 문제 해결 이전에 미소군이 철수한다면 내전을 불러올 수 있다는 점을 강조하면서, 이 경우 가장 충격을 받는 것은 한국과 인접해 있는 중국이라는 점을 상기시켰다. 나아가 그는 한반도 북부에는 소련이 훈련하고 편성한 15만의 군대가 있지만 남한에는 군대가 없기 때문에 미소 양군이 즉각 동시에 한국에서 철수하게 되면 심각한 결과를 초래할 것이 명약관화하며, 이러한 결과는 한반도 자체의 향후 정세뿐만 아니라 중국의 동북 9성[94]의 장래에도 영향을 미치게 될 것임을 지적하였다.[95]

11월 14일 유엔은 유엔 한국위원회를 설치하고 한반도에서의 총선 실시에 관한 결의를 채택하였으며 동시에 미소 양국이 1948년 1월 전에 한반도에서 동시에 철군하자는 소련의 제안을 부결시켰다.[96]

1948년 1월 중국국민당 정부 대표 호세택(후쓰저, 胡世澤)이 인솔하는

93) 『申報』(上海: 1947. 11. 7).

94) 1945년 일본이 투항한 후 국민당 정부는 동북3성(길림, 요녕, 흑룡강의 세 성)을 요녕(遼寧), 요북(遼北), 안동(安東), 길림(吉林), 송강(松江), 합강(合江), 흑룡강(黑龍江), 눈강(嫩江), 및 흥안(興安) 등 9개 성으로 나누었다. 동북9성이란 이 9개 성을 가리킨다.(역자)

95) 「聯大政治委員會否決蘇聯關于朝鮮問題的建議」, 『中央日報』(南京: 1947. 11. 6).

96) 노중선편, 앞의 책, pp.242~243.

유엔 한국위원회 일행 30여 명이 한국에 도착하여 업무를 시작하였다. 이 위원단은 미국 · 중국 · 호주 · 캐나다 · 필리핀 · 시리아 · 인도 등의 대표들로 구성되었다. 1월 23일 소련은 정식으로 유엔한국위원회 대표단의 입북을 거절하였다.[97] 1월 27일 남한에서의 단독 정부 수립에 반대하여 이미 이승만과 결별한 한국임시 정부 주석 김구는 성명을 통하여 유엔 한국위원회가 남한에서 단독정권을 세우는 것을 반대하며, 미소 양군이 철수한 후 자유선거를 실시하는 것이 바람직하다고 주장하였다.

그렇지만 이승만은 2월 3일에 즉각 총선을 실시할 것을 요구하는 성명을 발표하였고,[98] 이어서 3월 1일에는 주한미군 사령관 하지도 남한에서의 총선을 촉구하는 성명을 발표한다.[99] 이를 계기로 한반도에서는 단독선거를 반대하는 운동이 노도와 같이 일어났다. 그것은 1946년 초 찬탁과 반탁운동 이후 전 한반도를 휩쓴 가장 큰 규모의 투쟁이었다. 이 폭풍과 같은 운동의 와중에서 제주도 주민은 무장봉기의 형식으로 단독 정부의 수립을 반대하였고, 이 사건으로 제주도 주민의 3분의 1인 약 3만 명이 정부군에 의해 살해되었다.[100]

5월 10일 유엔 한국위원회 30명 대표 감독하에 10만km²지역 2천만 인구가 참가한 총선이 일정대로 실시되었다. 선거 전날 국민당 정부의 중앙일보는 이번 선거가 한국이 장래 중국에 기울 것인가, 아니면 일본에 기울 것인가를 결정할 것이라고 전하면서, 선거에 참여한 209명의 후보

97) 위의 책, p.246.
98) 위의 책, p.248.
99) 위의 책, p.250.
100) Peter Lowe, 김시완 역, 앞의 책, p.86.

가 모두 우익 혹은 반공분자이기 때문에 이번 선거를 서방민주국가와 공산주의 간의 투쟁으로 볼 수는 없다고 지적하였다. 이어서 이 신문은 이승만이 공산주의만큼이나 일본을 통절히 증오하고 있기 때문에 한국은 일본보다는 인접국인 중국 쪽에 기울것으로 믿는다고 주장하였다.[101] 물론 여기서의 중국은 장개석 정부의 중국을 말하는 것이다. 중국공산당이 결정적 승리를 이룩하고 장개석과 이승만이 반공 연맹을 결성할 때 이승만에게 있어서는 중국공산당의 중국이 일본보다 더 두려운 존재였다고 할 수 있다.

한국의 선거과정에 대한 중국국민당과 공산당의 평가는 물론 전연 다른 것이었다. 국민당의 관영 신문은 선거일의 폭동으로 21명이 사망하고, 경찰서와 기타 중요한 기관에 기관총을 걸어놓고 거리에 기병들이 총을 들고 순찰을 하고 있으며, 경찰과 투표소 직원들이 투표소 문 앞에서 유권자들의 몸을 수색하고 투표소 주변의 경계가 삼엄했다고 전하면서도 선거가 순조롭게 진행되었다고 보도하였다.[102] 반면 중국공산당 측의 신문은 이번 선거는 '위장선거'(僞選)라고 하면서, 선거가 공포와 폭력 속에서 이루어졌으며 경찰과 우익 테러단체들로 이루어진 이른바 '지원대'가 집집을 돌아다니며 무력으로 주민들을 투표장으로 내몰고 투표에 참가하지 않으려는 인민은 야만적인 구타를 당했다고 보도하였다.[103]

1948년 8월 대한민국 정부가 수립되고 이승만이 초대 대통령으로 취임하였다. 취임식에서 맥아더는 "인위적인 벽은 당신들 국가를 분할하였

---

101) 위의 책, p.86.
102) 『中央日報』(南京: 1948. 5. 11).
103) 「南鮮僞選在恐怖暴力下擧行, 大多數人民拒絕投票」, 『人民日報』(晋冀魯豫, 1948. 5. 20).

지만, 이 벽은 앞으로 반드시 허물어지고야 말 것이다"고 역설하였다.[104]

대한민국 정부의 정식 수립에 대해 국민당의 중앙일보는 '한국 독립 정부 수립'이란 제하의 사설을 게재하였다. 이 신문은 한국 정부의 수립은 "동아시아 민족운동사에서 휘황찬란한 한 페이지를 장식했으며, 전 세계 인민이 경축하여야 할 일이다. 특히 역사, 지리적 관계로 한국의 장래에 대하여 가장 관심을 갖고 있는 중국으로서는 첩첩한 간난신고 끝에 마침내 대한민국이 수립된 것에 대해 더 없는 희열을 느낀다"[105]고 하였다. 물론 중국공산당의 입장은 정반대였다. 신화사는 남조선은 이미 공포의 지옥이 되었고 미국이 조선 인민의 반대를 무릅쓰고 제멋대로 남조선에 분열적 괴뢰 정부를 내세웠다고 주장하면서 이승만을 한민족 제일의 불한당이라고 비난하였다.[106]

반면 조선민주주의인민공화국이 수립되자 모택동과 주덕은 김두봉과 김일성에게 축전을 보내 조선민주주의인민공화국의 성립은 "조선인민 해방사업의 위대한 승리이며 동북아시아 각 민족 해방사업에 대한 위대한 고무이다"[107]라고 치켜세웠다.

한국 정부의 수립에 이어 북한 정부가 수립될 즈음 조병옥(趙炳玉)이 이승만의 대사급 개인 특사로 중국을 방문하였다. 장개석과의 회담에 앞서 조병옥은 기자회견에서 국민당이 1947년 11월 유엔총회와 유엔한국위원단에서 한국에 보낸 동정과 원조에 경의를 표하였다. 그는 한국에서

---

104) I. F. 斯通, 앞의 책, p.14에서 재인용.
105) 「韓國獨立政府成立」, 『中央日報』(南京: 1948. 8. 7).
106) 「新華社陝北 1948年 8月 11日電」, 『東北日報』(1948. 8. 13).
107) 「新華社陝北 1948年 9月 19日電」, 『東北日報』(1948. 9. 21).

이미 정부가 수립되었지만 그것은 한국민의 정치생명이 이제 막 시작되었음을 의미하며, 앞으로 반드시 북한 동포를 공산당의 폭정으로부터 구해내고, 나아가 남북의 통일을 이루어 독립의 최후 목적을 달성해야 할 것이라고 주장하였다. 조병옥은 또 한국의 선거는 확실히 완전한 자유 속에서 이루어졌다는 점을 강조하였다.[108] 중앙일보는 조병옥의 방중을 환영하는 사설을 싣고, 중국은 파리에서 곧 열리게 될 유엔총회에서 위원회의 보고를 들은 후 한국의 건국 사업에 중요한 협조를 할 것이라고 보도하였다.[109]

중앙일보가 언급한 제3회 유엔총회는 1948년 9월 21일부터 12월 12일까지 파리에서 열렸다. 대회가 끝날 무렵 유엔은 오스트레일리아·중국·미국이 제출한 한국독립 승인안과 유엔 위원단을 다시 한국에 파견하는 문제를 토론하였다. 여기서 말하는 이른바 한국의 독립을 승인한다는 것은 그 해에 수립된 대한민국 정부를 승인하는 것이었다.

동 회의에서 소련과 동구국가들은 한국 문제의 의제 상정과 한국 승인안을 반대하였다. 국민당 정부의 수석대표인 장정불(장텅푸, 蔣廷黻)은 미국 대표의 제의를 전적으로 지지하며 한국 문제의 조속한 상정을 주장하였다. 반면 체코 대표는 북한 대표단을 정식으로 초청하자는 의안을 제기하면서 남북 대표단에 균등한 기회를 부여하여야 한다고 주장하였다. 이에 대해 장정불은 제2회 유엔총회에서 결의한 112호 A안에 근거하여 대한민국 정부 대표단을 초청할 것을 강조하면서, 이를 정식 의안으로 제기하였다. 미국대표 덜레스도 체코 대표의 제안을 정면으로 반박

108) 「趙炳玉答記者問」, 『中央日報』(南京: 1948. 9. 13).

109) 「迎韓國代表」, 『中央日報』(南京: 1948. 9. 13).

하면서 그 제의는 불법이며 이는 회의진행 규칙에도 맞지 않는 것이라고 지적하였다. 이에 대해 폴란드 대표는 북한이 한국에 파견된 유엔 한국위원회에 협조를 하지 않은 것은 동 위원회가 진정한 애국단체를 무시했기 때문이라고 주장하면서 북한정권이야말로 일본 제국주의와 싸운 애국자의 단체이며 북한 대표단을 초청하는 것이 합법적이라고 주장하였다. 이에 앞서 북한은 유엔에서의 한국 문제 토론 시 북한 대표단에게 한국 문제 토론 참가 기회를 줄 것과 프랑스 외교부가 북한 대표단에 입국비자를 발급할 것을 요구하였다. 북한 대표단은 부수상 겸 외교부장인 박헌영 등으로 구성되었다.[110] 이에 미국 대표 덜레스는 남한은 유엔위원단의 감독 아래 총선을 실시하였으나 북한에서 실시된 선거는 전연 모르는 상태이며, 그 과정을 모르기 때문에 유엔의 권위와 신성함을 위하여 북한 대표단을 초청할 수 없다고 지적하였다.[111] 결국 북한 대표단은 대회에 참가하지 못하였다. 그러나 총회는 국민당 정부 수석대표인 장의 제안에 따라 한국 대표단을 초청하기로 결정하였다.

12월 7일 장정불은 유엔이 한국이 통일된 독립국가로 발전하도록 지원을 계속할 것을 호소하였다. 그는 한국 정부에 대한 국민당 정부의 입장을 밝히면서, 유엔 한국위원단의 감독 아래 진행된 한국의 선거가 대단히 민주적인 방식으로 실시되었고, 또한 그 선거에서 선출된 한국 국회는 민주적인 의회임이 분명하고, 이승만 대통령이 영도하는 한국 정부는 틀림없이 민의를 대표하는 정부라고 강조하였다.[112]

---

110) 「新華社陜北(1948年 10月) 16日電」, 『東北日報』(1948. 10. 18).
111) 鄭一亨, 『韓國獨立秘史: UN과 韓國』(國際聯合韓國協會, 1950), pp.42~43.
112) 「蘇反對中美奧解決韓國獨立問題建議: 我國支持促成韓自主統一」, 『中央日報』(南京: 1948. 12. 9).

한편 장정불은 12월 11일 한국 정부 승인 문제에 대한 연설에서, "한국의 선거는 미군정 당국의 협조 아래 자유로운 분위기 속에서 진행되었으며, 한국위원단 위원의 인격이나 미군정 당국의 구성으로 보아 한국에서 성립된 정부가 진정한 민주주의의 자유 정부임에 틀림없다. 그렇지만 우리는 북한에 대해서는 아무것도 모르고 있다. 한국위원단은 임무를 완수하여 선거를 감독하였고, 이번 선거가 한국민의 자유의사를 충분히 반영하였다는 증거를 확인하였다. 선거에서 선출된 대의원들로 국회가 구성되었고 중앙 정부가 수립되었다."고 강조하였다.[113]

이에 대해 백러시아 대표는 한국 문제를 유엔에 이관하였기 때문에 유엔 한국위원회가 파견되었고, 결과적으로 한반도를 분열시키는 선거를 실시하게 되었다고 주장하였다. 소련 대표는 유엔 한국위원단은 반민주주의적인 것이며, 남한에서 실시한 선거는 관제선거이고, 새로 수립된 정부는 괴뢰정권으로서, 친일 반동분자를 중용하고 반동세력을 부추겼다고 비난하였다. 그는 또한 한국선거를 감독한 유엔 한국위원단은 9개의 조를 편성하여 선거를 감독하였는 바, 그들의 감독 능력은 13,260개의 투표소 가운데 2%밖에 미치지 못하는데 무슨 근거로 투표의 자유 분위기를 보장했다고 할 수 있는가라고 의문을 제기하였다.[114] 한편 소련 대표가 단독선거를 반대하기 위하여 일어난 제주 4·3 사건을 거론하였지만 다른 나라의 대표는 이 문제를 제기하지 않았다. 미국을 중심으로 한 국가들은 이른바 선거의 자유 분위기를 강조한 반면 남한에서 단독선거를 반대하여 벌어진 격렬한 사태에 대해서는 언급하지

---

113) 鄭一亨, 앞의 책, pp.112~133.
114) 위와 같음.

않았으며, 특히 3만 여 명의 국민이 사살된 제주도 사건은 거론되지도 않았다.[115]

한국대표 조병옥은 총회 연설에서 소련이 38선 변경을 침범하고 38선 이남에서 공포의 유격전을 지지·지시하고 있으며, 더욱이 대한민국 영역에서 살인·방화·태업을 교사하고 있는 확실한 증거가 있다고 주장하였다. 조병옥이 제출한 증거는 소련 방송이 대한민국 국민과 정부에 대항하는 유격전과 폭력행위를 지지하고 있다는 것이었다. 조병옥은 소련이 이러한 폭도들을 평화와 민주주의를 사랑하는 인민이라고 주장하고 있다고 비난하였다. 이어서 조병옥은 한국의 국민은 대한민국만이 한국의 완전한 통일을 완수할 독립적이며 민족적인 자주의 토대임을 굳게 믿고 있다고 주장하면서, 한국 정부는 유엔이 한국의 융성번영을 위한 도의상의 의무를 가지고 있다고 생각하고 있다고 지적하였다.[116]

제3차 유엔총회에서 소련의 제안을 부결하고 오스트레일리아, 중국 국민당 정부, 미국이 제안한 유엔의 감독과정을 거쳐 탄생한 한국 정부를 합법적인 정부로 승인하는 안을 통과시켰다. 이에 대해 고유균은 "중국이 한국을 독립 정부로 즉각 승인할 것을 강하게 주장하였기 때문에 미국도 마지막에야 찬성을 하게 되었다."[117]고 주장하였다.

미소 공동위원회에서 두 차례 회의를 통해서도 해결을 보지 못한 한국 문제는 최종적으로 미국 정부에 의해 유엔에 넘겨지게 되어 다수의 국가

---

115) 2003년 5월 6일 한국 정부는 『제주 4·3사건 진상조사 보고서』를 발간하였다. 이 보고서는 이승만을 이 사건의 최종 책임자로 지목했다. 또한 미군정 하에서 시작된 이 사건은 미군 대령이 제주지구사령관으로 직접 진압작전을 지휘했다고 지적하고 있다. 「4·3사건 강경진압 이승만 책임」, 『중앙일보』(2003. 5. 7).

116) 鄭一亨, 앞의 책, pp.153~160.

117) 顧維鈞, 앞의 책, p.295.

가 참여하여 한국 문제를 토론하는 형식을 취하게 되었다. 그러나 이는 형식상의 변화였을 뿐 본질적으로는 미소가 대립하던 미소공동위원회의 일대일 대립 구도를 확대한 것에 지나지 않는 것이었다. 단지 한반도 문제 해결의 무대를 한반도에서 유엔에 옮겼을 뿐이었다는 것이다. 어떤 의미에서 미국이 미소 간의 모순을 유엔에 이관한 것이었기 때문에 한반도는 결국 보다 큰 틀 속에서 미소 진영 투쟁의 희생물이 되었다고 할 수 있다. 제3차 유엔 총회의 한반도 문제 토론과정에서 많은 나라들이 북한이 유엔 한반도 문제 토론에 참가하는 것조차 반대하면서도 새로 수립된 한국 정부는 지지하고 승인하였다. 그런데 그 이유는 매우 단순한 것으로 북한이 유엔 한국위원회의 북한 입국을 거절했다는 것이 거의 유일한 근거가 되고 있다. 보다 설득력 있는 이유를 찾기 힘든 것이다. 미국이 어떻게 다른 나라를 조종했는지의 여부를 논외로 치더라도 각 국 대표들의 발언을 보면 그들이 관심을 기울인 것은 한반도 문제의 경위와 전후 관계가 아니라 단순히 유엔 한국위원단이 북한 지역에 들어가는 것을 북한이 거절했다는 것이었다. 이 '유엔의 존엄을 무시'한 행위가 사실상 한반도 문제에 깊은 이해가 없는 많은 나라의 대표들을 격노시켰고, 그리하여 아주 짧은 시간에 한국에 합법적인 명분을 주게 되었는데, 결국 유엔의 이러한 결정은 동아시아의 화약고에 불을 당긴 셈이 되었다.

덜레스는 후에 1947과 1948년 자신이 유엔 주재 미국 대표로 있으면서 한국 문제에 대해 제안을 하였는데, 그 제의가 유엔의 새로운 결의를 이끌어 내게 되었다고 술회한 바 있다. 그것은 즉 한국의 자유구역 내에 대의제 정부를 수립함으로써 독립 한국의 건국을 도왔다는 것이었다. 덜레스는 또한 한국 문제에 대한 유엔의 조치는 실제 광범위한 범위에서

전개된 미국의 반공정책과 맥을 같이 하는 것이었다고 확인하였다.[118)

제3차 유엔총회가 열리기 전 한국의 중앙신문은 미국이 한국 문제를 유엔에 이관한 것과 관련한 평론을 게재하였다. 이 글은 "만일, 그야말로 만의 하나 미국의 관점, 미국의 시각, 미국의 필요, 미국의 독단에 의해 한반도의 남부가 국제법적인 승인을 획득하여 독립국가가 된다면 그 날은 곧바로 우리 민족이 영원한 분열과 쇠망으로 가는 해체의 걸음을 내딛게 되는 날이다. 남부의 세력이 북부와 별개로 강력한 세를 구축하는 것은 곧 북부가 남부와 별개로 세력을 강화하는 것을 의미하는 것이다. 남북의 분립상태가 국제사회에서 합법적으로 인정받고 또 우리가 이를 진심으로 수용한다면 우리는 '정정당당한' 분단국가로 될 것이다. 그러나 앞으로의 통일은 무력으로 해결하는 방법밖에 없다. 그것은 미소 간의 남북전쟁, 우리의 남북전쟁을 불러올 것이다. 전쟁이란 요란하게 준비하면서 일어나는 것도 아니요, 완벽한 준비가 필요한 것도 아니다. 하나의 '문턱'을 잘못 넘기면, 하나의 '쟁점'을 잘못 처리하면 전쟁은 일순간에 걷잡을 수 없이 폭발할 수 있다. 우리가 우리의 강토에서 미소 전을 일으키려면, 남북이 서로 상대의 피를 마시려면 논리는 아주 간단하다. 그것은 최대한으로 남쪽만의 단독적인 조치를 강화하여 분열을 촉진하는 것이다."라고 비분하면서, 마지막으로 "이 흡혈귀 같은 38선은 오로지 미소의 원자탄이나 미소의 다른 폭탄으로만이 열 수 있을 것이다."라고 통탄하였다.[119)

한국의 신생 정부에 대해 소육린은 그의 회고록에서 "다행히 미국 점

118) I. F. 斯通, 『朝鮮戰爭內幕』, p.16에서 재인용.
119) 薛義植, 「聯合國大會와 우리의 今後」, 『中央新聞』(1947. 10. 1) 참조

령구 내의 남한 전체 인민, 그리고 세계 각지의 한국 교민들이 국제신탁을 강력히 반대하고 중국의 조야도 모두 한국민의 입장에서 지지를 보내 주었기에 한국 정부가 성립될 수 있었다."고 쓰고 있다.[120] 객관적으로 평가할 때 한국의 '단독 정부'는 남북한의 대다수 한국민과 김구 등의 민족주의자를 포함한 수많은 정치세력의 저항 속에서 성립된 것으로, 그것은 사실상 '이승만의 대한민국'이라고 할 수밖에 없는 것이었다.[121]

---

120) 邵毓麟, 앞의 책, p.55.

121) 『KBS 비디오특선10: 한국전쟁』 해설 참조.

제6장
전후 중국공산당과 한반도의 관계

일본의 패망 후 중국에서 항일 독립운동을 펼쳐왔던 한반도의 두 진영은 속속 조국으로 귀국하였다. 당시 중국과 한국 두 나라는 똑같은 과제를 안고 있었다. 즉 누가 전후 정국을 주도하며 어떠한 나라를 세우는가 하는 것이었다. 일본 제국주의와의 주요 모순이 해결된 후 한반도에서와 마찬가지로 중국에서도 국내 모순이 주요한 모순으로 부상하였다. 그러나 미국과 소련이 전후 중국과 한반도에 직접 파병을 단행하고, 중국과 한반도에서 양국 관계가 점차 악화되는 상황에서 중국과 한반도 국내의 주요 모순관계 또한 이러한 국제 정세를 배경으로 전개될 수밖에 없었으며, 중국과 한반도 관계 역시 마찬가지였다.

중국과 한반도의 국내 모순은 사실상 항일전쟁 시기에는 드러나지 않고 잠복되어 있던 2차적 모순이 주요한 모순으로 부각되면서 새로운 양상을 띠게 된 것이라고 할 수 있다. 다시 말하면 전후의 주요 모순은 전시 모순의 계속이었으며, 중국과 한반도 관계, 중국에서의 국공관계와 남북한 관계, 즉 양국 4자 관계 역시 전시 관계의 연장선상에 있었다는 것이다. 실제 중국국민당은 한국 임시 정부 세력, 나아가서 이승만 세력과, 중국공산당은 조선 공산주의자들과의 관계를 계속 발전시켰고, 전쟁 중의 이들의 상호관계는 전후 정세의 흐름을 상당한 정도로 결정하였다.

제1절 전후 중국공산당의 대한반도 정책

항일전쟁 시기 중국공산당은 줄곧 한국민의 독립운동을 지지하여 왔으며, 특히 한국독립운동단체들의 단결된 민족 통일전선 결성을 중시하고 이를 추진시키기 위해 노력하였다. 앞에서 서술했듯이 중국공산당은 항일통일전선을 확대하고 민족단결을 강화하는 것, 민중 속으로 파고들며 전쟁지역과 적 점령 지역에 깊이 침투하는 것, 한반도 본토에 잠입하여 실질적인 항전을 벌이기 위해 노력하는 것 등이 동맹국들의 독립 보장을 받아내는 것보다 백 배 더 중요하다고 생각하고 있었다. 이 점이 국민당의 정책과 다른 점이라고 할 수 있다.

중국공산당의 전시와 전후 대한반도 정책은 한반도 문제와 관련된 국제적인 결의라는 틀 속에서 수립되었다. 중국공산당은 한국 독립에 관한 카이로회의의 결정을 인정하면서 중국 인민은 마땅히 한국 인민의 해방을 도와야 한다고 인식하고 있었다.[1] 항일전쟁 승리 후에도 중국공산당은 중국과 한반도 문제에 관한 모스크바 3상회의의 결정을 수용하고 지지하였다. 이러한 중국공산당의 입장은 국민당이 중국 문제에 관한 3상

---

1) 毛澤東, 「目前的國際形勢和中國共産黨外交政策的基本原則」, 『毛澤東外交文選』(中央文獻出版社·世界知識出版社, 1994), p.45.

회의의 결정에 대해 침묵으로 항의하고, 한반도 문제에 관한 동 회의의 결정에 반대한 것과는 분명히 대조를 이루는 것이었다.

중국공산당은 샌프란시스코 회의, 포츠담회담 등 일련의 국제회의의 결정이 전후 세계 질서의 총체적인 방향을 제시하고 있는 바, 그것은 전후 세계의 평화와 안전이 확립되어야 하며 중요 국제 문제를 3대국 또는 5대국을 중심으로 협의·해결하되, 각국의 내부 문제는 예외 없이 민주주의 원칙에 입각하여 해결하는 것이라고 인식하고 있었다. 그러나 중국공산당은 각국의 반동세력들의 파괴 음모에도 불구하고, 소련의 일관된 입장과 세계 인민의 단결·분투로 이러한 기본적인 방향이 하나씩 관철되고 있으며 모스크바 3상회의야말로 이 점을 충분히 증명하고 있다고 인식하고 있었다.[2]

전후 한반도에 대한 중국공산당의 정책 결정에 영향을 미친 요소는 다음 세 가지로 개괄할 수 있다. 첫째, 중국공산당과 미소의 관계이다. 전후 미국과 소련이 각각 중국과 한반도에 병력을 파병하고, 그 내정에 직접 영향을 미치고 있었기 때문에 중국공산당과 미소 간의 관계는 자연히 중국공산당의 한반도에 대한 입장에 영향을 주었다. 둘째, 중국공산당과 한반도 두 진영과의 역사적 관계이다. 중국공산당은 항일전쟁 기간에 아시아 각 민족의 반 파쇼통일전선을 결성하기 위해 "중국의 깊숙한 후방(항일전쟁 시기 국민당 통치하에 있던 중국의 서남·서북지역: 역자)에서 고생을 하며 간고 분투하는 한국의 지사들을 숭경(崇敬)"[3]하고 한국임시 정부의 독립운동을 동정하고 지지하였다. 그러나 중국공산당은 적 점

---

2) 「新年獻詞」, 『解放日報』(延安: 1946. 1. 1).
3) 「團結復國!」, 『新華日報』(重慶: 1944. 8. 29).

령지역과 전선에서 항일전쟁을 벌여온 조선공산주의자들을 더욱 중시하였고, 중국공산당과 조선공산주의자들 간의 관계는 자연스럽게 전후 쌍방관계의 견실한 기초가 되었다. 셋째, 전후 장개석, 이승만의 관계이다. 전후 초기 장개석은 한국의 임시 정부 세력이 한반도 정국의 주도권을 장악하는 것을 전폭적으로 지지하였고, 이후 남한의 단독 정부 수립을 지지하면서 공동으로 반공연맹을 형성하고자 하였다.

이러한 요소와 요소들 간의 상호관계는 전후 한반도에 대한 중국공산당의 입장과 정책의 흐름을 결정지었다고 할 수 있다. 일본 투항 직후 중국공산당은 자기의 입장을 명확하게 천명하기 시작하였다. 1945년 11월 16일 연안의 해방일보는 일본 투항 후의 한반도 정세를 분석하면서, "조선반도가 민주주의로 가느냐, 아니면 계속 식민지로 가느냐 하는 문제에서 남과 북은 정반대의 방향으로 발전하고 있다. 북조선에서는 정치적으로 친일분자를 소멸하고 정권이 이미 친일반동분자를 제외한 각 당파와 단체로 구성된 인민위원회에 넘겨져 있다. 민주·자유·독립의 신생 조선이 생장하고 있는 것이다. 그러나 남한에서는 미 점령군이 정권을 반동적인 지주, 자산계급과 반동분자들에게 넘겨주고 있다. 예컨대 조선의 미군정 부총독 아놀드가 설치한 자문회의 11명 중에 9명이 보수적인 민주당 당원이다."라고 예리하게 지적하고 있었던 것이다.[4] 이러한 언급은 한반도에 대한 중국공산당의 기본적인 시각을 보여주고 있는 것이다. 그러나 다른 한편 이는 미국이 중국에서 장개석을 사주하여 전개하고 있는 반공적인 대중국 정책으로 말미암은 양자 간의 갈등 관계가 한반도에 굴

---

4) 「朝鮮近況」, 『解放日報』(延安: 1945. 11. 16).

절되고 있음을 반증하는 것이기도 하였다.

그 직전 10월 1일 유소기(리우샤오치, 劉少奇)는 대미 방침에 대한 지시에서 미군이 장개석을 지원하는 것이 현재 미국 정부의 방침임을 지적하였다.[5] 중국공산당의 방침은 미국이 장개석을 지지하여 내전을 도발하고 중국내정에 간섭하는 것을 반대하는 것이었다. 그러므로 중국공산당의 시각에서 볼 때 한반도에서의 미국의 정책은 중국에 대한 미국의 정책과 다를 바 없는 것이었고, 그것은 곧바로 "한반도 전체를 미국의 속국으로 만드는"[6] 정책이었던 것이다. 이승만과 김구에 대해서도 해방일보는 이들을 "식민지 노예 지배인(總管)"에 불과하다고 힐난하면서, 그들이 "이른바 한국 통일위원회의 기구를 조직하여 필사적으로 반소반공을 부르짖고 있다"[7]고 주장하였다.

12월 27일 중국과 한국 문제에 관한 모스크바 3상회의의 성명 발표 후, 중공중앙 대변인은 12월 30일 담화를 발표하여 3국 외상의 모스크바 협의는 세계평화를 위한 새로운 돌파구를 열어 놓았으며, 이 결정은 평화와 민주를 사랑하는 전 세계 인민의 열렬한 환영을 받을 것이라고 언명하였다. 나아가 이 담화는 중국 인민은 극동위원회, 대일위원회의 설치 및 조선임시민주 정부 수립과 중국 문제 등을 포함한 극동 문제에 관한 결의를 환영한다고 언급하였다. 또한 이 협의는 일본 침략세력의 재생을 근절하고 극동의 평화를 공고히 하는 데 있어 중대한 의의를 갖는

5)「劉少奇關于目前形勢與對美方針給張愛萍的指示」, 中央檔案館編, 『中共中央文件選集』(1945), (中共中央黨校出版社, 1991), p.308.

6)「朝鮮近況」, 『解放日報』(延安: 1945. 11. 16).

7) 위와 같음.

것이라고 지적하였다.[8] 중국공산당 측의 해방일보, 신화일보, 진찰기일보(晉察冀日報) 등 주요 신문들도 서울과 평양에서 모스크바회의 결의를 찬성하는 집회가 개최되었다는 보도를 게재함으로써 그에 대한 지지를 표명하였다.

다시 1946년 1월 16일 해방일보는 모스크바 방송의 내용을 전하면서, 조선의 반동파 영수 이승만은 방송 연설을 통해 진정한 민주의 기치(旗幟)를 비방하고 전쟁으로 위협을 하고 있으며, 중경에서 귀국한 소위 한국임시 정부의 영수 김구와 해외에 망명하던 수많은 반동분자들이 한국에서의 이러한 정치투쟁을 더욱 가열시키고 있다고 비난하였다.[9]

당시 중국공산당은 한국의 독립과 민주화를 반대하는 세력을 신구세력과 국내와 국내외의 세력이 혼재된, 상당히 방대하고 다양한 것으로 이해하고 있었다. 즉 중국공산당은 한국의 독립과 민주화를 반대하는 첫 번째 세력은 일본 제국주의이고, 두 번째는 친일 주구라고 인식하고 있었다. 이들은 일본이 항복을 하기는 했지만 정치 · 경제 · 정신적으로 여전히 무장해제를 하지 않은 채 재기를 준비하고 있으며, 친일 주구들은 미군 점령 지역에서 적발, 검거되기는커녕, 오히려 미군정 당국의 비호 아래 과거의 지위를 그대로 유지하고 있다고 보고 있었던 것이다. 또한 중국공산당은 이들 반대편의 세력 중에 이른바 임시 정부의 망명인사들, 예컨대 중경에서 귀국한 김구와 미국에서 귀국한 이승만 등이 있지만, 이들은 오랫동안 조선 국내 인민의 독립 투쟁 전선과 격리되어 있었

---

8) 「中共中央發言人對三外長莫斯科會議關于中國的協議的談話」, 『解放日報』(1945. 12. 31).
9) 「朝鮮應設臨時民主政府」, 『解放日報』(延安: 1946. 1. 16).

을 뿐만 아니라 망명 중에 국내 동포들의 고통에 관심을 갖거나 인민에 유익한 일을 도모한 바도 없었다고 생각하고 있었다. 나아가 중국공산당은 김구와 이승만이 한국의 즉각 독립을 요구하고 강대국의 신탁 통치를 반대하면서 자신들의 임시 정부가 집권을 기도하고 있기 때문에서 4강의 신탁통치 하에 수립될 임시 민주 정부를 두려워하고 있다.[10]고 판단하고 있었다.

이 시기 김구의 임시 정부에 대한 중국공산당의 이와 같은 평가는 중국의 항일전쟁 시기에 형성되었다고 보아야 할 것이다. 당시 중국공산당은 국제적·국내적 통일전선이라는 틀 속에서 한국임시 정부의 활동에 관심을 보였다. 그러나 중국공산당은 한국의 독립운동은 "한국 내부에서 반일운동을 일으켜야 한다"[11]는 점을 여러 차례 완곡한 표현으로 지적하면서, "승리를 쟁취하기 위한 단합된 노력을 배가하고, 앉아서 기다리지 말며 의미없는 논쟁을 하지 말아야 한다"[12]고 주장하였다. 여기에서 "앉아 기다린다"고 한 것은 사실상 "중국의 깊숙한 후방에서 고생을 하며 간고 분투"하는 한국임시 정부를 가리키는 것이었다. 그러나 임시 정부에 대한 것과는 대조적으로 중국공산당은 조선독립동맹과 조선의용군에 대해 "동서남북의 대적 투쟁 제일선에서 활약"하면서 영용(英勇)한 투쟁 업적을 확대, 발전시키고 있다는 평가를 하고 있었다.[13]

모스크바 3상회의의 결정을 둘러싸고 한반도의 양대 정치세력이 완전

---

10) 「朝鮮形勢」, 『解放日報』(延安: 1946. 2. 1).

11) 「掀起韓國內部的反日運動」, 『新華日報』(重慶: 1943. 12. 21).

12) 「勖韓國人士」, 『新華日報』(重慶: 1944. 3. 1).

13) 「朝鮮民族的戰士和我們幷肩作戰」, 『晋察冀日報』(1944. 3. 1).

히 제 갈 길을 가게 되면서 한반도에 대한 중국공산당의 입장도 북한을 공개적으로 지지하는 쪽으로 선명해지기 시작하였다. 중국공산당은 미국의 대한반도 정책은 대중국 정책과 마찬가지로 반동세력을 부추기고 민주운동을 탄압하는 것이라고 인식하였다.[14] 또한 그들은 미소가 서로 상이한 정책을 실시하면서 한반도의 남과 북에서는 전혀 다른 두 개의 세계가 전개되고 있다고 주장하였다. 즉 중국공산당은 북한은 철저한 토지개혁을 실시하여 봉건적 착취를 영원히 없애고 주민들이 자유로운 정치생활을 누리고 있는 반면, 남한에서는 토지개혁이 실시되지 않고 있으며, 국민들은 정치적으로 암흑과 공포 속에서 생활을 하고 있고, 이승만 등 반동파들이 미국의 비호 하에 민주와 자유를 유린하는 가운데 민주인사들은 수시로 체포, 총살당하고 있다고 주장하였다.[15] 1946년 한국의 대구에서 만 여명의 노동자, 학생, 시민들이 참가한 폭동이 발생한 것과 관련, 연안의 해방일보는 남한에서 노동자와 농민들이 파업, 봉기하면서 미 제국주의의 통치에 저항하고 있다고 보도하였다.[16]

　1947년 1월 23일 미 국무성은 주한미군 사령관 하지의 특별성명을 공개하자 중국공산당의 해방일보는 이에 대한 시평(時評)을 게재하였다. 시평은 이 성명이야말로 미 제국주의 군벌통치를 극명하게 보여주는 전형적 사례라고 비난하면서, 미국의 이민족에 대한 극단적인 허위와 교활하게 시비를 전도(顚倒)하는 솜씨는 얼마 전 중국을 떠나면서 남긴 마샬의 성명도 비기지 못할 바라고 일침을 가했다. 이 시평은 나아가 "조선은

---

14) 「美軍在朝鮮鎭壓民主運動」, 『人民日報』(晋冀魯豫, 1946. 8. 13).

15) 「一個朝鮮兩個天地」, 『人民日報』(晋冀魯豫, 1946. 8. 22).

16) 『解放日報』(延安: 1946. 10. 10).

미국의 생명과 피와 힘에 의해서 일본의 통치를 벗어날 수 있었고", 미국
은 "조선의 독립을 보장하며 그것의 실현을 촉진할 것"이라고 한 하지의
말에 대해 "하지 장군이 미군을 거느리고 조선에 상륙했을 때 조선의 애
국민족 세력은 이미 연합하여 일본 제국주의와 친일 주구들의 통치를 뒤
엎고 임시 정부를 수립하여 조선 역사상 처음으로 민족과 민주의 질서를
수립하기 시작하였다. 그러나 하지는 부임하자마자 일본 제국주의의 통
치기구를 회복하고 반동파 이승만과 김구 등의 세력을 지원하였다."[17]고
반박하였다. 여기에서 말하는 임시 정부란 일본이 투항한 후 여운형을
중심으로 세워진 건국준비위원회가 9월 6일에 전국 인민대표대회를 소
집하고 성립을 선포한 '조선인민공화국'을 가리키는 것이다. 미군이 한국
에 진주하기 전에 건국준비위원회는 한국인의 독자적인 자치 정부를 성
립한다고 선전하면서, 해방된 지 불과 일주일도 안 된 8월 21일, 이미 전
국에 145개의 지방인민위원회를 설치하였다. 이것은 독립에 대한 한국
민의 갈망과 자치능력, 그리고 위로부터 아래에 이르기까지의 질서를 반
영한 것이었다. 그러나 건국준비위원회는 미군정에 위해 활동을 금지 당
했고, 그 후 북한지역에서 정권의 기반을 이루게 되었다.

그 당시 중국공산당은 한반도에서의 미군의 모든 행위는 중국에서의
모든 행위의 복사판이라고 이해하고 있었다. 즉 중국에서 미국이 중국
문제에 관한 모스크바 3상회의의 결정을 실천한다고 하면서도 장개석을
지원하며 중국의 내정을 간섭하고 있듯이, 한반도에서도 미국은 역시 한
국 문제에 관한 모스크바 3상회의 결정을 실천한다고 주장하였지만, "실

---

17) 「霍奇將軍的文告」, 『解放日報』(延安: 1947. 1. 31).

제 행동에서는 도처에서 이를 반대"하고 있다는 것이 중국공산당의 인식이었던 것이다. 미국이 "미소공동위원회의에서 일관되게 모스크바 회의의 결정을 번복하고자 하고 있으며, 김구를 수반으로 하는 반동파들을 조선 임시 정부의 주체로 내세울 것을 고집하면서 공동위원회가 반동 정당에 자문을 구해야 한다고 주장하고 있다"는 논조는 이러한 중국공산당의 인식을 반영하는 것이었다.[18]

미 국무성은 하지의 특별성명에 대한 보충 설명에서 "남한 내 일부 정당·단체들이 잘못된 정보에 불만을 표출하면서 통일을 지연시킬 수 있는 행위를 하고 있는 바, 이에 대해 미 국무성은 우려를 표하지 않을 수 없다."고 지적하면서, 또한 "불만을 가진 정당·단체는 좌익이 아닌 우익"이라는 점을 인정하고 있다.[19] 이에 대해서도 해방일보의 시평은 미국이 "한편으로는 이승만의 반탁 활동을 지지하면서도 다른 한편에서는 모스크바 결의에 찬성하는 척 위장하면서 국제 여론의 화살을 피하려 하고 있다"[20]고 비난하고 있다.

중국공산당은 미국이 한반도에서 실시하는 정책은 미국의 대중국정책과 긴밀한 관계를 가지고 있으며 그 수법 또한 판에 박은 듯 닮은꼴이라고 인식하고 있었다. 예컨대 해방일보는 미국은 중국에서 장개석을 지원하여 위국대(僞國大: 위장 국민대회)를 소집하였고 한국에서는 비합법적인 입법회의 선거를 실시하고 헌법을 제정하여 '한국자치 정부'를 조직하고 있다고 지적하였다. 또한 미군정은 한국민의 모든 민주권리를 박탈하

---

18) 위와 같음.
19) 노중선 편, 앞의 책, p.184.
20) 「霍奇將軍的文告」, 『解放日報』(延安: 1947. 1. 31).

고 애국인사 5,000여 명을 체포하거나 총살하였으며 민주 진보 서적이나 간행물을 압수하고 4인 이상의 집회를 허용하지 않으며 군정의 동의가 없이는 3인 이상의 결사도 할 수 없다고 하면서 파업 노동자나 납세에 항거하는 농민은 피비린내 나는 진압과 죽음을 당하고 있다고 주장하였다.

또한 비록 하지가 미국 정부는 재삼 한국의 독립을 보장하며 한국민이 정부를 수립할 자유를 보장한다고 했지만 하지의 수법은 마샬이 중국에서 하던 수법과 마찬가지로 한편으로는 자신이 지원한 '아둔한 집단'의 '아둔한 정치행동'을 문책하여 한국민과 국제여론을 속이려 하고 있으며 다른 한 편으로는 "조선임시 정부의 수립이 몇 달씩 연기되는" 책임을 한국민에게 전가하려고 하고 있다고 비난하였다.[21]

남한에 대한 중국공산당의 입장은 주로 중국공산당과 미국의 관계에 의해 규정되었으며, 중국국민당과 남한 이승만 집단과의 관계에도 영향을 받고 있었다. 중국공산당과 북한의 관계에 있어서는 물론 소련과 북한·미국 간의 관계 등의 요소가 작용하고 있었다. 그러나 역시 가장 중요한 것은 중국공산당과 조선 공산주의자들 간의 전통적 관계와 쌍방의 이익의 합치라는 측면이었다. 이데올로기적인 측면에서 볼 때 중국공산당과 북한의 관계는 프롤레타리아 국제주의 원칙에 의해 전개되어 왔던 것이다.

---

21) 위와 같음.

제2절 동북 해방전쟁 중의 중국공산당과 북한

1. 전후 동북 문제를 둘러싼 국제관계

근대에 들어서면서 한반도가 '동방의 발칸'이 되었다고 하면 한반도와 강을 하나 사이 두고 또한 러시아와 국경을 같이 한 중국의 동북 지방 역시 근대사 이후 줄곧 극동지역 국제관계의 초점이 되어 왔다. 중국의 동북 지방은 전략적 중요성에서뿐만 아니라 경제적 위치에 있어서도 중국에서 대단히 중요한 위치를 차지하고 있었다. 1943년 통계에 따르면 동북의 중국 전체 석탄생산량은 전국의 49.5%, 생철 생산량은 87.5%, 강재 생산량은 93%, 시멘트 생산량은 66%, 발전량은 72%, 철도 길이는 전국의 절반 이상 차지하고 있었다.[22]

일본 항복 후 동북 지방도 한반도와 마찬가지로 국제정치적인 힘의 공백지대가 되었다. 소련 홍군이 동북에 진출하여 일본 관동군을 섬멸한 후 동북은 자연히 국민당과 공산당의 쟁탈지가 되었다. 중국공산당은 동북 지방이 중국 혁명의 운명을 결정짓는다고 생각하고 동북 지방의 장악을 가장 중요한 과제로 삼고 있었다.[23] 중국공산당으로서는 동북 지방을 장악하면 경제적으로 우위를 확보할 수 있을 뿐만 아니라 전략적으로도 소련, 조선, 몽골을 배후로 하고, 남쪽은 기열요 해방구(冀热遼 解放區: 하북, 열하, 요녕 등 3개성의 해방구: 역자)와 화북 해방구들을 연결함으로써 적들에게 장기간 포위되어 있던 국면을 일변하고 견고한 전략 후방

---

22) 常成·李鴻文·朱建華,『現代東北史』(黑龍江教育出版社, 1986), p.396.

23) 『從延安到北京』(中央文獻出版社, 1993), p.180.

기지를 확보할 수 있었던 것이다. 중국공산당은 이렇게 되면 화북과 화중 해방구를 보위할 수 있을 뿐만 아니라 전국의 해방전쟁을 지원하고, 결국 중국해방의 진로를 가속화할 수 있다고 생각하고 있었다. 반대로 만약 동북 지방이 국민당에 점령될 경우 중국공산당은 화북 해방구와 소련·조선·몽골과의 연계를 차단당하고 남과 북에서 국민당 군대의 협공을 당하게 되는, 대단히 불리한 상황에 처하게 될 수밖에 없었다.

이런 상황에서 동북 지방이 누구에게 돌아가는가는 지극히 중요한 문제였으며,[24] 동북 지방을 장악하는 쪽이 전국적인 승리의 전기를 잡게 되어 있었다. 그렇기 때문에 모택동은 중국공산당 제7차 전국대표대회에서 "동북이 우리의 손아귀에 있다면 우리의 승리는 토대를 확보한 셈이고, 우리의 승리는 결정된 것"이라고 하였던 것이다.[25]

동북 지방이 해방되자 중국공산당은 이 지역으로 진군하였는데 11월 말에 진출한 부대는 13만 명에 달했고 간부만 2만 명이 되었다. 라영환(루오룽환, 羅榮桓)의 말대로 중국공산당은 중앙위원만 해도 20명이 동북으로 들어갈 정도로 많은 '본전'을 동북 해방을 위해 쏟아 부었다.[26]

장개석도 선수를 치기 위하여 '동북행영 정치위원회'(東北行營 政治委員會)를 설치하고 웅식휘(슈스후이, 熊式輝)를 행영 주임으로 임명하는 한편 두율명(뚜위밍, 杜聿明)을 사령관으로 하는 '동북보안사령 장관사령부'(東北保安司令 長官司令部)를 설립하였다. 국민당은 공산당 군대에

---

24) 何沁, 「解放戰爭初期建立東北根據地的鬪爭」, 朱成甲編, 『中共黨史研究論文選』(下册), (湖南人民出版社, 1984), pp.293~294.

25) 李壯, 「論東北抗戰勝利後的戰略地位」, 『從延安到北京』(中央文獻出版社, 1993), p.173.

26) 羅榮桓, 「1948年 3月 4日 在東北野戰軍政工會議上的報告」, 『遼瀋決戰』(人民出版社, 1988), p.35.

의해 육로가 차단된 상황에서 미군의 항공기, 군함을 이용하여 공중과 바다로 대량의 병력을 동북에 수송하였다.[27] 장개석은 중국공산당군과 일전을 벌여 승패를 가르고 동북을 쟁탈하려고 벼르고 있었다.

동북은 국민당과 공산당이 한바탕 승부를 겨루는 무대가 되었을 뿐만 아니라 미소가 세력범위를 다투는 초점이 되었으며, 한반도의 남북도 신경을 쓰지 않을 수 없는 지역으로 떠올랐다. 이렇게 이들 각국의 이해관계가 복잡하게 얽히면서 동북 문제는 극동 국제정치의 핵심 사안으로 부상하였다. 이제 극동의 국제정치 구도는 누가 중국의 동북 지방을 장악하느냐에 따라 완전히 다른 양상을 띠게 되었다. 다시 말하면 동북 지방이 누구 손에 들어가느냐는 동북에서의 미소의 이익과 밀접하게 관련되어 있었고, 한반도의 운명과도 떼려야 뗄 수 없는 관계를 가지게 되었던 것이다. 미국과 소련, 국민당과 공산당, 한반도 남과 북의 '의지'는 중국의 동북 지방에서 상호교차하고 충돌하면서 복잡다단한 상호관계를 빚어내게 되었다.

소련은 동북에 출병하여 일본 관동군을 격파하는 방식으로 동북 지방 문제에 개입하게 되었다. 얄타협정에서 소련은 대일 작전의 대가로 동북 지방에 대한 제정 러시아 시대의 특권을 회복하려 하였다. 소련은 중국을 배제한 뒷거래로 자신의 이익을 챙겼고, 중소 우호동맹조약을 체결하면서 국민당 정부는 이를 기정사실로 승인하게 되었다.

소련은 동북에서 숙원을 실현한 후 한 걸음 더 나아가 이 지역에서의 특권을 독점하고 다른 나라가 발을 붙이지 못하게 하고자 하였다. 1945

---

27) 常成 · 李鴻文 · 朱建華, 앞의 책, pp.399~403.

년 12월에 스탈린은 장개석의 아들 장경국(장징궈, 蔣經國)에게 "내가 재삼 천명하였고, 또한 나의 최대 요구라면 당신들이 한 사람의 미국 병사도 중국에 발을 들여놓지 않도록 하는 것이다. 미국 병사가 한 명이라도 중국에 들어오면 동북 문제는 해결하기 어렵다"고 하면서 "국민당이 앞으로 미국이 동북에서 이익을 챙기지 못하도록 하면 우리 소련은 필요한 양보를 할 수 있을 것이다"라고 언급하였다.[28] 스탈린은 국민당 정부뿐만 아니라 중국공산당의 신 정부 수립 후에도 동북 지방에 대한 이러한 입장을 강조하였다. 1950년 스탈린은 모택동과 주은래(저우언라이, 周恩來)에게 제3국민들의 동북과 신강 지방 거주를 허용하지 말 것을 제안한 바 있다. 요컨대 스탈린은 미국·일본·영국 등 제국주의 세력이 동북 지방에서 활동하는 것을 저지하려 했으며,[29] 이는 스탈린이 동북 문제에 관해 얼마나 집착했는가를 잘 보여주는 대목이다.

다시 말하면 스탈린의 전략은 중국의 동북 지방을 소련의 독립적인 세력범위에 넣고 다른 나라가 이를 방해하지 못하게 하는 것이었다. 당시 스탈린은 장개석의 중국 정국 주도를 지지하고 있었고, 처음에는 물론 장개석 정부의 동북 접수 또한 지지하였다. 1945년 8월 27일 소련주재 미국대사 해리만은 스탈린을 만난 후 국무장관 번즈(Byrnes)에게 스탈린은 중국국민당 정부가 가까운 시일 내에 만주에 군대를 파견하여 소련군으로부터 치안관리와 경비업무 등을 접수할 것을 희망하고 있다고 보고하였다. 해리만은 이것은 홍군이 3개월 내에 만주에서 철수해야 한다는 스탈린과 송자문과의 협의를 확인하는 것이라고 덧붙였다. 이에 번

---

28) 蔣經國, 『風雨中的寧靜』(幼獅書店, 1973), p.15.
29) 師哲, 『在歷史巨人身邊』(中共中央黨校出版社, 1998), p.398.

즈는 같은 기간 내에 홍군이 만주에서 철수하는 것은 매우 중요한 일이라고 인식하고, 미국 정부에 이 문제와 중국군의 배치 문제를 연계하여 고려할 것을 제의하였다.[30] 당시 스탈린은 동북 지방과 중국 북부와 멀리 떨어져 있던 국민당 군대가 동북에 신속한 파병을 할 수 없었고 미국에 구원을 청하리라고는 생각하지 못했던 것 같다. 소련이 동북 지방에서 가장 두려워한 것은 미국이 이 지역에 진출하는 것이었으며, 국민당 정부와 중소우호동맹조약을 맺은 것도 결국은 미국의 진입을 저지하기 위한 것이었다. 그러나 소련은 미국이 군함으로 국민당 군대를 수송한다는 정보를 접하고서 곧바로 국민당 군대의 동북 진입을 늦추기로 결정하는 한편 이 지역에서 중국공산당을 지원하여 미국에 대항하고자 하였던 것이다.[31] 이것은 스탈린이 당초 장개석을 지지한 것도 미국이 동북 문제에 간섭하는 것을 막기 위한 것이었고, 후에 동북 문제와 관련해서 중국공산당과 손을 잡은 것 역시 미국을 견제하기 위한 것이었음을 말해주는 것이다.

미국도 동북 문제에 깊은 관심을 가져왔다. 일찍이 1943년 카이로회의에서 루스벨트는 장개석에게 전후 대련(따리엔, 大連)을 자유항으로 할 것을 제의한 바 있는데, 장개석은 소련으로 하여금 동북에 대한 중국의 주권을 존중하도록 한다는 것을 조건으로 이를 수용하였다. 테헤란회의에서 루스벨트는 다시 소련은 국제 감독하의 자유항 형식으로 대련항을 이용할 수 있다고 언급하였다. 결국 얄타회의에서 스탈린은 국제 감독

---

30) 『美國對外關係-外交文件』(1945. 第7卷, 遠東, 中國), p.1026. 薛銜天 編, 『中蘇國家關係史資料滙編』(1945-1949), (社會科學文獻出版社, 1996), p.5.

31) 薛銜天 編, 앞의 책, p.6.

하에 대련항을 이용하는 방안을 수락하게 되는데 루스벨트는 이에 대해 감사를 표시하였다.

  루스벨트가 대련의 자유항을 계속 주장한 것은 미국의 일관된 문호 개방정책을 견지함으로써 전후 미국 자본의 동북 지방 진출을 위한 발판을 마련하기 위한 것이었다. 일본 항복 후 미국은 소련이 지원하는 중국공산당이 동북 지방에서 세력을 확대하는 것을 크게 우려하였다. 특히 소련이 동북을 '소련이 조종하는 자치국가'화 하여 미국 자본이 동북이라는 거대한 시장을 잃는 것을 두려워했다. 그리하여 미국은 일본의 항복 후 적극적으로 동북 지방의 문제에 간섭하여 동북 지방에서 '광범위한 상업적인 이익'을 추구하고자 했던 것이다.[32]

  스탈린은 대련을 국제 감독 하의 자유항으로 하자는 루스벨트의 제의를 받아들였지만 결코 대련을 개방할 준비가 되어있지 않았다. 소련으로서는 대련을 개방하는 것은 곧바로 미국에게 전 동북 지방을 개방하는 것을 의미하는 것이기 때문이었다. 특히 중소동맹조약 담판 기간에 동북에서 문호개방정책을 실시하자는 미국의 집요한 요구는 스탈린의 깊은 우려를 자아냈다. 미국 함선이 대련에 상륙하면 미국 세력이 동북에 들어 올 수 있는 기회를 주는 것이며, 그렇게 되면 동북을 소련의 독자적인 세력범위로 하려는 스탈린의 계획이 물거품이 되고 마는 것이었기 때문이다. 그런데 때마침 이에 앞서 중국공산당의 군대가 앞을 다투어 동북 지방에 진출하게 되었는데, 이것은 스탈린의 손에 미국과 장개석이 가장 두려워하는 카드를 쥐어진 것이나 다름없었다.[33]

---

32) 위와 같음.
33) 위와 같음.

얄타 비밀협정은 미소의 전시 동맹관계를 유지하는 데 잠시 긍정적인 역할을 하였다. 그러나 쌍방은 이 협정 중 동북 문제에 관한 내용을 상이하게 이해하고 있었고, 이러한 견해 차이는 전후 극동 위기의 근원이 되었다. 소련은 얄타 비밀협정을 근거로 동북 지방을 자기의 세력범위에 넣으려고 한 반면[34] 미국은 이를 인정하지 않았다. 루스벨트는 얄타협정에서 중국 동북에서의 소련의 우월한 권익은 반드시 보호해야 한다고 한 의미는 단지 러시아 사람이 영국 사람이나 미국 사람보다 이 지역에서 더욱 큰 권익을 가질 수 있다는 것이라고 해석하였다.[35]

동북 문제에 관해 미소 간의 이견이 생기고 또한 동북 지방이 극동에서의 미소 대립의 초점으로 부상했지만 양국은 여전히 얄타협정의 틀 속에서 이 문제를 풀고자 노력했으며, 따라서 쌍방 간의 의견 차이에도 불구하고 정면충돌을 피할 수 있었다.

이에 먀샬은 동북에서의 국민당 통치 지위를 보장하며, 될 수 있는 한 무장충돌을 피한다는 동북 문제 해결에 있어서의 두 가지 기본원칙을 제시하였다. 이는 대소 전략의 견지에서 동북 지방에서 국공 양당이 상호 대립하는 국면을 절대 허용하지 않겠다는 것으로, 미국의 시각에서는 동북에서의 중국공산당의 지위를 인정하는 것은 소련의 중국침투에 길을 열어놓는 것이었다. 미국으로서는 국민당이 동북을 독자적으로 경영하거나, 적어도 압도적인 우세를 점하고 있어야 시름을 놓을 수 있었던 것이다.[36] 전후 초기 미국과 소련은 바로 이렇게 자신들의 목적을 위해 장

---

34) 牛軍, 「從赫爾利到馬歇爾」, 『美國調處國共盾始末』(福建人民出版社, 1988), p.107.

35) W · 艾夫里爾 · 哈里曼, 伊利 · 艾貝爾, 앞의 책, p.445.

36) 牛軍, 앞의 책, pp.216~217.

개석 정권의 동북 접수를 지지했는데 이것은 중국공산당에 매우 불리한 국제환경을 조성하였다.

장개석은 9월 11일에 미국에 머물고 있던 행정원장 송자문에게 보낸 전문에서 "국군을 급히 동북 각 성에 수송하여 방위 업무를 접수해야 하는데 지금의 수송계획대로라면 12월에 가서야 수송이 시작될 것이다. 그렇게 되면 소련은 국군이 제때에 도착하지 못했기 때문에 급히 철수해야 하며 동북의 방위를 책임질 수 없다는 구실을 대면서 공산당에게 동북 점령을 허용할 수 있다. 이런 사태야말로 가장 위험한 사태이다"라고 지적하였다. 아울러 그는 송에게 미국 정부가 동북 지방으로의 군대 수송을 위해 약간의 함선을 먼저 보낼 수 있도록 신속하게 협상할 것을 지시하였다.[37]

장개석의 전보문을 가지고 미국 국무장관대리 애치슨을 방문한 송자문은 러시아가 철수할 때까지 국민당 정부군이 만주에 도착하지 않으면 아마도 중국공산당의 군대가 이 지역으로 진입하게 될 것이라는 우려를 전달하였다.[38]

9월 18일 트루먼은 애치슨에게 합동참모부에서 자기에게 다음과 같은 상황보고가 있었음을 알려 주었다. 즉 4대양의 육해군 부대 사령관들이 이미 장개석의 참모장인 웨드마이어 장군이 지정한 시일과 항구에서 만주에 보낼 중국 군대를 수송하라는 지시를 받았다는 것이었다. 한편 합동참모부는 국민당 군대가 만주에 갈 준비를 끝내게 될 때면 충분한 군

---

37) 『中華民國重要史料初編- 對日抗戰時期』(第7編 戰後中國(一)), pp.115~116.
38) 『美國對外關係- 外交文件』(1945. 第7卷, 遠東, 中國), pp.1027~1028.

함을 제공할 수 있을 것이라고 밝혔다.[39] 동북으로의 군대 수송에 대한 장개석의 원조 요청은 미국이 동북 문제에 간섭할 수 있는 절호의 기회를 제공하였다.

9월 하순부터 대량의 미국 군함들이 국민당 군대를 태우고 남방으로부터 대련으로 향하였다.[40] 트루먼은 1953년에 당시 상황을 다음과 같이 술회하였다. "만약 우리가 수송 능력과 부대를 가지고 있었다면 우리는 그들이 한국과 만주에서 할 수 있는 일을 저지할 수 있었을 것이다. 그렇지만 수송 능력은 없고 장개석의 배후에는 그를 지지할 수 있는 것이 없었다. 화남에 있던 장개석의 부대는 해로를 이용할 수밖에 없었지만, 수송 수단이 없었다."[41]

이러한 미국의 조치에 대해 중국공산당은 미국이 군함을 증파하고 제7함대가 국민당 군대를 수송에 협조할 것을 공언하면서, 만주국의 잔당, 미국, 영국이 중국공산당과 동북의 주도권을 다투고 있는 장개석을 도와주고 있다고 비난하였다.[42]

북한의 『민주주의』는 '현하 중국국공의 동향'이란 제하의 글을 게제하고 "미국은 해로와 공로를 통해 국민당의 37개 사단과 20개 부대의 수십만에 달하는 병력들을 만주에 수송하여 중국의 내란을 부추기고 중국 문제에 간섭하고 있다…미국은 남경 정부에 대한 물자 원조, 군사훈련 및 미군기지 설치에 전력투구하여 장비와 소질이 극히 열악한 국민당 중앙

---

39) 위와 같음.
40) 薛銜天 編, 앞의 책, p.6.
41) 華慶昭, 『從雅爾塔到板門店』(中國社會科學出版社, 1992), p.159 참조.
42) 「軍委關于爭奪東北的戰略方針與具體部署的指示」(中央檔案館編, 『中共中央文件選集』(1945), (中共中央黨校出版社, 1991), p.299.

군을 재교육하고 재무장시켰다. 또한 이를 통해 미국은 중국 군대에서의 발언권을 확보하고 군사적으로 중국을 사실상 지배하게 되었다."고 지적하였다.[43]

김일성은 1947년 8월 14일 해방 2주년 기념보고회에서 전후 중국 등에서 전개되고 있는 사태는 국제무대에 새로운 전쟁도발자가 나타났음을, 국제안전을 파괴하는 새로운 파시스트 강도들이 출현하였음을 보여주고 있다고 주장하였다.[44]

국민당과 미국은 동북 문제에서 손을 잡았다. 당초 장개석 정부의 동북 접수를 지지하던 소련은 장개석이 군대 수송을 핑계로 미국을 동북에 끌어들여 미국이 동북 문제에 개입할 수 있는 기회를 주리라고는 생각도 못했다. 따라서 소련은 동북 지방이 미국과 장개석의 반소 근거지가 되는 것을 절대 용납할 수 없었다. 소련은 중소 조약상의 권리에 의거하여 여순과 대련에서 국민당군의 활동을 제한하게 되었고,[45] 소련과 장개석의 갈등이 표면화되기 시작하였다.

스탈린은 중국공산당에 대해 적지 않은 편견을 가지고 있었다. 그러나 중국공산당을 이용하여 미국과 장개석의 공세를 막을 필요성을 인식하게 된 스탈린은 중국공산당을 다방면에서 지원하게 되었다. 중국공산당에 대한 소련의 태도 전환은 동북 해방전쟁 시기 중국공산당과 북한의 관계에서도 표현되었다. 이에 대해 국민당은 소련이 중소우호조약을 이행하지 않고 있다고 비난하면서, 국민당 정부는 소련이 의무를 이행하

---

43) 『民主主義』(周報: 朝鮮科學者同盟, 通卷第19號), p.17.
44) 김일성, 『8·15해방2주년 기념보고, 근로자』(1947. 8), p.8.
45) 『東北局關于目前東北的形勢與部署的指示』, 中央檔案館 編, 앞의 책, p.508.

지 않는다면 얄타협정의 한 책임당사자인 미국의 협조를 받아 소련의 약속 위반을 제지할 것을 요구할 수 있는 충분한 근거를 가지고 있다고 주장하였다.[46] 이것은 사실상 미국이 동북 문제에 개입할 수 있는 청신호를 보낸 것이다.

상술한 바와 같이 동북이 누구 손에 들어가느냐에 미국과 소련이 비상한 관심을 기울였으며, 그것은 또 다른 한 국가, 즉 한반도의 운명과도 관련을 가지는 문제이기도 했다. 1945년 11월 20일부터 25일까지 서울에서 열린 '전국 인민위원회 대표대회'의 국제정세 관련 보고는 다음과 같이 지적하고 있다. "최근 하응흠(허잉친, 何應欽: 당시 국민당 군사위원회 참모총장: 역자)의 성명을 듣자하니 미군은 국민당을 도와 팔로군 토벌에 참가한다고 하며 북부 중국에 미군이 주둔하여 장개석 군의 팔로군 공격을 지원한다고 하고 있다. 이러한 것들이 사실이라면 조선 민족으로서는 그 진의를 이해하기 곤란한 바이다. 미국은 절대로 중국 내부 문제에 간섭하지 않아야 한다…과거 중국의 군벌과 국민당 정권이 중국의 해방을 지연시키더니 금일에는 또다시 국가의 발전과 건설에 장해물이 되고 있다…중국은 조선 문제 해결에 관심을 표시하고 있지만 국민당식의 해결책을 조선에서 재현하려 한다면 이는 우리 3천 만 동포가 반대하는 것이다…국민당이 전 중국을 석권하려 한다면 이는 전 인민의 민주주의적 권리를 무시하는 것이며 정의에 배치되는 것이다. 그들이 만주에 진출하는 것도 지주, 대재벌의 절대적 지배권을 확립하기 위한 것이다. 이웃 나라 중국에서 벌어지고 있는 이러한 현상들은 전 조선 인민에 대

---

46) 卜道明, 『我們的敵國』(下集), p.122. 『中國現代史論集』(臺灣 聯經出版事業公司, 1982), p.370 참조.

한 엄중한 경고라고 아니할 수 없다. 중국의 국공 분쟁에 어떠한 국가도 간섭하여서는 안 되며, 중국의 독립과 발전을 가로막아서도 안 된다…미군의 중국 주둔은 중소관계에 곤란을 가중시킬 것이다…중국공산당은 민족해방과 신 국가건설을 목표로 광범한 민족해방운동을 이끌고 있으며, 국민당은 아무런 근거도 없이 이를 탄압하지 못할 것이다."[47]

장개석과 이승만과의 특수한 관계로 볼 때 국민당이 동북에서 승리를 한다면 공산당이 영도하는 북한은 남북으로부터 협공을 받는 형국이 되고, 이렇게 되면 그 전도를 예측하기 어렵게 될 것이다. 김일성도 이런 맥락에서 "조선혁명의 입장에서 조선은 동북 지방이 장개석의 통치하에 들어가는 것을 허용할 수 없었다."[48]고 말하였던 것이다. 그 반대로 동북 지방에서 중국공산당이 승리를 하게 되면 이승만에게도 심각한 타격이 되지 않을 수 없었다. 이승만도 1948년 "나는 항상 중국이 공산주의 진영에 굴복하게 되는 것을 허용할 수 없음을 누차 강조하여 왔다"는 점을 상기시키고 있다.[49]

중국공산당과 국민당의 동북 지방 쟁탈은 바로 이러한 국제관계 속에서 전개되었다.

소련은 동북 문제에 있어서 자기 나름의 계산을 하고 있었고 또한 중국공산당의 능력에 회의적이었기 때문에 장개석의 동북 접수를 지지하였다. 그러나 소련은 결국 이데올로기적으로 미국과 같은 입장을 가질 수 없었으며, 따라서 북한에서와 마찬가지로 동북 지방에서 지방 인민무

---

47) 『全國人民委員會代表者大會議事錄』(全國人民委員會代表者大會書記部, 1945), pp. 40~43.
48) 『김일성동지회고록: 세기와 더불어(계승본)』(8), (조선로동당출판사, 1998), p. 262.
49) 『大統領李承晚博士談話集』(大韓民國公報處, 1953), p. 11.

력의 구축을 지원하면서 만주국 군의 잔당과 정치적 토비(土匪)를 숙청하였다. 진운(천윈, 陳雲)이 지적한 바와 같이 이 시기 소련공산당은 중국공산당의 역량을 제대로 인식하지 못했고 또한 얄타협정의 제약을 받고 있었지만 전력으로 중국공산당을 지원하였다.[50]

소련군의 동북 진출이 이 지역에서의 일본군과 위만군(僞滿軍)의 통치를 신속하고도 철저하게 타도하고 동북에서의 인민 무장과 인민 정권의 발전에 더없이 유리한 조건을 제공하였다는 것은 의심할 바 없는 것이다. 또한 소련 홍군과 함께 동북에 돌아 온 전 동북항일연군의 장령들은 직접 소련 홍군의 지도자 신분으로 이 지역에서의 소련의 작전에 관여하였다. 일본이 투항한 후 주보중(저우빠오중, 周保中)이 소련 홍군 장춘(長春) 중앙경비사령부 부사령관을 담당한 것 등이 그 예이다.[51] 이러한 상황은 확실히 동북에서의 중국공산당 발전에 지극히 유리한 조건으로 작용하게 되었다.

1946년 2월 13일 중공중앙 대변인이 동북 문제에 대한 주장을 발표하면서 동북의 민간 무장세력이 전국에서 가장 강력하다는 점을 인정하고, 소련 홍군이 들어온 후 각지의 민중은 분연히 무기를 들고 적들을 소탕하였으며 항일연군에서 넘어온 부대와 간부들이 가장 적극적으로 활약하면서 대단히 신속한 발전을 이루었다고 한 것도 이러한 배경에서 나온 것이다. 전 항일연군 영수인 주보중이 지휘하는 부대는 이미 수만 명으로 세를 불려 동만과 북만에 포진하여 양정우(양징위, 楊靖宇) 지대,

---

50) 陳雲, 「對編寫遼瀋決戰〉一書的意見」, 『遼瀋決戰』(人民出版社, 1988), pp.2~3.
51) 「周保中」, 『解放軍將領傳』(解放軍出版社, 1985), p. 247.

조상지(짜오샹즈, 趙尚志) 지대를 조직하고 있었다.[52] 3월 10일 주보중은 동북항일연군은 이미 동만과 북만에서 통일적 지휘를 받는 동북인민자위군 사령부를 조직하여 15만의 주력 부대를 통솔하고 있으며, 기열요변구(冀热遼邊區)에서 오랜 기간 항일 투쟁을 전개하던 팔로군과 전 동북군의 여정조(뤼쩡차오, 呂正操), 장학사(짱쉬에스, 張學思), 만이(완이, 万毅) 등의 부대와 합류하여 동북민주연군(東北民主聯軍)을 창설하였다고 밝혔다.[53]

당시 소련의 극동지구 국제여단에 있던 조선공산주의자들은 대부분이 북한으로 돌아갔다. 그러나 그 중 일부가 동만과 북만에 남아 북상한 연안의 조선의용군과 합세하여 현지의 조선족 무력역량을 아우르면서 전 동북 항일연군과 협력하여 동만과 북만의 근거지를 구축하였다.

중국공산당의 세력이 동북 지방에서 신속히 발전하자 국민당의 동북지방 진입과 동북정권의 접수에 어려움이 생기게 되었다. 이에 장개석은 미국과 같이 대소 외교공세를 펼치기 시작하게 되었고, 동북 문제가 중소 간의 심각한 외교분쟁으로 발전하게 되었는데 소련은 조약상의 약속에 따라 장춘철도 주변의 대도시를 장개석에게 넘겨주었다.[54]

장개석과 미국이 손을 잡고 미소 간, 소련과 장개석 정부 간 외교적 분규가 발생하게 되자 1945년 11월 19일 중공중앙은 동북국에 보낸 지시에서 국민당이 현재 중소조약으로 압력을 가하는 상황에서 소련은 만주의 현 상황에서 몸을 뺄 수 없을 것이며, 이것은 심각한 세계적인 수준의

---

52) (重慶)『群衆』(第11卷 第3, 4期合刊), 王德貴 等編, 『八‧一五前後的中國政局』(東北師範 大學出版社, 1985), p.105에서 재인용.

53) 「周保中將軍談東北抗戰歷史與現勢」, 『解放日報』(延安: 1946. 3. 12).

54) 「東北局關于今後方針任務的指示」, 中央檔案館編, 앞의 책, p.449.

투쟁이라고 지적하였다.[55] 아울러 중공중앙은 소련이 순조롭게 투쟁을 전개하면서 주도적 위치를 확보하고 외교적 측면의 입지를 강화할 수 있도록 동북국은 도시에서 이미 신분이 폭로된 당과 군대의 간부, 조직을 신속하고 과단성 있게 소련군이 주둔하지 않은 도시 외곽지대로 철퇴시키고 도시를 국민당에게 넘겨줌으로써 소련이 중소조약을 이행하는 데 아무런 어려움이 없도록 할 것을 지시하였다.

중국공산당 동북국은, 이러한 조치는 미국과 장개석의 외교공세를 격퇴하고 중국 내정에 간섭하려는 미국의 음모를 분쇄하는 필요조건이라고 강조하면서, 그래야만 소련이 미국과 대담한 투쟁을 벌일 수 있으며 전국 인민도 내전을 반대하고 중국에 대한 미국의 간섭을 반대하는 투쟁을 전개할 수 있다고 인식하고 있었다.[56] 12월 7일 중공중앙은 동북의 공작지침 및 임무와 관련한 지시에서 "소련이 미국과의 관계를 고려하여 장개석 군대의 동북 진입과 대도시 접수를 완전히 거절할 수 없는 상황에서 우리도 장개석 군대의 동북 진입을 완전히 막을 수는 없다. 소련군이 철퇴해도 우리가 동북 지방에 들어 온 장개석 군대를 소탕하고 동북의 대도시를 점령하면 미군이 동북 지방으로 진입할 가능성이 있다."[57]고 지적하고 있다. 대도시에서 철수한 후 중국공산당은 사업의 중심을 국민당 점령 중심에서 비교적 멀리 떨어진 광범한 농촌에 두고 대중을 동원하고 인민 무장을 확대하며 토비를 숙청하고 사회질서를 안정시켜 나갔다. 또한 일본의 괴뢰정권의 뿌리를 뽑고 민주정권을 수립하고 토지

55)『中央關于東北的工作方針等給東北局的指示』, 中央檔案館編, 앞의 책, p.429.

56)「東北局關于撤出大城市後工作任務的指示」, 中央檔案館編, 앞의 책, p.434.

57)「中央關于東北工作方針與任務給東北局的指示」, 中央檔案館編, 앞의 책, p.465.

개혁운동을 벌이며 공고한 근거지를 건립하기 위한 기초를 마련해 나갔다. 1946년 7월 전면내전이 폭발한 후 중국공산당 산하 동북야전군은 바로 이 근거지에 발을 붙이고 국민당 군대의 수많은 공격을 격퇴하였으며 1947년 5월부터는 전략적 반격을 개시하게 되었다.

이 시기 미국과 소련은 한반도에서 제2차 공동위원회를 열고 있었다. 1947년 8월 10일 미소공동위원회가 결렬된 후 신한민보는 '만주사태가 공위에 반영'이라는 김성숙(金星淑)의 글을 통해 "중국 문제에 연계시켜 조선 문제를 살피건대 이번 공위가 시작된 이후 현재에 이르기까지 정세는 판이하여졌다는 것이다. 즉 공위가 재개되던 5월 22일경에 하얼빈 일대에 반거(盤踞)하고 있던 공산당은 지금 전 만주의 85%를 제압하여 북조선과 직접 연결되어 물자의 교류도 있게 되었다. 즉, 북조선의 경제적 조건이 훨씬 나아지게 되었으며 따라서 정치력의 강화도 촉진될 것으로 보인다. 그러나 남조선은 미국으로부터의 6억 불 원조 등 대조선 경제원조안이 의회를 통과하지 못한 채 폐회된 까닭에 금년 내 남조선 경제의 부흥은 기대하기 어렵게 되었다. 이러한 제 조건이 공위에서 소련 측 대표의 기세를 도와 소련 측으로 하여금 협의대상 문제토의에 있어 일보도 양보치 않게 한 것이다."[58]라고 지적하였다. 제2차 공위의 결렬이 물론 중국 동북 지방의 정세 변화에 따른 것은 아니었지만 동북의 정세가 미소 공위에 영향을 미쳤다면 그 영향은 소련에 뿐만 아니라 미국에 대한 영향도 적지 않은 것이었다. 당시 냉전에 돌입한 미국과 소련이 동북의 정세를 지켜보면서 정치적으로 분열되어 각각 이미 자기들의 진영에 들

---

58) 『新韓民報』(1~5), (1947. 8. 中旬), p.22.

어 온 남과 북을 통합하기 위한 진지한 노력을 기울인다는 것은 거의 불가능할 만큼 어려운 것이었다.

중국공산당 무장 역량의 맹렬한 공세를 앞두고 있던 6월 20일 국민당 정부 부주석 손과는 동북 지방에서 중국공산당의 반격은 소련의 지지와 지시에 따른 것이라고 지적하였다. 아울러 중공군의 양질의 군사장비는 모두 일본군의 장비로, 소련군이 접수한 후 중공군에 넘겨준 것이라고 주장하였다. 손과는 소련이 조약정신을 위반하고 동북 지방 토지의 80%를 장악하고 있는 중공군을 직접적으로 지원하면서 동북 지방에 유럽에서와 같은 괴뢰정권을 세우려 하고 있으며, 아울러 반수 이상이 소련에서 훈련을 받고 소련의 장비로 무장한 북한군을 중공의 작전에 참가시키고 있다고 비난하였다. 손은 동북 지방에서 새로운 세계대전의 조짐이 일고 있으며, 지금의 동북을 보전할 수 있느냐 없느냐는 전적으로 서방 강국이 미국과 영국의 지도 아래 어떻게 (국민당을) 원조하고 격려하는가에 달려 있다고 주장하였다. 또한 이러한 원조는 군사원조와 차관뿐만 아니라 강력한 정치적 지지도 포함하는 것이라고 지적하면서, 워싱턴과 런던의 남경 정부에 대한 지지 성명도 당연히 도움이 되겠지만 이러한 정치적 지지가 군사장비를 대체하지는 못한다고 지적하였다. 게다가 동북은 중국과 조선, 그리고 일본의 문호로, 동북이 소련의 괴뢰국이 되면 다른 나라도 그 뒤를 따르게 될 것이며, 중국이 공산화되면 인도와 동남아시아 각국도 중국의 뒤를 이어 공산화의 길로 빠지게 될 것이라고 강조하였다.[59]

손과는 여기에서 소련이 중국공산당을 지지하고 있을 뿐만 아니라 북

---

59) 『中華民國史實紀要』(初稿), (臺灣 中央文物供應社, 1945), pp.961~962.

한군을 중공의 작전에 참가시키고 있다고 비난하고 있다. 같은 시기 국민당의 중앙일보는 사설을 통해 동북 지방의 위기는 이집트나 터키의 위기보다 더욱 심각한 것이며, 그 뚜렷한 징조는 바로 중공이 동북에서 일으킨 전란에 조선공산당 군대가 참가하고 있는 것이라고 지적하였다. 이 사설은 또한 10만 이상의 조선공산당 군대가 동북에서 군사활동을 하면서 전란에 공공연히 참전하고 있는 것은 동북에서의 공산당의 행동이 중대한 국제적 문제가 되고 있다는 점을 명백히 보여주고 있는 것이라고 주장하였다. 사설은 마지막으로 극동에서 중국공산당은 중국의 독립과 통일을 반대하고 조선공산당은 조선의 독립과 자주를 반대하고 있는데, 국제 민주주의를 파괴하고 가로막는 이러한 두 지류가 지금 동북에서 합류하여 중국 영토주권의 완정과 인민의 평화안정에 도전하면서 세계에서 가장 큰 위기를 조성하고 있다고 비난하면서, 그 기세를 보건대 이러한 위기는 제2차 세계대전의 참극을 재현하지 않고는 그치지 않을 추세라고 주장하였다.[60]

이 때 이미 동북에서 열세에 놓이게 된 국민당은 동북 문제를 국제화하고자 하였는데, 처음에는 소련이 중소우호조약을 이행하지 않는다고 비난하였지만 후에는 여기서 더 나아가 소련 자신이 중공을 지지하고 있을 뿐만 아니라 조선공산당의 군대를 파견하여 중공을 지원하고 있다고 비난하게 되었다. 아울러 국민당 군통국(軍統局)도 동북에 판사처를 설치하였다. 1947년 7월 웨드마이어가 미국 대통령특사 자격으로 동북 지방을 시찰할 때 군통국 동북판사처는 당시 동북행영 주임(東北行營 主

---

60)「東北的韓共部隊」,『中央日報』(南京: 1947. 6. 7).

任)인 옹식휘(슝스후이, 熊式輝)의 지시에 따라 반소·반공 정보자료와 증거를 수집하면서 소련이 중공의 내전을 지원하고 있다고 비난하는 등 국제선전을 확대하여 미국의 원조를 쟁취하고자 하였다. 또한 국민당 군이 안동(지금의 단동: 역자)을 점령하자 군통국은 정보원을 안동에 증파하여 신의주와 평양 등지에 들어가 소련군의 주둔상황과 북한 경내에서의 기타 동태를 정찰하면서 북한 인민 무장역량이 동북인민해방군을 지원하여 내전을 치르는 정보와 물증을 중점적으로 수집하도록 하였다.[61]

동북의 정세가 중국공산당에 유리한 방향으로 반전되자 미국 정부는 1947년 현지조사를 위해 웨드마이어를 중국과 한국에 파견하였다. 현지조사 후 그는 동북 지방의 정세가 이미 신속한 행동을 취하여 이 지역이 소련의 종속지가 되는 것을 막지 않으면 안 될 정도로 악화되었으며, 이 지역이 중공의 손에 들어가면 그것은 공산당의 중국 통치로 발전할 가능성이 있다[62]는 점을 인식하게 되었다.

웨드마이어는 만주 문제를 유엔에 이관할 것을 건의하게 되는데 이것은 미국이 한국 문제를 유엔에 넘긴 것과 시기를 같이 하고 있다. 웨드마이어가 동북의 문제를 유엔에 이관하고자 한 목적은 동북 지방에서 신탁제도의 선례를 만들고자 한 것이었다. 그는 이러한 감독 보호국은 중국·소련·미국·영국·프랑스로 구성할 수 있다고 하면서, 이는 반드시 중국에서 자체로 발의하는 형식을 취하여 신속하게 실행해야 할 것이라고 건의하였다.

---

61) 文强,「我在東北的特務活動」,『文史資料選集輯 第30』(中國文史出版社, 1995), p.204.

62)「魏德邁中將致杜魯門總統的報告」,『美國與中國的關係』(中國現代史資料編輯委員會翻印, 1957), p.724.

그는 만약 중국이 이러한 방법을 채택하지 않으면 미국의 원조에도 불구하고 동북 지방은 소련의 세력 범위로 편입될 것이며, 장래에는 중국에서 영원히 분리될 수도 있다고 주장하였다. 웨드마이어는 또한 중국과 한국 문제는 정치·경제·심리적으로 상호 밀접히 연결되어 분리할 수 없는 문제로, 대단히 복잡할 뿐만 아니라 갈수록 해결하기 어려운 문제가 되고 있다고 덧붙였다.[63]

장개석은 표면상 웨드마이어의 건의에 찬동하였지만 사실상 그의 권고에 귀를 기울일 생각이 없었다. 장개석으로서는 만주를 포기한다는 것은, 그것이 잠정적인 것이라 해도 용인할 수 없는 것이었다. 그는 9·18 사변 이후 다시 한 번 만주를 상실함으로써 자신의 위신을 잃고 싶지 않았고, "동북이 없으면 중국도 없다"는 것이 당시 국민당의 구호가 되어 있었다. 과거 일본의 만주 정복은 화북 정복의 서곡이었다. 지금 만주를 공산당에 잃으면 똑같은 결과를 초래할 수 있는 것이다. 장개석은 어떻게 해서라도 공산당을 만주에서 축출하려고 결심하게 되었다.[64]

8월 29일 국민당 정부의 외교부장 왕세걸은 동북 문제는 중국에서 지극히 중요한 문제이며 장개석은 이미 모든 힘을 다해 이 광활한 토지를 수복할 것을 결심했다고 언명하였다. 그는 동북 문제를 해결하지 않으면 중국과 극동, 나아가서 전 세계에 진정한 평화가 있을 수 없다고 주장하면서, 공산당 군대의 2/3가 동북에 배치되고 있는 상황에서 그들과의 투쟁하여 해결하고자 하는 것은 중국 자신의 문제일 뿐만이 아니라 어떤 의미에서는 전 세계적인 차원의 문제라고 역설하였다. 그는 중국으로서

---

63) 위의 책, pp.725~726.
64) 『1942-1946年的遠東』(上海譯文出版社, 1979), pp.303~304.

는 미국이 유럽, 특히 이집트와 발칸 각 국에 대한 정책을 갈수록 적극화하고 있으면서, 극동에 대해 갈수록 소극적인 정책으로 임하고 있는 점을 이해할 수 없다고 덧붙였다.[65]

　미국의 적극적인 자세를 촉구하기 위해 왕세걸은 9월 초 미국을 방문하고 30일에 트루먼과 회담하였다. 왕은 트루먼에게 동북 문제는 중국에 있어서 대단히 중요한 문제임을 상기시키고, 동북이 없으면 중국은 장기적인 독립을 유지할 수 없고 극동의 평화와 안전도 보장될 수 없다고 지적하였다. 그는 장 위원장은 어떠한 곤란을 무릅쓰고라도 동북을 완정(完整)하게 보전하려 하고 있으며, 상황을 이해하는 중국인이라면 그 누구도 동북에서 철수하려 하거나 동북을 포기하려 하지 않을 것이라고 주장하였다. 이에 대해 트루먼은 동북 문제의 중요성을 전적으로 이해한다고 전제하고, 자신이나 마샬, 웨드마이어도 동북에서 철수하는 것은 전혀 고려하고 있지 않다고 언급하였다. 이에 대해 미국주재 국민당 정부 대사인 고유균은 미국 측이 말하는 철수란 군사적 의미의 철수를 뜻하는 것이라고 말하였다.[66] 10월 9일 왕세걸은 국무장관 마샬에게 동북의 심각한 정세는 탄약 부족이 그 원인이 되고 있다고 지적하였다.[67] 왕은 중국이 1945년 미국의 제안에 따라 소련과 조약을 체결했는바, 조약 체결의 유일한 목적은 동북을 수복하기 위한 것이었음을 지적하고, 중국 동북 지방의 정세는 중미 양국이 공동으로 관심을 갖지 않으면 안 될 문제

---

65) 顧維鈞, 앞의 책(第六分册), (中華書局, 1988), p.238.

66) 顧維鈞, 앞의 책, pp.240~241.

67) 국민당군의 무기가 모두 미국제였기 때문에 탄약도 미국으로부터 보충 받을 수밖에 없는 상황이었다.

라는 점을 역설하였다.[68]

중국공산당과 국민당에 의해 '세계적 문제', '국제적 문제'로 부각된 동북 문제는 결국 중국공산당의 승리로 막을 내리게 되었고, 이에 따라 극동의 전략구도와 국제관계에도 변화가 뒤따르게 되었다.

2. 동북 지방에서의 조선의용군 문제

일본이 항복한 후 주덕 팔로군 총사령관은 동북 진군명령을 내렸다. 8월 중순부터 11월말까지 13만 여 명의 군대와 2만 여의 간부가 동북으로 진입하였다. 동시에 전 동북항일연군도 소련군과 함께 동북으로 들어와서 산해관 이남에서 북상한 부대와 합류하였다. 중국의 화북지구에서 항일무장투쟁을 전개하던 조선독립동맹과 조선의용군의 일부와 동북에 남게 된 동북의 조선 공산주의자들 역시 동북에서 합세하게 되었다.

1945년 8월 11일 주덕 총사령관은 다음과 같은 연안 총부 제6호 명령을 발포하였다. "중국과 조선 경내에 진입하는 소련의 작전에 호응하기 위하여, 그리고 조선 인민을 해방하기 위하여 나는 다음과 같이 명령한다. 현재 화북에서 대일작전을 벌이는 조선의용대 사령관 무정(武亭), 부사령관 박효삼(朴孝三)과 박일우(朴一禹)는 즉시 소속부대를 통솔하고 팔로군과 전 동북군 각 부대와 함께 동북으로 진출하여 적을 소탕하고 동북의 조선 인민을 조직하여 조선을 해방하는 임무를 완수하여야 한다."[69]

---

68) 顧維鈞, 앞의 책, pp.245~246.
69) 『解放日報』(延安: 1945. 8. 12).

11월 4일 두 달간의 강행군 끝에 조선의용군은 심양에 도착하였다. 같은 날 조선의용군 총부는 전군대회(全軍大會)를 열었다. 사령관 무정은 이 대회에서 중공중앙의 지시에 따라 소수의 지도 간부들을 조선으로 들여보내고 대부분의 지휘관과 병사들은 동북에 남아 동북 근거지 건설에 참가하기로 결정하였다고 연설하였다. 그는 전체 장병들이 동북 각지에 깊이 들어가 재만 조선인들을 광범위하게 동원하고 조직을 확대 편성하여 중국혁명과 조선혁명을 위해 역량을 비축할 것을 호소하였다. 뒤이어 박일우가 조선의용군 총부의 명령을 하달하였다. 이 명령에 따라 전군은 잠정적으로 세 지대로 나누되, 제1지대는 남만에 남아서 제2지대의 확대 개편하고, 제3지대는 북만으로 들어가서 제4지대를 확대 편성하며, 제5지대는 동만에 가서 제6지대의 확대편성을 책임진다는 것이었다.[70]

조선의용군 제1지대는 1945년 11월에 심양에서 조직되었고 후에 이홍광 지대로 개편되었다가 다시 동북야전군 독립4사와 중국 인민해방군 제166사에 편입되었다. 1946년 2월에 병력이 이미 5,000여 명에 이르고 있었는데, 이때 제1지대는 동북국의 지시에 따라 동북민주연군 이홍광 지대로 개칭하고 요녕군구에 배속되었는데 김웅(金雄)이 지대장을, 방호산(方虎山)이 정치위원을 맡았다. 1945년 11월에 남만 지구에 건립된 조선의용군 압록강 지대도 후에는 이홍광 지대에 편입되었다.[71] 1948년 4월에 이홍광 지대는 독립 제4사로 개편되는데 왕지임(왕즈런, 王之任)과 방호산이 각각 사단장과 정치위원을 담당하였다.[72] 이 사단은 네 차례의

70) 李昌役, 「朝鮮義勇軍及其第五支隊」, 金東和 主編, 『閃光的青春』(延邊人民出版社, 1992), p.33.

71) 中國朝鮮族歷史足迹編輯委員會, 『勝利』(民族出版社, 1992), pp.57~58.

72) 戴常樂·劉聯華主編, 『第四野戰軍』(國防大學出版社, 1996), p.189.

임강 보위전역(臨江保衛戰役), 사평전역(四平戰役), 심양 해방전역(瀋陽解放戰役)에 참가하였다. 심양 해방전역이 끝난 후 제4사는 중국 인민해방군 제166사로 개편되며 원래의 제1단, 제2단, 제3단은 각각 제496단, 제497단, 제498단으로 개칭되었다. 동북군구의 명령에 따라 166사는 심양시 위수사령관 오수권(우시우취엔, 吳修權)의 직접 지휘 하에 심양시의 위수임무를 담당하였는데, 이때 조선의용군 제1지대는 12,000명의 병력을 가진 정규사단으로 발전하여 있었다.[73]

조선의용군 제3지대는 1945년 11월 25일에 성립되었는데, 이전의 하얼빈 보안총대 조선독립대대가 조선의용군 제3지대로 개편되었다. 제3지대는 송강군구(松江軍區)의 직속부대로 송강군구 사령부의 경비 업무를 담당하였다. 장개석이 국공내전을 일으켰을 때 역사적인 소임을 다한 조선독립동맹은 중국공산당이 직접 영도하는 '민주동맹'에 편입되었으며 조선의용군 제3지대도 동북민주연군 송강군구 독립 8단에 편입되었다. 1948년 1월에 동북민주연군이 동북 인민해방군으로 개칭된 후 제3지대는 하얼빈을 떠나 길림성 연통산(烟筒山) 일대로 옮겨가서 길동(吉東) 경비사령부의 조선족 부대와 조선족을 중심으로 구성되었던 목단강군구(牧丹江軍區) 14단과 함께 동북인민해방군 독립 11사로 편성되었다. 1949년 3월에 동북인민해방군이 제4야전군으로 개칭된 후 제3지대는 제4야전군 독립164사 491단에 편입되었고 요심전역(遼瀋戰役)에 참전하였다.[74]

1945년 11월에 심양에서 성립된 조선의용군 제5지대는 성립 직후 동

73) 中國朝鮮族歷史足迹編輯委員會, 앞의 책, pp.49~52.
74) 위의 책, pp.63~67.

만지구에 이동하여 조선족의 무장 대오를 조직하고 토비 토벌 전투에 참가하였다. 제5지대는 전 태행산(太行山) 조선혁명 군정학교의 간부와 학생을 골간으로 구성되었는데, 정치위원은 박일우(조선의용군 부사령관 겸임), 지대장은 이익성(李益成), 참모장은 전우(全宇)와 이권무(李權武), 정치부 주임은 주혁(朱爀)이 각각 담당하였다. 정치위원 박일우는 위에서 설명하였듯이 원래 연안 조선혁명 군정학교의 부교장으로, 1945년 중국공산당 제7차 대표대회 대표로 당선된 바 있었다.[75] 제5지대의 편성을 보면 조선의용군 중에서 가장 강력한 부대가 조선 민족이 집결된 동만지역에 진출하였다는 것을 알 수 있다. 1946년 1월 제5지대는 연변 경비1단, 2단과 합병하여 조선의용군 제15단과 제16단이 되었다. 제15단은 후에 길림군구(吉林軍區) 독립 3단으로 개칭되었다. 1948년 1월에 동북군구(東北軍區) 독립6사에 편입되어 제16단이 되었다가 다시 1948년 11월에는 제4야전군 제43군 156사 466단으로 개칭되었다. 제16단은 1946년 3월에 동북민주연군 길동(吉東) 경비1단으로 개편되었다. 후에 동북군구 독립1사 1단으로 개칭되었다가 후에 다시 동북인민해방군 제10종대(縱隊) 제30사 제89단이 되었다. 이 부대는 흑산 저격전(黑山狙擊戰)에 참가하였는데 제4야전군 제47군 141사 422단으로 개칭된 후 평진전역(平津戰役)에 참가하고 후에 중경으로 이동하였다.[76]

조선의용군 제7지대의 전신은 중국공산당 길림시 특별지부와 조선인 지부의 영도 하에 조선 민족을 위주로 조직된 길림시 청년조직의 길림성 보안종대(保安縱隊) 제7대대였다. 창설된 그 해에 조선의용군 제7지대

75) 위의 책, p.77.
76) 위의 책, pp.82~83.

로 개편되었다. 전 연안 조선의용군의 박훈일(朴勳一)과 최명(崔明)이 각각 지대장과 정치위원을 맡았고 부지대장 겸 부정치위원과 간부들도 대부분이 전 연안 조선의용군에서 온 사람들이었다. 1946년 3월말에 상부의 지시에 따라 조선의용군 제7지대는 화전현 보안현(華甸縣 保安團)으로 개편되었다.[77]

일본 패망 후 소련군과 함께 동북에 돌아온 부대 중에는 국제여단의 일부 조선 공산주의자들도 있었다. 강신태(姜信泰), 최광(崔光), 박낙권(朴洛權) 등이 그 대표적 인물이었다.[78] 강신태는 동북항일연군 연변 분견대 대장, 연변주둔 소련 홍군사령부 부사령관으로 있었다. 9월 5일 그는 국제여단의 명령을 받고 주둔지에서 출발하여 목단강을 거쳐 연길에 가서 군중사업을 벌이고 무장부대를 조직하면서 '민주대동맹'을 수립하였다.

11월 초에 중공중앙에서 동북에 파견한 연안 간부단이 장춘에 도착하였다. 중공 길림성 공위(工委)에서는 옹문도(용원타오, 雍文濤) 등 33명의 간부와 경호 인원들을 연변에 파견하였다. 항일연군 간부와 연안 간부들은 함께 조선족 무장력을 중점적으로 발전시키게 되는데, 연변은 혁명전통이 있고 항일연군의 영향을 받고 있었던 터라 군에 참여하려는 군중들의 열의가 대단하였다. 일부 조선 청년들은 스스로 무기와 군복을 가지고 와서 인민군대에 참가하였다. 그리하여 짧은 기간에 군분구(軍分區) 경비여단(警備旅)을 조직하게 되었다. 경비여단은 휘하에 6개 경비

---

77) 위의 책, p.94, p.99.
78) 『김일성동지회고록: 세기와 더불어(계승본)』(8), (조선노동당출판사, 1998), p.292.

단을 두었으며 도합 11,000명의 병력을 가지고 있었다.[79] 강신태는 1946년 7월에 길동군구 사령관직을 사직하고 급거 북한으로 들어가게 되는데, 한국전쟁 폭발 후 조선인민군 참모총장을 맡게 된다.[80]

동북항일연군 간부들은 9월 중순부터 10월 10일까지의 짧은 기간에 48,500명의 '길합(吉哈) 국민군'을 창설하였다. 주보중이 사령관 겸 정치위원을 맡고 목단강, 길림, 합강성(合江省)의 일부 지역에서 활동하였다. 연변 지역도 일부 지방부대와 기층의 군중 무장을 조직하였다. 11월 말에 이르러 동북의 지방부대는 26만으로 발전하였고 산해관 이남에서 북상한 팔로군, 신사군은 20여 만 명에 달하였다. 각지의 기층 군중의 무장력도 큰 발전을 이루어 중국공산당은 국민당보다 3개월 앞서 동북 지방에서의 기반을 확대하여 주도권을 확보하게 되었다.[81] 조선의용군과 동북항일연군의 조선 공산주의자들의 역할은 가장 먼저 조선민족이 집결한 지역에 들어가 인민무장 부대를 창설하고 일본군과 만주국의 잔당, 국민당과 결탁하고 있던 정치 토비를 소탕하며, 북만 · 동만 · 남만 근거지를 건설하기 위한 기반을 닦는 것이었다.

장개석이 전면적인 내전을 시작한 후 이들 조선민족 무장세력은 각각 중국인민해방군 제4야전군에 편입되어 전국해방전쟁에 참가하였다. 당시 중국 인민해방군의 철도부대에도 3,000여 명의 조선족 출신의 장교와 병사들이 활동하고 있었는데, 이들은 철도 노동자들과 함께 동북에서 남방에 이르는 중국의 주요 철도, 예컨대 경한(京漢)철도, 진포(津浦)철

79) 李昌役, 앞의 책, pp.17~18.

80) 앞의 책, p.22.

81) 「創建東滿根據地的鬪爭」, 韓俊光 · 姚作起, 『解放戰爭時期的東滿根據地』(延邊人民出版社, 1991), p.290.

도, 북녕(北寧)철도, 농해(隴海)철도, 월한(粵漢)철도[82] 및 동북의 각 철도 노선에서 피땀을 흘리며 수많은 교량을 수리·복구하였다.[83]

연안의 '조선독립동맹'은 일찍이 1942년 말 김택명(金澤明), 즉 이상조 (李相朝)를 동북 지방에 특파하였는데, 그는 1943년 5월에 흑룡강성에서 '조선독립동맹 제12지부'를 조직하였다. 일본 패망 후 이 조직은 지하에 서 나와 공개적으로 활동을 시작하였는데, 8월 20일에 '조선독립동맹 북 만 특별위원회'가 성립되었다. 전 동북항일연군의 이조린(李兆麟)이 하 얼빈에 온 후 이 독립동맹특위는 중국공산당 송강성(松江省) 공작위원회 의 지도를 받게 된다.

당시 하얼빈의 형세는 비교적 복잡하여 한민족 단체 중에도 공산당이 영도하는 '조선독립동맹' 뿐만 아니라 국민당이 지원하는 '한국민회', '대 동민주당', '고려청년당', '한국수련대(韓國修鍊隊)' 등이 활동하고 있었 다. 그러나 쌍방의 입장은 전연 달라 첨예한 논쟁이 시작되었는데, 요점 은 공산당을 따를 것인가, 아니면 국민당을 따를 것인가 하는 것이었다. 당시 북만 지구와 동만 지구의 상황이 달랐던 것은 북만의 조선 민족이 동만의 조선 민족보다 공산당의 영향을 덜 받았다는 점과 조선인의 이주 시기가 늦었던 데 그 원인이 있을 것이다. 김택명을 중심으로 하는 조선 독립동맹은 그들의 강령을 선전하면서 공산당을 따라야 조선 민족이 전 도가 있다고 주장하였다. 1946년 5월에 독립동맹 북만 특별위원회가 해

---

82) 경한(京漢)철도는 북경(北京)부터 무한 한구(武漢 漢口)까지, 진포(津浦)철도는 천 진(天津)부터 강소성(江蘇省)의 포구(浦口)까지, 용해(隴海)철도는 강소성의 연운항 (連雲港)부터 감숙성(甘肅省)의 난주(蘭州)까지, 월한(粵漢)철도는 광주(廣州)부터 무창(武昌)까지의 철도이다.(역자)

83) 潘沧·孫健中, 「在粵漢線上創修的朝鮮同志」, 『長江日報』(1950. 11. 17). 이 철도 병 부대는 후에 한국전에 참가, 철도복구 등에 중요한 역할을 하게 된다.

산하고 그 뒤를 이어 '조선인 민주동맹'이 수립되었다.[84]

위에서 설명한 조선족 부대들은 바로 국민당이 비난한 "소련의 지지를 받는 조선공산당부대"이었다. 1947년 3월 30일 두율명(뚜위밍, 杜聿明)은 장개석에게 "중공이 조선 공산당 수령 김일성 등과의 협정에 따라 소련 측이 훈련시킨 10여 만 명의 한인 공산주의자들을 동북의 작전에 참가시키려고 현재 열차로 쟈무스(佳木斯)에 수송하고 있는 중이다"[85]라고 보고하였다.

대한민국 공보처도 1948년 『소련군정의 시말』에서 중공군(팔로군) 내의 한인 군인은 1947년 12월 현재 8만 명이 넘어선 것이 확실한 바, 이 숫자는 계속 증가하는 추세에 있다고 언급하면서 이들은 북조선의 병력에서 보충되거나 혹은 중공군에 참가하지 않으면 생활을 유지할 수 없는 만주의 조선인들이었다고 주장하고 있다. 한편 이 글은 중공군은 아편이 없으면 유지할 수 없는 상황이고 김일성이 아편을 각 정당에 할당하여 그들이 직접 아편을 중공에 수출하고 식량과 교환하여 그 이익금을 당비로 조달하도록 하고 있다고 주장하였다.[86] 1949년 7월 29일 국민당 정부 초대 주한대사 소육린은 중국공산당의 동북 지방 해방전쟁에 조선족이 참가한 문제에 대한 기자들의 질문에 "중공군에 참가한 한인 공산군 중 일부분은 해방 전에, 일부분은 해방 후에 참가한 자들로 그 수는 6∼7만이 된다"고 답변하였다.[87] 1947년 7월 3일 빈센트(John Carter Vincent)

---

84) 中國朝鮮族歷史足迹編輯委員會, 앞의 책, pp.126∼132.
85) 『中華民國史實紀要』(初稿), 앞의 책, p.182.
86) 大韓民國公報處, 『蘇聯軍政의 始末』(大韓民國公報處, 1948), pp.88∼89.
87) 『自由新聞』(서울: 1949. 7. 31).

극동국장에게 보낸 미 국무성 중국처장의 비망록에서 소련이 중국공산당에 군사원조를 하고 있다고 공개적으로 비난하면서, 소련이 조종하는 북한으로부터 넘어온 대규모의 북한군이 중국공산당과 만주에서 공동작전을 전개하고 있다고 주장하였다. 그러나 그는, 1944년 현재 동북 지방의 조선족 인구는 약 140만으로, 논리적으로 국경지대를 통하여 북한과 조선족 집거 지역 간의 내왕이 있을 수 있겠지만, 그렇다고 중공군 내의 조선인들이 북조선에서 왔다는 확실한 증거가 있는 것은 아니며 이러한 증거를 확보하기는 어려울 것이라는 입장을 전달하였다.[88]

여기에서 소육린이 말한 해방 전에 참가한 한인 공산주의자는 조선독립동맹 하의 조선의용군과 동북항일연군과 함께 항일을 했던 조선 공산주의자들이고, 해방 후에 참가한 다른 한 부류는 바로 동북에 거주하고 있던 조선민족을 가리키는 것이었다. 이런 의미에서 그의 발언은 비교적 객관적인 것이었다. 그렇지만 이 부대 역시 그의 지적대로 조선공산당에 귀속된 것은 아니었다. 이들은 처음에는 조선의용군의 영도 하에 창설되었고 후에 국공내전이 전면적으로 벌어지면서 중국 인민해방군에 편입되어 중국 인민해방전쟁에 참가하게 되었던 것이다. 이처럼 그들은 특수한 역사적 조건을 배경으로 중국혁명과 조선혁명에 참여하였던 것으로, 이러한 동북 조선민족의 이중적 특성에 관해서는 뒤에서 다시 상술할 것이다.

---

88) 「國務院中國處長(林沃德)致遠東司長(範宣德)備忘錄」, 『美國外交文件集, 1947 V Ⅱ』, pp.214~215. 資中筠, 『美國對華政策的緣起和發展』(重慶出版社, 1987), p.440에서 재인용.

3. 동북 해방전쟁 중의 중국공산당과 북한

앞에서 본 바와 같이 중국의 동북 지방과 북한의 관계는 이전과는 다른 새로운 의미에서 공동운명체의 관계를 이루게 되었는데, 이는 이들 양자 간의 지정학적 역학관계가 과거와는 달리 상호적으로 작용하게 되었다는 것을 의미하는 것이다. 즉 한반도가 중국에 매우 중요한 지정학적 의의를 가지고 있는 것처럼 중국의 동북 지방 역시 한반도에 중요한 지정학적 의의를 갖게 되었다는 것이다. 조선혁명의 입장에서 볼 때 동북이 장개석의 통치 하에 들어가는 것을 허용하지 않을 것이라고 한 김일성의 발언[89]은 이러한 맥락에서 나온 것이었다. 사실 북한의 입장에서 볼 때 중국 문제는 한반도 문제와 떼려야 뗄 수 없는 불가분의 연관성을 가지고 있는 중차대한 문제였다.[90] 이제 동북 지방에서 국공 양당의 승패는 한반도의 전도(前途)에도 직접적으로 관련을 갖게 되었고, 이런 의미에서 중국과 북한은 그야말로 순망치한의 관계를 형성하게 된 것이다.

예컨대, 남한의 이승만과 밀접한 관계를 맺고 공동으로 반공의 길을 가고 있는 장개석이 동북을 장악할 경우 북한은 남과 북으로부터 거대한 압력을 받게 될 것이며 그 전망도 예측하기 어려운 것이었다. 실제로 국민당과 북한은 국경에서도 마찰을 빚어왔다. 북한의 통계에 따르면 1946년 말부터 1947년 5월 현재 국민당 군대가 16차례에 걸쳐 불법적으로 국경을 넘었으며, 그중 5차례 쌍방 간의 교전이 이루어졌다. 국민당군은 북한을 향해 17차의 사격을 가했는데, 여기서 북한측은 사망 4명,

---

89) 『김일성동지회고록: 세기와 더불어(계승본)』(8), p.262.
90) 林相俊, 「國際形勢와 東洋弱小民族의 進路」, 『科學戰線』(1946. 4.(2號)), p.19.

부상 10명의 피해를 입었고, 그 가운데는 소련군 한 명이 포함되어 있었다. 쌍방 간의 교전에서 국민당 군은 6명이 사망하였다.[91] 북한으로서는 이러한 사태 발전을 압력으로 느끼지 않을 수 없었던 것이다.

다른 한 편 당시 중국공산당은 동북 지방에 발을 붙이는데 여전히 많은 어려움을 겪고 있었고 부분적으로 이미 '민주기지'를 건립한 북한의 원조를 받을 필요가 있었다. 중국공산당 군사위원회는 일찍이 동북 지방으로 진입하면서 동북을 쟁탈하기 위한 전략방침과 구체적 배치를 검토한 바 있다. 그 주요내용은 우선 소련·조선·외몽골·열하(熱河)를 등지고 의탁할 수 있는 중점도시와 농촌에 중심을 두어 장기적 투쟁의 기점(基点)을 건설하고, 나아가서 남만주의 연선(沿線)의 각 대도시를 탈취하거나 통제하여야 한다는 것이었다.[92] 후에 중공중앙은 동북국에 내린 지시에서 다시 한 번 중앙군사위원회의 전략기조는 만주의 어구에 주력을 배치하여 장개석을 막는 것이 아니라 우선 소련·몽골·북한을 배후로 한 변경지역에 배치하여 근거를 마련한 후 대도시의 요충을 탈환하는 것이라고 강조하였다.[93]

당시 중국공산당은 미국과 소련의 관계, 소련과 국민당 정부의 관계 때문에 동북 지방에서 소련의 직접적인 원조를 받기 어려운 처지에 놓여 있었고 소련을 실질적인 후방으로 할 수도 없는 상황이었다. 바로 이러한 상황에서 중국의 동북 지방과 강 하나를 사이에 두고 800km의 국경을 맞대고 있던 북한은 수륙 교통을 연결할 수 있는 지정학적 위치를 점

---

91) 『北朝鮮人民委員會外務局1947年中國關係機密文件』(影印本), 日本게이오 대학 도서관 소장.

92) 「軍委關于爭奪東北的戰略方針與具體部署的指示」, 中央檔案館編, 앞의 책, p.300.

93) 「中央關于東北戰略方針與部署給東北局的指示」, 中央檔案館編, 앞의 책, p.309.

하고 있었다. 국민당에 의해 동북 지방으로의 교통이 차단된 상황에서 북한은 남만과 북만, 관내와 관외를 연결할 수 있는 주요한 통로임이 틀림이 없었던 것이다.

당시 북한은 소련의 원조를 받아 인민민주정권을 수립하고 토지개혁을 시작하는 등 민주기지를 건설하고 있는 중이었기 때문에 북한은 내부적으로도 중국의 동북 해방전쟁을 지원하는 유력한 후방이 될 수 있었던 것이다. 동북국 부서기 진운이 지적했듯이 동북 지방은 "소련을 등지고 동쪽으로 조선을 인접하고 있기에 후방 보급과 부상병을 수송하고 안치하는 데 있어 십분 유리한 조건을 가지고 있었던 것이다."[94] 이러한 유대의 가장 중요한 요소로 작용한 것이 바로 중국의 항일전쟁 시기 중국공산당과 조선공산주의자들 간에 맺어진 깊은 감정과 우의였음은 두말할 나위도 없다.

1946년 봄에 동북민주연군 부총사령관 겸 길요군구(吉遼軍區) 사령관 주보중은 북한의 남양에서 동북 항일전쟁시기의 전우인 김일성을 만나 동북의 정세가 긴급함을 알리고 피아의 역량과 군사·정치 정세를 형세를 설명하였다. 주보중이 김일성을 만난 것은 주로 당시의 정세에 비추어 북한의 긴급지원을 요청하기 위해서였다. 진운도 직접 평양에 가서 이러한 문제를 협의하였다. 김일성은 주에게 조선이 갓 해방되어 어려운 시기에 있지만 중국의 전우들이 동북의 작전에서 제기하는 모든 문제를 최대한 해결하고, 전력으로 지원하겠다고 약속하였다.[95]

5월에 중공중앙 동북국은 장춘에서 철수하면서 북한과의 주요 교통선

94) 陈云, 「對編寫遼瀋決戰一書的意見」, 『遼瀋決戰』(人民出版社, 1988), pp.2~3.
95) 『김일성동지회고록: 세기와 더불어(계승본)』(8), p.262.

을 보호하기 위하여 도문(圖們)에 판사처를 설치하기로 결정하였다. 이
들의 임무는 도문대교를 잘 지키는 것, 시내의 치안을 유지하는 것, 철도
운수를 보장하는 것, 북한으로 가는 인원의 안전보위사업을 잘 하는 것,
전선의 물자공급을 잘 하는 것 등이었다.[96] 장춘 철도가 국민당 군대에
의해 통제되고 있는 상황에서 중공 측이 남만에서 북만으로 가기 위해서
는 안동(지금의 단동)에서 압록강을 건너거나 통화지구의 장백현에서 압
록강을 건넌 후, 기차로 남양까지 가서 두만강을 건넌 후 다시 기차로 북
만의 목단강, 쟈무스(佳木斯), 하얼빈 등지로 가는 수밖에 없었다.

　1946년 6월 장개석이 전면 내전을 일으켜 동북을 대대적으로 공략하
는 상황에서 중국공산당 동북국은 북한을 남만작전을 지원하는 후방으
로 이용하는 방침을 확정하고 평양에 조선주재 동북국 판사처를 설치하
기로 결정하였다. 같은 해 7월에 주리차(주리즈, 朱理治)와 초경광(사오
진꽝, 肖勁光)은 평양에 가서 '조선주재 동북국판사처'를 설치하였다. 당
시 판사처의 주요 임무는 부상자의 후송, 안치와 전략물자의 이전 사업
을 잘 하는 것, 북한의 통로를 이용하여 남만과 북만을 연결하며 대련과
기타 근거지 간의 물자교류를 확보하고 변경을 넘는 사람들을 수송하는
것, 북한에서 작전물자를 원조 받거나 구입하는 것, 양당과 양국 인민의
우호합력관계를 추진시키고 경제무역 왕래를 추진시키는 것, 북한을 도
와 화교사업을 하는 것 등이었다.[97]

　미소공동위원회의 존재를 고려하여 판사처의 활동은 비공개와 공개

---

96) 蔣澤民, 「東北戰場的重要橋梁- 回憶圖們辦事處」, 金東和主編, 앞의 책,
　　pp.234~235.
97) 「回憶東北解放戰爭期間東北局駐北朝鮮辦事處」, 中共中央黨史資料徵集委員會編,
　　『中共黨史資料』(第17輯), (中共黨史資料出版社, 1987), p.197.

를 결합하는 형식을 취하여 그 명칭을 내적으로는 조선주재 동북국판사처로 하고 공개적인 신분은 '평양인민공사'(平壤利民公司)로 한다. 판사처는 1946년 7월에 정식으로 설립되고 1949년 2월에 문을 닫는다. 평양판사처는 또 당시의 수요에 의해 북한 내의 주요한 교통요지이며 항구도시인 남포 · 신의주 · 만포와 나진에 4개의 분판사처(分辦事處)를 설치하였다.[98] 판사처의 설립은 동북 해방전쟁에서의 중대한 전략적 결정이었다고 할 수 있다. 그것은 남만에서 국민당과의 투쟁을 계속하고 동북해방구에 대한 국민당의 진공을 확실하고 효과적으로 막으며, 나아가서 전동북을 해방하는 데 있어서 매우 중요한 역할을 하였다. 뿐만 아니라 화동과 화북의 해방전쟁, 나아가서 전국해방전쟁의 승리적인 발전을 이룩하는 데 있어서도 일정한 역할을 하였던 것이다.[99]

1946년 9월에 조선주재 동북국 판사처는 조선임시인민위원회와 '물자연운협정'(物資聯運協定)을 체결하였다. 협정이 체결된 후 동북국 판사처는 몇 년 동안 대부분의 물자운송 협정에 따른 운송비와 세금을 납부하였다. 일부분의 물자는 긴급한 상황에서 운송비를 지불하지 못했고, 어떤 것은 운송비는 지불했는데 세금을 납부 못한 것도 있었다. 상황이 긴급할 경우 조선임시인민위원회에서는 자기들의 운송을 정지하고 중국측의 물자를 긴급 운송하기도 하였다. 이 기간에 상술한 임무를 순조롭게 완수하기 위하여 북조선노동당 평안북도 부위원장은 거의 모든 시간을 이에 할애하였다. 조선임시인민위원회에서 내무를 주관하고 있던 전

---

98) 丁雪松 · 倪振 · 齊光, 「回憶東北解放戰爭期間東北局駐朝鮮辦事處」, 『遼瀋決戰』(人民出版社, 1988), p.626.

99) 「回憶東北解放戰爭期間東北局駐北朝鮮辦事處」, 中共中央黨史資料徵集委員會編, 『中共黨史資料』(第17輯), (中共黨史資料出版社, 1987), p.200.

조선의용군 부사령 박일우도 상당한 시간을 이 사업에 할애하였다.[100]

같은 해 9월에 장개석은 동북의 국민당 고급장령회의를 열고 '남공북수, 선남후북'(南攻北守 先南後北)의 작전계획을 제정하였으며, 10월부터 7개 사단 병력으로 남만 해방구로의 대규모 진공을 시작하였다. 중공 동북국은 당시 형세에서 안동과 통화(通化)를 지키기 어렵다는 판단을 하고 북한 북부를 은밀한 후방으로 하여 남만작전을 지원할 방침을 제정하였다.[101]

10월에 동북민주연군 남만부대는 안동(지금의 단동)과 통화에서 철수하면서 18,000명의 부상자와 가족, 후방지원 인원을 북한으로 철수시키고, 85%의 전략물자를 북한으로 옮겨놓았다.[102] 이 부상자들과 후방지원 인원들은 ―북한으로 철수한 후 몇 차례 정리가 되었지만― 안동과 통화를 수복할 때까지 5,000여 명이, 1947년 6월 현재에도 2,000여 명이 북한에 남아 있었다. 그 시기 북한의 조건과 환경을 볼 때 이렇게 많은 부상자들이 장기간 민가에 머문다는 것은 실로 쉽지 않은 일이었다. 이를 위해 북한의 지도자들과 정부는 많은 사업을 하면서 갖은 어려움을 극복하였다. 북한은 그 당시 정치적으로 국제여론의 많은 압력을 받고 있었고 경제적으로는 먹을 것과 입을 것이 매우 부족하였다. 자연히 경미한 부상자들을 귀국시키고 중환자를 북한의 병원에 남기자는 논의가 제기되기도 했지만 중국 측의 어려움을 고려하여 의연히 모든 부상자들을 북

---

100) 丁雪·松侃振·齊光, 앞의 책, p.629.

101) 앞의 책, p.627. 김일성의 회고록에는 이 시기를 1947년 초라고 하며, 주보중의 부인 왕일지가 평양에 가서 2만 명의 부상자와 그 가족 및 후방지원 인원 그리고 2만 톤의 전략물자를 조선에 이전할 것을 제기하였다고 한다. 『김일성동지회고록: 세기와 더불어(계승본)』(8), p.263 참조.

102) 中共中央黨史資料徵集委員會編, 앞의 책, p.203.

한에서 떠안았다.

한편 안동과 통화 철수 후 북한으로 옮길 2만 여 톤의 전략물자가 폭로되지 않게 하기 위하여 북한은 압록강 연안의 많은 당원들을 동원하여 물자를 어깨에 메고 강변부터 은폐지점까지 이동시켰고, 안동과 통화가 수복된 후에 이 전략물자는 그대로 남만에 다시 운송되었다.[103] 당시 조선에 가서 이러한 일을 주로 교섭한 것은 소련원동의 국제여단 시기 김일성과 함께 사업을 하였던 왕일지였다. 왕일지가 평양에서 김일성을 만나 원조를 요구하자 김일성은 즉각 동의하였으며 구체적 계획까지 제안하였다고 한다.[104]

국민당의 진공을 앞두고 요동군구 당위원회에서는 '7도강회의'(7道江會議)를 소집하여 진운의 의견에 따라 장백산을 보위하고 요남(遼南), 요녕(遼寧), 안동(安東) 세 근거지에서 투쟁을 전개할 것을 결정하였고, '사보람강'(四保臨江)과 '삼하강남'(三下江南) 전역(戰役)에 부대를 투입하기로 하였다. 바로 그 시기에 왕일지가 "북조선의 길을 빌려 수륙 운수통로를 개척하여 시급한 물자운송 문제를 해결하라"는 진운의 지시를 받고 세 번째로 평양을 방문하여 조선 측과 협상하였던 것이다.[105]

1946년 국민당이 중장철도(中長鐵道) 심양과 장춘 구간의 대도시와 주요 교통 요지를 차지한 후 동북의 식량과 석탄, 의약, 의료기구와 공업 원자재를 포함한 식염, 천과 기타 공업품의 운송통로가 막히게 되자, 동북해방구의 제반 경제는 곤경에 빠지게 되었고, 전쟁물자의 보급도 심각

---

103) 丁雪松 · 倪振 · 齊光, 앞의 책, p.628.

104) 『김일성동지회고록: 세기와 더불어(계승본)』(8), p.262.

105) 趙素芬, 『周保中蔣軍傳』(解放軍出版社, 1988), p.521.

한 난관에 봉착하게 되었다. 이러한 상황에서 중공 동북국은 북한의 길을 빌려 수륙 운수통로를 개척하여 물자의 운송과 교류를 진행할 구상을 하게 되었고, 기본적으로 동북국의 이러한 구상은 실천에 옮겨지게 되었다. 북한을 통해 수송된 물자는 1947년 첫 7개월에 21만 톤에 달했고 1948년 한 해 동안에는 약 30만 900톤가량이 되었으며, 수만 명의 인원이 국경을 넘나들게 되었다.[106]

판사처 설립 후 2년 동안 북한은 일본군이 남겨놓은 2,000여 대 분의 작전물자를 중국공산당의 동북 해방전쟁에 지원하였다. 여기에는 북한 지도자들의 승인 하에 무상으로 지원된 것이 있고, 물자교류를 통한 것도 일부 있다. 첫 번째는 주리치가 김일성에게 요구한 12화차의 물자가, 두 번째는 유아루(리우야로우, 劉亞樓)가 요구한 24화차의 물자가, 세 번째는 주서(쥬루이, 朱瑞)가 요구한 110화차의 물자가 제공되었고, 네 번째는 적어도 600내지 800화차의 물자가 운송되었다. 구입·교환한 물자 중에는 420톤의 화약, 300만 개 의 뇌관, 120만 미터의 도화선, 200톤의 초산, 100톤의 아세톤, 15만 켤레의 고무신 등이 있었는데, 이러한 물자는 산동지방, 나아가서 화동지방을 해방하기 위한 전쟁터에 운송되었다.[107] 그 가운데 고무신은 주보중이 왕일지를 김일성에게 파견하여 원조를 청구한 것인데 김일성은 북한의 모든 신발공장에서 중국에 조달할 신발을 생산하도록 조치하여 중국의 요청을 수용하였다. 이러한 북한의 도움에 주보중은 동북을 해방한 후 길림성 정부 주석 겸 동북군구 부사령

---

106) 丁雪松·倪振·齊光, 앞의 책, p.628.
107)「回憶東北解放戰爭期間東北局駐北朝鮮辦事處」, 中共中央黨史資料徵集委員會編, 『中共黨史資料』(第17輯), (中共黨史資料出版社, 1987), p.204.

관의 신분으로 북한을 방문하여 사의를 표한다.[108]

북한이 동북해방전쟁에 지원한 물자에 대해 국민당은 소련군대가 중공에 군사장비를 공급한다고 비난하였다. 1947년 6월 20일의 한 보고에는 다음과 같이 적고 있다. "러시아군이 동북에서 철수한 후 중공군에 무기를 공급하는 방식도 완전히 바뀌었다. 만주리, 수분하(綏芬河), 북조선 그리고 여순 · 대련 등 네 개 지구를 거점으로 계획적인 무기 공급이 이루어지고 있다. 북조선과 여순 · 대련에서는 러시아군이 직접 공산군과 긴밀한 연계를 맺고 무기를 공급하고 있다. 안동지구는 1946년 4월말 러시아군이 북한으로 철수한 후부터 그 해 10월 국군이 정식으로 이 지역을 수복할 때까지 신의주 방면에서 공산군에게 많은 무기를 원조하였다."[109]

대한민국 공보처가 1948년에 편집한 『소련군정의 시말』에는 1947년 11월 이래 평원선에서 북만으로 향한 화물열차는 자동차, 고사포, 야포, 기관총 등 무기를 운송하고 있으며, 그 수송량은 당시 수송량의 40%(매일 4대)를 차지하고 있었고, 중강진, 남양, 혜산을 통해 자동차로 운송한 물량도 적지 않다고 전하고 있다. 한편, 이 자료는 북조선인민위원회는 중공군을 지원하는 군의(軍醫) 모집에 지원자가 없어 임시로 군의를 양성할 수밖에 없는 상황에 처하자, 각 도에서 20명씩을 선발, 교육하여 중공에 군의를 지원했다고 밝히고 있다.[110]

3년간의 동북 해방전쟁 과정에서 북한의 당과 정부는 일관되게 중국공산당을 지원하였고 북한의 북부 지방은 동북민주연군의 후방역할을 하

---

108) 『김일성동지회고록: 세기와 더불어(계승본)』(8), pp.264~265.

109) 『中華民國史實紀要』(初稿) (中華民國三十六年), (臺灣 中央文物供應社), pp.965~967.

110) 大韓民國公報處, 앞의 책, pp.88~89.

였다. 주보중은 결정적 시기마다 왕일지, 강환주(姜煥舟)를 비밀특사로 북한에 보내 김일성, 최용건 등의 원조를 받았다.

1946년 5월 30일 국민당 제60군 제184사단 사단장 반소서(판슈오루이, 潘朔瑞)가 3,800여 명의 부대를 이끌고 요녕 해성지구에서 반란을 거사하였다. 이 같은 사태는 동북에서 공산당 군대와 결전을 시작한 국민당에는 심각한 타격이 아닐 수 없었고,[111] 장개석은 어떠한 대가를 치르더라도 이들을 완전히 소멸하라고 명령하였다. 국민당군은 지상과 공중에서 무차별 공격을 퍼부었고, 결국 이 부대는 중조변경에까지 쫓겨갔다. 바로 이 위기의 순간에 주보중은 전 항일연군 지휘관이었던 강환주를 북한에 파견하여 이 문제를 협의하도록 하였다. 김일성과 최용건이 조선군 제2사사장인 전 목단강군구 사령관 강신태에게 전보를 보내 이 의거부대가 북한에 들어와 정돈하고 개편할 수 있도록 조치하였다.[112]

1946년 이래 동북국 조선판사처와 북조선 임시인민위원회는 우호협력, 평등호혜의 원칙에 입각하여 충분한 협상을 거쳐 압록강에서의 공동 항행, 중국의 수력발전소 사용, 양국의 통우(通郵)·통전(通電) 등의 문제에 관한 원만한 협력관계를 이루게 되었다. 양측은 이를 전후하여 20여 개의 협정을 체결하였는데, 협정은 기본적으로 원만하게 집행되었다. 쌍방 물자의 융통과 상호지원은 주로 1년에 한 번씩 있는 무역협정에서 구현되었다. 북한이 중국에 공급한 물자로는 무연탄, 수산물과 민수

---

111) 王功安·毛磊, 『國共兩黨關係通史』(武漢大學出版社, 1991), p.858.

112) 趙素芬, 『周保中蔣軍傳』(解放軍出版社, 1988), pp.516~517. 『김일성동지회고록: 세기와 더불어(계승본)』(8), pp.262~263. 김일성회고록에서는 해성의 의거부대가 조선에 들어가는 일로 주보중이 몇 차례 계속하여 북한에 사람을 파견하였는데 왕일지도 그 중 한 명으로 나남에 갔었다고 한다.

용 제품 외에 주로 군용물자로 쓰이는 유산, 초산, 다이너마이트와 피크린산 등이었다. 동북에서 북한에 공급된 물자는 주로 식량, 석탄과 민수용 제품이었다. 1년에 한 차례씩 개최된 무역협상에 쌍방은 모두 진지하게 임하였으며, 어떤 때에는 동북국 부서기인 이부춘(리푸춘, 李富春)이 직접 평양에 가서 조선의 지도자들과 담판을 하고 결정을 지었다고 한다.[113] 중국 측도 북한의 지원을 받는 동시에 북한에 필요한 지원을 하였다. 1947년과 1948년 중국 측이 물자교환을 통해 5만 톤에 달하는 식량을 공급했는데 이는 당시 식량사정이 몹시 어려운 처지였던 북한에게는 설중송탄(雪中送炭: 눈 올 때 석탄을 보낸다는 뜻으로 어려울 때 도움을 준다는 의미: 역자)이나 다름없는 것이었다.[114]

요컨대 북한이 동북 해방전쟁 3년 기간에 중공의 후방기지 역할을 하였다는 것은 의심할 바가 없는 것이다. 김일성은 1947년 상반기에 동북국 주요 지도자들에게 보낸 편지에서 쌍방의 관계는 친밀하여 격의가 없으며 중국공산당의 일이라면 힘닿는 대로 돕겠다고 다짐을 하고 있다.[115]

동북국 조선판사처는 1946년 7월부터 1949년 2월까지 2년 7개월 동안 존속하였다. 당시 중국공산당과 북한이 나라 사이의 정식 외교관계를 설립할 수 없는 상황이었기에 판사처가 집행한 임무가 사실상 나라 사이의 광범위한 외교관계를 다루는 것이었다. 동북국 조선판사처가 철수한 후 1949년 3월에 판사처의 기초 위에 동북행정위원회 조선상업대표단이 설립되었다. 대표단의 주요 임무는 경제무역협상, 유관협정의 체결과 집

---

113) 丁雪松 · 倪振 · 齊光, 앞의 책, p.630.

114) 앞의 책, p.632.

115) 앞의 책, p.633.

행을 책임지고 기타 외교사무를 보는 것이었다. 상업대표단은 1950년 8월 조선민주주의인민공화국주재 중화인민공화국 대사관이 설치될 때까지 1년 5개월 존속하였다.[116]

이와 같은 중국공산당과 북한 간의 관계는 소련군이 북한에서 철수하지 않은 상황에서 전개되었다. 당시 미국과 소련이 한반도와 동북 문제에서 대립으로 치닫는 상황에서 중국과 북한의 관계발전은 소련에게 압박요인으로 작용하였고, 또한 이 때문에 소련은 미국, 한국과 국민당 정부의 비난에 직면하였다. 그러나 소련은 이러한 압력에도 불구하고 중국공산당과 북한과의 관계에 청신호를 켜주었다. 이것도 소련이 동북 해방전쟁 시기 중국공산당을 지지한 한 모습이었다. 뿐만 아니라 당시 북한 주재 소련군과 조선임시 정부의 소련인 고문들도 직접 중국 측에 각종 지원을 제공함으로써 중국의 긴급하고 어려운 문제를 해결하여 주었다.[117]

소련측 자료에 의하면 소련은 중국공산당이 동북에서 곤경에 처했을 때 여순항의 소련군을 통해 필요한 원조를 제공하였다. 또한 여순항의 소련군 사령부는 동북민주연군 부사령인 초진광(肖勁光)의 지원 요청을 받고 소련 해빈군구(濱海軍區) 사령부의 비준을 거쳐 북한에서 북만주로 화물열차 두 대분의 노획 일본군 무기를 운송하였고 또 여순, 대련에서 해로를 거쳐 북만 해방구에 50여 상자의 무기를 운송하였다고 한다.[118]

---

116) 앞의 책, p.626.

117) 앞의 책, p.633.

118) 蘇聯科學院東方學研究所, 『在中國道路上(1937-1945)回憶錄』, 薛衝天, 『戰後東北問題與中蘇關係走向』(1945-1949), 中國中俄關係史研究會編, 『戰後中蘇關係走向』(1945-1960), (社會科學文獻出版社, 1997), p.17에서 재인용.

1948년 11월 2일 전 동북이 해방되었다. 중국공산당은 동북의 해방은 "중국과 미국의 반동파가 동북인민을 노예화하려 하고 동북을 이용하여 국제전쟁을 일으키려던 미몽을 깨뜨렸다"[119]는 메시지를 발표 하였다. 동북 해방은 중국공산당의 전국 해방에 튼튼한 근거지를 마련하였다. 동북 해방에서 북한이 보내준 원조는 매우 큰 의의를 가지고 있는 것이다. 이것은 향후 양자관계의 튼튼한 토대가 되었고, 북한으로서는 북쪽으로부터의 위협이 해소됨으로써 내정에 주력할 수 있는 환경을 갖게 되었다고 할 수 있다.

제3절 조선족 장병의 귀국과 그 의미

일본 투항 후 중국공산당과 국민당은 미국과 소련, 한반도의 남과 북이 대립으로 치닫는 환경 속에서 중국의 동북 지방을 무대로 서로의 운명을 결정짓는 일대 결전을 벌이게 되었다. 당시 중국과 한반도에서는 중국공산당과 북한, 중국국민당과 이승만 집단이 각각 운명공동체적 관계를 이루면서 이른바 '양국 4자 간의 관계'가 펼쳐지게 되는데, 바로 이러한 역사적 격변과 소용돌이 속에 동북지역의 조선족이 끼여 있었다.[120] 격변의 상황 속에서 중국의 조선족은 중국 인민해방전쟁에 참전하게 되

---

119) 「中共中央委員會祝賀全東北解放電文」, 『遼瀋決戰』(人民出版社, 1988), p.77.

120) 사실 중국에 대한 일본의 침략이 조선으로부터 중국의 동북으로 옮겨갈 때부터 중국의 조선족은 늘 역사의 소용돌이에 있었다고 할 수 있으며, 이러한 상황은 한국전쟁에까지 이어진다. 항일전쟁, 국내해방전쟁, 한국전쟁에 이르기까지 연변의 열사 1만 6,000명 가운데 조선족이 93 · 13%를 차지하는 것이 이러한 사정을 잘 설명해주는 것이다. 열사의 수는 柳燃山, 『혈연의 강들』(연변인민출판사, 1999), p.290 참조.

었고, 또한 많은 조선족 부대가 배출되었다.

중국혁명이 공산당의 승리로 귀결되고 중국과 북한이 순망치한의 관계를 이루게 되면서 이번에는 북한의 안위가 중요한 문제로 대두되었다. 즉 남과 북이 통일을 공언하는 마당에서 한반도에서 누가 승자가 될 것인가는 중국의 안위에 직접적인 영향을 미치는 것이었다. 만약 장개석 정부와 반공연맹을 맺으려는 이승만 정권이 한반도 통일을 이룩할 경우 그것은 중국의 동북 지방에 직접적인 위협을 가하게 되는 것이었다.

바로 이 남과 북의 대결에서 중국공산당은 일관되게 북한을 지지하였다. 이러한 중국의 태도는 중국조선족 부대의 북한 귀국으로 이어졌는데, 그 후에 일어난 한국전쟁은 중국 조선족의 입북 문제를 새롭게 부각시켰다.

그러나 2차 세계대전 후의 중국과 한반도 관계를 검토하면서 중국 조선족 부대 귀국 문제를 단순히 그 후에 일어난 한국전쟁에만 연결시키는 것은 단편적인 분석에 지나지 않는 것이다. 즉 중국과 한반도의 특수한 역사적 배경을 떠나서는 이 문제를 객관적 시각에서 인식하기 어려울 것이라는 것이다.

1. 역사적 소용돌이 속의 동북 조선족과 그 이중적 특성

위에서 서술한 조선족 부대는 어떠한 성격을 띤 부대인가? 이를 규명하지 않으면 이 부대의 그 후 향방에 대해서도 올바른 해명을 하지 못할 것이다. 그리고 이를 정확히 규명하려면 먼저 중국 동북의 조선족이 가지고 있는 이중적 특성을 규명해 보아야 할 것이다.

중국의 동북 지방은 청나라의 봉금정책(封禁政策)으로 말미암아 19

세기 50년대 말까지 전체 인구가 300만을 겨우 넘을 정도였고,[121] 20세기 초까지만 해도 거의 빈 공간 상태에 있었다. 이 공간으로 조선족의 이주가 시작된 것은 19세기 중엽, 즉 청나라의 봉금정책이 해제되기 직전부터였으며, 1910년 일본에 의한 합방 이후부터 본격적인 이주가 가속화되었다고 할 수 있다. 그 당시 동북으로 이주한 조선족은 나라를 잃은 '망국의 민족'으로 불리었다.[122] 1907년 8월에 연변지구에 설치된 통감부 간도파출소는 연변의 조선족을 '제국의 신민'으로 간주하였지만 청국측은 "외국 측은 토지소유권을 얻을 수 없다는 견지에서 볼 때 연변 조선인은 모든 면에서 중국인과 구별이 없다"[123]고 보았다. 결국 중국과 일본은 제각기 조선 민족에 대한 법적인 지배권을 행사하게 되었고, 조선 민족은 사실상 이중국적에 이중법적 제재를 받는 민족이 되었다. 1915년 북경 정부에 '21조 조약'을 강요한 일본은 중국국적에 든 조선족이라 해도 '제국 국적'을 상실하지 않는다고 선포하였으며, 1931년 9·18사변 후 일본과 만주국 정부는 조선 민족을 '제국의 신민'이자 '만주국인'으로 간주하고 민족동화 정책을 실시하였다.[124] 당시 일본 측은 조선 민족이 집결한 연변지구를 '공산당의 책원지'(策源地)로 간주하고 연변 조선족에 대한 '전면적 체포'를 감행하였고, 봉계(奉係) 군벌은 연변 조선 민족을 '적화의 화근'으로 단정하고 '대소탕'을 감행하였다.[125] 바로 이러한 경험

121) 王魁喜, 『近代東北史』(黑龍江人民出版社, 1984), p.101.

122) 「9.18, 9.3 및 8.29에 관한 中共满洲省委의 宣傳大纲」, 金鍾國 외, 『중국조선족사 연구』(연변대학출판사·서울대학출판부 공동출판, 1996), p.5.

123) 「東三省政略」, 附錄, 『吳協統意見書』, 앞의 책, p.5에서 재인용.

124) 朴昌昱, 「중국조선족역사의 특점에 대하여」, 朴文一 外, 앞의 책, p.6.

125) 權立, 「역사상에서의 중국조선족의 법적지위」, 『조선학연구』 제2권(연변대학 출판사, 1989), pp.275~276.

과 좌절이 조선 민족이 이중적 사명을 가지게 된 역사적 배경이 되었다고 할 수 있다. 당시 중국공산당 만주성 위원회가 제기한 바와 같이 조선 민족은 중국 민족과 연합하여 일제를 타도함으로써 중국의 독립, 통일과 완정을 쟁취하고 조선의 독립을 쟁취하며 조선 고토를 수복하기 위한 이중적 사명을 지니게 되었다고 할 수 있다. 그리고 중국공산당 만주성 위원회도 "조선혁명을 원조하는 것은 중국당, 특히 만주당의 가장 중심적인 실제 임무 중의 하나"[126]라고 간주하였다. 이런 점에서 중국의 조선 민족이 중국의 항일전쟁에 참가한 것은 중국을 위한 일면이 있는가 하면 자기 조국의 독립을 염두에 둔 또 다른 일면도 있는 것이었다.

중국의 항일전쟁 승리 후, 조선족의 주된 거주지역인 동북 지방은 국민당과 공산당의 대결장이 되었으며, 조선 민족은 새로운 선택의 기로에 서게 되었다. 즉 국민당이냐 공산당이냐 하는 갈림길에서의 선택이었다. 결국 동북의 조선 민족은 중국공산당을 선택하였고 중국공산당의 동북 해방전쟁에 뛰어들게 되는 것이다. 이 시기 질풍폭우와 같은 격변의 연대에 동북의 조선 민족은 역사의 소용돌이 속에서 역사적인 과도기에 처해 있었다. 이 과도기는 한마디로 탈조선의 과정이라고 할 수 있다.

이와 같이 조선민족의 이중성에 대한 국민당 정부와 중국공산당은 완연히 다른 정책으로 대하였다. 1945년 12월 5일 장개석은 전국 한교(韓僑)사무국을 설치하여 전국 적성(敵性) 한인들의 재산을 책임지고 처리하고, 이 자원으로 한국광복군을 확대하고 빈한한 재중한인을 구제하며 송환하는 경비로 사용하도록 300만 한인들을 확실하게 장악하여 금후

---

126) 「中共滿洲省委關于滿洲韓國民族問題的決議」(1931.5.26.), 權立主編, 『中國朝鮮族史研究』(2)(延邊大學出版社, 1994) p.54에서 재인용.

대한외교의 자원으로 삼고자 하였던 것이다.[127] 국민당은 동북 지방의 서만주와 남만주를 차지한 후 국민당 통치구역에서 조선 민족의 거류권은 승인하였지만 토지소유권과 재산소유권은 인정하지 않았다.[128] 중국국민당의 지지를 받아왔던 김구의 대한민국 임시 정부는 일본 투항 후 대한민국 임시 정부가 전적으로 동북의 한인들을 영도할 책임을 전적으로 가지고 있다고 주장하였다.[129] 당시 동북 지방의 국민당 통치구역에서 국민당은 임시 정부 계열의 한국독립당 및 한국광복군을 이용하여 '한교위원회', '한교사무처'를 설치하여 이른바 '광복군'과 '민주 자위군'을 발전시켰다.[130] 1946년 국공내전이 발발 후 국민당은 동북의 많은 지역을 점령한 후 이러한 기구들을 이용하여 조선족을 강제로 축출하거나 억압, 살해하였다. 1947년의 통계에 따르면 국민당 통치구역에서 각종 죄명으로 체포된 조선인은 8,468명이고 살상당한 사람은 2,042명이 되었다고 한다.[131] 그렇지만 김구의 임시 정부는 중국의 항일전쟁 중 먼 후방인 중경에서 동북의 조선 민족과 유리되어 있었기 때문에 조선 민족에 대해 실질적으로 거의 영향을 미칠 수 없는 상황이었다.

이 시기 중국공산당의 정책은 조선족의 이중성을 승인하는 정책이었다. 당시 중국공산당 연변지구위원회 서기로 있던 류준수(리누쥔시우, 劉俊秀)는 "우리는 그들의 조국이 조선이라는 것을 승인하는 동시에 또 그들을 중국 소수민족의 하나로 보았으며 중국의 정식공민으로 인정하

127) 『中華民國史事紀要』(臺灣 中央文物供應社, 1945), pp.1070~1071 참조.
128) 『韓僑 工作』(1947. 第2號).
129) 『大公報』(重慶: 1945. 8. 25).
130) 『韓僑事務』(1947. 第3期).
131) 앞의 책.

였다. 한마디로 말하면 그들이 두 가지 국적을 가지는 것을 허용하였다. 현재 그들은 중국공민으로서 중국공민의 일체 권리를 향수할 수 있고 중국공민의 해방전쟁에 참가할 수 있다. 또한 조선이 외적의 침입을 받을 때에는 그들이 염원하는 대로 언제든지 조선공민의 신분으로 조선에 나가 반침략전쟁에 뛰어들 수 있다"[132]라고 강조하였다.

중국공산당에 대한 동북 조선족의 지지와 옹호는 한반도 남과 북의 두 정치세력에 대한 입장으로 이어지게 되었다. 즉 중국공산당은 남북대결에서 북한을 지지하게 되고, 남북통일을 조선혁명의 과제로 생각하게 되면서 중국혁명과 조선혁명이라는 새로운 이중과제를 자기의 사명으로 인식하게 되었던 것이다. 이것은 사회 여러 분야에 거쳐 감지할 수 있는 것이었다.

예컨대 1948년도 연변의 중학교 과정안을 보면 "역사는 중국근대혁명사, 조선혁명사를 가르치고, 지리는 (해방구를 위주로) 중국지리와 조선지리를 가르쳤으며"[133] "중국혁명과 조선혁명에 대하여 똑바른 인식을 가지게 하는 것을"[134] 목적으로 하였던 것이다. 당시 동북군정대학 길림분교의 수업내용에도 '국민당 문제'라는 과목이 설치되어 있었는가 하면 조선역사와 조선혁명 문제라는 과목도 설치되어 있었다. 많은 책들에 모택

---

132) 劉俊秀, 「조선족인민들 속에서」, 金東和, 『중국조선족독립운동사』(도서출판 느티나무, 1991), p.11.

133) 『延邊朝鮮族敎育史』(延邊人民出版社, 1987), p.153. 이러한 상황은 1953까지 지속된다. 1953년 10월 23일 중앙 교육부에서 '길림성 조선족 중학교과정안'을 심의할 때 조선족 초중 『조선지리』를 『세계지리』에서 강의하고 『조선역사』에서 국내 조선족 역사를 『중국역사』에 넣고 조선민주주의인민공화국의 역사를 『세계역사』에 넣어 강의하라고 지시하였다. 위의 책, p.475 참조. 이것은 1953년을 기준으로 중국 조선족의 역사적 과도기가 끝남을 말해 주는 것이라고 할 수 있다.

134) 위의 책, p.185.

동과 김일성의 사진이 나란히 실려 있었는데 이것은 이러한 이중성을 잘 보여주는 실례라고 할 수 있을 것이다. 중국 조선 민족의 이러한 이중 사명은 인민일보의 다음과 같은 글에서도 잘 나타나고 있다. 1950년 12월 6일 중국공산당 기관지인 이 신문은 "중화인민공화국의 여러 민족 중의 하나인 동북 조선족은 간고하고 처절한 1930~1940년대의 반침략의 혁명역사 투쟁과정에서 많은 피를 흘리고 수많은 희생을 치루어 냈으며, 근면하게 생산하며 전선을 지원하면서 항일전쟁과 인민해방전쟁의 승리를 이룩하는 가운데서 자연히 형성된 것이다. 그들은 자기들이 개간한 땅에 살 권리가 있고, 인민의 정권과 인민의 군대에 참가할 권리가 있으며 정치·경제·문화의 건설사업에 참가할 권리가 있다"[135]고 지적하면서, "우리 기타 민족 인민들은 무한한 열정으로 이 새로운 형제민족이 우리와 함께 우리의 국가건설에 참가하는 것을 환영한다"[136]고 쓰고 있다. 인민일보는 또한 "더욱이 압록강 건너편에 미 제국주의가 발호할 때 동북 경내의 조선족 인민들이 조국을 보위하기 위해 돌아가려는 것은 그들의 신성한 권리"[137]라고 강조하고 있다. 인민일보는 중국의 조선족이 중화인민공화국의 여러 민족 중의 하나임을 지적하면서 '새로운 형제민족'이란 표현을 쓰고 있는가 하면 조선을 역시 '그들의 조국'으로 표현하고 있다. 그러나 연변 조선족자치구(후에 자치주로 개칭)가 성립된 후인 1952~1953년경 중국 조선족의 이러한 이중적 특성이 결정적인 변화를 겪게 된다.

결론적으로 중국의 조선족이 가지고 있는 이러한 이중적 특성은 일본의

---

135) 『人民日報』(1950. 12. 6).

136) 위와 같음.

137) 『人民日報』(1950. 12. 6).

한반도침략과 중국의 동북침략, 위만주국 설립이라는 역사적 배경에서 형성된 것이며, 그것은 2차 세계대전 후의 국공내전과 남북대결이라는 중국과 한반도의 역학구조 속에서 그 의미를 달리하여 왔다고 할 수 있다.

2. 조선족 장병 귀국의 성격과 그 의미

한국전쟁이 발발한 후인 1950년 9월 18일 유엔에 제출한 맥아더의 보고에는 다음과 같은 구절이 있다. "입수한 증거에 의하면 1945년~1950년 기간에 소련은 북조선에 군수물자를 제공하였으며 중국공산당은 북한에 잘 훈련된 사병을 제공하였다…오늘에 이르기까지 중국공산당이 직접적이거나 뚜렷하게 남북한의 충돌에 개입했다는 증거는 없다. 그렇지만 그들이 북한에 보낸 지원은 결정적인 것이 아니라 하더라도 대단히 중요한 것이다. 그들은 북한에 많은 조선족 사병을 돌려보냈으며 이것은 북한의 확장에 힘을 실어주게 되었다…이것은 지난 4년 동안 중국의 동북과 북한지역에서의 여러 정보를 종합하여 얻은 결론이다.", "1950년 초부터 1950년 2월 중순까지 북조선에 되돌아가는 조선족 사병들이 급속히 증가하였다." "지난 1년 동안 중국 군대는 이러한 많은 조선족 사병들을 귀국시켰다."[138]

미국기자 스톤은 맥아더의 의도는 이 문제를 이용하여 유엔이 소련과 중국과의 충돌에 빠져 들어가게 하는 것이라고 주장하면서, 이 보고는 미국의 여론에 적지 않은 영향을 미쳐 미국의 반공 분위기를 돋우었으며 중간 회색분자들로 하여금 더욱 갈피를 잡지 못하게 하였다고 지적하였

---

138) I. F. 斯通, 앞의 책, p.94.

다.[139] 그의 말대로라면 조선족 부대의 입북 문제는 전쟁의 전개과정에도 상당한 영향을 미쳤다는 것을 말해주는 것이다.

맥아더의 이 보고에 대해 중국 외교부 대변인은 9월 22일에 다음과 같은 성명을 발표하였다.

"지난 몇 년간 중국 경내에 거류하고 있는 조선 인민들이 중국 인민해방전쟁에 참가한 사실은 확실한 것이다. 중국 인민해방전쟁에서 뿐만 아니라 중국혁명의 전 3단계 – 1925~1927년 북벌전쟁 시기, 1927~1937년 토지혁명 시기, 1937~1945년 항일전쟁 시기에 거쳐 중국 경내에 조선 인민들이 이러한 혁명전쟁에 참가한 사실이 있다. 조선 인민들은 그들의 생명을 희생하고 피를 흘리면서 중국 인민과 함께 제국주의와 봉건주의 반동세력을 타도하기 위한 투쟁을 벌여 왔다. 중국 인민들은 그들의 이러한 의협적인 행위를 영원히 잊지 않을 것이다. 중국이 승리한 오늘, 중국 경내에 거류하던 조선 인민들이 조국으로 돌아가서 자기의 조국을 보위하고 조국 건설사업에 참가하는 것은 그들의 정당한 권리이자, 또한 신성한 책임이다. 어떠한 나라도 구실을 찾아 이에 대해 함부로 간섭할 수 없는 것이다. 중국 인민들은 그들이 조국을 보위하고 미 제국주의의 침략전쟁을 반대하는 영용한 투쟁에 대해서 동정하고 옹호할 뿐이다."[140] 이러한 중국 외교부의 성명은 조선 민족 부대의 입북 문제에 대한 중국의 공식적인 입장을 최초로 공식 표명한 것이다.

조선족 장병들의 귀국 문제는 외국학자들이 한국전쟁과 중국의 한국

---

139) 위와 같음.

140) 「外交部發言人關于居留中國的朝鮮人民有權利回去保衛祖國的聲明」, 『人民日報』 (1950. 9. 23).

전 개입 원인을 규명하는 데 있어서 주요한 논쟁점이 되어 왔으며, 일부 학자들이 중국과 북한의 '전쟁 공모설'을 주장하는 근거로 제시되어 왔다. 중국에서 최초로 이 문제를 상세하게 밝힌 것은 섭영진(니에룽쩐, 섭섭聶榮臻)의 회고록이라고 할 수 있다. 섭영진은 자기의 회고록에서 "1950년 1월에 김일성 동지가 김광협(金光俠) 등의 동지를 중국에 파견하여 14,000명의 조선적(朝鮮籍) 전사들을 데려갈 수 있도록 조치해 줄 것을 요구하였다. 이 전사들은 대다수가 항일전쟁과 해방전쟁시기에 우리 군에 참가하였으며 후에 제4야전군을 따라 전투하면서 내지에 갔었다. 김광협 동지가 온 후 중앙에서는 나에게 이 문제를 책임지고 처리하게 하였다. 담판을 거친 후 우리는 이들을 전부 조선인민군에 되돌려 보내는데 동의하였다…나는 조선 동지들의 요구에 원칙적으로 동의하였으며, 궁극적으로 얼마를 보내는가는 제4야전군의 실정에 따라 결정해야 한다고 생각했다. 이에 따라 나는 1950년 1월 21일에 보고를 썼으며 하루 만에 나의 보고에 동의하고 이를 승인하였다. 총 참모부에서 중앙 영도 동지들의 비·준지시에 따라 14,000여 명의 조선적 전사(무기를 휴대)들을 보냈으며, 조선의 동지들은 매우 만족해하였다"[141]고 기록하고 있다.

후에 공개된 러시아의 문건에 의하면 사실 이 문제는 모택동이 소련을 방문하던 기간인 1950년 1월 2일에 모택동에게 보낸 국내전보에 이미 언급 되어 있었다. 거기에는 잘 훈련된 중국 인민해방군 내 16,000여명의 조선인들을 한 개 사단 또는 4~5개 연대의 정규군으로 편성하여 조

---

141) 聶榮臻, 『聶榮臻回憶錄』(解放軍出版社, 1986), p.744.

선에 내보낼 것을 요청하였다.[142] 사실 이 전보문은 제4야전군 사령관이었던 임표(린빠아오, 林彪)가 보낸 것이었다.[143] 이 16,000여 명의 조선인이란 위에서 섭영진이 언급한 14,000여 명의 조선적 전사들이다. 사실이에 앞서 1949년 5월 중국을 방문한 조선인민군 총 정치국 주임인 김일(金一)도 이 문제를 제기하였다. 김일은 모택동과 중국공산당 지도자들과의 회담에서 조선노동당을 대표하여 중국공산당이 중국 인민해방군 내의 조선인들로 된 부대가 조선에 돌아가도록 비준해줄 것을 요청하였다. 모택동은 이 요청에 동의를 표하면서 조선인들로 구성된 중국 동북지구의 2개 사단은 북한의 요구에 따라 어느 때나 북한에 돌아갈 수 있으며, 다른 한 사단은 남방에서 작전 중이므로 임무를 완수한 후에 돌려보낼 수 있다고 언급하였다. 이렇게 중국과 북한의 협의에 의해 중국 동북의 인민해방군 중 조선족들로 구성된 2개 사단은 1949년 7월에 북한에 돌아가서 조선인민군에 편입되었다.[144] 섭영진이 언급한 그 후의 마지막 한 개 사단의 귀국은 결국 이 협의를 지킨 것이다. 이 문제는 더 위로 거슬러 올라가면 1949년 1월 하얼빈에서 이립삼(리리산, 李立三), 주보중,

---

142) 러시아대통령 檔案館, 全宗: 45, 目錄: 1, 案卷: 334, p.15. A. M. 列多夫斯基, 『斯大林與中國』(新華出版社, 2001), p.150에서 재인용.

143) 임표는 이 16,000여 명의 조선족 부대가 화남으로 진출한 후 정서적인 동요가 있었으며, 일부 사람들은 귀국할 것을 요구한다고 하면서, 전쟁이 곧 끝날 것이므로 이들을 한 개 사단 또는 4~5개 연대로 합병하여 조선으로 되돌려 보낼 것을 건의하였다. 중국 측에서는 조선과 연계하여 김일성에게 "작전이 끝났기 때문에 현 중국 인민해방군 중의 조선족 부대가 점차 할 일이 없어지고 있으며, 조선 정부에서 원한다면 되돌려 보낼 수 있다"고 하였다. 이에 김일성은 중국 군대 내의 조선인들을 조선의 편제대로 중국에서 한 개 보병사단을 편성하고 아래에 두 개 연대를 설치할 것을 제의하였다. 아울러 인민군 작전국 국장 김광협을 중국에 파견하여 이 문제를 협의하도록 하였다. 1월 11일 모택동의 방소기간 중 중앙사업을 책임 졌던 유소기는 임표와 북한에 동시에 전보를 보내 조선족 부대의 귀국을 동의하였다. http://www.gchjs.com/wz/jswz/wz397.htm에서 참조.(역자)

144) 軍事科學院軍事歷史硏究部, 『抗美援朝戰爭史』(第一卷), (軍事科學出版社, 2000), p.23.

최용건 등이 소련 고문의 참여하에 이 문제를 토론하였다고 하며, 거기에서 이들은 1949년말까지 4야전군 소속 28,000명의 조선족 장병을 귀국시키기로 결정하였다[145]고 한다.

한국전쟁 후 이 문제가 줄곧 논쟁거리로 부각되어 왔지만 사실 동북의 조선족 장병, 조선족의 간부 또는 기타 일군들이 북한에 돌아간 것은 일본 투항 후 줄곧 있어온 사실이었다. 그러나 당시 관심의 초점이 북한이 아닌 중국의 동북 지방이었기 때문에 미국이나 한국, 국민당 정부도 이같은 사살을 알고 있으면서도 이에 대한 비난은 거의 하지 않았다. 다만 앞서 언급한 바와 같이 당시 한국이나 국민당 정부, 미국 등은 소련이나 북한이 군대를 파병하여 중국의 내전에 참전하고 있다고 비난하였다. 그런데 이제 오히려 중국에서 군대를 파병한 사실이 비난의 초점이 된 것은 아이러니한 일이다.

동북에 남아서 중국공산당과 협력하여 조선족 무장을 조직하였던 전 동북항일연군 중의 조선공산주의자들과 전 조선의용군 계열의 일부 지도자들도 차례차례 귀국하였다. 그 가운데 소련 홍군과 함께 동북에 진출하였던 전 동북항일연군 중의 공산주의자들로서는, 전 동북민주연군 길동군구(吉東軍區) 사령관이었던 강신태(姜信泰),[146] 전 소련홍군 목단강시 위수사령부 부사령관이며 후에 연변 군분구(延邊 軍分區) 사령관이 된 김광협(金光俠),[147] 전 동북야전군 독립 제4사단 정치위원 방호산(方虎

---

145) 瀋志華, 『中蘇同盟與朝鮮戰爭硏究』(廣西師範 大學出版社, 1999), p.106.

146) 戴常樂·劉聯華 主編, 『第四野戰軍』(國防大學出版社, 1996), p.178.

147) 「牡丹江軍區의 朝鮮族官兵들」, 中國朝鮮族歷史발자취編輯委員會編, 앞의 책, p.22, p.144.

山),[148] 전 연변 행정공서 전원(行政公署 專員) 임춘추(林春秋),[149] 전 길림 군구 연길 경비 제1여단 제1단장 박낙권(朴洛權),[150] 그리고 최광, 김옥순(金玉順), 석동수(石東洙), 지병학(池丙學), 강위룡(姜渭龍), 또한 전 연안의용군 부사령관이었던 박용우 등이 있다. 이 가운데 박낙권이 제1차 장춘 해방전역에서 희생된 외에 다른 사람들은 앞서거니 뒤서거니 북한으로 돌아갔다. 섭영진 회고록에서 언급한 부대는 전 길동군분구(吉東軍分區) 부사령관인 전우(全宇)[151]가 인솔하여 귀국하였다. 위에서 언급한 지도자들은 북한으로 귀국할 때 거의 예외 없이 부대를 대동하여 귀국하였다. 박일우의 경우도 그러했고[152] 최광도 200명 내외의 인원을 인솔하고 귀국하였다.[153] 그 밖에 다른 경로를 통해 조선에 귀국한 경우도 있는데 예컨대, 1947년 8월 동북국의 지시에 따라 동북군정대학 동만 분교의 100명 학생과 간부들이 북한에 지원하여 갔으며[154] 1949년 3월초에는 164사단의 부반장 이상의 장병 150명이 신의주로 입북하여 평양포병군관학교에 들어갔다.[155]

그 당시 조직적으로 북한에 돌아간 것은 군인들뿐만이 아니었다. 1949년 11월 중순부터 중공중앙 동북국과 길림성 정부의 지시에 따라 연변에

148) 戴常樂·劉聯華 主編, 앞의 책, p.189.
149) 『延邊의 民主政權建設』, 中國朝鮮族歷史발자취編輯委員會編, 앞의 책, p.109.
150) 「第四野戰軍團以上干部烈士名錄」, 戴常樂, 劉聯華 主編, 앞의 책, p.85.
151) 「解放戰爭時期延邊人民武裝領導成員」, 韓俊光·姚作起, 『解放戰爭時期的東滿根據地』(延邊人民出版社, 1991), p.497.
152) 「全心全意爲人民, 創建延邊根據地」, 앞의 책, p.384.
153) 『김일성동지회고록: 세기와 더불어(계승본)』(8), p.293.
154) 「解放戰爭時期建立的東北軍政大學東滿分校」, 韓俊光·姚作起, 앞의 책, p.384.
155) 당사자인 김모와의 담화기록. 2000년 7월 2일 吉林省 磐石縣에서.

서는 각 도시의 실업노동자와 땅이 부족한 농민들을 동원하여 조선의 경제건설을 지원하였다. 통계에 따르면 연변에서 1,299세대 4,522명의 노동자, 농민이 11차에 걸쳐 북한으로 나갔다고 한다.[156] 이러한 민간인들의 귀국이 별로 중시를 받지 못한 것은 아마 이들을 전쟁과 연계시키는 것은 무리라고 생각해서일 것이다.

  물론 수많은 관병들이 북한에 돌아간 것은 모택동이 그들의 귀국을 응낙한 1949년부터였다고 할 수 있다. 즉 중국공산당이 중국혁명에서 승리를 이룩한 시점이었던 것이다. 모택동이 언급한 세 개 사단이란 바로 위에서 언급한 166사단, 164사단과 156사단이었다. 166사 중의 1,2000명 장병들은 1949년 7월 정치위원 방호산의 인솔 하에 안동으로부터 입북하였다.[157] 164사 중의 약 7,500명의 장병들도 같은 달에 부사단장 이덕산(李德山)의 인솔 하에 도문으로부터 입북하였다.[158] 즉 이것이 앞에서 밝힌 모택동의 동의를 거쳐 조선에 들어간 두 개 사단이다. 164사가 입북하기 전인 같은 해 6월에 조선인민군은 교관을 파견하여 장춘에서 간부 훈련반을 설치하고 정규 분 · 소대장들을 훈련시켰다.[159] 이 밖에 1949년 7월 17일, 18일, 조선족 전사를 확충하라는 길림성 정부와 길림성 군구의 지시에 따라 연변에서 일주일 만에 1,300명이 군대에 참가하였다.[160] 역시 그 취지는 북한을 지원하는 데 있다고 할 수 있다.

---

156) 延邊黨史學會, 『延邊40年記事』(1949-1989), (延邊人民出版社, 1989), p.4.

157) 軍事科學院軍事歷史研究部編, 『中國人民解放軍組織沿革和各級領導成員名錄』(軍事科學出版社, 1990), p.878.

158) 위와 같음. 당사자인 高모와의 면담에서도 확인. 2000년 7월 29일, 吉林省 蛟河县에서.

159) 林昌培 主編, 『朝鮮義勇軍第七支隊』(遼寧民族出版社, 1996), p.379.

160) 『延邊地區大事記』(1945. 8-1949. 8), 延邊朝鮮族自治州檔案館.

섭영진의 회고록에서 밝힌 조선족 장병은 모택동이 중국해방전쟁이 끝난 후 돌려보내기로 한 마지막 한 개 사단으로 그 수가 가장 많았다고 할 수 있다. 제4야전군의 각 군과 특종부대 속의 조선족 지휘관과 전투병들은 1950년 2월에 하남성의 정주시에 집결하여 독립 제15사단을 창립한다. 사단장은 전우가, 참모장은 지병학이 맡았다. 창립대회에는 제4야전군 정치부 주임 등자회(덩즈후이, 鄧子恢)가 참가하여 연설하였다.[161] 부대를 인수하러 온 조선의 보위성 작전국장 김광협은 이 부대의 간부들을 만나 담화도 나누었으며 간부 선발에서 남과 북의 출신에 유의할 것을 부탁하였다고 한다.[162]

제4야전군 내 조선족 장병들은 다음과 같은 다섯 가지의 귀국선서를 하였다. 첫째, 서로 다른 분야에서 쌓은 귀한 경험을 상호교류하고 상호학습하며 고도의 계급우애정신을 발양하여 상호존중하며 친형제와 같이 친밀히 단결한다. 둘째, 중국 혁명전쟁에서 영웅적으로 피를 흘리며 희생한 열사동지들, 그리고 계급의 적들의 압박과 도살을 당하는 전 세계 계급형제들을 위해 복수하며, 승리를 거두었다고 하여 자만하지 않으며, 모든 개인주의의 사상을 숙청하며, 전 세계 반인민의 무장을 전부 소멸할 때까지 영원한 전투대로서 견결히 끝까지 싸운다. 셋째, 중국공산당과 중국 인민들이 중국혁명의 승리 과정에서 창조한 귀중한 경험과 마르크스·레닌주의, 모택동 사상을 학습하며 계급각오를 가일층 제고한다. 특히 군사과학 지식과 전술기술을 획득하며 현대화, 정규화 국방의 목표를 향해 신속히 전진한다는 것이다. 넷째, 다년간의 중국혁명 투쟁에서

---

161) 「立十五師를 成立할 때」, 中國朝鮮族歷史발자취編輯委員會編, 앞의 책, p.692.
162) 당사자 玉모와의 면담에서. 2000년 6월 2일 吉林市 龍潭에서.

빛내온 무산계급 국제주의 정신을 계속 발양하며, 곤란을 극복하고 간고분투하는 정신을 발휘한다. 용감한 작전, 민첩한 기동력, 엄정한 규율의 훌륭한 전통과 계급적 자질을 드높여 영광을 지키며 영광을 지키고 창조한다. 다섯째, 조선노동당의 정확한 영도 하에 영용하게 계속 전진하며 사단장의 부름에 적극 호응하여 각종 불량사상을 단호히 극복하며 조직을 더욱 튼튼히 정비한다. 어디에서나 혁명전사로서의 모범적인 역량을 발휘하고 영광된 임무를 맞이하며 적극적으로 완수한다는 것이다.[163] 이 선서문은 독립 제15사단 창립대회에서 채택한 것이다.[164]

한편 이들은 귀국에 앞서 제4야전군 지도자들에게 보낸 서한을 통해 "오늘 우리는 위대한 중국혁명의 승리는 동방의 피압박 인민들의 가장 좋은 본보기일 뿐만 아니라 조선혁명 승리의 견고한 기초라는 것을 명확히 인식하게 되었다. 중국혁명의 승리가 있음으로 하여 조선혁명은 빠른 시일 내에 승리할 수 있는 가능성이 높아졌다. 오늘 중소양대국의 우호협력조약은 세계 평화진영을 더욱 강화하고, 제국주의 집단과 그 주구들에게 타격을 주게 되었다. 제국주의 집단 및 그 주구들은 결코 실패를 달가워하지 않을 것이다. 그러나 역사의 전진은 어느 누구도 막을 수 없는 것이다. 인민은 필승하고 반동파는 필패한다. 중국에서의 미 제국주의 주구인 장개석의 운명이 바로 그들의 훌륭한 본보기이다. 남조선에서의 미 제국주의의 주구인 이승만 반동파 역시 장개석과 마찬가지로 인민

---

163) 中國人民解放軍中南軍區第四野戰軍政治部編印, 『朝鮮是中國親密的鄰邦共患難的戰友』(1950. 10), pp.20~24.

164) 한 당사자의 친필기록 선서문은 그 내용은 비슷하지만 선서문 5가 없는 등 약간의 차이가 있는 것으로 되어 있다. 독립15사가 성립될 때 조선에 귀국하는 것이 공개되지 않았기에 5는 후에 첨가한 것으로 생각된다.

의 철퇴에 멸망할 것이다", "우리는 기꺼이 새로운 임무를 받아들일 것이며, 더욱 더 영광스러운 전통과 우수한 전통을 발휘하여 새로운 임무를 완수할 것이다. 우리들에 대한 당신들의 기대를 결코 저버리지 않을 것이다"[165]라고 주장하였다.

위의 선서문과 편지는 거의 모두가 당시의 중국공산당의 주장과 맥락을 같이하고 있다는 것을 알아 볼 수 있다. 제2차 세계대전의 종식을 전후로 중국공산당은 그 시대를 "전 세계 자본주의와 제국주의가 멸망으로 나아가고, 전 세계 사회주의와 인민민주주의가 승리로 향하는 역사적 시대"[166]로 규정하고, 중국혁명을 세계혁명의 일부분[167]으로 간주하였다. 1947년에 모택동은 "전 아시아에서 위대한 민족해방운동이 일어나고 있다"고 주장하면서 "동방 각국의 모든 반제국주의 세력은 단결하여 제국주의와 각국의 반동파들의 압박을 대항하며 동방 10억 이상의 피압박 인민들의 해방을 위해 분투하여야 한다"[168]고 역설하였다.

중국공산당의 시각에서 볼 때 당시 세계의 주요 모순은 민주와 반민주의 모순, 즉 미 제국주의자와 미국 인민 간의 모순, 미 제국주의자 및 그 주구와 자본주의 각국의 광범한 인민 간의 모순이며 미 제국주의자 및 그 주구와 식민지, 반식민지의 여러 민족 간의 모순이었다.[169] 모택동은 다시 1949년 "제국주의가 존재하는 시대에 국제 혁명역량이 보내주는

165) 中國人民解放軍中南軍區第四野戰軍政治部編印, 앞의 책, pp.22~24.

166) 毛澤東,「目前形勢和我們的任務」,『毛澤東選集』(人民出版社, 1969), p.1156.

167) 毛澤東,「新民主主義論」,『毛澤東選集』(人民出版社, 1969).

168) 毛澤東,「全世界反帝國主義陣營的力量超過了帝國主義陣營的力量」,『毛澤東外交文選』(中央文獻出版社, 世界知識出版社, 1994), p.66.

169)『解放日報』(延安: 1947. 1. 1).

여러 가지 지원이 없이는 어느 국가도 진정한 인민혁명의 승리를 이룩할 수 없을 것이며, 승리하였다고 하여도 그것을 공고히 한다는 것은 불가능한 것이다"[170]라고 하였다.

당시 중국 인민해방전쟁에 참가하였던 조선족 장병의 대다수는 바로 이 같은 인식을 바탕으로 중국혁명의 승리 후 자기들은 계속 조선혁명의 승리를 이룩하여야 한다고 생각하였다. 그들은 조선의 절반이 미 제국주의의 식민지 통치 밑에 놓여있다고 인식하고 있었다.[171] 조선족 장병들이 귀국에 앞서 제4야전군 지휘관들에게 보낸 편지에서 "중국과 조선 인민들은 민족의 적을 반대할 때뿐만 아니라 계급의 적들을 반대할 때에도 긴밀히 단결하여 어깨를 나란히 하여 싸워 왔으며 앞으로도 그러할 것"이라고 밝히고 있는 것은 그들의 이러한 인식을 반영하는 것이었다.[172]

당시 조선족 장병들의 동북 귀환을 환송하는 대회[173]에서 한 당사자는 다음과 같은 기록을 남기고 있다. 1) 중국 인민해방전쟁에서 얻은 보귀한 경험을 남조선에 가지고 가 이승만을 우두머리로 하는 반동세력을 소멸하겠다… 3) 장래 조선인민해방전쟁에서 중국은 마땅히 도움을 주어야 한다. 이것은 군사적으로, 정치적으로 불가피한 일이다. 4) 장래 조선

---

170) 毛澤東, 「聯合世界上以平等待我的民族和各國人民」, 『毛澤東外交文選』(中央文獻出版社, 世界知識出版社, 1994), p.94.

171) 그 당시 조선에 간 당사자 41명과의 면담 기록. 이들 가운데 21명은 남한을 해방하기 위해 6명은 고향에 가보기 위해 북한으로 가겠다고 생각하고 있었고, 12명은 중국의 동북 지방에서 토지를 분여 받은 만큼 동북에 돌아가서 결혼하려고 생각하고 있었으며, 2명은 당시 입북하기 전에는 북한에 가는 것을 몰랐다고 한다. 그렇지만 대다수 사람들은 당시 조선족 장병들이 북한에 돌아가서 혁명을 완수해야 한다는 생각을 가지고 있었고 이 때문에 일부 조선족 장병들이 집단적으로 북한에 돌아갈 것을 요구하는 사건도 발생하였다고 한다.

172) 『戰友』, 中國人民解放軍中南軍區第四野戰軍政治部, 앞의 책, 1950. 10, pp.22~24.

173) 사실은 북한에 돌아가는 것을 환송하는 대회라고 생각된다.

인민해방전쟁에는 많은 고난이 있을 것이므로 모든 동지들은 이러한 고난을 극복할 마음의 준비를 갖추어야 한다."[174]

당시의 정세에서 이 조선족 장병들이 "미 제국주의의 총칼 밑에, 피비린내 나는 공포 속에 사는 남조선인민들을"[175] 해방하겠다고 다짐하는 것은 이해할 수 있는 것이다. 이에 대해 미국의 스칼라피노 교수는 이들이 당시의 남한 형편을 모른 채 한쪽 말만 듣고 이러한 생각을 가지게 되었다고 지적하고 있다.[176] 그렇지만 조선족 장병들이 조선에 대량 귀한하기 시작한 때는 한국의 정세가 매우 혼미한 때로, 도처에서 폭동·봉기·반란이 일어나고 유격전쟁이 진행되던 시기였음을 기억해야 할 것이다. 공산당의 시각에서 이러한 상황은 전형적인 해방전쟁으로 비추어졌고, 바로 그렇기 때문에 이들을 이승만과 장개석을 동일선 상에 놓고 같이 취급하였던 것이다.[177]

1949년 초 중국공산당의 해방구에서 8·15 후 북조선 인민들은 해방을 이룩하였지만 남조선 인민들은 여전히 미국의 노예로 생활한다는 요지로 「38선」이라는 제목의 다큐멘터리가 방영되었다. 이 다큐멘터리는 "8·15 이전에 조선 인민들을 학살하던 원흉은 일본인과 그들의 주구들이었다. 그런데 8·15 후에는 미 제국주의와 남조선 매국 정부가 일본인들의 수법을 계승하여 남조선 인민들을 학살하며 압박하고 있다"고 주장하고, "그렇지만 남조선 인민들은 미 제국주의에 결코 굴복하지 않고 무

---

174) 『美軍捕獲北朝鮮文件』, 日本게이오대학도서관 소장, p.96.

175) 「中朝人民更親密團結起来」, 『東北日報』(1948. 11. 17).

176) 스칼라피노 교수와의 면담. 2000년 10월 23일 北京大學에서.

177) 당사자들과의 면담에서 41명 중 32명은 당시 자기들은 이승만을 조선의 장개석이라고 생각했다고 응답하였다.

장유격대를 조직하여 침략자와 매국 정부에 반항하고 있다", "지도에는 북조선과 남조선 사이에 하나의 경계선이 그어져 있지만 식민지 피압박 민족의 해방운동은 어떠한 경계선으로도 막을 수 없는 것이다. 전 세계의 식민지 해방운동이 날이 갈수록 고조되고 있는 오늘, 특히 중국 인민이 제국주의의 동방전선을 깨뜨린 후 모든 조선 민족이 해방을 맞이할 날이 더욱 가까워졌다."[178]고 역설하고 있다.

한편 제4야전군 사령관 임표는 1950년 2월 27일 조선족 부대의 귀국에 앞서 쓴 기념사에서 "우리는 중국혁명에 있어서의 조선동지들의 기여에 대해 깊은 사의를 표하며 조선 해방이 성공하기를 충심으로 기원한다"고 한 것이나, 제2정치위원이었던 등자회(덩즈후이, 鄧子恢)가 기념사에서 "중국과 조선 양대 민족의 혁명승리를 완수하고 공고히 하기 위하여, 극동과 세계의 항구적인 평화를 보위하기 위하여 공동으로 분투하자"고 하고 있는 것은 모두 중국혁명과 조선혁명 동시 완수라는 점이 강조되고 있는 것이다. 또한 부정치위원 겸 정치부주임인 담정(탄쩡, 譚政)은 그의 기념사에서 "국제주의 정신을 발양하며 세계의 항구적인 평화와 '집단안전'을 위하여 분투하자"[179]라고 하면서 '집단안전'이라는 개념을 쓰고 있다.

이 조선족 장병들은 모택동 주석에게 "우리는 중국공산당과 당신의 영명한 영도 아래 위대한 중국 인민해방전쟁에 참가하여 4년 간 수많은 공산당원들과 우수한 혁명전사, 간부와 많은 전투영웅, 사업 모범들을 배출하였으며, 중국공산당과 인민해방군의 우량한 작풍을 따라 배웠다"고

---

178) 『東北日報』(1949. 5. 23).

179) 『紀念冊』(中國人民解放軍中南軍區兼第四野戰軍贈, 1950). 제4야전군 지도자 序列은 『中國現代史資料選編』(5), (黑龍江人民出版社, 1981), p.492 참조.

하면서 "조국에 돌아간 후 계속 중국공산당과 중국인민해방군의 영광스러운 전통과 우량한 품성을 발양하며 계속 노력하여 새로운 영광을 창조하겠다"는 내용의 전문을 보냈다. 그들은 또 모택동에게 "중국혁명의 조타수(操舵手), 피압박인민의 희망"[180]이라는 글을 헌정하였다.

또한 주덕 사령관에게 보낸 전보문에서 그들은 "우리는 중국공산당과 모주석 그리고 당신의 영명한 영도 하에서 위대한 중국인민해방전쟁에 참가하여 중국의 동지들과 어깨를 나란히 작전을 하였으며, 실제 투쟁 속에서 성장하고 스스로를 강화·고양하면서 적들과 싸우는 능력과 해방군의 우량한 작풍을 배웠다"고 감사의 뜻을 표하면서 "앞으로 우리는 이러한 우량한 작풍을 조국에 가지고 가 계속 발휘할 것이며 조선의 완전한 통일을 위하여 투쟁할 것이다"라고 하였다. 그리고 주덕에게 보낸 헌정사에서는 "우리에 대한 당신의 교시와 양성을 영원히 잊지 않을 것이다".[181]라고 하였다.

조선족 부대가 귀국하기 시작한 시점은 중국혁명이 승리를 이룩하는 시점이자 남한에서의 유격전쟁이 가장 치열하게 이루어지고 있던 시점이었다. 또한 38선에서의 충돌이 가장 빈번하였던 시기이자 남과 북의 긴장이 고조되던 시점이기도 하였다. 당시 한국에서는 비행기를 헌납하는 운동이 일어났고, 북한에서도 헌금하여 비행기, 탱크를 사기 위한 운동이 일어났고. 이승만은 하루가 멀다 하고 북진통일을 외치면서 미국의 군사원조를 호소하였다. 뿐만 아니라 국군을 강화하는 것은 남북통일 후

---

180) 中國人民解放軍中南軍區第四野戰軍政治部編, 앞의 책, p.20.
181) 위와 같음.

의 만주 중국공산당 군대를 대비하기 위해서라고 호언하였다.[182]

결론적으로 조선족 부대의 귀국은 중국혁명의 승리와 남북이 충돌로 치닫는 시점에서 이루어진 사건이었다. 그 후 한국전쟁의 발발과 연결되어 논쟁의 초점으로 부각되었지만 사실상 조선족 부대의 귀국은 중국혁명의 승리와 남북의 대결이라는 상황에서, 한반도의 지정학적 중요성이 부각되면서 이루어진 필연적인 결과라고 볼 수 있을 것이다.

3. 조선족 장병의 귀국과 한국전쟁

위에서 언급한 조선족 장병들의 귀환은 한국전쟁 발발 이후까지 계속 되었는데, 그것은 주로 중국의 관내에서 전투 중이던 조선족 장병들이 입북 부대와 합류하지 못하여 시간이 늦추어졌기 때문이다. 예를 들면 철도병단 4지대의 1,000여 명은 1950년 4월말에 항주(杭州)에서 출발하여 석가장(石家莊)에 도착, 보름 후에 입북하였다.[183] 남하하여 무한에 있던 제1군단 제3사단의 400여 명은 다른 부대의 철도병들과 함께 도합 1,000여 명이 6월 중순쯤에 북한에 나가는데 그들은 한국전쟁이 일어난 후인 6월 28일에야 평양에 도착하였다고 한다.[184] 제4야전군 49군의 야전병원의 여성 311명은 광서성(廣西省) 계림에서 정주를 거쳐 4월 5일에 입북하였다.[185] 이 당시 길림성 군구에 있었던 한 당사자는 한국전쟁이 일어난 후인 6월 29일경 심양에 집결하여 하얼빈과 해남도에서 나온

---

182) 『대통령 이승만박사 담화집』, p.18.
183) 당사자 숲모와의 면담, 2000년 5월 10일 吉林省 永吉縣에서.
184) 당사자 其모와의 면담, 2000년 6월 28일 吉林省 江密峰鎮에서.
185) 당사자 李모와의 면담, 2000년 5월 17일 吉林省 永吉縣에서.

부대와 합류하여 북한으로 나갔다고 증언하고 있다.[186]

이러한 사정은 조선족 부대 대부분이 귀국한 후, 또는 그 마지막 부대가 귀국하는 와중에 한국전쟁이 발발하였음을 말해주고 있다. 때문에 이후 조선인민군의 주력을 이룬 이들의 귀국은 한국전쟁 발발의 원인을 규명하는 데 있어서 중요한 쟁점 되어왔고, 중국과 한국전쟁 발발과의 관련 등 민감한 문제들이 맞물려 제기되어 왔다. 이것을 규명하려면 한국전쟁의 성격, 발발 원인 등 복잡한 문제들을 규명해야 할 것이다. 이 문제는 뒤에서 다루기로 한다.

다만 여기에서는 한국전쟁은 냉전구도 속에서 각종 세력 간의 상호작용과 충돌로 빚어진 것이며, 그것이 본질적으로는 내전이라는 점을 밝혀둘 필요가 있을 것이다. 어느 한쪽의 작용이나 역할 만을 지나치게 강조하여서는 이 전쟁의 길체를 제대로 파악할 수 없게 마련이다. 1990년대 이후에 공개된 구소련의 외교문서는 조선족 장병들이 귀국하던 시점에 모택동은 한반도에서 북한의 선제공격을 반대하였다고 밝히고 있다. 1949년 말, 1950년 초 소련을 방문하였던 모택동은 스탈린과의 담화에서 오히려 북한이 남한을 공격하는 문제보다 남한이 북한을 공격할 가능성에 우려를 표시했다. 그는 남한의 역량은 북한보다 훨씬 강하다고 생각하고 있었으며, 그 배후에는 미국 군대가 있다고 보았던 것이다. 따라서 그는 북한이 이에 대비한 만반의 준비를 하는 것이 더 중요하다고 인정하였다고 한다.[187]

물론 조선족 부대의 입북이 북한의 군사력을 강화시켰다는 점은 부인할 수 없다. 그러나 물 위에 띄울 수도, 가라앉힐 수도 있는 것처럼 군사

---

186) 당사자 李모와의 면담, 吉林市 川黄區에서.
187) 潘志華, 『中蘇同盟與朝鮮戰爭硏究』(廣西師範大學出版社, 1999), p.108.

력도 공격과 방어능력을 확연히 가를 수 없는 것이라는 점에서, 그들의 입북을 한국전쟁의 발발로 단순하게 연결시키는 것 역시 편협한 분석이라고 하겠다.

한반도에서는 1946년부터 이미 전쟁설이 돌기 시작하였고 1948년 남과 북이 두 개의 정권이 수립된 후 이러한 소문은 더욱 끊임없이 유포되었다. 더욱이 38선을 둘러싼 치열한 충돌, 그리고 1948년 이후 남한에서의 '전쟁'(유격전)은 바로 '전쟁 전의 전쟁'이었다고 해도 과언이 아닐 정도였다. 남한에서의 이러한 '전쟁' 상황은 공산주의자들의 눈으로 볼 때 전형적인 민족해방운동이었던 것이고,[188] 이러한 맥락에서 모택동도 1949년 5월 김일과의 대화에서 한반도에서의 충돌은 회피할 수 없는 것으로 보았던 것이다.[189]

남과 북이 힘의 대결을 계속하고 있는 상황에서 중국의 조선족 부대의 귀결점은 결국 북한으로의 귀국이었을 것이다. 그것은 중국 조선족의 역사적 특성과 한반도의 지정학적 특성이라는 관점에서 자연스럽게 추론할 수 있는 것이다.

우선, 동북 조선족의 이중적 특성이다. 항일전쟁 시기에 중국의 반 침략전쟁과 조선의 독립이라는 두 가지 사명을 생각했던 조선민족은 항일전쟁 이후 중국혁명과 조선혁명이라는 두 가지의 사명을 떠안게 되었다. 이제 중국혁명이 중국공산당의 승리로 귀결된 상황에서 이들은 조선혁

---

188) 1950년 3월 18일 중국의 외교부장 주은래는 3월 15일에 한 미 국무장관 애치슨의 '미국의 대아시아 정책' 연설을 반박하면서 미국이 이승만 등을 지지하면서 남한 등 나라들의 민족독립운동을 파괴하고 있다고 하였다. 『인민일보』(1950. 3. 19) 참조.

189) 王树增, 『朝鮮戰爭』(解放軍文藝出版社, 2000), p.38.

명이라는 또 다른 하나의 사명을 앞세우게 되었던 것이다. 이러한 맥락에서 중국혁명의 승리가 이들 조선족 귀국의 결정적 계기가 되었던 것이다. 중국 인민해방전쟁이 끝나면서 조선족 부대에서 정서적인 동요가 생기고 일부가 집단적으로 귀국을 요구한 것 등이 이같은 상황을 잘 설명해 주고 있다.[190]

둘째, 중국과 북한은 항일전쟁시기의 역사적 관계를 기반으로 다른 한 의미의 운명공동체가 되어 있었다는 점이다. 1949년 대륙에서 실패한 장개석이 남한의 이승만, 필리핀의 퀴리노 등과 '태평양 반공동맹'의 결성을 기도하였다. 중국공산당은 이를 미국의 사주 하에 진행되는 하나의 '음모'로 인식하게 되었고, 미국이 여기에 일본 반동파까지 가담시키려 하고 있다고 비난하였다.[191] 즉 미국의 맥아더, 일본의 요시다, 남한의 이승만, 대만의 장개석이 하나의 전선을 이루고 있다고 본 것이다. 남과 북의 대결에서 누가 승리를 하는가는 중국 동북 지방의 안위와 직접 관련되는 문제가 되었다. 이렇게 한반도의 지정학적 중요성이 부각되면서 중국이 북한의 역량을 강화하고자 한 것은 당연한 것이었고, 실제로 한반도의 남과 북이 대치하는 상황에서 조선족 부대의 귀국이 북한의 군사력을 증강한 것 또한 사실이다. 그렇지만 앞에서 서술한 바와 같이 남한이나 장개석의 입장에서 볼 때 이들 군사력은, 그것이 중국에 있건 북한에 있건 간에 모두 북한 군사력의 한 부분으로 간주되었다는 것 역시 부인

---

190) 당사자 41인과의 면담에서 대부분이 당시 조선족 장병들 가운데 조선에 돌아가서 조선혁명을 완수하자는 목소리가 높았고 실제 집단적으로 조선에 돌아갈 것을 요구하는 사건도 벌어졌다고 한다.

191) 「1949年 7月 18日 新華社電訊稿」, 中央檔案館編, 『中共中央文件選編』(1949年), (中共中央黨校出版社, 1992), pp.534~535.

할 수 없는 사실이다.

특히 여기서 이러한 역사적 사건이 이루어진 특수한 역사적 환경을 주목할 필요가 있다. 세계적으로 보아도 제1차 세계대전부터 제2차 세계대전을 전후로 이와 유사한 상황은 비일비재하였다. 예컨대, 1917년 1차 세계대전 당시 북경 단서기(뚜안치루이, 段祺瑞) 정부는 영불협약국의 작전에 참가할 것을 선언하고, 동부전선에 부대를 파견하고 수천수만의 노동자들을 러시아에 파견하였다. 후에 수만 명의 중국 노동자들이 러시아 홍군에 참가하여 레닌의 동의 하에 중국군단을 조직하고 10월 혁명 후의 러시아 보위전쟁에 참가하는데, 그 가운데 70여 명이 레닌의 경호를 맡았었다.[192] 지금의 시각으로는 이해하기 어려운 점이 없지 않을 것이나, 역시 특수한 역사적 환경에서 이루어진 사건은 당시의 '역사 속에서' 이해할 필요가 있다고 하겠다.

한국전쟁의 발발에 관해서는 아직까지 그 전모가 완전히 밝혀지지 않았지만 1949년 5월 이후 중국공산당과 북한이 조선족 부대의 귀국 문제를 협의한 시점은 남북 모두가 치열하게 대치하며 군사력 증강에 박차를 가하던 시점이었다.

물론 중국공산당의 시각에서 볼 때 남한에서의 유격전쟁이 민족해방운동의 한 부분이고 남북의 대결이 불가피한 상황에서 북한이 통일을 주도하는 것에 대해서는 이의가 있을 수 없었을 것이다. 모택동 또한 1949년 5월 김일과의 회담에서는 이러한 입장을 표명했으나 이 역시 남한의 공격을 전제로 하였던 것이다. 즉 무력통일이라는 것에는 남한이 선제공

---

192) 「中國軍團保衛十月革命」, 『環球時報』(2002. 9. 2).

격을 해 올 경우라는 전제가 따라붙었던 것이다. 따라서 이 부대의 귀국
에는 방어를 위한 군사력 증강이라는 측면이 우선적으로 고려되었다고
할 수 있는 것이다.

한국전쟁의 발발은 동북의 조선족에게 큰 충격을 안겨주었다. 위에서
언급한 바와 같이 그 시기까지 동북의 조선족은 역시 역사적 과도기에
처해 있었으며, 그들의 이중적 특성 또한 사라지지 않은 상황이었다.

한국전쟁이 일어나자 조선족의 집거지역인 연변에서는 '미제의 침략
을 반대하는 운동위원회'가 설립되고 대만과 북한에 대한 미국의 침략을
반대하는 서명운동이 전개되었다.[193] 8월 13일 중국공산당 연변지구위원
회는 상부의 승인을 거쳐 '동북 조선인민 조선위문대표단'을 조직하기로
결정하였으며, 연변지구 20명, 남만과 북만 지구 각각 5명으로 대표단을
구성하였다.[194]

1950년 중국의 한국전쟁 출병이 시작되면서 동북 지방 조선족의 참전
도 늘어나게 된다. 같은 해 11월 2일의 동북일보는 '연변 조선족 영용한
인민들, 조국에 돌아가 참전할 것을 잇달아 요구'라는 제목으로 연변의
조선족이 "미 제국주의가 조선을 침략하는 것을 보고만 있을 수 없으며,
특히 광범한 노동자와 농민들이 조국에 돌아가 조국을 보위하는 전쟁에
참가할 것을 요구"[195]한다고 보도하고 있다. 11월초에는 동북의 조선족
운전기사 546명이 한국전쟁에 나갔다. 그들은 "다시는 망국노(亡國奴)가
되는 것을 원하지 않기 때문에 조국에 돌아가 위국전쟁(衛國戰爭)에 참

---

193) 延邊黨史學會, 『연변40년 記事』(연변인민출판사, 1989), p.9.

194) 위의 책, p.10.

195) 「延邊朝鮮族英勇人民紛紛要求返國作戰」, 『東北日報』(1950. 11. 2).

가하여 조국을 위해 마지막 피 한 방울을 흘리겠다"고 말하였다.[196]

1951년 한 해 동안 연변지역에서만 8,266명의 청장년이 한국전쟁에 참전하였다. 후방의 각종 국방건설에 동원된 인원수는 75,755명이나 된다.[197] 한국전쟁 기간에 연변에서만 약 5,000명에 달하는 조선족이 전쟁에 나갔다.[198] 요녕성의 심양시에서는 1950년에 200여 명의 조선족 청년들이 중국 인민지원군에 참가하여 한국전쟁에 나갔다.[199] 북만지역의 모단강시에서는 535명이, 해림현에서는 1,743명이, 영안에서는 신병 146명, 통역 175명이 나갔다.[200] 연변대학 의학부에서는 항미원조전선 간호원반을 설치하고 1,000여 명의 간호원을 양성하였다. 연변지구에서는 한국전쟁을 지원하기 위하여 지방으로부터 대량의 간부를 선발하여 지방에는 현, 구 간부가 부족한 현상까지 나타났다.[201]

결국 이와 입술과 같은 중국과 한반도의 관계 속에서, 특히 한반도의 지정학적 중요성이 강조되면서 동북의 조선족은 항상 역사적 소용돌이의 가운데 서 있었다. 항일전쟁 시기가 그렇고, 중국 인민해방전쟁 시기가 그러하며, 한국전쟁 역시 그 예외가 아니다. 그러나 조선족의 이러한 역사적 역할은 한국전쟁 후 한반도의 분단이 고착되고 세계적인 냉전구도가 굳혀지면서 그 종말을 보게 되었다.

---

196)「志願參加軍事運輸抗擊美帝 五百朝鮮汽車司機返國」,『東北日報』(1950. 11. 10).

197) 延邊黨史學會編, 앞의 책, p.29.

198)『연변조선족교육사』(연변인민출판사, 1987), p.196.

199) 瀋阳市民委民族志編撰辦公室編,『瀋阳朝鮮族志』(遼寧民族出版社, 1989), p.43.

200) 徐基述主編,『黑龍江朝鮮民族』(黑龍江朝鮮民族出版社, 1988), p.115.

201) 위의 책, p.14.

제7장

장개석과 이승만의 반공동맹 구상

제1절 소육린의 '정세조성론'

1949년 인민해방군의 강력한 공세에 몇 백 만의 국민당 군대는 참패를 거듭하였고, 대세가 기울어진 장개석은 대만으로 퇴각하여 사면초가의 고립무원 지경에 빠지게 되었다.

1949년 7월 소육린은 한국 주재 국민당 정부 초대 대사로 부임하기 전 대통령 대리 이종인(리쭝런, 李宗仁)에게 '전시 반공 외교책략 강령 및 그 실시절차'라는 보고서를 제출하였다. 그 개략적인 내용은 아시아의 반공 국가들이 반공연맹을 구성하여 미국의 지원을 받도록 하며, 일본과 한국 양국에 대해서는 즉각 비상대책을 강구하여 이 조치에 보조를 맞추도록 한다는 것이다. 소육린은 한국으로 떠나기 전인 6월 29일과 7월 1일에 장개석을 두 번 면담하였다. 그는 한국과의 관계를 설명하면서 현재 대만의 처지는 밖으로는 강력한 적이 물 건너에서 압박을 하고 있고 안으로는 비적(匪賊)과 간첩들의 암약으로 인심이 흉흉한, 중화민국 역사상 가장 위험하고 암울한 상황이라고 지적하였다. 또한 국제적으로도 가장 중요한 우방인 미국이 가장 중차대한 시기에 국민당 정부를 포기하였으며, 미국 정부 관리들이 공개적으로 대만, 평후(澎湖)와 남한이 미국의 방위선 안에 들어있지 않다고 거듭 언명하고 있는 데, 이는 국제 공산당을 불러들여 대만과 남한을 내주는 것이나 다름이 없다고 주장하였다.[1]

이 시기 동북아시아의 초점은 더 이상 중국 대륙이 아니었다. 중국 대륙을 잃은 후 장개석이 자리잡은 대만과 한국이 동북아시아의 초점으로 떠올랐고, 이들 양국의 운명은 또 다시 장개석과 이승만을 연결시키는 계기가 되었다. 그러나 당시 장개석의 입장에서 가장 시급한 것은 어떻게든 참담한 좌절을 만회하는 것이었고, 이에 따라 장개석과 이승만의 관계도 과거와는 다른 새로운 내용으로 전개되게 되었다.

소육린은 당시 대만과 한국이 처한 상황을 다음과 같이 전략적인 시각에서 분석하였다. 동북과 대륙 연해지구가 공산당에 점령당한 상황에서 남한은 지정학적으로 극히 위험한 상황에 처해 있다. 그렇지만 국제적인 측면에서 볼 때 한국은 대만보다는 좀 낫다고 할 수 있다. 한국은 유엔의 결의와 감독 하의 선거에 의해 세워졌기 때문에 국제조직이 뒷받침을 받고 있지만, 대만은 이미 고립무원 상태에 빠져 있다. 만약 대륙을 석권한 공산당이 대만을 공격하면 그 결과는 상상할 수도 없는 것이다. 그는 남한이 조만간 국제공산당의 정치적 침투와 무장게릴라의 협공을 받을 것이라고 생각하였다. 그러나 공산당이 먼저 남한을 공격할 경우 남한은 국제적인 지원을 받을 수 있고, 또 코앞에 있는 맥아더 총사령부가 보고만 있지도 않을 것이다. 이렇게 남한이 구원을 받으면 대만은 각국이 공

---

1) 邵毓麟, 『使韓回憶錄』(臺灣, 傳記文學出版社, 1980), pp.244~245.

산당의 남한 침략을 성토하는 분위기 속에서 위기를 탈출할 수 있는 일루의 희망을 가질 수 있을 것이다. 그러나 소육린은 이 또한 공산당이 그러한 실수를 범하는가 범하지 않는가에 달렸다고 보았다.[2] 최근의 남북한 정세에 대한 장개석의 질문에 대해 소육린은 "남한은 이미 문제지역이 되어 있고, 문제지역은 곪아 터지게 마련이다. 남북한 정세 역시 이미 사실상 폭발점에 다다라 있다. 미군 철수 후 정치·군사적으로 한두 개의 요인이 부가되면 남북한 정세는 언제라도 변화가 일어날 수 있다."[3]고 답하였다. 소육린이 장개석을 만난 시점은 한국에서 미군의 철수가 완료되던 시점이었다. 그는 미군 철수 후 남북한 정세에 변화가 일어나리라는 것을 정확하게 예측하고 있었던 것이다.

소육린은 다시 장개석의 '극동 반공연맹' 구상에 대한 질문에 대해, 그가 이종인에게 제출한 '전시 반공외교 책략 강령 및 그 실시절차'를 개략적으로 설명하였다. 그는 이 연맹의 수립은 단기간에 완수할 수 없는 것이기 때문에 한 편으로는 외교적으로 이 연맹의 수립을 위해 노력하며 다른 한 편으로는 '비상수단'으로 대응하여 전략을 운용하고 정세가 국민당 정부에 유리하게 전개되도록 노력해야 할 것이라고 설명하였다.[4]

소육린이 말한 비상수단과 전략이 무엇인가에 대해 자신의 회고록에서도 이를 분명히 밝히지 않았다. 그는 다만 손자가 말한 "선전자, 구지어세, 불책어인"(善戰者, 求之於勢, 不責於人)[5]이라는 문구로 그 함의를

---

2) 앞의 책, p.106.
3) 앞의 책, p.106.
4) 위와 같음.
5) "싸움에 능한 사람은 세(勢)에서 승부를 구할 뿐 사람을 탓하지 않는다"는 의미.(역자)

개괄하면서, 이른바 전략이란 바로 '정세를 조성하는 것'(造勢)이라고 갈파하였다. 즉 싸움에서 이기려면 힘을 빌려야 하고, 자신에게 유리한 정세를 조성해야 한다는 것이다. 그는 공산당이 실수를 범하는가 범하지 않는가는 국민당과 자유국가들이 어떻게 대응과 정세를 조성해 나가느냐에 달렸다고 주장하였다.[6]

또한 대만과 한국이 처한 상황은 지극히 위험하며, 객관적인 정세로 보아 조만간 한국에서 전쟁이 발발할 것이라고 예견하였다. 또한 국민당이나 남한의 입장에서 전쟁의 발발 시기는 빠르면 빠를수록 좋으며, 특히 주한미군 철수 전에 전쟁이 시작되는 것이 적절할 것이라고 보았다. 다만 여러 가지 정세를 고려하건대 공산집단의 입장에서는 국제적으로 유기된 고도 대만을 먼저 공격하여 중국을 통일하고 난 후 이승만의 정치적 약점을 이용하여 신중하게 남한을 공략할 것이라고 판단하였다. 그가 보기에 한국전쟁은 공산당이, 그가 희망하던 대로 "실수를 범한" 것이었다. 소육린은 전쟁 발발 전 자유국가와 남한은 공교롭게도 얼마간 공산당의 오판을 유도할만한 언행의 실수를 범하였다고 주장하였다. 즉 한국의 경우 이승만은 시도 때도 없이 북진 무력통일을 호언하는가 하면, 장개석과 진해회담을 갖고 극동 반공연맹을 결성하기로 하고, 심지어는 중한 양국이 비밀 군사조약을 맺고 국민당 정부가 제주도를 조차하여 공군 기지로 만든다는 유언비어까지 퍼뜨리기도 하였던 것이다. 소육린은 장개석 집단이 구체적으로 어떠한 모략을 취했는가를 공개하지는 않고, 다만 전쟁 전 관련 국가들의 전략과 선전은 허허실실(虛虛實實)하여 제

---

6) 邵毓麟, 앞의 책, pp.244~245.

대로 읽어내기 어렵다고 하였다.[7]

외교가로서 뛰어난 자질을 가지고 있었던 소육린은 매우 명석한 두뇌를 가지고 있었다. 당시 장개석 정권이 패주한 대만의 함락도 시간 문제라는 절실한 위협을 느끼고 있었다. 이런 상황에서 그는 '극동 반공연맹'과 같은 조직을 만들어 저항하는 것이 필요하기는 하지만 긴급한 존망의 위기를 돌파하는 수단이 될 수 없다는 것을 알고 있었다. 때문에 그는 비상수단을 취하지 않고 전략을 펴지 않으면 철저하게 실패할 수밖에 없으며, 대만의 운명을 반전(反轉)할 수 없다고 보았던 것이다. 소육린의 이러한 주장은 장개석의 구상과도 맥락을 같이 하는 것이었다. 그가 말한 '비상수단'과 '모략'이란 바로 폭발점에 달한 한반도 정세에 한두 가지의 정치적 혹은 군사적 요소를 부가함으로써 정세를 일변시키고, 이를 통해 국민당의 실패를 만회할 수 있는 돌파구를 마련하고자 하는 것이었다. 이렇게 보면 당시 정세 변화를 위해 취해진 정세조성, 즉 '조세'(造勢) 조치는 바로 한국전쟁 전 장개석과 이승만의 관계를 읽는 핵심적 단서가 되는 것이다.

제2절 장개석과 이승만의 진해회담

한국 정부가 성립되자마자 이승만 정부는 필요하다면 소련군이 북한에서 철수한 후 즉각 무력으로 북한을 굴복시키고 남쪽의 한국 정부 권

---

7) 앞의 책, pp.244~245.

위를 북방에까지 확장할 것이라고 주장하였다.[8] 이와 동시에 이승만은 공개적으로 중국공산당에 대한 적의를 드러내기 시작하였다. 1948년 12월 19일 "중국의 적화는 용납할 수 없는 것이다"라고 하면서 "중국을 공산 진영에 굴복케 하는 것은 이해할 수 없는 일이다. 앞날을 예견하는 정치가라면 이것을 용납하지 않을 것이다. 이는 정책적인 자멸을 의미하고 도덕적인 배반을 의미하기 때문이다."라고 말하였다. 또한 중국공산당을 일본 제국주의와 비유하여 "타협주의를 주장하는 세계 정치지도자들은 일본의 군국주의와 타협하면 세계평화가 오는 줄 알고 일본 제국주의와 타협하고, 그들을 무마하였으나 결국은 크나큰 재난을 키워왔다. 정치지도자들이 이러한 경험을 교훈 삼아 타협정책을 포기하였다면 오늘 공산주의로부터 중국을 구출하는 것을 왜 주저하는가? 민주주의 세계 수립을 위하여 투쟁한다는 말은 무엇을 의미하는가? 오늘의 세계는 공산주의와 민주주의라는 상반되는 두 이념으로 갈라져 있다. 공산주의는 산불처럼 사방으로 번지면서 이 불빛이 미치지 않은 곳이 없다. 나는 언제나 중국이 공산주의 진영에 굴복하도록 내버려 두어서는 안 된다는 점을 강조하여 왔다"고 주장하였다.[9]

한편 장개석은 항상 자신의 행위를 전 세계 공산주의에 반대한다는 차원에서 미국의 원조를 요청해 왔다. 1948년 11월에 트루먼에게 보내는 서한에서 그는 "나는 공산주의의 전 세계 침략에 반대하는 민주주의 공동방위자의 자격으로 트루먼 대통령이 신속하게 군사원조를 증액하고 미국의 일관된 정책을 성명함으로써 중국 정부가 벌이고 있는 투쟁 목표

---

8) 「韓政府擬以武力擴張聲威至北韓」, 『中央日報』(南京: 1948. 12. 19).
9) 대한민국공보처, 『대통령 리승만 박사 담화집』(1953), p.11.

를 지지해 줄 것을 요구한다"[10]고 언명하였다.

이승만 역시 12월 16일 기자들과의 담화에서 같은 취지의 발언을 하였다. 미국은 마땅히 즉각 중국 정부를 전폭적으로 지원하여 아시아에서의 공산주의 창궐을 막아야 한다고 강조하였다. 또한 중국의 내전에 미국의 아시아와 전 세계에 대한 지도력의 권위가 달려 있으며, 남경 정부의 개혁은 차후로 해결할 수 있는 문제라고 주장하였다. 아울러 한국의 조야는 깊은 관심을 가지고 중국의 정세를 예의 주시하고 있다고 말하였다.[11]

1949년 3·1운동 30주년 기념연설에서 이승만은 "해방 후 2년 동안 미국의 정책이 확고하지 못했던 까닭에 우리가 공산당과 대결하기에 많은 고난을 받아왔다. 그러나 트루먼 대통령의 새로운 정책이 우리 한국에 새로운 희망을 주게 되었다. 오늘 세계는 공산과 민주라는 두 이념의 충돌에 빠져 있으며, 이 투쟁은 조만간 두 이념 중 어느 하나가 승리를 얻음으로써 결판이 날 것이다. 공산주의는 큰 전염병이다"라고 지적하였다. 마지막으로 이승만은 또 "온 세상이 다 적화되고, 온 세계가 다 합해서 우리를 공산화시키려 할지라도 우리는 죽음으로 항쟁하여 우리나라는 우리의 것이요, 우리 일은 우리가 해 나간다는 굳은 결심으로 최후의 일인, 최후의 일각까지 나라와 민족을 지켜나가야 할 것이다"라고 역설하였다.[12]

대륙에서 패퇴한 장개석은 미국을 중국 문제에 개입시키고 원조를 받아내기 위하여 중국의 내전을 '국제 문제화'하려는 활동에 박차를 가하

---

10) 「蔣介石總統致杜魯門總統」, 『美國與中國的關係』(中國現代史資料編輯委員會翻印, 1957), p.873.

11) 「韓總統呼吁援華」, 『中央日報』(1948. 12. 17).

12) 대한민국공보처, 앞의 책, p.16.

였다. 자신이 일으킨 내전을 반소 · 반공 '대업'의 일부분이라고 주장하면서, 미소의 충돌과 제3차 세계대전의 폭발에 자신의 희망을 걸고 있었다. 그는 중공을 진압해야만 제3차 세계대전을 회피할 수 있고, 또 중국의 내전은 사실상 제3차 세계대전의 서막을 의미하는 것이기 때문에 미국은 미국을 위하여 앞장서 싸우고 있는 중국을 전폭적으로 지원할 의무가 있다고 주장하였다.[13]

장개석과 이승만은 모두 자신들이 미국 진영에 속해 있으면서 전 세계 반소 · 반공의 '자유진영'을 위하여 싸우고 있으며, 필리핀 대통령 퀴리노가 지적한 것처럼 "미국의 반공운동에 협조"[14]하고 있다고 강조하였다. 그러나 당시 미국은 이미 스스로를 보존할 능력을 상실한 장개석이나 사방에서 위기에 처해 있던 이승만은 '포기' 혹은 '반포기'된 상태였다. 결국 이들이 미국의 반공에 협력한다는 것은 미국을 이용하여 위기를 타개하겠다는 일종의 구실에 불과하였다. 그리고 공산주의라는 공동의 위협에 직면하고 있던 장개석이나 이승만으로서는 미국을 끌어들이는 것이 가장 중요한 공동의 목표요, 서로를 연결하는 유대의 고리가 되고 있었다. 이승만은 "내가 미국인이라면, 공산주의의 목적이 세계 민주주의를 파괴하고 있다는 것을 잘 알고 있다면 공산주의를 파괴하는 대신 가능한 지역에서 공산주의 주변에 반공국가를 수립하는 데 전력을 다할 것이다. 나는 유럽에서의 공산주의 위협이 아시아에서보다 미국의 군사적 안전에 더 큰 위협이 되고 있다고는 믿지 않는다. 태평양 연안보다 대

---

13) 資中筠, 『美國對華政策的緣起和發展』(1945-1950), (重慶出版社, 1987), p.212에서 재인용.
14) 『中央日報』(1949. 7. 14).

서양 연안에서는 공산주의의 군사적 위협이 그다지 위협적이지 않을 것이다"[15]라고 주장하였다. 같은 시기 장개석 역시 '하야' 후의 오랜 침묵을 깨고 미국 기자와의 간담회를 통해 "세계 반공진영의 영수인 미국은 당연히 중국을 원조 범위에서 배제하지 않을 것"[16]이라고 언명하였다.

위와 같은 공동의 운명이 장개석과 이승만을 더욱 가깝게 하고 있을 때 마침 필리핀 대통령 퀴리노가 미국의 지도 아래 대서양 동맹과 같은 태평양동맹을 설립할 것을 제안하였는데, 이야말로 장개석과 이승만이 고대하던 바이었다. 이승만은 즉각 전적인 지지를 표시하면서 미국은 모든 가능한 방법을 강구하여 동양 민족을 원조하는 선구자가 되어야 한다고 언명하였다.[17] 장개석도 이에 적극적으로 호응하였다. 일찍이 1949년 5월 11일 미국 주재 장개석 정부 대사는 애치슨에게 북대서양 조약기구와 같은 성격의 태평양 조약기구 설립을 제의하였다. 이튿날 오스트레일리아 총리가, 또 이틀이 지나서는 한국의 이승만이 차례로 태평양 조약기구의 설립을 호소하였다. 이와 같은 움직임에 대해 5월 18일 애치슨은 "비록 이 지역에 세계평화를 위협하는 엄중한 요소가 있지만 아직 이러한 기구를 설립할 시기가 성숙되지 않았으며, 이러한 기구를 설립하는 것은 미국이 군사력으로 장개석을 지지하고 중국공산당을 반대한다는 것을 의미한다고 지적하였다.[18]

그러나 장개석은 애치슨의 냉대에 낙심하지 않았다. 7월 10일 장개석

---

15) 대한민국공보처, 앞의 책, p.143.
16) FRUS, 1949년 Ⅷ p.412~416, 資中筠, 앞의 책, p.212에서 재인용.
17) 대한민국공보처, 앞의 책, p.143.
18) I.F.斯通, 『朝鮮戰爭內幕』, pp.28~29.

은 바귀오에서 필리핀 대통령과 '바귀오회담'을 갖고 아시아 반공연맹 결성의 첫 발을 내딛게 된다. 장개석은 바귀오에서 이승만에게 전보를 보내 논의 중인 반공연맹에 동참할 것을 특별히 요청하였다. 장개석과 퀴리노는 7월 12일 공동성명을 발표하여 극동 각국이 동맹을 결성하여 공산주의 위협을 제거할 것을 제안하였다. 같은 날 이승만은 성명을 내고 한국은 이미 태평양 반공투쟁에 참가할 준비가 되어 있다고 화답하였다.[19] 7월 17일 한국 정부는 정식으로 국민당 정부에 장개석의 방한을 제의하고, 19일 다시 장개석에게 이승만의 친서를 보내 연맹에 참가할 의향을 밝히면서 재차 장개석의 한국 방문을 요청하였다.[20]

장개석과 퀴리노는 공동성명에서 공산주의가 나날이 세를 확장하여 자유와 독립을 위협하는 상황에 직면하여 아시아 각국은 이러한 위협에 공동으로 대응하고 저지하기 위한 동맹을 결성하여야 한다고 주장하였다. 아울러 이 동맹의 결성과 관련한 구체적 방안을 논의하기 위해 즉각 이에 가입을 희망하는 국가들의 예비회담을 즉시 소집할 것을 제안하였다. 장개석은 이 공동성명을 태평양 반공동맹을 결성하는 기초사업으로 간주하였다.[21]

장개석은 필리핀에서 중국이 만약 중국공산당의 손에 들어가면 아시아 전체가 공산주의 소용돌이에 휘말릴 것이라고 지적하였다. 이에 대해 이승만은 한국에서 자신은 이런 견해를 동의하지 않는다고 하면서 "우리는 미국으로부터 적절한 군사적, 경제적 원조만 받는다면 반드시 민주

---

19) 『自由新聞』(서울: 1949. 7. 13).
20) 邵毓麟, 앞의 책, p.107.
21) 『自由新聞』(서울: 1949. 7. 13).

주의를 유지하고 방위할 수 있다고 확신한다"고 언명하였다. 한편 이승만은 또 미국의 원조를 호소한 장개석을 지지하면서, 만약 미국이 장개석의 호소를 외면할지라도 대한민국은 국민당 정부를 지지할 것을 확언하며, 민주주의 원칙을 위하여 공산주의와 싸우는 어떠한 나라와도 협력할 것이라고 강조하였다. 이승만은 중국 사태를 주택의 화재에 비유하여 "만약 모든 민주주의 국가가 중국이 그들의 방위선을 지켜낼 수 있도록 도울 수 있다면 나는 중국이 그 주택을 다시 세울 수 있는 방법을 발견할 수 있도록 도움을 줄 수 있다"고 덧붙였다.[22]

장개석이 아직 필리핀에 머물고 있는 동안 이승만은 장개석의 대중공 투쟁 결의표명을 찬양하고 태평양 조약을 통한 장개석 정권과의 동맹 문제를 재차 제기하였다. 이승만은 기자회견에서 중국공산당의 승리가 곧바로 극동에서 공산주의의 만연을 초래하는 것은 아닐 것이나 아시아에서의 반공 사업은 유럽에서와 마찬가지로 시급한 것이라고 강조하였다. 그는 "태평양 제국의 군사 동맹을 체결하고 중국국민당 정부를 원조할 기회는 아직도 남아있다. 나는 중국공산당의 승리가 완전한 것이며 장개석 씨가 항복하리라고는 믿지 않는다. 결국 중국 인민은 장 씨를 중심으로 결속할 것이다. 현재 미국의 극동정책은 공산세력의 전진을 저지하기 위하여 강화되고 있는 것으로 보이며, 미국 하원 외교위원회가 1억 5천만 달러에 대한 원조를 승인한 것은 미국이 아시아에서 한층 적극적 행동을 기획하고 있음을 시사하는 것이다"라고 주장하였다. 그는 계속하여 "공산당은 그 위력과 전염력에 있어 콜레라균과 흡사하다. 모든 극동 국

---

22)『自由新聞』(서울: 1949. 7. 8).

민은 점차 그 국경에 접근해 오는 공산주의의 확산을 경계하여야 한다. 현재 중국에서 발생하고 있는 사태는 세계 모든 자유민의 안전보장에 대한 직접적 위협이 되고 있다. 중국민의 자유만이 아니며 모든 민족의 자유가 공산주의 위협 하에 있는 것이다. 한 국민에 대한 오늘의 공격은 모든 기타 국민에 대한 내일의 공격을 의미하는 것을 우리의 과거의 경험이 가르치고 있는 것이다. 중공 영수 모택동은 최근 성명을 통해 중국 인민은 제국주의와 사회주의 투쟁 중 어느 하나를 택일해야 한다고 말하였는데, 모택동은 여타의 모든 공산주의자와 동일하며, 나는 그가 다른 공산주의자와는 다르다는 것을 믿지 않는다"[23]고 언명하였다.

위에서 본대로 장개석과 퀴리노의 바귀오회담에 대해 이승만은 즉각 환영을 표시하였다. 그는 "퀴리노와 장개석은 태평양 제 국민들의 반공투쟁을 조직화하는 데 좋은 출발을 한 것이다. 내가 전에 누차 언명한 바와 같이 대한민국은 이 운동에 참가할 만반의 준비가 되어 있다. 바귀오회담에 관한 정식보고를 접하지 않았으나 신문 보도에 의하면 양자간에 합의를 보았다 하니 크게 기대하는 바이다. 그들이나 우리들이나, 아니 모든 세계의 자유국가들은 우리들의 공동의 적은 공산주의라는 것을 알고 있다. 큰 불처럼 번지는 공산주의를 막아내기 위해 투쟁하여야 할 것이다. 우리들은 지금 불타는 삼림 속에 있다. 모든 사람들은 이 투쟁에 참가하여야 할 것이다. 그렇지 않으면 이 세계를 위협하는 거대한 불덩이는 모두 태워버리고 말 것이다. 나는 장 총통과 퀴리노 대통령이 함께 혹은 한 분만이라도 이 기회에 우리를 방문하여 우리 한국인들에게 적색

---

23) 『自由新聞』(漢城: 1949. 7. 9).

위협과 전체주의에 대항하는 공동투쟁에 최선의 도움을 줄 수 있는 방법을 가르쳐주기를 충심으로 바라는 바이다"[24]라고 발언하였다.

7월 28일 주한대사로 부임한 소육린은 이승만과 장시간 면담하고 장개석의 비밀서한을 전달하면서, 중국과 필리핀 회의의 경과와 국제 환경, 그리고 장개석이 한국을 특별 방문하여 회담을 할 구상을 설명하였다. 이에 이승만은 재차 환영의 뜻을 표하면서 극동 반공연맹과 중국 · 필리핀 · 한국, 특히 중국과 한국을 핵심으로 하는 구상에 전적으로 찬동한다는 입장을 분명히 하였다.[25] 같은 날 이승만은 "장개석 총통이 한국을 방문하려는 것은 공산주의의 확산을 방지하기 위한 극동 자유국가들의 일치단결을 증명하는 것이라고 믿는 바이다. 우리들은 우리의 자유와 주권을 보전하기 위한 투쟁의 고비에 와 있으며 아시아의 모든 자유 국민들은 당면한 위협에 대항할 수 있는 집단적 방위태세를 구축할 필요가 있다. 우리들은 태평양 지역의 모든 민주국가가 이해와 협력을 가지고 전체주의를 저지하고, 동시에 아시아의 확고한 평화를 보존할 수 있기를 바라는 바이다"[26]라고 언급하였다. 이승만은 또 중국의 형세와 한국의 정세를 비교하면서 "중국은 심각한 공산주의 위협을 받고 있으며, 한국 또한 그 국토의 절반이 공산분자에게 점령되고 있다. 우리가 태평양동맹을 체결하려는 것은 당면한 위급함에서 벗어나기 위한 것뿐만이 아니라 공산세력을 방어하기 위한 북대서양 동맹 제국과 보조를 같이 하여 동양에서도 각국이 합심하여 방공투쟁을 전개하려는 것이다. 따라서 나의 주장

24) 대한민국공보처, 앞의 책, p.144.
25) 邵毓麟, 앞의 책, p.112.
26) 대한민국공보처, 앞의 책, p.144.

은 지역적으로나 인종적으로 구별이 있어서는 안 된다는 것이며, 또 군사직 문제에 있어서는 태평양 상의 어느 나라가 침략을 당했을 때 다른 동맹국이 이를 공동 방어하는 것이 아니면 의의가 없다는 것이다"[27]라고 주장하였다.

7월 29일 이승만은 한발 더 나아가 "나는 태평양동맹이 없다고 해도 공산당과 투쟁하겠지만 세계 대세로 보아 이러한 동맹을 원칙적으로 찬성한다…우리가 이북을 통합하지 못하는 것은 결코 실력이 없기 때문이 아니다. 우리는 세계 대세에 따라 평화적으로 남북을 통일하자는 것이다. 우리가 제3차 세계대전을 일으켰다는 소리를 국제적으로 들어서는 안 된다."[28]고 말하였다.

장개석이 한국을 방문할 즈음에 미 국무성은 『중국백서』를 발표하였다. 이것은 장개석에게 있어서는 심각한 타격이 아닐 수 없었다. 그러나 다른 한편으로 장개석으로 하여금 '또 다른 출로'를 찾기 위한 노력을 가속화하는 계기가 되기도 하였다. 장개석이 한국에 도착하기 하루 전에 소육린은 한국의 이범석 총리, 임병직 외무장관과 백서에 관해 토의하였다. 쌍방은 "양국의 운명은 불가분리이며, 얄타협정은 이미 한중 양국의 이익을 배반하였다. 양국의 정상이 양국, 나아가 아시아가 직면하고 있는 위기를 해결하기 위하여 회의를 갖고 공동으로 분투하려 하는 시기에 미국 정부가 이 문서를 발표하여 중국 정부를 공공연히 공격하고 대륙의 적화 책임을 완전히 중국에 전가하려 하고 있다"고 비난하면서, "한국과 중국으로서는 몽둥이에 얻어맞은 기분이지만 양국이 일치단결하여 투쟁

---

27) 앞의 책, p.145.
28) 『自由新聞』(서울: 1949. 7. 30).

하는 것 외에 다른 길이 있을 수 없다는 데 인식을 같이하였다"[29]고 발표
하였다.

장개석은 필리핀 방문 후 8월 6일 진해에 도착하였다. 그는 도착 성명
에서 "한국의 독립은 귀국 인민이 분투하는 목표일 뿐만 아니라 중국 인
민, 그리고 나 개인의 간절한 기대이기도 하다"고 전제하고, "중한 두 민
족은 3천 년 이래 순망치한의 형제의 나라였으나 불행하게도 오늘날 공
산주의 침략의 위협을 받고 있다"고 지적하였다. "환난을 같이 하는 풍우
동주(風雨同舟)의 우의가 더욱 절실히 필요하다"고 강조하였다.[30]

진해회담에서 쌍방은 입장이 일치하였고, 각 항의 원칙에 순조롭게 합
의를 달성하였다. 이들은 필리핀 대통령에게 위임하여 가까운 시일 안에
바귀오에서 예비회의를 소집하여 동맹조직에 관련한 각 항의 구체적 방
법에 대한 초안을 마련하고, 모든 필요한 절차를 취해 나가면서 동맹의
조기 성립을 추진하기로 한다는 데 의견을 같이 하였다.[31] 장개석과 이승
만은 확실히 북대서양 조약기구를 극동 반공연맹의 모델로 삼고 있었다.
회담 결과에 대해 소육린은 중한 쌍방이 확고한 태도와 입장을 견지하고
있기 때문에, 전날 미 국무성에서 발표한 『중미관계 백서』(중국백서)에
전혀 개의치 않고 있으며 양국 관계가 크게 진전되었다고 평가하였다.[32]

8월 7일 장개석을 환영하는 환영사에서 이승만은 공산주의는 허위적
이고, 폭력적이라고 비난하면서 장개석이 승리할 때까지 공산주의와 싸

---

29) 邵毓麟, 앞의 책, p.114.
30) 위의 책, p.116.
31) 위의 책, p.117.
32) 위와 같음.

우리라는 것을 확신한다고 말하였다. 그는 장개석이 공산주의에 대해 확고히 항거하는 것은 중국의 독립과 자유를 보장하기 위해서 뿐만 아니라 평화를 사랑하는 아시아 인민을 위한 것이기도 하다고 지적하였다. 이어서 그는 장개석과 퀴리노의 회담은 위대한 성공을 거두었으며, 한중회담은 각자 독립의 자유를 지키는 데 있어서 커다란 성과를 이룩했다고 추켜세우고, 곧 발표될 공동성명은 공산당의 압박에 허덕이는 세계 모든 인민에게 복음이 될 것이라고 선언하였다. 그는 성공하지 못한 일이 없었던 장개석이 공산주의를 박멸할 것이며, 또한 이러한 노력이 반드시 성공하리라는 것을 확신한다고 말하였다. 이승만은 마지막으로 우리는 장 총재를 끝까지 일치 옹호하여야 한다고 주장하면서, 장개석과 자신은 진리와 공평을 위해 노력하고 있지만 공산당은 속임수와 압박을 말할 뿐이기 때문에 공산당의 속임수와 압박은 결코 성공할 수 없을 것이라고 강조하였다.[33]

장개석도 답사에서 지난 수십 년간 한국의 광복과 중국의 혁명은 불가분리의 관계에 있었다는 점을 다시 한 번 강조하였다. 그는 중국혁명 목적의 하나가 바로 한국을 도와 독립을 실현하는 것이며, 한국이 독립과 통일을 이루어야만 중국혁명의 성공을 충분히 보장할 수 있다고 말하였다. 그는 양국의 지사들이 이 도리를 깊이 터득하고 형제처럼 가까운 관계를 맺어왔고, 제1차 세계대전 이래 중국은 줄곧 한국 혁명운동의 진원지요, 광복사업의 대본영이 되어왔다고 지적하였다. 장개석은 계속하여 제2차 세계대전 기간 중 한국 군대는 중국의 전장에서 중국 혁명군과 함

---

33) 「李承晚總統歡宴蔣總裁」, 『中央日報』(1949. 8. 8).

께 어깨를 나란히 하여 싸워 승리를 쟁취하였으며, 실천의 검증을 거친 이 고귀한 우의는 영원히 잊을 수 없는 것이라고 역설하였다. 아울러 그는 현재 쌍방은 모두 건국 과정에서 매우 큰 어려움과 장애에 부딪쳐 있음을 상기시키고, 양국이 일치단결하여 고난과 장애를 극복하고 미래를 개척하면서 건국의 대업을 위해 함께 분투할 것을 호소하였다.[34]

장개석은 나아가 지정학적 맥락과 역사적 시각에서 양국의 관계를 논급하였다. 우선 지리적 조건으로 볼 때 대륙과 해양의 중간에 놓여 있는 한국은 극동 국제관계에 있어서 극히 중요한 교량이므로 중한 양국은 화합하면 서로를 보전할 것이지만 흩어지면 모두가 다치게 될 것이라고 주장하였다. 또한 역사적으로 한국이 침략에 저항할 때마다 중국은 국력을 아끼지 않고 한국을 지원하였다고 하면서, 7세기와 16세기에 중한 양국은 두 차례 연합군을 조직하여 육지와 해양에서 공동으로 외적을 물리치고 승리를 거두었다고 강조하였다. 또한 19세기 말엽 중일 갑오전쟁에서 중국이 패전한 결과 한국의 독립은 위협을 받기 시작하였고 극동의 정세는 끝이 없는 재난이 뒤따르게 되었다고 주장하였다.[35]

장개석은 계속하여 공산당의 극단적 사상과 독재이론, 숙청 · 학살 · 폭력 · 공포와 침략주의의 정책은 모두 근본적으로 민주정치와 양립될 수 없는 것이라고 지적하고 공산당을 비판하였다. 그는 중한 양국 모두 민주정치의 실현을 건국의 이념으로 하고 있기 때문에 앞으로 더욱 상호 협력하고 친목을 도모하면서 이 숭고한 이상을 실현하기 위해 분투하리

---

34) 邵毓麟, 앞의 책, pp.118~119.
35) 「蔣總裁在韓總統宴會上的致詞」, 『中央日報』(1949. 8. 8).

라는 것을 확신한다고 강조하였다.[36]

8월 8일 장개석과 이승만은 공동성명을 발표하였다. 성명은 "우리는 모두 인류의 자유와 국가의 독립과 융합되지 않는 국제공산주의 위협이 반드시 소멸되어야 한다고 인식한다. 이 공동의 위협을 제거하기 위해 우리는 각자가 힘껏 노력하는 동시에 연합하여 분투해야 한다. 우리의 안전은 단결해야 확보할 수 있다. 우리는 현재 태평양 각국, 특히 극동 각국에 대한 공산주의 위협이 세계 어느 기타 지역보다 엄중하다는 사실을 깊이 인식하고 있다. 따라서 각국이 단결하여 일치된 행동을 취할 필요성이 절박하다. 우리는 아시아가 침몰되면 세계가 자유로울 수 없다는 것을 굳게 믿는다. 전 인류는 절반이 자유롭고 절반이 노예로 되는 것을 절대 허용하지 않을 것이다"[37]라고 언급하였다. 장개석과 이승만은 또 공동성명에서 쌍방이 인류의 자유와 국가의 독립에 위배되는 국제 공산주의 위협을 제거할 것을 함께 인식하고 있으며, 이 공동의 위협에 대항하기 위해서는 개별적 투쟁과 집체적 투쟁을 병행하여야 한다고 주장하였다.[38]

한국의 우익 정당과 단체들은 장개석의 방문에 대해 긍정적인 논평을 발표하였다. 한민당의 전신인 민주국민당은 중한 우의는 이와 입술의 관계와도 같기 때문에 공산세력의 침략을 받고 있는 현재의 난관을 뚫고 나가기 위해, 또한 극동의 평화를 유지하기 위해 반드시 공동으로 분투해야 한다고 하면서 장 총통의 이번 방문은 태평양동맹 결성을 촉진하고 극동 각국의 집체방공(集體防共)을 위한 기초를 다져놓았다고 평가하였

---

36) 邵毓麟, 앞의 책, pp.118~119.
37) 「蔣總裁與李承晩總統聯合聲明」, 『中央日報』(1949. 8. 9).
38) 『自由新聞』(서울: 1949. 8. 9).

다. 대한청년단은 장개석과 이승만의 성명은 집단적으로 공산당을 축출하기 위한 반공의 찬란한 금자탑을 세운 것이라고 주장하면서 태평양동맹이 일찍이 실현되어 집단 안보를 확보해야 한다고 강조하였다. 조선민주당은 공산국제의 위협을 물리치기 위해 세계 각 민주국가는 일치단결하여야 할 것인 바, 이번 장개석·이승만 회담의 결과 태평양동맹의 결성이 촉진되었음은 매우 다행스러운 일이라고 논평하였다.[39]

한국의 주요 신문들도 논평을 발표하였다. 동아일보는 진해회담이 아시아 방공의 기초를 강화하였다고 평가하고, 공산국제가 유럽에서 이데올로기적 공세를 취하고 있는 반면, 아시아에서는 이미 군사행동을 취하기 시작했다고 지적하였다. 따라서 현재 아시아에서 벌어지고 있는 각국의 내전은 사실상 국제공산당의 집단행동이기 때문에 반드시 집단방어를 통하여 이를 막아야 한다고 지적하였다. 조선일보는 진해회담의 의의는 바로 태평양 반공동맹의 결성을 추진하는 것으로, 이를 강화하기 위해서는 미국의 참가가 매우 중요하다고 평가하였다. 이런 맥락에서 장개석과 이승만이 필리핀 대통령에게 회의소집을 위임했다는 점과 필리핀 대통령의 방미활동을 각별히 주목할 필요가 있다고 지적하였다.[40]

장개석이 한국을 방문한 시점은 한국 국내 정국이 격렬한 진통을 겪고 있는 시기였다. 같은 해 6월 말에 미군 철수가 완료되면서 한국 내의 무장 게릴라전은 새로운 양상을 띠기 시작하였으며, 분산되었던 게릴라전이 조직화, 대규모화되기 시작하였다. 8월 말부터 9월 초에 이르기까지 한국의 주요한 산악지대를 근거지로 한 유격대는 3개 병단으로 편성되

---

39) 「韓報稱譽蔣總裁, 韓國政黨支持鎭海聲明」, 『中央日報』(1949. 8. 20).
40) 邵毓麟, 앞의 책, pp.122~123에서 재인용.

어 정부군과 무장 투쟁을 벌였다.[41] 다른 한편 8월 초에는 파업의 거대한 물결이 일기 시작했으며, 38선 부근의 남북 간 무장충돌도 발생하였다. 게다가 인플레와 경제적 혼란으로 한국에 대한 부근에서의 남북간 무장충돌도 끊임없이 발생하였다. 게다가 인플레와 경제적 혼란으로 한국에 대한 미국의 태도도 그다지 확고한 것이 아니었으며, 한국의 정세는 마치 2년 전의 중국과 비슷하였다. 그럼에도 이승만은 이러한 혼란의 책임을 북한 공산당에 돌리면서 국가보안법을 제정하는 등 '공포의 정치'를 펼치고 있었다.

공산당과 불구대천의 관계였던 장개석과 이승만은 공통의 운명 앞에서, 장개석이 한국에서 국무총리에게 써준 휘호 '동주공제'(同舟共濟)의 의미처럼 어려움 속에서 같은 배를 타고 강을 건너는 관계로 발전하였다. UPI 서울특파원 호브라이는 장개석과 이승만의 진해회담과 태평양조약을 설립하려는 의도를 다음과 같이 평가하고 있다. "한국에서 이 회담과 태평양동맹 조직을 미국의 아시아 방관정책을 전환시키려는 기획으로 보고 있으며, 이승만은 결국 미국이 태평양동맹에 참가하게 될 것이라고 보고 있다. 이승만은 태평양 제국(대만·한국·필리핀 등 태평양동맹에 참가한 나라: 역자)이 그들의 의사와 결의를 명백히 하기 위하여 태평양동맹 수립을 위한 조치들을 취해야 한다고 말하였다. 이승만은 일본도 국제사회의 일원이 될 준비를 갖추고, 또한 그 자격을 얻게 된다면 궁극적으로 태평양조약에 가입할 수 있게 될 것이라는 생각을 가지고 있다고 한다. 한편 한국 정부 당국자들은 맥아더 장군도 아시아의 반공동

41) 역사 문제연구소, 『해방 3년사 연구입문』(도서출판 까치, 1989), p.320.

맹이 일본 민주주의 세력을 강화할 수 있을 것이기 때문에 이에 찬성할 것이며, 또한 미국의 지지를 쟁취하기 위해 노력할 것이라고 기대하고 있다.", "북한 정권이 유엔 한국위원회 축출과 이승만 정권 타도를 기도하고, 한국에서 또다시 총선을 실시할 것을 주장하고 있는 상황에서 이승만과 장개석의 회담은 특별히 주목을 받고 있다"고 보도하고 있다.[42]

장개석과 이승만은 미국의 대중국 정책과 대한반도 정책의 전환을 추진한다는 면에서 일치된 견해를 가지고 있었다. 필리핀의 퀴리노는 결성 중인 동맹은 미국의 반공운동에 협조할 뿐 미국을 번거롭게 하지 않을 것[43]이라고 천명했지만 그들은 미국의 참여가 없는 동맹은 유명무실한 것으로 아무런 의미가 없다는 것을 잘 알고 있었던 것이다. 장개석과 이승만이 반공동맹을 결성하려는 주된 목적은 물론 아시아로 미국의 주의를 끌어보려는 것이었다.

다른 한 편으로 장개석의 방한은 소육린이 제기한 소위 '정세조성'(造勢)의 목적을 가지고 있었던 것이기도 하였다. 일본의 오코노기 마사오 교수는 그의 저서 『조선전쟁』에서 장개석이 한국을 방문하였을 때 한국에 중국의 본토를 폭격하기 위한 해공군 기지를 설치할 것을 요구했기 때문에 이승만과의 관계가 냉각되었다고 주장하였다.[44] 미국의 브루스 커밍스는 자신이 뉴욕타임스 기자에게서 들은 바에 의하면, 장개석은 이승만이 북한을 공격하면 공군을 지원해 줄 것을 약속했으며, 또한 이들 두 지도자는 국민당이 북한을 경유하여 만주로 진공할 가능성도

42) 『自由新聞』(서울: 1949. 7. 28).

43) 「中非韓將會同擬定反共聯盟詳細辦法」, 『中央日報』(1949. 7. 14).

44) 小此木政夫, 『朝鮮戰爭』(中央公論社, 1986), p.62.

검토했다고 주장하였다. 브루스 커밍스는 당시 남한에는 급진적인 일부 인사들이 중공이 북한을 돌볼 겨를이 없을 때 북한으로 진공할 것을 주장하였다고 하며, 이를 근거로 한국전쟁을 대만의 국민당 정부와 이승만이 손을 잡고 일으켰을 가능성을 제기하였다. 그는 미국과 영국의 정보기관은 1950년 6월에 중국 내전의 마지막 전투가 벌어질 것을 예측하였다고 한다.[45]

한국전쟁이 발발한 후 중국의 인민일보는 조선인민군이 노획한 이승만 정부 외무고문 윤병구(尹炳求)가 1948년 4월 18일과 12월 3일 이승만에게 보낸 서한을 공개하였다. 4월 18일 서한에서 윤병구는 '한미동맹조약' 초안을 첨부하였는데, 그 중 제7조에는 "만약 해방전쟁이 만주 영토에서 계속 진행된다면…대한민국 대통령은 대한민국의 주요 이익이 있는 북한 이외에 만주와 중국 동부 기타 부분의 천연자원을 미국과 한국에 넘겨 연합 관리하도록 해야 한다"는 내용이 담겨 있다.[46] 12월 3일의 서한에는 "최고 통수권자의 영도 하에 세 개 방면에서 합동작전을 취해야 한다. 즉 일본인이 일본 동북부를 거쳐 블라디보스토크로 향하고, 한국과 미국 군대는 한반도 북부 영토를 해방한 후 요동반도를 거쳐 하얼빈으로 진격하며, 중국국민당 군대가 중국의 실지(요동성을 포함하여)를 수복한다. 전쟁이 끝난 후 한국과 미국 군대가 만주를 점령한다"[47]고 적고 있다. 아마도 윤병구야말로 브루스 커밍스가 얘기한 "정서가 격앙된" 인사 중의 한 명이었을지 모른다.

---

45) Jon Halliday, Bruce Cumings, *KOREA: THE UNKNOWN WAR*, 清水知久 譯, 『朝鮮戰爭—內戰と干涉』(岩波書店, 1990), p.57, p.74.

46) 『人民日報』(1950. 10. 3).

47) 「爲什麽我們對美國侵略朝鮮不能置之不理」, 『人民日報』(1950. 11. 6).

장개석의 한국 방문을 앞두고 국민당의 중앙일보는 "남한은 북한을 공격하고야 말 것이다"는 제하의 서울 소식을 게재하였다. 이 신문은 남한 정부가 점차 자기를 보위하기 위해 공산당 통제하의 북한으로 진공해야 할 필요성을 느끼고 있으며, 남한의 일부 주요 인사들은 북한 진공 시간이 그렇게 멀지 않았다고 인식한다고 전하고 있다.[48]

이 신문은 역시 장개석의 한국을 방문을 앞두고 '총재방한' 제하의 사설을 발표하였다. 사설은 "중국의 동북이 침략을 받게 되면 한국은 고립의 고통을 느낄 것이고, 한국이 침략을 받으면 중국 동북 역시 순망치한의 상황에 빠질 것이다. 현재 북한과 동북 9개 성이 모두 침략자들의 수중에 들어 있다. 중한 양국은 국가의 독립과 통일을 쟁취하기 위하여 지난날 일본 제국주의와 투쟁하던 정신을 발휘하여 공동으로 반공 대업을 위해 노력해야 한다"고 역설하고 있다.[49] 8월 21일 주중 한국대사 신석우(申錫雨)는 마닐라를 거쳐 광주로 부임해 가면서 "중국의 반공전쟁은 스스로 뿐만 아니라 한국, 심지어 전 아시아를 위한 것이다. 우리는 현재 광주로 가고 있지만, 중국 정부가 어디로 가든 우리는 이들과 함께할 것이다."[50]라고 언명하였다.

1949년 8월 소육린은 진해회담을 평가하면서 장개석과 이승만의 결합은 중한 양대 민족의 결합으로서 반공 민주국가들이 일치단결하여 국제 공산당의 파괴 행위를 저지하였다고 말하였다. 아울러 그는 진해회담은 중국·한국·필리핀을 핵심으로 하는 태평양 반공동맹의 기초를 닦음

---

48) 「南韓勢將攻北韓」, 『中央日報』(1949. 8. 1).

49) 「總裁訪韓」, 『中央日報』(1949. 8. 3).

50) 「韓新任駐華大使申錫雨即將到任」, 『中央日報』(1949. 8. 22).

으로써 세계 정세에 매우 큰 영향을 미쳤다고 강조하면서 이것은 역사에 대서특필할 사건임이 틀림없다고 주장하였다.[51]

소육린의 발언은 말은 당시로서는 의례적인 말에 불과하다고 여길 수 있지만 후에 발생한 사태는 이 말의 의미를 다시 음미하게 하고 있다. 만약 진해회담이 그가 이야기한 '정세조성'을 위한 조치의 일부분이었다면 그것은 실로 '대서특필'할 사건이었다는 것이다.

제3절 태평양 반공동맹에 대한 미국과 중국공산당의 입장

장개석과 퀴리노, 이승만이 결성하려는 극동 반공연맹에 대해 미국은 비교적 냉정한 태도를 보였다. 장개석과 퀴리노의 공동성명이 발표된 후 미 국무성은 성명을 통해 태평양 조약을 설립할 조건이 성숙되지 않았다는 애치슨의 종전 입장을 되풀이하였다.[52] 이에 대해 중국공산당측은 중국과 극동 각국 인민들의 반제국주의 투쟁이 앙양되고 있는 오늘, 소위 '태평양 반공연맹'이라는 것은 반동 진영까지도 그것이 필연적으로 실패할 수밖에 없다는 사실을 인정하지 않을 수 없을 것이라고 주장하였다.[53] 중국공산당은 비록 미국 등의 국가들이 참여하지 않는 체하고 있지만 장개석 · 퀴리노 · 이승만이 획책하고 있는 태평양 반공동맹은 미 제국주의가 중국과 극동 인민을 반대하기 위해 꾸미는 새로운 음모라고 인식하

---

51) 『自由新聞』(서울: 1949. 8. 10).

52) 『中央日報』(1949. 7. 13).

53) 『新華社電訊稿』(1949. 7. 18), 中央檔案館編, 『中共中央文件選集』(1949), (中共中央黨校出版社, 1992), pp.534~535.

260   중국의 한국전쟁 참전 기원

고 있었다. 중국공산당은 장개석과 퀴리노가 남조선 괴뢰 이승만과 규합하여 이 동맹의 '핵심'을 구성하고, 또 다른 극동의 반동파들을 끌어들이려 하고 있으며, 심지어 일본 반동파까지도 이 동맹에 포함시키려 하고 있다고 강력히 비난하였다.[54] 장개석과 퀴리노가 회담을 하고 있을 무렵 신화사는 외신을 인용하여 맥아더 총사령부의 한 인사가 역시 바귀오 회담에 참가하러 가고 있는 중이라고 보도하였다.[55] 중국공산당의 시각에서 볼 때 장개석, 퀴리노, 이승만 모두 미 제국주의의 대리인이며 장개석과 퀴리노의 바귀오회담과 진행 중에 있는 새로운 음모는 분명 미국이 직접 획책하고 있는 음모였다. 다시 말해 중국공산당은 미국이 이 극동 반공연맹의 결성을 뒤에서 조종하고 있다고 믿었다는 것이다.

미 국무성 대변인은 11일 장개석과 퀴리노의 행위에 대해 "매우 공감한다"는 입장을 표명하였다. 이에 신화사는 7월 18일 "미 제국주의자들이 획책하고 있는 소위 태평양 반공연맹은 노골적이지 않은 방법으로, 퀴리노 등 괴뢰들의 손을 빌려 최후 발악을 하는 장개석 잔당 비적(匪賊)을 원조하려는 것이다. 그들은 중국 인민을 노예화하기 위하여 수십억 달러를 퍼부어 도박을 하였지만, 지금은 거의 모든 것을 잃었다. 이러한 실패에 대하여 미 제국주의도 절대 달가워하지 않을 것이다. 장개석과 퀴리노회담, 그리고 획책 중인 소위 태평양 반공연맹은 바로 미 제국주의가 장개석 비적을 계속 원조하며 중국 인민해방 사업을 반대하려는 새로운 수법이다"[56]라고 비난하였다.

---

54) 위와 같음.
55) 『東北日報』(1949. 7. 12).
56) 『新華社電訊稿』(1949. 7. 18), 中央檔案館編, 『中共中央文件選集』(1949), (中共中央黨校出版社, 1992), pp.534~535.

태평양 반공동맹은 중국공산당이 대륙에서 전면적인 승리를 거두는 시점에 계획되기 시작한 것으로, 그 목적은 명약관화한 것이다. 우선 이들 국가가 연합하여 중국공산당을 반대한다는 것이었다. 중국에서 미국이 보여준 행위에 비추어 볼 때 중국공산당이 태평양동맹은 곧 미국이 중국공산당을 겨냥한 한 새로운 책략의 산물이라고 판단한 것은 그 나름의 근거가 있는 것이었다. 동시에 중국공산당은 태평양동맹은 중국 인민뿐만 아니라 필리핀 · 조선 · 일본, 그리고 극동의 여러 나라 인민을 반대하기 위한 것이라고 보았다. 즉 미국은 중국에서 실패 이후 중국 인민 해방전쟁이 극동 각국 인민의 해방투쟁을 크게 고무시켰다는 점, 그리고 극동 각국 인민의 정치적 각성이 나날이 높아지고 있는 상황을 감안하여 '동맹'이라는 형식으로 각 국의 반동파들을 규합하여 극동 인민의 해방운동을 진압하여 이들 각 국을 미 제국주의의 식민지로 전락시키려 한다고 보았던 것이다.[57]

장개석과 퀴리노, 이승만은 계획 중인 태평양 반공동맹에 미국을 끌어들이지 못하면 동맹 결성의 목적을 이루지 못할 뿐만 아니라 동맹 자체의 성립도 어렵다는 것을 잘 알고 있었고, 때문에 그들은 미국을 끌어들이기 위한 모든 노력을 기울였다. 국민당의 중앙일보는 7월 13일 머지 않아 미국이 공산주의에 반대하는 태평양 국가들의 비군사 연맹에 참가할 것이라고 보도하였다.[58] 퀴리노도 장개석과의 회담이 끝난 후 공동 방위를 위한 자신들의 행동에 미국이 많은 이해를 하고 있다고 발언하였다.[59] 7월

---

57) 위와 같음.
58) 「太平洋各國反共聯盟卽將邀請美國參加」, 『中央日報』(1949. 7. 13).
59) 「中央社碧瑤十二日合衆電」, 『中央日報』(1949. 7. 13).

21일 한국 외무장관 임병직은 미국은 반공동맹의 결성을 반대할 이유가 없다고 발언하였다.[60] 이승만은 태평양동맹이 대서양 동맹과 마찬가지로 미국의 지휘 하에 형성되어야 한다는 퀴리노의 주장을 전적으로 지지하면서, 미국은 모든 방법을 강구해 동방의 여러 나라들을 원조하는 선구자가 되어야 한다고 역설하였다.[61] 요컨대 장개석과 이승만은 미국이 조속히 아시아 문제에 간섭하게 되기를 희망하고 있었던 것이다.

그런데 7월 20일 미 국무장관 애치슨은 기자회견에서 자신은 필리핀과 국민당 중국이 제기한 태평양 반공조약의 이념에 부분적으로 찬동을 한다고 전제하면서도 미국은 이러한 동맹에 특별히 개입하지 않을 것이라는 입장을 표명하였다. 그 이전 애치슨은 대서양 동맹이 안정된 정부간의 협의에 기초하여 결성된 데 비해 극동에는 이러한 기초가 없다고 지적하면서 태평양동맹이 시기상조라는 미국의 입장에는 변함이 없다고 천명하였다.[62] 애치슨이 말한 시기가 성숙되지 않았다는 것은 바로 "먼지가 가라앉지 않았다"(塵埃尙未落定)는, 즉 혼돈의 상태가 정돈되지 않았다는 것을 이야기하는 것이었다. 이것은 달리 말하면 미국이 이 지역에서 결코 북대서양 조약기구와 같은 동맹이 필요하지 않다는 것을 의미하지 않는다는 것을 말해 주는 것이다. 일찍이 같은 해 5월에 애치슨은 "아시아의 현 사태가 세계평화에 대한 중대한 위협이 되고 있음은 사실이나, 네루 인도수상이 갈파한 바와 같이 태평양 방위조약은 아시아의 내부 추돌이 해결되기 전에는 구체화될 수 없다는 것도 사실이다. 네루는

---

60) 『自由新聞』(서울: 1949. 7. 22).

61) 대한민국공보처, 앞의 책, p.143.

62) 『自由新聞』(서울: 1949. 7. 22).

이러한 갈등으로 아시아에서는 북대서양 조약과 같은 조약이 성립할 조건이 성숙되지 않았다고 말하였다고 한다"[63]고 지적하였다. 미국이 희망하는 것은 결국 미국이 조약에 개입하기 전에 아시아 각국이 상호 간의 이해관계를 조정하여 협의를 달성하는 것이었다. 이것이 애치슨과 기타 미국 당국자들이 가지고 있는 견해라고 할 수 있다.[64]

애치슨은 네루의 말을 빌려 미국의 진의를 드러내었다. 즉 미국은 '내전'에서 열세에 처해 있고 자기 자신도 보존키 어려운 지경의 장개석과 이승만 등이 이 지역의 동맹을 주도하는 것을 원치 않았던 것이다. 그렇게 된다면 미국은 부득불 그들의 내전에 더욱더 깊이 개입하게 되는 짐을 짊어지게 되는 것이다. 애치슨이 말한 것처럼 이러한 동맹을 지지하는 것은 곧바로 "군사력으로 장개석을 지지하여 홍색 중국을 반대"하고 한국에 대한 군사적 지원 강도를 높여야 함을 의미하는 것이었다. 미국의 입장에서 미국이 적극 개입하고 관여하게 되면 미국은 사실상 아시아의 세 독재 정치가를 지원하는 꼴이 되며, 그들의 군사적인 모험에 빠져 들어가게 되는 것이다.[65] 바로 이러한 이유 때문에 8월 11일 트루먼은 미국을 방문한 퀴리노에게 미국은 극동의 비공산당 국가들의 지역안전을 위한 노력을 "공감하고 주시"할 것이라는 소극적인 답만을 주었던 것이다.

미국의 외교계는 퀴리노와 장개석에 대한 영국과 인도의 반응을 주시하고 있었다. 영국은 극동의 급선무는 말레이시아 산업을 파괴하는 공산

---

63) 『自由新聞』(서울: 1949. 7. 13).

64) 위와 같음.

65) 小此木政夫, 앞의 책, p.63.

유격대를 소멸하여 질서를 회복하는 것이라고 생각하고 있었고, 지역 동맹에 대해서도 전 아시아와 태평양 지역이 아닌 동남아시아 방위조약의 설립을 지지하고 있었다. 한편 당시 인도는 아시아에서 드물게 내부분쟁이 없는 나라였다. 만약 네루가 원래의 입장을 견지한다면 이 조약이 성공할 가능성은 아주 희박한 것이었다.[66] 그런데 9월 워싱턴에서 개최된 북대서양 조약기구의 외무장관 회의에서 그들은 태평양 조약에 문제를 제기하였다. 영국과 프랑스의 외무장관은 장개석 정권은 이미 구제할 수 없다는 미국의 입장에 인식을 같이 하였다.[67] 북대서양 조약기구 국가들은 미국이 전략적 힘의 중심을 아시아로 옮겨가는 것을 원하지 않았던 것이다. 이러한 상황은 미국과 이들 국가 간에 마치 무슨 묵계가 있는 것처럼 비추어졌고, 사람들은 미국이 태평양 반공연맹에 별로 관심이 없다는 느낌을 갖게 되었다. 그러나 사정은 그리 간단치 않아 중국공산당의 주장처럼 미국이 극동에서 반공연맹을 사주한 것은 아니지만, 그렇다고 미국이 이에 전혀 관심이 없었다는 것 역시 사실이 아니었다.

장개석과 퀴리노, 이승만의 쌍무회담이 끝난 후인 1949년 12월 미국은 국가안보위원회(NSC) 48/2호 문건을 통해 아시아 문제에 대한 미국의 입장을 명확히 밝히게 된다. 그것은 아시아 비공산국가들이 군사력을 충분히 발전시켜, 국내 안전을 유지하고 공산주의의 침략을 방지해야 한다는 것이었다. 그 목표는 아시아에서 소련의 우세한 힘과 영향력을 점차 약화 내지 완전 배제함으로써, 즉 소련이 아시아 국가의 평화, 민족 독립과 안전을 위협하려 할 경우 엄중한 장애에 부딪치도록 함으로써 이

---

66) 『自由新聞』(서울: 1949. 7. 13).
67) I. F. 斯通, 앞의 책, p.29.

지역에서 미국과 그 동맹의 안전을 위협하지 못하도록 한다는 것이었다. 다시 말하면 아시아에서 미국에게 불리한 역학관계가 형성되는 것을 방지하여 아시아 지역에서 어떠한 국가나 동맹도 미국이나 아시아 국가의 평화, 민족 독립과 안전을 저해할 수 없도록 한다는 것이 그 골자라고 할 수 있다.[68]

이 문건은 이러한 목표를 실현하기 위하여 장개석과 이승만, 퀴리노가 제기한 태평양 반공동맹을 긍정적으로 평가하고 있다. 동 문건은 "미국은 아시아 지역에서 비공산국가의 지역동맹을 결성하려는 아시아 지도자들의 위와 같은 노력에 공감하고 있다. 적당한 시기에 이러한 동맹이 결성되고 미국을 초청한다면 미국은 자국에 유리한 조건을 전제로 이 조직이 본래의 취지를 실천할 수 있도록 도와줄 것이라는 점을 주지시켜 나가야 한다."고 밝히고 있다. 문건은 또한 이러한 입장에서 미국의 행동방침을 "어떠한 동맹이든 그것은 반드시 참가국이 진심으로 소망한 결과여야 하고, 이 지역의 정치 · 경제 · 사회와 문화 문제를 해결하기 위한 호혜적인 협력이어야 한다. 동맹의 초기 단계에 미국은 아시아 국가를 이용하여 자기의 야심을 채우려 한다는 비난을 피하기 위해 결코 적극적으로 참여하지 않아야 한다. 동맹이 건설적인 것이 되기 위해서는 참가국이 모든 영역에서 상호협조와 자조(自助)의 토대 위에서 활동하며, 동등한 권리와 의무에 따라 진정한 파트너 관계를 이루어야 한다. 미국이 이 동맹의 어떠한 단계의 활동에 참가하든 그것은 어디까지

---

68) 「國家安全委員會第48號/2號文件: 美國在亞洲問題的立場」, 『戰後國際關係史料』(第一輯, 1983), pp. 71~72.

나 아시아에서의 미국의 근본적인 목표에 입각하여야 한다.[69]는 것 등으로 정리하고 있다.

미국이 아시아의 안전을 강화한다는 것은 외부로부터의 공산당의 침략과 내부로부터의 전복을 방지한다는 것이었다. 이를 위해 미국은 직간접적으로 공산당의 위협적인 확장 기도를 예의 주시하고 있었다. 그리고 미국의 도움이 필요한 지역에 그 힘이 닿는 범위 내에서 정치 · 경제 · 군사적 지원과 조언을 제공함으로써 위협에 대응하게 하여야 하며, 또한 아시아 지역 안팎에서 직접적인 관련을 갖고 있는 다른 국가의 대항 능력을 증가시켜야 한다고 인식하고 있었다.[70]

위에서 보듯 비록 장개석과 이승만이 각자의 목적, 혹은 공동의 목표를 위하여 반공동맹을 구상하고 있었지만 그 취지는 사실상 아시아에서의 미국의 목표와도 부합하는 것이었다. 이러한 맥락에서 미국 하원 외교위원장 죤키는 이들의 극동 반공동맹 구상을 가치 있는 목표로서 성공할 가능성이 상당히 크다고 보았고, 장개석과 퀴리노, 이승만이 취한 실질적 조치에 찬사를 표시하였다. 그는 "만약 대서양 동맹이 성공적이고 또한 성공할 근거를 가지고 있다면 극동에 있어서의 동일한 기구도 마찬가지로 필요하지 않을 수 없다. 이 계획에 관한 논의는 많았으나 이러한 목적을 향하여 제일보를 내디딘 것은 처음일 것이다"[71]라고 지적하였다. 하원의원인 젯드도 "공산주의가 가장 빠르게 확산되고 있는 지역은 아시아이며, 공산주의자들은 또한 이 지역을 세계의 가장 중요한 지역으로

---

69) 위와 같음.
70) 위의 책, pp.72~73.
71)『自由新聞』(서울: 1949. 7. 13).

보고 있는 것이 분명하다. 더 이상 할 일이 없다고 보는 이곳의 지도자와 달리 아시아의 지도자들이 공산주의자들에게 굴복하지 않고 있다는 사실을 나는 기쁘게 생각한다. 나는 적이 얼마간 우세하더라도 이에 대항할 용의를 가진 용감한 정신이 남아 있는 사실을 기뻐하는 바이다. 나는 미국이 투쟁을 준비할 용의를 가진 이들과 협력하기를 희망하고 있다"[72]는 입장을 천명하였다.

그러나 앞에서 지적한 대로 미국으로서는 누가 이 동맹을 주도하느냐가 난제였다. 한국의 자유신문은 미국은 어느 나라가 이 동맹의 주도국이 되어야 할지를 모르고 있는 것 같다는 의문을 제기하면서, 미국은 공산군에게 패퇴한 중국이나 갓 건국한 한국이나 필리핀에는 큰 기대를 걸고 있지 않은 것처럼 보인다고 보도하였다.[73] 다시 말하면 아시아의 가장 강대한 반공집단이던 장개석 집단이 대륙에서 패퇴한 후 누가 아시아의 반공을 주도하고 미국의 목표를 실현하겠는가 하는 것이 아시아에서 직면한 미국의 고민이었다는 것이다. 미군이 한반도에 상륙한 후 누구를 지원하여 정국을 주도하도록 할 것인가 하는 문제로 고민했던 것과 마찬가지로 아시아의 새로운 상황에서 미국은 역시 누구를 반공동맹의 주도국으로 내세울 것인가를 확정하지 못하고 있었다. 미국은 본래 아시아 지역에서 상당한 영향력을 가지고 있는 대국 인도가 이 동맹을 주도하기를 희망했지만 이미 지적했듯 이 시기 인도는 어떠한 반공 조약에도 참가하려 하지 않았고, 이러한 인도의 입장은 아시아 다른 나라에도 영향을 미치고 있었다.

---

72) 『自由新聞』(서울: 1949. 7. 13.)
73) 『自由新聞』(서울: 1949. 8. 4).

중국 내전에서 중국공산당이 결정적 승리를 굳혀 가면서 애치슨은 친미적인 일본이 아시아에서의 비공산 국가의 연합을 추진하는 열쇠를 가지고 있다고 판단하였다. 그는 일본의 부흥과 안정을 축으로 아시아 비공산 국가들의 경제부흥과 정치안정을 도모하려 하였고 동시에 이러한 조치들이 미국의 공산주의 봉쇄에 도움이 되기를 기대하였다.[74] 자유신문은 다시 태평양동맹과 미국의 아시아 정책을 평한 사설에서 맥아더 사령부의 고문이었던 죠셉·W·돗지의 말을 빌려 다음과 같은 결론을 내리고 있다. 첫째, 미국은 일본을 민주 일본으로 변화시키며 동방의 안정된 세력으로 만든다. 둘째, 일본을 모든 아시아 국가가 필요로 하는 공업제품의 공급원으로 만든다. 셋째, 일본을 본보기로 미국이 동방에서도 서구 동맹국과 마찬가지로 동맹국이 있다는 사실을 증명한다는 것이다.[75]

당시 맥아더는 냉전이 '열전'으로 변질될 경우 일본이 크게 유용한 존재가 될 것이라고 판단하고, 일본과 강화조약을 체결하되 미군을 철수시키지 않을 수 있는 방법을 찾기에 골몰하고 있었다.[76] 그리하여 미국 국가안보위원회 제48/2호 문건은 일본에서 미국의 지위를 개선하는 것을 중요한 문제로 다루게 되었다. 중국에서 공산당이 승세를 굳힌 후 아시아에서 소련과 중국을 억제한다는 전략적 목표를 위하여 미국은 일본을 영구적인 군사기지화할 필요성을 느꼈고 그에 따라 일본의 지위도 크게 부각되게 되었다. 일본도 미국의 보호를 원하고 있었다. 당시 일본 수상

74) 菅英輝, 「朝鮮戰爭とアメリカ合衆國」, 『北九州大學外國語學部紀要』(第68號), (北九州大學, 1990. 3), pp.6~7.
75) 『自由新聞』(서울: 1949. 8. 4).
76) I. F. 斯通, 앞의 책, p.40.

요시다는 일본 역시 미국이 일본과의 강화조약을 체결한 후 될수록 일본에 잔류하기를 희망한다고 발언하였는데, 이는 그렇지 않을 경우 일본이 미국의 영향을 벗어나 소련의 영향권에 들어갈 것을 우려했기 때문이었다.[77] 미국의 이러한 대일본 정책에 대해 북한은 미국이 일본을 완전히 미국 독점자본가의 지배 하에 두고 일본의 군벌세력과 결탁하면서 군수공업을 유지하여 일본을 미국의 반소전쟁과 반아시아 인민전쟁의 기지화를 기도하고 있다고 비판하였다.[78]

소육린은 1950년 2월 4일 업무보고 차 귀국하기 전 이승만을 만나 남북한 정세와 아시아 반공연맹 문제에 관한 의견을 교환하면서 미국의 대아시아 정책에서의 일본의 지위 문제에 대한 의견을 피력하였다. 그는 이승만에게 "한국은 반드시 일본을 관대하게 용서하고 일본을 끌어들여 아시아 반공연맹의 구도를 이루어야 한다"고 강조하면서 "중국과 일본이 역사적 원한을 갖고 있음에도 지금 '연일제공'(聯日制共)을 주장하고 있는데 한국은 과거의 감정에 얽매일 필요가 없다"고 주장하였다. 이에 이승만은 맥아더 장군의 초청을 받고 일본에 갈 계획이며 그때 일본과 논의하겠다고 답하였다.[79] 2월 16일 이승만은 맥아더의 전용기 편으로 일본에 가서 맥아더와 이틀 간 회담을 가졌다. 이승만은 일본이 한국과 친선을 도모하고 맥아더의 지도 하에 함께 반공연맹에 참가하기를 희망한다고 발언하였는데,[80] 당시 이승만은 일본수상 요시다와 제1차 회담을

---

77) 『근로자』(평양: 1948. 2), p.81.

78) 위의 책, p.52.

79) 邵毓麟, 앞의 책, p.306.

80) 위와 같음.

갖기는 하였지만 아무런 결과를 얻지 못하였다.[81]

이에 앞서 소육린은 대만으로 가는 도중 동경에서 맥아더를 만나 아시아 반공연맹의 결성은 반드시 맥아더 원수의 영향력으로 미국 정부의 지지를 받아야 성공할 희망이 있다고 지적하였다. 그는 맥아더에게 아시아 반공연맹의 필요성을 역설하고, 바귀오회담과 진해회담의 경과와 장개석과 이승만의 일관된 노력을 설명하면서 "맥아더 장군이 적극 협조하여 미국의 지도하에 미국 · 중국 · 한국 · 필리핀 · 일본이 아시아 반공 연합전선을 결성하여 적화의 홍수를 격퇴"할 것을 요청하였다. 대만의 중앙일보는 소육린과 맥아더의 회담을 '맥아더 원수, 태평양 반공연맹 전력 지지'라는 제하의 기사로 크게 보도하고, 어제 귀국한 소 대사는 오유월경 연맹의 실현 가능성이 있는 것으로 밝혔다"[82]고 대대적으로 선전하였다.

이제 장개석과 이승만의 눈길은 일본의 맥아더에게 쏠리게 되었다. 맥아더 역시 장개석과 이승만의 진해회담에 깊은 관심을 가지고 있었지만 자신의 입장을 드러내지는 않았다. 이에 대해 일부에서는 맥아더가 의회에서 자신의 입장을 정식으로 천명하기 위한 것이었다고 분석하고 있었다. 사실 태평양동맹의 태동과 미국의 『중국백서』 발표로 맥아더는 대단히 중요한 위치로 부상되었다. 태평양 지역에서 반공 연합전선을 조직하는 것은 최대의 정치적 사건이 아닐 수 없었고, 그런 만큼 그 성패 가능성에 대한 현지 당국자인 맥아더의 입장 표시는 매우 중요한 것이었기 때문이다. 국민당을 사실상 포기한 상황에서 맥아더가 지휘하는 지역은 공산주의 만연을 저지하는 냉전의 제일선이 되었다. 유럽에서의 공산

81) 위의 책, p.371.
82) 위의 책, p.139.

주의 공세가 비교적 완만했던 데 비해 맥아더가 담당하고 있던 극동 지구에서는 공산주의 확장이 매우 거세게 진행되고 있었다. 이에 대한 맥아더의 관점은 대체로 다음과 같은 것이었다고 알려지고 있다. 즉 미국의 입장에서 태평양 사태는 유럽사태와 마찬가지로 중요하다. 미국은 유럽만 중시하고 아시아를 경시하는 정책을 실시하지 말아야 한다. 아시아 지역의 공산주의는 유럽 공산주의와 마찬가지로 미국에 위협이 되고 있다. 미국은 극동 각 지역에서 침략에 대처할 능력을 보유하고 있으며, 미국은 극동에서의 미국의 지위를 포기하지 말아야 한다는 것 등이었다.[83]

　1950년 5월 26일 퀴리노는 필리핀의 바귀오에서 바귀오회의를 개최하였다. 그러나 이 회담 개최에 대한 동남아 각국의 반응이 냉담하자 퀴리노는 회의의 성격을 "비공산, 비군사적인 정치 · 경제 · 문화 협력" 문제를 논의하기 위한 것일 뿐이라고 제한하면서, 장개석과 이승만은 초청하지 않을 수 있다고 시사하였다. 한편 그 이전 인도총리 네루는 퀴리노에게 바귀오회의에 참가하는 세 가지 조건을 제기하였다. 그것은 첫째, 표면적으로라도 회의의 목적이 반공 동맹을 설립하는 것이어서는 안 된다. 둘째, 군사공약과 관련된 어떠한 문제도 토론하지 않는다. 셋째, 이승만과 장개석 등을 초청하지 못한다는 것이었다. 네루는 인도는 두 냉전 간의 싸움에 휩쓸려 들어가지 않을 것이며, 극동 지역의 어떤 국가와도 구속력 있는 조약을 체결하지 않을 것이라는 점을 분명히 하였다.[84] 뉴질랜드와 미얀마의 태도는 더욱 냉담하여 심지어 정치 · 경제와 문화의 합작이라는 내용을 토의하는 것마저도 꺼려하였다. 파키스탄과 인도

---

83)『自由新聞』(1949. 8. 10).
84) I. F. 斯通, 앞의 책, pp.28~29.

네시아 등은 신중국을 승인하였다는 이유로 장개석이 회의에 참가하는 것을 강력하게 반대하였다. 퀴리노는 인도의 조건을 전부 받아들일 수밖에 없었고, 결국 최종적으로 바귀오회의에 참가한 나라는 필리핀·인도·파키스탄·인도네시아·호주와 태국 등의 나라뿐이었다. 퀴리노와 함께 태평양 반공동맹을 위해 동분서주하였던 장개석과 이승만은 회의에 참가하지도 못하였다.[85]

미국은 끝내 이 동맹의 구상에 직접적으로 관여하지 않았고, 태평양 반공동맹도 논의만 무성한 채 일 년여 만에 무산되고 말았다. 그러나 장개석과 이승만이 제기하였던 이 동맹의 취지는 아시아에서 미국의 정책목표와 일치하는 것이었고, 특히 맥아더의 아시아 우선정책 주장과 완전히 부합하는 것이었음은 두말할 필요가 없는 것이었다. 동맹의 결성은 무산되었지만 이 논의를 계기로 동아시아에는 맥아더-장개석-이승만-요시다를 한 선으로 하는 사실상의 극동 반공전선이 형성되게 되었다. 그리고 일본을 축으로 하는 미국의 극동전략에서 대만과 한국은 미국의 극동에서의 전략목표를 실현하는 두 교두보로 떠오르게 되었다.

중국공산당은 장개석과 이승만, 퀴리노가 제안한 극동반공연맹에 대해 3국 -중국·필리핀·조선- 과 기타 극동의 인민들이 경각심을 가지고 일치단결하여 이 죄악적인 계획에 맞서 투쟁해 나갈 것을 호소하였다. 중국공산당은 극동 인민들이 단결하여 투쟁하면 미 제국주의와 그 주구들의 어떠한 음모도 좌절시킬 수 있다고 주장하였다. 또한 중국 인민과 극동 각국 인민들의 역량이 전례 없이 강대해진 상황에서, 이미 패

---

85) 薛謀洪, 『朝鮮戰爭前後的美帝對亞洲的侵略』(世界知識社, 1950).

퇴한 장개석이나 국내외적으로 매우 불리한 상황에 처해 있는 퀴리노와 이승만, 요시다 등은 누가 누구를 도와 줄 수 있는 형편이 되지도 못한다고 꼬집으며, 미 제국주의 또한 겉으로는 강해 보이지만 속 빈 강정일 뿐으로 수많은 난관에 봉착해 있다고 주장하였다. 즉 미국은 내부적으로는 경제위기가 폭발전야에 있었고 대외 침략정책 역시 세계 각국 인민의 저항에 직면하여 안팎으로부터 협공을 받고 있다는 것이었다. 요컨대 이 유산된 반공 동맹이 미국의 지지를 받아 성공하였다고 해도 중국을 비롯한 각국 인민들이 신속히 이를 좌절시켰을 것이라는 것이다.[86] 그러나 그 후의 상황 전개는 변전하는 국제관계의 역학관계 속에서 '흙으로 빚은 부처가 강을 건너는', 즉 스스로를 보전하기도 힘든 국가끼리도 서로에게 힘이 되는, 또 다른 측면의 협력이 가능하다는 사실을 보여주게 된다.

제4절 오철성의 방한과 중한 군사동맹론

장개석과 이승만은 바귀오회의에 초청을 받지 못했고, 결국 이들의 반공연맹 계획도 좌절을 맛보게 되었다. 사실상 극동 반공동맹을 제안할 때 이승만은 이것이 군사동맹 관계로 발전하지 않으면 의미가 없는 것이라고 생각하였다.[87] 장개석은 진해회담에서 중한 무역과 공업기술, 그리

---

86) 『新華社電訊稿』(1949. 7. 18), 中央檔案館編, 『中共中央文件選集』(1949), (中共中央黨校出版社, 1992), pp.534~535.

87) 대한민국공보처, 앞의 책, p.145.

고 해공(海空) 운수 등 방면의 협력을 역설하였다.[88] 그러나 세인이 모두 인정하다시피 발등의 불을 끄기에 급급했던 당시의 장개석으로서는 소위 쌍방의 경제, 문화 등의 합력을 염두에 둘 겨를이 있을 수 없었다. 장개석은 중국과 한국이 "힘을 합하면 서로를 보전하고, 흩어지면 모두가 해를 입게 될 것"이라고 말해 왔고, 군사동맹 수립 문제에 관해 이승만과 일치한 견해를 가지고 있었다. 그리하여 진해회담 후 소육린은 진해회담의 결의를 받들어 중한 군사동맹의 체결을 위한 노력을 묵묵히 계속해 왔던 것이다.[89]

장개석과 이승만은 모두 쌍방의 관계를 군사동맹 관계로 발전시켜 미국의 주의를 환기시키고 지원을 받으려 하였다. 그러나 이와 같은 공동의 목적에도 불구하고 이들은 각자의 처지에 따른 서로 다른 생각을 가지고 있었다. 장개석은 우선 대만을 고수(固守)하고 나아가서 대륙에 반격을 실현하고자 하였다. 한국전쟁이 일어나기 직전 그가 세운 전략목표는 '1년 준비, 2년 반공, 3년 소탕, 5년 완성'[90]이었다. 이승만은 한국을 안정시킨 후 북진통일을 실현하려고 하였다. 표면적으로 장개석과 이승만은 모두 방어를 가장 중요한 위치에 놓고 "국제공산주의 위협을 소멸하고 저지"[91]하는 것을 우선적인 목표로 인식하고 있었지만, 이러한 이면에는 공격적인 의도 또한 감추어져 있었다. 즉 이승만은 북진통일에 힘을 기울이고, 대륙에서 패퇴한 장개석은 대륙 수복을 기도하고 있었던

88)「蔣總裁在韓總統宴會上的致詞」,『中央日報』(1949. 8. 8).

89) 邵毓麟, 앞의 책, p.138.

90) 王功安, 毛磊, 앞의 책, p.948.

91)「蔣總裁與李承晚總統聯合聲明」,『中央日報』(1949. 8. 9).

것이다.

장개석과 이승만이 반공동맹을 결성하려는 목적은 단순한 방어에 있었던 것이 아니었다. 방어라는 측면에서 보면 대만이 대륙의 공격을 받을 경우 이승만이 장개석을 지원하기 위해 출병할 가능성은 거의 없었다고 할 수 있다. 반대로 한국에 사변이 발생할 경우 장개석이 병력을 동원하여 한국을 지원할 수 있는 가능성은 완전히 배제할 수 없었는데, 이는 장개석이 한반도를 통해 대륙의 동북을 공격하려는 생각을 가지고 있었기 때문이었다. 그렇지만 한국과 대만에서 동시에 사변이 생긴다면 장개석으로서도 역시 한국을 돌볼 겨를이 없었으며, 동북을 공략한다는 것도 공허한 빈말이 될 수밖에 없었다. 이렇게 장개석과 이승만의 쌍방 관계를 분석하면 이들이 군사동맹을 맺으려는 의도를 이해하기 어려운 면이 없지 않고, 이승만이 무엇 때문에 대륙에서 쫓겨난 장개석과 이러한 관계를 이루려고 했는지도 이해하기 어렵다고 할 수 있다. 이에 대해 미국 학자 피터 로우는 장개석이 이승만과의 관계에 관심을 보인 것은 국민당 정부의 쇠퇴 기미를 보여준 것이라고 지적하고 "장개석과 그의 일파는 국민당을 살리는 유일한 희망은 제3차 세계대전뿐이라는 결론에 도달하였다"고 주장하였다.[92]

그러나 역시 이 문제에 대한 답은 역시 소육린이 말한 '정세조성론'에서 찾아야 할 것이다. 당시 장개석과 이승만은 모두 '새로운 정세'가 필요한 입장이었다. 정세조성의 목적은 물론 크게 사단(事端)을 벌여 미국을 끌어들이는 것이었다. 장개석은 미국과 소련의 전쟁을 기대하였고, 이승만

---

92) Peter Lowe, 앞의 책, p.142.

이 '북진통일'을 외친 것 역시 사실 새로운 정세 조성을 기대한 것이었다고 할 수 있다. 장개석과 이승만의 정세조성론은 마치 델레스가 1949년 파리외상회의 후에 제창한 이른바 "반드시 인위적인 방법으로 미국인들이 계속 공황을 느끼게 해야 한다"[93]고 한 주장과 비슷한 점이 없지 않았다. 소육린은 이에 대해 "남북한의 정세가 일촉즉발의 위기에 처해 있는 상황에서 아시아 반공동맹에 관한 갖가지 억측과 소문들은 모두 우리에게 유리한 것이다. 동맹이 성공하면 침략을 막을 수 있고 동맹이 실패한다고 해도 공산당이 판단착오를 할 수 있기 때문이다"[94]고 갈파하였다.

다른 한 편 장개석과 이승만의 진해회담 이후 雙方은 군사 관계에서도 실질적인 진전을 보게 되었다. 8월 17일 소육린은 장개석에게 한국 국방장관 신성모(申性模), 차관 최용덕(崔容德)이 이승만의 비밀 지시에 따라 최 차관과 항공사관학교장 김정렬(金貞烈)을 대만에 파견하여 장개석과 공군의 한국 지원 문제를 협의하고자 한다고 보고하였다. 소육린은 장개석에게 "먼저 우리 공군이 무관 명의로 비행기를 몰고 한국에 와서 교섭에 협조하며, 다시 우리 해군이 한국기지를 이용하는 문제와 함께 중한 군사협력을 문제를 제기할 수 있다"[95]고 건의하였다. 이런 사실은 장개석 방한시 국민당의 한국 지원과 한국의 해군기지 제공 등 군사협력 문제가 논의되었다는 사실을 확실하게 뒷받침하는 것이다. 소육린은 8월 21일 장개석에게 한국 측이 원조를 요청한 무기명세서를 전문으로 보고하였다. 그 가운데는 1) F51 비행기 30대, AT6 비행기 30대, C47 비행기 5대,

---

93) 間生, 「戰爭販子杜勒斯」, 『新華月報』(1951. 2), p.818.

94) 邵毓麟, 앞의 책, p.306.

95) 「邵毓麟呈蔣總統八月十七日電」, 『革命文獻拓影(蔣總統訪韓)』(上·下 第34冊).

2) USMI 30구경 소총 50,000정, MI 소총탄 1억 발 3) 구축함 4척, 호위정(海面炮艇) 2척, 유선(游船) 1척 등이 포함되어 있었다.[96] 8월 26일 이승만은 소육린을 접견하고 한국 측의 수요가 절박하므로 먼저 명세서 중의 일부분이라도 보내줄 것을 요청하였다.[97] 그런데 당시 주한 미국대사 무쵸의 정보에 의하면 장개석은 한국이 망명처를 확실히 보장한다는 조건으로 총과 실탄을 남한에 제공하였다고 한다.[98] 한국이 장개석의 망명을 보장한다는 대가로 무기를 받았는지는 별개의 문제이지만 분명한 것은 장개석도 쌍방의 군사협력이 형식에 구애됨이 없이 실질적인 진전을 이루어야 한다고 생각하였다는 것이다.[99]

장개석과 이승만의 이른바 '정세조성'은 쌍방 간의 빈번한 내왕과 언론 매체의 선전을 통해 구현되고 있는 것처럼 보였다. 진해회담이 끝나고 며칠 후 국민당의 중앙일보는 전 국민당비서장이며 국민당 정부 외교부장이었던 오철성이 일본과 한국 방문 길에 오를 것이라고 보도하였다. 이에 관한 기자들의 질문에 오철성은 국제공산주의 확장을 억제는 '초국가적인 국제운동'이라고 지적하면서, 자신의 방문은 맥아더 원수와 양국의 여야 인사를 만나 아시아가 직면한 당면의 가장 엄중한 문제, 즉 아시아 공산주의의 침략에 저항하는 문제에 대한 의견을 교환하기 위한 것이라고 설명하였다. 그는 아시아 인민들은 즉시 일치단결하여 지리적 · 정치적 연계를 강화하며, 경제 · 문화협력의 방식으로 공산주의 만연을 막

---

96) 「邵毓麟呈蔣總統八月二十一日電」, 『革命文獻拓影(蔣總統訪韓)』(上 · 下 第34册).

97) 위와 같음.

98) Peter Lowe, 앞의 책, p.204.

99) 邵毓麟, 앞의 책, p.139.

아야 한다고 주장하였다.[100] 그렇지만 실제로 오철성의 한국 방문이 이루어진 것은 다음 해였다.

국민당이 대만으로 패퇴한 후인 12월 11일 이승만은 "태평양 국가는 국민당 정부가 8일 밤 대만으로 옮겨간 것과 관련, 이 문제를 해결하기 위해 어떠한 조치를 취해야 할 것이다. 나는 신속하게 적극적인 조치를 취해야 한다고 믿는 바이다. 공산주의를 반대하고 민주주의를 옹호하는 태평양 국가들은 집단의 안전보장을 위해 대서양 동맹과 유사한 토대 위에서 단결하고 공통의 이해를 다져나가야 한다."[101]고 언명하였다.

장개석과 이승만 모두 공산주의 침략에 대항하는 방어를 강조하였지만 1950년에 들어서서 이들의 공세가 강화되는 것처럼 보였다. 1월 28일 한국 국방장관 신성모는 소육린에게 보낸 서한에서 "중한 양국은 더욱 밀접히 연계하며 함께 38선을 완전히 무너뜨리고 한국의 통일을 앞당겨야 한다"고 주장하였다.[102] 2월 27일 소육린은 국민당이 대만으로 철수한 후 외국 대표로서는 유일하게 먼저 타이베이에 들어갔던 주중 한국대사 신석우를 초청하여, 대만의 최전선인 금문도를 시찰한 후 국민당 병사들을 격려하였다. 그 이전에 소육린도 한국의 남북 대치선인 38선을 방문한 바 있는데, 신 대사 또한 대만의 전선을 시찰함으로써 양측의 대사가 모두 쌍방의 전초선을 시찰한 셈이 되었다. 당시 대만신문은 "중한 두 대사가 전선의 장병들을 격려하는 연설을 듣고, 이 웅장한 대오에서 중한 양국은 연합하여 적색 제국주의를 타도하자는 소리가 터져 나왔다"고 보

---

100)「吳鐵城啓程赴日韓訪問」,『中央日報』(1949. 8. 11).

101) 대한민국공보처, 앞의 책, p.145.

102) 邵毓麟, 앞의 책, p.138.

도하였다.[103]

그렇지만 소육린이 제기한 정세조성을 위해서는 허장성세 또한 필요하였는데 오철성의 방한이 바로 그 한 예라고 할 수 있을 것이다. 오철성은 1950년 4월 19일 한국 방문 길에 올랐다. 말로는 개인 자격의 방문이라고 하였지만 소육린은 이를 치밀하게 계획하였다. 방문 시기에 대해 소육린은 오철성에게 '시기를 보아' 결정할 것을 제의하였는데, 소육린의 말을 빌면 그는 마치 포병 관측병처럼 "먼저 거리를 측정하고 전황을 관찰한 후 포를 쏘는" 형식으로 방문 날짜를 잡았다는 것이었다.[104] 즉 소육린은 오철성의 방한을 기회로 정세를 조성하려 하였고, 때문에 가장 적절한 시기를 노린 것이었다.

오철성은 동맹국 일본관제(日本官制)위원회 국민당 군사대표단 단장인 주세면(주스밍, 朱世明)과 함께 한국을 방문하였는데, 그의 대동은 각별한 의미가 있는 것이었다. 불과 몇 달 전 모택동의 소련 방문시 소련은 주세명이 국민당을 이탈하여 중국공산당 측에 전향할 의향이 있다는 정보를 모택동에게 제공한 바 있었다. 이에 모택동은 그의 전향을 추진하고 동맹국 일본관제위원회에 대표를 파견하려 하였던 것이다.[105] 바로 이러한 인물이 "별로 볼 일 없어 보이는" 오철성과 한국을 방문하였다는 것은 역시 개인적 방문이 아닌 다른 의도가 있음을 말해주는 것이라 할 수 있는 것이다.

한국 측은 일국 총리의 정식방문을 능가하는 정도로 이들의 방한을 환

---

103) 위의 책, p.139.

104) 앞의 책, p.140.

105) 「莫洛托夫, 維辛斯基與毛澤東會談紀要」(1950. 1. 17), 潘志華, 『中蘇同盟與朝鮮戰爭硏究』(1999), p.337.

영하였다. 이승만은 일면식 밖에 없었던 그를 나흘 동안의 방문기간 중 세 차례나 면담하였다. 그 자리에 한국의 국방장관, 외무장관이 배석하였는데 회담 후의 내용들은 공개되지 않았다. 오철성이 김구의 한국임시정부와 매우 깊은 교분을 가지고 있었다고는 하지만 그 시기에 개인자격으로 방문한 그를 이토록 환대한 것은 예외적인 것이 아닐 수 없었다. 이에 대해 신문매체들은 "오철성과 주세명 두 장군은 중대한 군사적 임무를 가지고 한국을 방문하였는 바, 그것은 진해회담에서 협의된 원칙에 따른 양국 간의 군사협력 문제를 구체적으로 토의하여 비밀 반공 군사동맹을 결성하는 것"이라고 보도하였다.[106] 게다가 오철성이 한국에 이어 일본을 방문하는 동안 일부 외국 통신사는 "서울에서 중한 양국은 이미 비밀 군사협력 협정을 체결하였고, 한국 정부는 중국 측이 제주도를 공군기지로 조차하고, 이 기지를 화북과 동북, 심지어 러시아의 블라디보스토크를 폭격하는 데 이용하도록 승인하였다"고 보도하였다. 오철성은 동경에서 거듭 성명을 발표하여 이를 부인하였지만 그럴수록 이러한 소문은 전 세계에 퍼져나갔다.[107]

기자들이 근거 없이 한 오보였다고는 하지만 이러한 뉴스는 오철성의 방한이 모종의 '정세조성'을 위한 것으로 이해되었고, 실제로 이것이 남북한 간의 긴장을 증가시키는 요소가 되기도 하였다. 소육린도 오철성의 방한이 두 달 후 일어난 한국전쟁의 원인이 되었다고 할 수는 없지만 당시 극도로 긴장된 남북한 정세에 적지 않은 충격을 주었음은 의심할 바

---

106) 邵毓麟, 앞의 책, pp. 140~142.
107) 위와 같음.

없다고 말하였다.[108] 요컨대, 장개석과 이승만 간의 군사협력은 실질적인
합작 못지 않게 허장성세로 자신들에게 유리한 정세를 조성하려고 했던
한 측면이 더욱 중요한 의미를 가지고 있었다고 할 수 있을 것이다.

제5절 남북한의 충돌
주한 중국대사 소육린의 제의

한국전쟁 발발 직전 주한 미국대사 무쵸는 미 국무성에서 한국 업무를
맡고 있던 본드(Niles Bond)가 한국·대만관계에 대한 조사·보고를 요
청한 것에 대해 "어떤 시도가 진행되는 흔적은 있다. 그러나 나로서는 아
무것도 구체적으로 말할 수 없다"[109]고 회신하였다. 전쟁이 일어나기 바
로 이틀 전이다.

대만으로 퇴각한 장개석은 공산당의 대만 진공이 눈앞에 닥쳐온 상황
에서 미국이 개입하지 않거나 제3차 세계대전이 일어나지 않으면, 또한
모든 반공국가들이 단결하여 대만을 지원하지 않으면 자신의 운명도 끝
이라는 사실을 잘 알고 있었다. 1950년 4~5월 경 대만주재 미국대사 대
리 로버트·스트롱은 국무성에 대만의 상황이 '위기일발'이라고 지적하
면서, 중국공산당은 6월 15일부터 7월 중 언제라도 대만상륙을 감행할
가능성이 있다는 내용의 전문을 수차에 걸쳐 보냈다.[110] 미국학자 피터

---

108) 위와 같음.

109) Peter Lowe, 앞의 책, p.204.

110) 爱德温 W·馬丁, 『抉擇與分歧−英美對共産黨在中國勝利的反應』(中共黨史資料出
    版社, 1990), p.169.

로우는 1949년 여름부터 이승만 정부와 몰락하는 대만의 국민당 정권 사이에 이상한 교류가 빈번하게 이루어졌으며, 이는 장개석이 중국공산당이 대만을 장악할 경우 한국에서 망명처를 제공한다는 전제 하에 대만이 한국에 제한적인 군사 협력을 해줄 것을 희망했기 때문이라고 분석하였다. 그는 또 미 국무성은 서울과 장개석 간 교류의 일반적 흐름은 알고 있었으나 구체적인 내용까지는 파악하지 못하고 있었다고 지적하고 있다.[111] 당시 본드도 이러한 생각을 가지고 있었으나 본드는 필리핀은 장개석의 망명 요구에 협력할 의도가 없을 것이고, 이승만 역시 장개석을 받아들이기 싫어할 것이라고 생각하였다. 미 국무성으로서는 한국이 장개석에게 망명지를 허용한다면 그것은 매우 현명치 못한 행동이 될 것이라고 판단하고 있었다고 한다.[112]

이러한 상황을 종합해 보면 당시 미국은 이승만과 장개석 사이의 빈번한 교류가 장개석이 한국에서 망명지를 제공받기 위한 것이라고 믿은 것 같아 보인다. 그러나 이러한 견해는 견강부회에 불과한 것이었다. 장개석이 진심으로 바란 것은 한국으로의 망명이 아니라 한반도에서 충돌이 일어나는 것이었다. 이는 당시 대만을 고수하는 가장 확실한 방법은 바로 남북한이 충돌하거나 한반도에서 전쟁이 일어나 미국의 정책을 변화시키는 것이었다고 때문이다.

이것은 바로 소육린이 제기한 소위 '정세조성론'의 핵심이었다. 그것은 바로 한반도에서 장개석이 돌파구를 찾으려는 것이었다. 즉 긴장되고 있는 한반도 정세에 한두 가지의 요소를 부가하여 남북의 충돌을 조장하자

111) Peter Lowe, 앞의 책, p.203.
112) 위의 책, p.204.

는 것으로, 장개석과 그 정권의 핵심 인물들은 이를 시험하고자 하였던 것이다.

1950년 3월 2일 일본에서 맥아더를 만나고 업무보고차 귀임한 소육린은 미소관계와 한반도 정세, 그리고 국민당의 책략에 관해 장개석에게 '보고 및 청시사항'(請示事項)을 제출하였다. 여기에서 그는 우선 소련의 대한정책에 대해 분석하고 있다. 이 보고에서 그는 "동북의 한인 공산당 이홍광 지대에는 약 두 개 사단 2만 명 병력이 있었는데 두 달 전에 이미 북한으로 이동하였다. 전 임표 부대 가운데 한인 공산당원 약 10만 명도 대륙에서의 전쟁이 끝난 후 북한으로 점차 이동하고 있다는 보도가 있다. 사실이 그러하다면 소련은 새로 증가된 한국공산당의 세력을 이용하여 언제라도 내전의 형식을 취해 남한을 압박할 수 있을 것"이라고 지적하였다.

한편 소육린은 미국은 군사적으로 북한에 대한 남한의 진공을 철저히 억제하여 미소의 정면충돌을 피하려 하고 있지만 남한군은 사기가 높고 이승만 또한 늘상 북한으로 진공하여 한반도를 통일하겠다고 선전하고 있다고 보고하였다. 소육린은 또 자신과 주한 미국대사는 모두 이승만이 충동성이 강한 개성을 가지고 있다는 데 일치된 견해를 가지고 있다고 말하였다. 아울러 소육린은 장개석에게 국민당의 세계책략에 관하여 "남북한의 이러한 정세, 특히 미국 정부 및 민주당이 극동에 대해 소극적인 정책을 취하는 상황에서 우리는 대책을 강구하여 남북한의 충돌을 책동할 수 있지 않겠는가. 그렇게 되면 태평양 방면의 긴장이 고조되고 미국의 정책 전환, 나아가서 미소관계의 격변도 유도할 수 있을 것이다. 나는 염석상(옌시샨, 閻錫山) 행정원장과 고축동(꾸쭈퉁, 顧祝同) 참모총장과 비밀리에 의견을 교환하였는데 이들은 모두 모종의 대책을 강구하여야 한다는 데 의견을 같이 하였다. 그러나 이 일은 우리의 반공항소(反共抗蘇) 전도와 매우 중요한 관계를 가지고 있는 문제인 만큼 총재께서 비밀리에 지시를 주시기 바란다."[113]고 진언하였다. 다시 말하면 소육린은 대만에 돌아간 후 행정원장 염석산, 참모총장 고축동과 남북한 간의 충돌을 획책하는 문제를 의논하였으며 그들의 승인을 받았다는 것을 알 수 있다.

3월 1일에 총통직을 회복한 장개석은 며칠 후, 즉 소육린이 남북한 충돌 책동과 관련한 '보고 및 청시사항'을 제출한 후 소육린을 면담하였다. 소육린은 자신의 회고록에서 남북한 충돌 책동에 관해서는 한마디도 언급하지 않고 있다. 그러나 이들이 며칠 전 소육린이 제출한 보고 내용을 언급하지 않았을 가능성은 거의 없다. 어찌 보면 장개석은 '최고방침'으로서 이에 대해 명확한 표시를 하지 않았을 수 있다. 그 뒤 소육린이 다시 보낸 청훈 보고가 이를 입증한다. 3월 17일 소육린은 '동북과 화북 적후사업(敵後事業) 계획'의 마지막 부분 청훈 사항에서 또다시 이러한 계책을 분명하게 제기하였다. 즉 그것은 "정세의 긴장을 촉성(促成)하고 미국의 정책을 변화시키며 미소관계의 전면적인 변화를 앞당기기 위해 방법을 강구해 내고 남북한 간의 충돌을 비밀리에 책동할 것을 최고방침에서 고려하기 바란다"[114]는 것이었다. 아울러 그는 "6월 10일 한국의 총선 전에 이승만과 반대당에 각각 비밀리에 금전상의 보조를 함으로써 우리 측이 이들을 이용할 수 있게 하는 것이 어떻겠는가"[115]라는 방안도 제의

---

113)「報告及請示事項(美蘇韓情勢與我策略)」, 『蔣中正檔案』(特交檔案分類資料, 第068卷).

114)「极秘報告」(3月 17日于臺北), 『蔣中正檔案』(特交檔案分類 資料, 第068卷).

115) 위와 같음.

하고 있다.

장개석이 소육린이 제기하고 행정원장 염석산과 참모총장 고축동이 비밀리에 동의한 남북한 충돌 책동안을 받아들여 실제 행동에 옮겼다는 증거는 아직까지 없다. 그렇지만 그것이 남북한 긴장 조성에 일정한 영향을 미쳤다는 것은 의심할 바 없을 것이다.

소육린이 말한 바와 같이 동북아 정세를 둘러싼 책략은 한 곳에서만 나온 것이 아니었고, 전쟁 전 관련 각국은 모두 허허실실의 책략과 선전을 하여 왔다. 맥아더는 물론이려니와 이승만의 미국인 친구이기도 한 굿펠로우는 1950년 초 한동안 서울과 동경, 그리고 타이베이 사이를 분주하게 오갔다. 그는 북한과 중국에 대항하는 작전을 수행할 한국군과 중국국민당의 '외인부대'를 창설할 것을 주장했다. 같은 해 5월에 맥아더는 장개석의 고문인 쿠크(Charles Cooke)와 동경 연합군 일본위원회 위원인 호시치(Ho Shi-Chi) 장군과 대만과 남한을 연결하는 군사조약에 관해 의견을 교환하였다. 맥아더는 예상되는 북한의 침공을 저지하고 격퇴시키기 위해 장개석이 남한에 수천 명의 국민당군을 배치하기를 희망하였다. 그러나 장개석이 이에 대해 엄청난 대가를 요구했기 때문에 결정이 지연되었고 결국 그 구상에 관한 토론은 한국에서 실제로 전쟁이 발발할 때까지 계속되었다고 한다.[116] 여기에서 장개석이 요구한 엄청난 대가는 결코 한국으로의 망명 요구가 아닐 것이다. 그것은 아마 한반도 정세에 엄청난 파장을 몰고 올 한 두 개의 '조건'일 가능성이 있다. 한국전쟁 발발 전 주한 미국대사 무쵸는 "어떤 시도가 진행되고 있다는 흔

---

116) 김철범, 제임스 매트레이 엮음, 『한국과 냉전』(평민사, 1991), pp.150~151.

적은 있다. 그러나 나로서는 아무 것도 구체적으로 말할 수 없다"고 말한
바, 그 '어떠한 시도'가 한국과 대만 사이에 진행되었던 것만은 틀림없다
고 할 수 있고, 기실 한반도를 둘러 싼 유사한 '시도'는 다른 곳에서도 진
행되고 있었다고 할 수 있는 것이다. 미국기자 스톤은 한국전쟁은 이승
만이 장개석의 적극적인 부추김과 맥아더와 트루먼의 암암리의 도움을
받아 북한을 공격함으로써 발발했다고 주장하였다. 그것은 이승만이나
장개석 모두 미국의 개입이 지극히 필요하였고, 특히 대만으로 밀려가
언제라도 중공군의 공격을 받을 위험에 처해 있던 장개석으로서는 더욱
절박한 것이었다고 한다.[117] 그러나 피터 로우는 한국전이 시작되기 직전
에 있었던 여러 사건에 국민당이 연루되어 있다는 확증은 없으며 장개석
의 관심은 다만 남한의 호전성을 자극하는 것이었다고 주장하였다.[118]

전쟁 발발 후 각국의 득실에 의해 누가 전쟁을 일으켰는가 하는 것을
판단할 수는 없다. 그러나 전쟁 전 이들의 입장이 전쟁 후에 각자의 '의
지'에 투영되어 상호 작용하고 영향을 주면서 동북아 국제정치의 역학관
계에 작용했다는 것은 부인할 수 없다. 이렇듯 한국전쟁은 이들 각국의
힘과 의지가 상호작용하고 영향을 미치면서 초래된 결과였던 것이다. 어
찌되었든 한국전쟁의 발발은 장개석에게 있어서는 "이익이 있을 뿐 손해
가 없는"[119] 사건으로서, 소육린이 갈망하던 한 가닥의 희망이었고, 실제
이 사건을 계기로 장개석의 대만은 위기를 모면하게 되었다.

상술한 바와 같이 정세조성론이 한국전쟁 전 장개석과 이승만 관계를

---

117) I. F. 斯通, 앞의 책, pp.3~4.
118) Peter Lowe, 앞의 책, p.205.
119) 邵毓麟, 앞의 책, p.151.

이해하는 핵심 단서라는 것은 의심할 바가 없을 것이다. 장개석과 이승만이 반공연맹을 구상하던 시기는 바로 중국에서 미소의 대립 국면이 소실되고 동북아의 힘의 균형에 근본적인 변화가 일어난 시점이었으며, 동북아 국제정치의 초점이 한반도와 대만으로 옮겨가던 시기였다. 또한 38선에서의 남북한의 충돌이 가장 엄중했던 시기였으며, 이승만이 거의 매일같이 북진통일을 호소하던 시기이기도 하였다. 대륙에서 참담한 좌절을 맛본 장개석이 이승만과 반공연맹, 실질적인 군사동맹을 맺으며 이승만에게 군사원조를 제공하려 한 것은 국제정세의 변화에 따라 자신에 유리한 정세를 조성하여 미국을 끌어들이고 미국이 한국과 중국 문제에 더 많이 개입할 것을 바랐기 때문이었다. 그렇지만 정세조성의 최종 목적은 역시 한반도의 긴장된 정세에 한두 가지의 요소를 부가하여 남북한이 충돌하고 전쟁이 일어나 미소대전으로 이어지는 것이었다. 즉 남한이 북한으로 진공하고 세계대전이 발발하는 상황에서 국민당은 신속히 동북과 화북을 진공[120]하여 최종적으로 대만 보위와 대륙 수복이라는 목적을 달성하는 것이었다. 한국전쟁이 소육린이 기도한 책동에 의해 일어난 것은 아니지만 그것이 당시 동아시아 국제정치의 역학관계에 작용하여 한반도의 긴장된 정세에 일정한 영향을 미쳤다는 것은 의심할 바 없는 것이다.

---

120)「報告及請示事項(美蘇韓情勢與我策略)」,『蔣中正檔案』(特交檔案分類 資料, 第068卷).

제8장
한국과 대만
미국 극동전략의 두 교두보

제1절 중국 정세의 변동과 주한미군 철수 논쟁

한반도의 남과 북에 두 개의 정권이 수립될 즈음 동북아 정세에는 거대한 변화가 일어났다. 변화의 발원지는 중국이었다. 1947년 7월부터 중국 인민해방군은 전략적 방어에서 전략적 진공으로 전환하면서 국공내전의 전세는 근본적으로 반전되었다. 1948년 9월 12일부터 11월 2일까지 동북 야전군은 대대적인 요심전역(遼瀋戰役)을 승리로 이끌고 전 동북을 해방하였다. 이에 따라 장개석 정권의 대륙 통치는 전면적으로 붕괴되기 시작하였다. 중국, 특히 동북의 장세의 변화는 한반도에 거대한 충격을 안겨주었다.

주한미군의 철수 문제로 야기된 논쟁은 바로 중국의 변화된 정세를 배경으로 이루어졌던 것이다. 1948년 대한민국 정부가 성립되면서 미국의 군정 통치는 막을 내리고 미군의 잔류 문제가 쟁점으로 떠올랐다. 일찍이 같은 해 2월 21일 미국 합동참모부는 주한미군을 철수시켜 보다 중요하고 긴급한 다른 지역에 이동하여야 한다는 보고서를 작성하였고, 트루먼도 연말 선에 한국에서 철군할 것을 합동참모부에 지시하였다. 3월 25일 4부 조정위원회는 트루먼에게 NSC-8이라는 이름으로 명명된 대한반도 정책에 관한 최종보고서를 제출하였다. 이 보고서에서는 철군 날짜를 12월 31일 전으로 잡고 있는데, 4월 2일 트루먼은 이 보고를 비준하고 9월 15일부터 미군을 철군시키기로 결정하였다.[1]

같은 해 9월 9일 수립된 조선민주주의인민공화국이 수립되었고. 이들도 정부 수립 직후 미소가 한반도에서 동시에 철군할 것을 요구하였다. 9월 10일 소련 정부는 미국 정부에 한반도에서 동시에 즉시 철군할 것을 제의하면서, 일방적으로 12월 말 전까지 북한의 소련군을 전부 철수하기로 결정하였다.[2] 그러나 미국은 9월 29일 철군 문제는 한국의 통일과 독립에 관계되는 문제로, 유엔의 미국 대표가 적당한 시기에 미국의 구체적 입장을 천명할 것이라고 하면서 소련의 제의를 거절하였다.[3] 중국공산당의 신화사(新華社)는 이를 미국이 "세계 여론의 비판에 자신을 내던진 꼴"[4]이라고 비난하였다.

미소 양국의 철군 문제는 미소공위가 결렬된 후인 1947년 9월 26일 소련에 의해 먼저 제기되었다. 소련은 미소 양국이 한반도에서 동시에 철군하고 한반도 문제는 남북한 쌍방이 토의하여 해결하도록 하자고 주장하였다. 미국은 10월 19일에 이 제안을 거절하였다.

---

1) James Irving Mateay, 구대열역, 『한반도의 분단과 미국』(을유문화사 , 1989), pp. 187~188.

2) 노중선편, 『민족과 통일 I』(자료편), (사계절, 1985), p. 269.

3) 노중선편, 위의 책, p. 270.

4) 『東北日報』(1948. 10. 7).

일찍이 웨드마이어는 미국 주재 국민 정부 대사인 고유균과 이 문제를 논의한 바가 있었다. 당시 웨드마이어는 남한에서의 미국 지위가 북한에서의 소련의 지위보다 약하기 때문에 미소 양국이 한반도에서 동시 철군하자는 소련의 제의는 한반도 문제에 새로운 변화 요인을 제기하였다고 지적하였다. 이에 대해 고유균은 원칙적으로 모든 외국 군대가 철수해야 하겠지만 현 단계에서 철군하면 한반도가 소련에 의해 좌지우지될 수 있고, 그렇게 되면 한반도가 공산당국가로 되어 소련이 훈련시킨 조선인민군이 통치하고 통제하게 될 것이라고 응답하였다. 고유균은 웨드마이어에게 한반도에서의 소련의 의도, 특히 소련이 미소 동시 철군 제기를 어떻게 보는가고 물었다. 고유균 자신은 그것이 단지 선전을 위한 것이라고 생각하고 있었다. 그러나 웨드마이어는 소련의 철군 제의는 단순한 선전차원이 아니며 일단 군대가 철수하게 되면 한반도는 소련의 위성국이 될 것이라고 지적하였다. 이런 상황에서 한국 문제는 시기를 놓치게 될 것이고 미국은 한반도에서 완전히 물러날 수밖에 없을 것이라고 주장하였다. 이어서 웨드마이어는 공산 북한이 일본과 중국의 동북에 위협이 되고 태평양 지역에 심각한 위협을 조성할 수 있지 않을까하는 고유균의 지적에 대해 동의를 표하였다.[5] 웨드마이어는 한반도의 전략적 지위가 서구의 오스트리아와 같아, 오스트리아가 공산화되면 독일과 프랑스를 위협할 수 있는 것과 마찬가지로 한반도의 변화는 일본이나 중국의 변화를 불러올 수 있다고 주장하였다.

그 이전 미국 정부는 웨드마이어를 파견하여 중국과 한반도의 정세를

---

5) 顧維鈞, 앞의 책, p.224.

조사한 바 있었는데, 그는 트루먼에게 제출한 조사보고서에서 한반도의 군사상황은 미국의 전략 이익에 위협을 줄 가능성이 있다고 지적하였다. 그는 남북한에서의 미소 병력은 5만 명을 넘지 않는 비슷한 수준을 유지하고 있지만, 소련 장비로 무장하고 소련이 훈련시킨 북한 인민군대는 약 12만 5,000명으로서 그 수는 미국이 창설하고 일본식 경무기로 무장한 한국경찰대 16,000명의 전력을 훨씬 초과하고 있다고 설명하였다. 또한 웨드마이어는 소련이 점령군을 철수시키고 그에 따라 미국 점령군도 철수하게 될 경우 북한 인민군은 남한을 군사적으로 위협할 가능성이 매우 크다는 점을 상기시키고, 미국이 남한의 경비부대를 조직하고 이들을 무장, 훈련시킬 것을 건의하였다. 그리고 이들 부대는 반드시 주한미군 사령관이 통할하고, 초창기에는 완전히 미국인이 교관을 맡되 점차 한국인 교관으로 이를 대체하고 군대를 통솔하도록 할 것을 건의하였다. 그는 이렇게 해야만 북한의 위협에 대처할 수 있는 충분한 역량을 비축할 수 있고 북한 인민군에 대항할 수 있으며, 미국과 소련 점령군이 한반도에서 철수할 경우에도 폭력에 의해 공산당 정부 수립을 방지할 수 있다고 주장하였다.[6]

그런데 미 국무성과 군부는 한반도 문제에 있어서, 중국 문제의 경우와는 완전히 반대의 입장을 취하고 있었다. 중국 문제에 있어서 군부는 장개석 정부를 군사적으로 지지할 것을 강력히 주장한 반면에 국무성은 장개석 정부가 희망이 없다고 판단하여 포기하는 쪽으로 가닥을 잡고 있었다. 이와는 반대로 한국 문제에 대해서 군부는 한국이 군사적 가치가

---

6) 「魏德邁中將致杜魯門總統的報告」, 『美國與中國的關係』(中國現代史資料編輯委員會 翻印, 1957), p.733.

없으므로 주한미군을 될수록 조속히 철수해야 한다고 주장한 반면 국무성은 미소 냉전과 남북분열의 구도에서 한국이 가지고 있는 정치적 가치와 이데올로기적 가치를 중시하였다.

군부도 물론 한국이라는 "근 2년 동안 이데올로기 전쟁을 치러온 국가"가 가지고 있는 정치적 가치를 전연 무시할 수는 없었다.[7] 그럼에도 육군성은 철군을 극력 주장하면서 한국에 대한 군사적 점령을 무기한 연기하는 것에 반대하였다. 그러나 육군성도 중국공산당의 군대가 만주지역을 석권하자 한국에서 철군이 미국이 한국을 방어할 수 없다는 인상을 줄 수 있다는 점을 인정하고, 철군을 반대하는 국무성의 주장에 동의할 수밖에 없었으며 9월 15일 철군 계획을 일단 연기하게 되었다.[8] 당시 많은 미국인들은 중국 정세의 발전과 남북한 역량의 차이로 볼 때 미소가 철군하면 무력통일을 위한 내전이 불가피할 것이고, 한국이 이 전쟁에서 생존할 가능성은 매우 희박하다고 생각하고 있었다.[9]

이 시기 온갖 어려움 속에 남한에 단독정권을 수립한 이승만은 대통령 취임 직후부터 북한에서의 적대적 정권 수립, 중국 정세의 변화, 그리고 국내 정국의 요동 등 불안한 국면에 직면하게 되었다. 여기에 미국까지 철군하게 되면 그로서는 설상가상이 아닐 수 없었다. 9월 8일 한국 내무장관 윤치영은 미국은 한국의 독립을 위해 계속 주둔하여 국군을 지도하고 양성하여야 하며, 2주일 내에 북한을 점령할 수 있는 국방군을 건설

---

7) U.S Department of War. Plans and Operations Division. *Korea 1946-1950*. RG 319. Box 87. quoted from Cumings ed..Child of Conflict. p.20.

8) James Irving Mateay, 앞의 책, p.201.

9) 위의 책, p.203.

할 필요가 있다고 역설하였다.[10]

　10월 9일 이승만은 일본을 특별 방문하여 맥아더와 회담을 갖게 되는 데, 맥아더는 미국은 계속되고 있는 무장반란으로부터 신생 대한민국을 보위하여 줄 것이라는 점을 확약하였다. 맥아더는 이승만에게 미국은 미국민을 보호하는 것과 같이 한국민을 보호할 것이며 캘리포니아를 방어하듯이 한국을 방어할 것이라고 언명하였다. 그러나 이승만은 이러한 맥아더의 한국방어 언약은 맥아더 개인의 의사를 표시한 것일 뿐 미국 정부의 공식 정책을 말한 것은 아닐지도 모른다는 점을 우려하였다. 10월 21일 이승만은 다시 한 번 한국의 안전은 미국의 안전과 긴밀히 관련되어 있다는 점을 상기시켰다.[11]

　10월 30일 유엔 한국위원회는 한반도에서의 "적대적 정권의 남북한 군대가 동족상잔의 전쟁에 휩쓸려 들어갈 가능성"에 대비하여 남북한에서 '평화회담'이라는 모종의 노력이 시작될 때까지 한국에 대한 군사점령을 계속해야 한다는 안을 유엔총회에 제기하였다.[12]

　바로 이 시기에 미 국무성에서는 또 다른 시각에서 철군을 연기하거나 철회해야 한다고 주장하는 사람이 있었다. 그는 서울에 주재하는 미국 정부 대표 무쵸였다. 그는 11월 12일 국무장관에게 보낸 보고에서 10월 20일 여순반란사건이 발생한 후 한국 경제의 혼란이 더욱 가중되었고 국내정치의 혼란은 절정에 달했다고 보고하였다. 또한 북한의 군사력이 한국을 압도하고 중공군이 만주를 장악한 상황에서 한국민들은 북한의 남

---

10) 鄭一亨, 앞의 책, p.77.

11) 대한민국공보처, 앞의 책, p.141.

12) 『中央日報』(1948. 10. 31).

침을 우려하고 있으며 공포심리가 확산되고 있다고 지적하였다. 이러한 분석을 토대로 무쵸는 한국 정부에 시간을 주기 위해 미군의 최종 철수 날짜를 연기하고, 이 기간 중에 미국 정부도 소련군 철수 후의 북한정권과 남한 공산주의 세력의 동향, 그리고 대내외 안전에 대한 남한군의 준비상황을 다시 한 번 충분히 검토하여야 한다고 건의하였다.[13]

11월 19일 트루먼은 미군의 철군 연기를 요구하는 한국 정부의 서한을 접수하였다. 이 서한에서 이승만은 중국 정세의 새로운 변화와 한국군 내의 반란사건을 열거하면서 국군의 완전한 충성을 확보할 때까지, 또한 국군이 국내외 위협에 대처할 능력을 갖출 때까지 미국이 점령군을 계속 유지해 줄 것을 요구하였다. 아울러 침략 억제력과 침략에 의해 일어날 내전 대처능력을 제고하기 위해 육군과 해군고문단을 조직하는 것이 긴요하다고 지적하였다.[14] 11월 20일 한국 국회는 국가보안법과 미군의 철수 연기를 요구하는 결의안을 통과시켰다.[15] 국가보안법의 제정은 이승만이 남한에서의 반 정부 세력과 반대파를 탄압하는 수단이 되었으며, 그것은 남북관계를 보다 더 적대적인 관계로 끌고 가게 되었다.

소련의 철군이 하나의 '음모'라는 시각에서 미국의 철수를 막으려던 시도도 있었다. 이범석 총리는 국회에서 소련군의 철수는 미군 철수 후 북한군이 남침시 그것에 '내전' 또는 '혁명운동'이라는 구실을 붙이고 자기들의 책임을 회피하기 위한 술책이라고 강조하였다. 그는 또 제3차 세계

---

13) Muccio to Marshall, 12 November 1948, FRUS.1325-1340. 小此木政夫, 앞의 책, p.33.

14) Muccio to Marshall, 19. November 1948, FRUS.1325-1340. 小此木政夫, 앞의 책, p.33.

15) 노중선편, 앞의 책, pp.270~271.

대전이 발발하면 미소 군대는 한국에서 가장 먼저 전쟁을 시작하게 될 것이라고 주장하였다.[16)]

한편 미 국무성의 일부 인사들도 중국 정세의 변동으로 주한미군의 철수가 극동 및 태평양 지역의 안전에 영향을 미치게 될 것이라는 점을 인식하고 있었다. 즉 이들은 미군의 철수는 곧 동북아에서의 공산당 세력의 확대를 의미하며, 만약 한반도 전체가 공산주의의 수중에 들어가면 다음에 일본열도가 세계 공산주의의 가장 중요한 목표가 될 것이고, 이렇게 되면 일본은 사할린, 쿠릴열도, 한반도의 세 방면으로부터 포위당하게 될 것을 우려하였다. 12월 29일 중국주재 미국대사 레이턴 스튜어트는 국무장관에게 아시아에 대한 중국 사태의 정치적 충격을 완화하기 위하여 북한에 대한 '외교공세'를 취할 것을 건의하게 되는데[17)] 그가 말한 외교공세란 미국이 한국의 군사·외교 주도권을 장악하는 것이었다. 그는 또한 "유엔을 통해 결정적인 행동을 취함으로써 소련을 곤혹스럽게 만들고 동시에 장개석 정권의 패배로 손상당한 미국의 권위도 만회할 수 있을 것"이라고 주장하였다.[18)]

1949년 1월 4일 미 국무성은 한국이 자위력을 갖추기 전에 미군을 철수하지 않을 것이라는 성명을 발표하였다.[19)] 미국이 미군 철수를 연기한 것은 물론 당시의 혼란스런 한국의 정세와 관련이 있었지만 더욱 중요한 것은 중국 정세의 거대한 변화로 말미암아 미국이 일본과 연계하여 한국

---

16)『中央日報』(南京: 1948. 11. 22).

17) Stuart to Marshall, 29 December 1948, FRUS, 1948, Ⅶ,695. 小此木政夫, 앞의 책, p.33.

18) J. Leighton Stuart to Marshall, 1948. 12. 29, FRUS 1948, Ⅶ, 695. James Irving Mateay, 앞의 책, p.216에서 재인용.

19) 노중선편, 앞의 책, p.275.

의 전략적 가치를 재평가할 필요가 있었기 때문이었다고 할 수 있다.

같은 시기 미 중앙정보국은 미국이 1949년 봄에 한국에서 철군하게 되면 북한 인민군은 공산당이 지도하는 남한의 반란 세력과 연계하고, 또한 이미 공산화된 만주에서 전투 경험을 쌓은 소규모 부대의 지원 하에 끊임없이 침공을 일으키게 될 것이라고 분석하고, 미군을 계속 한국에 주둔시킬 것을 건의하였다. 미국의 입장에서 중국에 이어 한국마저 잃게 된다면 아시아 제국의 사기 저하는 물론 미국에 대한 아시아 여러 나라들의 신뢰도 잃게 될 것이며, 나아가 소련이 진공목표를 일본으로 옮긴다면 동아시아에서의 미국의 안전이 직접적으로 위협받게 된다고 보았던 것이다.

국민당 정부도 이승만 정권과 마찬가지로 미국이 한국에서 철군하는 것을 반대하는 입장을 취했으며, 이를 위해 유엔에서 전력을 다해 노력하였다. 국민당 대표단을 따라 파리 유엔총회에 참가했던 정보남(쩡빠오난, 鄭寶南)은 1월 6일 고유균에게 미국은 중국 대표단과 적극 협력하고 있고 중국의 결의안 초안을 접수했다고 보고하였다. 그는 중국대표단이 미국에 남한에서의 구체적인 철군날짜를 취소하라고 적극 권고하였는 바, 결국 미국은 이 권고를 받아들여 마지막에 "철수가 가능할 때까지"라는 문구를 삽입하였다고 말하였다.[20] 이에 대해 고유균은 중국 대표단은 제3회 유엔총회에서 주한미군의 철수 문제에 관한 일관된 입장을 고수하여 영국 대표단의 지지를 받았다고 말하였다. 그는 한국에서 철군하려는 생각을 굳게 가지고 있던 미국이 처음에는 중국의 입장을 이해하지

---

20) 顧維鈞, 앞의 책, p.295.

못했지만 국민당 측에서 정세의 긴박함을 강조하여 이 주장을 굽히지 않자 마지막에 절충적인 방안을 받아들였다고 언급하였다. 그것은 미군이 철수는 하되 날짜를 결정하지 않고 다만 되도록 빠른 시간 안에 철수한다는 문구를 사용하여 최종적안 결정의 여지를 남기게 한 것이었다.[21]

소련은 원래의 계획대로 1948년 10월부터 북한에서 군대를 철수하기 시작하였다. 북한의 중앙과 지방조직에서는 환송위원회를 조직하고 군중집회를 소집하여 소련 군대를 환송하였다. 환송위원회는 각 단체와 개인들이 소련군에 보내는 감사의 편지 78,000여 통을 접수하였다고 한다.[22] 노동신문은 한국의 민주독립당, 사회민주당, 신진당, 민족자주연맹, 문화단체총연맹, 민주대동회의, 민족해방청년동맹, 민중동맹 등 각 정당, 사회단체들도 소련 정부와 군대에 감사의 편지를 보냈다고 보도하였다.[23] 북조선노동당 중앙위원회 위원장 김두봉은 북조선노동당 중앙위원회 제4차 회의에서 소련군대의 철수는 우리 당에 새로운 역사의무를 제기하였다고 주장하면서 남조선의 '망국의 국회'와 '괴뢰 정부'는 소위 남한에서의 미군의 장기주둔을 요청하는 결의안을 통과시켰다고 비난하였다. 그는 미군 철수를 강력히 요구하면서 친일파와 민족 반역자들의 매국 음모를 폭로하고 분쇄하며 국토의 완정(完整)과 조국의 통일을 이룩하기 위한 강력한 범민족적 투쟁을 벌여야 한다고 주장하였다.[24] 여기에서 말하는 국토 완정은 바로 통일 문제를 말하는 것이다.

---

21) 위와 같음.

22) 『朝鮮中央年鑑』(朝鮮中央通訊社, 1950), p.230.

23) 『노동신문』(1948. 10. 28).

24) 『勤勞者』(1948. 12), pp.22~23.

12월 26일 북한에 주둔하고 있던 소련군 사령부가 철수함으로써 소련 군의 철군이 완료되었고, 그 뒤를 이어 북한에서는 미군의 즉각 철수를 요구하는 운동이 벌어졌다.[25] 이것은 확실히 미국에게는 큰 부담이 아닐 수 없었다. 소련군 철수 후 미국 국가안보회의는 트루먼에게 세 가지 선택지를 제안하였다. 그것은 첫째, 남한을 포기하는 것. 둘째, 계속 한국의 군사와 정치를 책임지는 것. 셋째, 주한미군을 철수하되 한국 정부에 군사원조를 제공하고 한국군을 훈련, 무장시켜 광범한 경제원조를 제공하여 이 신생국가의 붕괴를 막는 것이었다. 미국 국가안보회의는 마지막 건의를 채택할 것을 건의했고 트루먼은 이 안을 승인하였다.[26]

이토록 불리한 국면에 직면하여 이승만은 미국에 압력을 가하기 시작하였다. 그는 2월 8일에 또다시 미군이 즉각 철수하는 것을 반대한다고 강조하였다. 이승만은 미군을 즉시 철수하라는 것은 소련군을 불러들이는 것과 마찬가지이고, 그렇게 되면 중국에서와 똑같은 사태를 재연하게 될 것이라고 주장하였다.[27] 한편 이범석 총리도 소련이 곧 제3차 세계대전을 개시할 것이라고 예견하면서 중국에서의 상황이 악화되고 있으므로 한국은 공격 행위를 위한 교두보로서 더욱 더 중요시되어야 한다고 주장하고, 미국은 철군을 중지해야 하며 한국이 북한정권의 잠정적인 군사적 우세를 극복할 수 있도록 더 많은 군사원조를 한국에 제공해야 한다고 역설하였다.[28]

---

25) 『조국통일투쟁사』(1), (사회과학출판사, 1992), p.135.
26) 邵毓麟, 앞의 책, p.136에서 재인용.
27) 대한민국공보처, 앞의 책, p.13.
28) James Irving Mateay, 앞의 책, p.219.

이승만은 한발 더 나아가 2월 18일 이북 5도지사를 임명하는 자리에서 북한에 대한 진공이 임박했음을 암시하였다.[29] 이승만은 한편으로는 미국의 철군을 극력 저지하고, 다른 한편으로는 무력통일카드로 미국을 위협하면서 미국이 더욱 많은 군사원조를 해줄 것을 요구한 것이다. 이에 대해 주한미국 대리대사 드럼라이트(Everett F. Drumright)는 한국의 군사력 팽창을 강력히 반대하면서 이승만이 무력통일을 추구하고 있다고 경고하였다.[30]

2월 25일 이승만은 "대한민국은 미국이 더 많은 무기와 탄약을 제공할 것을 요구한다. 공산당은 미군이 이 분단된 국가를 포기할 것이라고 선전하고 있다. 남한의 많은 인사들은 이러한 선전에 곤혹스러워하고 있으며, 미군이 한국으로부터 철수하면 소련점령 하의 북한 공산군이 남침할 것을 우려하고 있다. 중국의 최근 사태는 한국 국민들에게 미국이 아시아에서 소련의 자유로운 행동을 방임하고 있다는 인상을 주고 있으며, 공산주의자들은 중국 사태를 이용하여 그 선전을 강화하고 있다"[31]고 주장하였다.

이승만은 미국이 한국을 포기하지 않도록 압력을 가하기 위하여 조병옥을 대통령 개인특사 자격으로 미국에 파견하였다. 조병옥은 워싱턴에서 미국 정부를 적극 설득하면서 미국이 철수하면 북한 공산주의자들이 곧바로 침략을 개시할 것이라고 강조하였다. 또한 미국주재 국민당 정부 대사인 고유균을 만나 중국에서의 중공군의 신속한 확장은 이승만 대

---

29) 앞의 책, p.226.

30) 위와 같음.

31) 대한민국공보처, 앞의 책, p.163.

통령과 한국 정부가 매우 큰 관심과 우려를 가지고 있는 중대한 사건이라고 전제하고, 중국이 공산당의 수중에 들어가면 한국은 독립을 유지할 수 없게 될 것이라고 강조하였다. 또한 미국의 대중국 정책에 불만을 토로하면서 미국이 국민당 정부에 적시에 충분한 원조를 제공하지 않았다고 지적하였다. 아울러 소련이 훈련하고 무장시킨 북한이 남한을 침공할 위험 때문에 한국 정부는 미국 군대가 남한에 남아 있기를 희망하고 있다고 설명하고 중국 정부가 같은 입장을 취하고 있는 것을 기쁘게 생각한다고 말하였다.[32]

한편 미국 국내에서는 국무성의 철군 연기 주장과 육군성의 철군주장이 맞서 있었다. 결국 국무성의 연기계획이 채택되기는 하였지만 1949년 6월 30일로 최종 철군일자를 확정으로써[33] 최종 철군 날짜를 명시하지 말아달라는 국민당 정부의 요구는 결국 무시되었다.

3월에 이승만은 미국의 군사원조를 받아내기 위하여 또다시 조병옥을 특사로 미국에 파견하였다. 3월 7일 다시 고유균을 만난 조병옥은 중국 공산당의 승승장구와 이에 대한 한국 내의 반향에 매우 큰 우려를 표시하였다. 그는 중한우호조약을 체결하여 공산당의 위협을 저지할 생각을 가지고 있다고 하였다.[34] 사실 이 시기의 장개석은 이미 대륙을 잃어가고 있는 시점이어서 남한에 얼마만큼의 도움을 줄 수 있는 것인가는 의문이었지만 남한으로서는 손을 내밀 곳이란 여전히 국민당의 중국밖에 없었던 것이다.

---

32) 顧維鈞, 앞의 책, p.294.
33) James Irving Mateay, 앞의 책, p.226.
34) 顧維鈞, 앞의 책, p.296.

이승만은 가는 곳마다 북한의 위협을 강조하면서 한편으로는 미군 철수를 반대하고, 또 한편으로는 "미국이 군사장비와 무기를 대량으로 한국에 운송해 올 것"[35]을 요구하였는데, 여기에는 강력한 군사력으로 통일을 실현하려는 그의 의도가 담겨 있었다. 그는 통일을 성취하기 위해서는 미 국무성이 '중국 상실'에 중요한 원인을 제공한 우유부단한 정책을 버려야 할 것이라고 주장하면서, 한국은 중국과 같은 "팔아 넘겨지는" 운명을 받아들이지 않을 것이라고 강조하였다. 또한 이승만은 미국이 군사고문단과 한국에 대한 군사원조를 확대하지 않으면 미군 철수를 승인하지 않을 것이라고 위협하였다.

중국 인민해방군이 양자강을 도하하여 중국의 남방으로 진군하게 되자 이승만은 또다시 중국사태의 악화가 한국사태의 악화를 초래할 것이며, 보다 많은 군사원조를 제공받지 못하면 미국의 철군을 반대할 것이라고 강조하였다. 또한 미국이 추가로 10만 병력을 무장할 수 있는 충분한 장비를 제공하고 500명의 군사고문단을 남기라고 요구하였다. 이에 대해 이승만의 요구에 대해 무쵸는 워싱턴에 이것이 미국 철수에 대한 한국의 지지를 받아 내는 대가라고 하면서 이승만의 요구를 만족시킬 수밖에 없다고 건의하였다.[36] 서울의 자유신문은 한국 정부는 20만 병력을 보급할 수 있는 군사원조를 미국에 희망하고 있으며, 한국이 요구하는 것은 미국이 한국을 위해 피를 흘리는 것이 아니라 미국의 물자원조라고 보도하였다. 동시에 이 신문은 남한이 무장하지 않은 채 남북 간의 충돌 사태가 발생하면 몇 백만 명이 목숨을 잃을 것이라고 지적하면서 한국은

---

35)『中央日報』(1948. 11. 24).
36) James Irving Mateay, 앞의 책, p.220, p.228.

군수공장 외에도 상비군 10만과 예비군과 경찰 각각 5만 명을 조직할 것을 희망하고 있다고 보도하였다. 또한 한국인은 미군의 감축과 중국 사태에 대해 공포를 느끼고 있으며, 한국은 극동에서 민주주의 보루가 될 것을 희망하고 있다고 지적하였다.[37]

한국에 주재하고 있는 외국의 옵서버들은 한국에 대한 중국 정세의 영향에 비상한 관심을 기울이고 있었다. 일부 논자들은 중국 사태로 공산당이 지배하는, 남한에 대한 반월형 포위망이 더욱 공고해졌다고 인식하고 있었다. 이들은 또한 중국공산당이 중국을 통치하게 되면 소련의 후원을 받고 있는 북한으로서는 물질적인 면뿐만 아니라 사기 측면에서도 크게 고무될 것이며, 이러한 상황에서 미군이 철수하게 되면 한국은 심각한 압력을 느끼지 않을 수 없게 될 것이라고 보고 있었다. 이들은 한국 정부가 두 가지의 가능한 선택안을 추구할 것이라고 보았다. 즉 한국은 한국 군대를 무장하기 위해 미국에 무기, 탄약, 비행기, 자동차 등을 보급할 것을 요구하고, 북대서양동맹과 같은 태평양 조약조직의 설립을 적극 추진할 것이라는 것이었다. 이들은 다른 한 편으로 중공군이 중국의 동북 지방을 장악한 후 북한과 중국공산당, 소련의 연해주의 교역권이 형성되고 있으며, 이는 한반도 공업의 75%를 차지하고 있는 북한에게는 호랑이에게 날개를 달아주는 것과 같은 것이라고 보았다.[38]

5월 7일 이승만은 공보처를 통해 다음과 같은 담화를 발표하였다. "우리는 미국이 한국을 자국 방어의 제일선으로 간주하고 있는지의 여부를 알고자 하는 바이다. 남한에 대한 공격을 미국은 미국 자신에 대한 공격

---

37) 『自由新聞』(서울: 1949. 4. 22).
38) 『自由新聞』(서울: 1949. 4. 28).

과 동일하다고 판단하는가? 다시 말해 외부세력의 공격이 있을 경우 대한민국은 미국의 군사적 원조를 전적으로 신뢰할 수 있을 것인가? 이 문제는 현재 잔류하고 있는 미군이 한국에 주둔하느냐 않느냐의 단순한 문제보다 훨씬 더 중요한 것이다. 대한민국은 자신의 생명을 위하여, 공산주의자들의 위협에 대항하여 투쟁하고 있는 것이다."[39]

미군이 철수한다는 소문이 퍼지면서 비교적 평온하였던 38선에서는 끊임없는 무장충돌이 발생하게 되는데 주한미군 사령부는 이러한 일련의 사태를 한국 군대가 일으킨 사건으로 의심하였다. 동경의 극동사령부 정보책임자들은 이를 아예 한국이 미군의 발목을 잡고 미국의 추가적인 군사원조와 장비를 얻기 위해 취한 계책이라고 간주하였다.[40]

미국이 6월 30일 전에 철군을 완료한다는 계획을 변경할 의사가 없음이 분명해짐에 따라 한국에서는 한국 정부의 주도하에 미군의 철군을 반대하는 집회가 끊이지 않았다. 이승만도 미군이 철수를 완료한 시점에까지 철군을 연기하기 위하여 '필사적인' 노력을 기울였다. 그러나 이승만은 결국 미국의 철군을 막지 못했다. 다만 이승만은 다른 한 가지 최소한의 목적은 달성하게 되는데 미국이 미군 철수와 동시에 한국에 대한 원조계획을 발표한 것이 그것이었다.

한편 미소 양군의 동시 철군을 주장하면서 미국보다 1년 반 앞서 군대를 철수한 소련은 미군 철수를 "남한 군대에 행동의 자유를 주고, 남한 반동파들의 수족을 풀어놓기 위한 것이었다"고 역선전하며 북한에 대한

---

39) 『自由新聞』(서울: 1949. 5. 8).
40) 小此木政夫, 앞의 책, p.45.

군사기술 원조를 증가시켰다.[41]

제2절 대만이냐, 한국이냐?
미국의 동공이곡

중국 내전에서 공산당이 승리를 거듭하면서 미국의 극동전략에서 한국과 대만의 지위가 중요하게 부상하였다. 미국은 한국과 대만을 미국의 극동전략을 실현하는 두 개의 교두보로 주목하게 된 것이다. 그러나 미국 정부 내에는 한국과 대만 문제에 대한 상반된 견해가 여전히 존재하고 있었다.

우선 국방장관을 중심으로 한 군부는 대만 원조를 주장하는 반면, 국무성은 이에 이의를 가지고 있었다. 반면 한국 문제에 대해 군부는 여전히 철군할 때의 입장을 고수하여 한반도가 전략적 의의가 없다는 판단하에 한국 원조를 반대하였고 국무성은 한반도의 중요성을 강조하면서 원조를 주장하였다. 의회에서는 군부 주장을 지지하는 공화당 의원과 친장개석 의원들이 국무성의 한국 원조 결의안 통과를 반대함으로써 대만을 지원하고자 하였다. 이처럼 1949년과 1950년 상반기 한국전쟁이 발발하기 전에 전개된 미국에서의 한국과 대만 원조를 둘러싸고 벌어진 이러한 논쟁은 미국의 극동 정책결정 과정을 잘 보여주고 있다.

장개석이 대륙에서 퇴각하기 전인 1949년 3월 미국의 장개석 지원과

---

41) 潘志華, 앞의 책, p.218.

들은 ‘중국긴급위원회’를 조직하고 (후에 “중국공산당 반대를 지원하는 미국 보위위원회”로 개칭) 중국공산당의 반대와 미국의 안보 문제를 연계하였다. 5월 17일 공화당 상원의원 노우란이 장개석 정권을 원조 수혜국에 포함시키기 위해 서구에 대한 행 정부의 군사 원조안을 수정하겠다고 발언한 후 4개월에 걸쳐 이른바 ‘장개석 원조운동’이 전개되었다. 바로 이 전에 크레어 세노트(Claire Lee Chennault)는 상원 군사위원회에서의 증언을 통해 미국 정부에서 자금과 무기를 지원하여 중국의 서남지역과 서북지역, 화남지역에 잔류해 있는 이른바 ‘반공세력’을 지원할 것을 제안하면서, 이에 매년 1억 내지 2억 달러가 소요될 것이라 발언하였다. 이른바 ‘크레어 세노트 계획’이다. 9월 미 의회에서는 토론을 거쳐 정부는 어떠한 의무도 지지 않고 중국의 ‘일반지구’(국민당군이 잔류해 있는 지역: 역자)에 7,500만 달러를 원조할 것을 결정하게 되는데, 이것은 ‘중국 그룹’(친장개석 세력)의 중요한 승리로 기록되어 있다.[42]

　트루먼은 미군의 한국 철수 후 의회에 한국 · 필리핀 · 이란 · 이집트 · 터키 등에 대한 3억 달러 원조안을 제출하였다. 대한 원조 부분에 대해 트루먼은 유엔의 감독 하의 자유선거를 통해 성립된 대한민국이 북부 공산정권의 위협을 받고 있다고 지적하면서, 한국 정부는 전쟁을 하기 위해서가 아니라 외부로부터의 침략에 대처하고 자국의 안전을 보위하기 위해 육군과 해군 경비대를 조직할 장비의 지원을 미국에 요청하였다고 설명하였다. 그는 대한민국의 생존을 위해 이와 같은 원조를 제공하는 것이 절대적으로 필요하다고 부연하였다.[43] 웹 국무차관은 청

42) 劉同舜 · 高文凡 主編, 『戰後世界歷史長篇』(上海人民出版社, 1984), p.14.
43) 『自由新聞』(서울: 1949. 7. 27).

문회에서 미국의 대한 원조는 민주적 기초 위에서 통일을 촉진시킬 것이며 수백만 아시아인들을 고무할 것이라고 지적하고, 미국의 지원이 없으면 공산당이 전 한반도를 석권할 것이라는 견해를 표명하였다. 경제협력 처장 호프먼은 한국을 "극동 민주주의의 중요한 전초 기지"라고 규정하였다.

그러나 국무성의 정책에 반대하는 공화당 의원들은 즉각 대한 원조계획을 트루먼의 대중국 정책 실패를 공격하는 수단으로 이용하여, 중국도 한국과 마찬가지로 아시아에서 민주주의 상징이지만 트루먼 정부는 중국에서 공산주의 승리를 저지하기 위해 아무것도 한 것이 없다고 비난하였다.[44] 애치슨은 이러한 공화당 의원들의 지적에 대해 국민당 정부에 대해 군사원조를 제공하는 것은 현실적이지 못하고 효과를 기대하기도 어렵다고 주장하였다. 반면 대한 군사원조에 대하여 애치슨은 미국은 한국문제에 관한 유엔의 결정을 지지하고 있음을 천명하면서 한국 정부는 원조를 효과적으로 이용할 책임이 있다고 밝혔다.[45]

그 이전에 있었던 하원 대외 문제위원회 청문회에서 케난은 한국에 대한 원조의 필요성을 강조하면서 한국은 이집트와 유사한 점이 있다고 지적하면서 "원조 계획과 현지인의 무장화"를 실현함으로써 공산주의에 대항할 수 있다고 증언하였다.[46] 트루먼은 또 의회에 1억 5,000만 달러의 대한 원조안을 제출하면서 남북으로 분열된 한국이 서로 다른 체제 간 이데올로기 형태의 투쟁을 진행하고 있는 '민주주의 시험장'이라는 점을

---

44) James Irving Mateay, 앞의 책, p.242.

45) 小此木政夫, 앞의 책, p.55에서 재인용.

46) 菅英辉, 「朝鮮戰爭とァメリカ合衆國」, 『北九州大學外國語學部紀要』(第68號), p.23에서 재인용.

충분히 인식하여야 한다고 역설하였다.[47]

이승만은 트루먼 미국 대통령이 의회에 대외원조 법안을 제출한 것과 관련하여 미국의 무기와 한국의 용기, 그리고 자유에 대한 갈망이 결합하면 무적의 역량을 갖추게 될 것이며 한국의 민주주의의 안전도 보장받게 될 것이라고 언급하였다.[48]

당시 동경의 미국 옵서버들은 한국이 미국으로부터 상당한 액수의 원조를 받을 것이라고 확신하고 있었다. 그들은 미 국무성이 중국백서를 발표한 상황에서 미국인들에게 한국의 지위는 더욱 중요해졌다고 생각하였다. 그들은 한국이 아시아에서 동서냉전의 전선이 되었다는 점을 인정하면서 한국이 상당한 액수의 원조를 받는 것은 의심할 바가 없다고 생각하고 있었고, 일부 인사는 심지어 한국이 무기원조계획의 혜택을 받을 수도 있다고 보았다.[49]

미국의 뉴욕 타임스도 '한국의 위기'라는 제하의 사설을 게재하고, 남한에 대한 북한 공산당의 도발을 묵과해서는 안 된다고 강조하였다. 사설은 지난 6개월 동안 남한 정부는 미국의 군사적 · 경제적 원조의 긴급성을 강력히 주장해 왔는 바, 미국 의회는 반드시 한국원조법안을 통과시키고, 또한 미국은 결코 대한민국을 포기하지 않을 것이라는 점을 분명히 해야 할 것이라고 주장하였다. 이 신문은 미국은 이러한 조치를 통해서만 아시아에서 가지고 있는 이익을 지키고 미국의 명예와 자존심을

---

47) 위와 같음.

48) 『自由新聞』(서울: 1949. 7. 28).

49) 『自由新聞』(서울: 1949. 8. 10).

확보할 수 있다고 강조하였다.[50]

　8월 18일 일단의 미 하원의원들은 애치슨에게 한국에 대한 원조가 장개석에 대한 원조보다 더 중요한가라는 질문을 제기하였다. 이에 대해 애치슨은 만약 현재 중국에 대한 원조가 효력을 발생한다면 중국을 원조하는 것이 물론 더 중요할 것이지만, 자신은 중국에 더 많은 원조를 제공하는 것은 실제와 원조 목적에 부합하지 않는다고 생각한다고 답변하였다.[51]

　이승만은 8월 20일 트루먼에게 북한군의 전면적 진공이 임박했음을 강조하면서 미국이 상호방위원조법의 틀 안에서 한국에 최대한도의 원조를 제공해 줄 것을 요구하는 서한을 보냈다. 이승만은 만약 공산세력이 남한을 침공하고 수도를 탈취하기 위해 전면적 진공을 개시한다면 우리는 그들을 격퇴시킬 뿐만 아니라 후퇴하는 적을 공격하여 노예 상태에 있는 북녘 동포들을 해방하기 위하여 모든 역량을 동원할 것이라고 역설하였다.[52]

　트루먼은 의회지도자들과 의원들을 면담하고 한국이 '극동 민주주의의 마지막 보루'라는 점을 강조하면서 한국이 붕괴되면 아시아인들은 소련의 팽창주의에 저항할 수 없을 것이라고 주장하였다. 애치슨도 한국은 기타 아시아 국가들에게 희망의 상징이라고 하면서 미국은 한국을 포기할 수 없다고 설명하였다.[53]

---

50)『自由新聞』(서울: 1949. 8. 7).

51)『自由新聞』(서울: 1949. 8. 20)

52) Rhee to Truman, 20 August 1949, FRUS, 1949, Ⅶ, 1075~1076.

53) James Irving Mateay, 앞의 책, pp. 243~244.

11월 10일 무쵸는 국무장관에게 한국군을 강화하기 위한 포괄적 원조 계획을 제출하였다. 무쵸는 한 걸음 더 나아가 1949년의 상호방위원조법 303조에서 규정한 중국의 일반지구 지원액 7,500만 달러의 일부분을 한국 해군의 연안 경비능력을 강화하는 데 전용할 것을 건의하였다.[54]

1950년 1월 12일의 유명한 연설에서 애치슨은 한국에서 공산주의의 팽창을 성공적으로 억제할 수 있으며, 이를 위해 미국이 군사 보호라는 과도기적인 공약을 할 필요가 없다는 점을 자신 있게 피력하였다. 이어서 한국은 중국과 달리 미국의 원조를 원하고 있을 뿐만 아니라 이를 효과적으로 사용하고 있기 때문에 한국에서 미국의 전략이 성공할 것이라고 낙관하였다.[55]

그러나 1950년 초부터 미국 의회의 '친장개석파'들은 극단적 반공주의자 매카시와 손을 잡고 대만 문제를 이슈로 부각시키면서 애치슨의 입장을 반박하고, 나아가 전시 이래 민주당 정부의 일련의 대중국 정책을 공격하였다. 그리하여 대만 포기를 반대하는 목소리가 높아지고 미국이 해군을 대만해협에 파견해야 한다는 주장이 제기되기도 하였다. 이들은 미국이 대만 해협에 함대를 진주시킨 후 공산당의 대만 해방을 허용하지 않는다는 성명을 발표하면 중공을 위협할 수 있다고 주장하였다. 또한 소련도 절대 대만을 위해 미국과 전쟁을 하지 않을 것이고, 소련의 원조 없이는 중공이 미국과 직접 싸울 수 없을 것이라는 논조를 전개하였다.[56] 한국 원조를 위해 줄곧 노력해 온 국무성도 이러한 공격의 목표가 되었다.

---

54) Muccio to Acheson, 10 November 1949, FRUS, 1949, Ⅶ, 1095~1096.

55) James Irving Mateay, 앞의 책, p.260.

56) New York Times, 1950.1.12. 資中筠, 앞의 책, p.314 참조.

1월 17일 비록 민주당 상원의원들이 트루먼 정부의 대대만 정책을 지지한다는 일치된 입장을 표시하였지만 반대당의 압력이 실질적인 효력을 보여주었다. '1948년 원화법'(援華法)은 본래 1949년에서 1950년 2월까지 연장하기로 되어 있었는데 공화당 의원들은 정부의 6,000만 달러의 대한원조를 부결하겠다고 위협하면서 '원화법'에서 사용되지 않은 금액의 유효기간을 재차 연기할 것을 주장하였고, 결국 그 기간을 1951년 6월 30일까지 연장할 것을 결의하였던 것이다.[57]

애치슨이 온갖 노력을 다 했지만 미국 정부의 대한 원조법안 역시 남부 민주당의원, 공화당의원, 고립주의자, 그리고 친장개석 파들의 연합을 넘지 못하고 하원에서 193대 191이라는 두 표 차이로 부결되었다. 친대만 성향의 공화당 의원들은 정부가 대만에 대한 원조를 거부하고 한국에 원조를 실시하는 것은 자기모순이라고 주장하였다. 결국 대한 원조법안은 대만에 대한 원조를 계속하려는 이들에게 일종의 '인질'이 되어버린 셈이 되었던 것이다.[58] 이승만은 이러한 결과에 대해 깊은 유감을 표시하였다. 그는 "대한민국은 침략과 전복을 일삼는 공산도배 제국주의 무장공격을 단호히 물리치고 혁혁한 전과를 거두고 있는 아시아의 유일한 국가"라고 주장하고, "아시아에 있어 일부 국가는 동요하거나 위축되었지만, 그리고 어떤 대국은 패배하였지만 대한민국은 불굴의 결의와 용기로 성공을 확신하면서 투쟁을 계속하고 있다"라고 역설하였다.[59] 이승만이 여기에서 말한 대국은 물론 장개석의 국민당 정부를 가리키는 것으로,

57) U. S. Congressional Records, XVII, p.474. 資中筠, 위의 책, p.315.
58) 小此木政夫, 앞의 책, p.60.
59) 대한민국공보처, 앞의 책, p.146.

이승만은 장개석과 손을 잡으면서도 남한은 결코 장개석과 같지 않다는 것을 강조하였던 것이다. 다른 한편 이승만은 미국의 지지를 받아내기 위하여 베를린 사건을 예로 들어 소련의 위협을 강조하면서 동아시아의 유일한 자유국가인 한국을 보호하는 것이 절대적으로 필요하다고 호소하였다.[60]

미 의회는 부결된 대한 원조법안에서 6,000만 달러를 삭감하고, 중국에 대한 원조법안을 1950년 6월 말까지 연장한다는 내용의 '1950년 극동 원조법'이 2월 9일 하원에서, 10일 상원에서 통과되었다.[61] 그러나 미 의회는 이 법안에 "대한민국에 한 명 이상의 공산당원 혹은 북한이 조종하는 정당의 당원이 연합 정부에 참여할 경우 미국은 한국에 대한 원조를 중단한다"는 조건을 부가하였다.[62] 이는 사실 1949년 6월 하원에서 대한 원조법 통과의 선결조건으로 제기되었던 것이었는데, 이승만은 즉각 한국은 공산주의자들의 내각 참여를 절대 허용하지 않을 것이라고 선언하였다. 이승만과 공산주의가 불구대천의 관계라는 것이 주지의 사실이었음에도 불구하고 미국이 대한원조법에 이 같은 조항을 넣음으로써 결국 이승만은 거리낌 없이 공산주의자들을 탄압할 있는 구실을 갖게 되었다.

대한 원조법안의 통과는 실제 미국 정부와 국회 내의 대만 원조파(援蔣派)와 한국 원조파(援韓派)가 상호 타협한 결과라고 할 수 있다. 표면상 양자 간의 치열한 논쟁은 이들 간의 동아시아 정책에 입장 차이를 드

---

60) 위와 같음.

61) Congressional Quarterly Service, *Congress and Nation*, p.167. 小此木政夫, 앞의 책, p.60.

62) I. F. 斯通, 앞의 책, p.18.

러낸 것처럼 보이지만 본질적으로 그것은 동일한 효과를 노린 방법론상
의 차이에 불과한 것이었다. 요컨대 이 두 가지의 입장은 모두 미국 극동
정책의 핵심을 반영하는 것으로, 그것은 곧 한국과 대만이 동아시아의
미국에 있어서 아주 중요한 교두보로 인식되게 되었다는 것이다. 애치슨
이 해석한 바와 같이 대한 원조법안이 일본과 동남아 등 미국의 관심 지
역에 주목하는 것이었다면, 국방장관 존슨의 설명대로 대만 원조법안 역
시 그 착안점이 동남아 등 미국이 관심을 돌리는 지역이었다. 다시 말하
면 양자 모두 동아시아에 있어서의 미국의 동일한 전략적 이익을 강조하
는 것이었고, 단지 강조하는 우선순위가 다를 뿐이었다는 것이다.

국회의장 신익희(申翼熙)는 1950년 3월에 미국을 방문하여 미국 부통
령과 하원의장, 그리고 국무장관 애치슨을 만나 위의 두 입장과 미국의
이익을 연결시켜 논의하였다. 신익희는 그들에게 한국과 중국국민당은
공산당의 확장을 반대하는 최전선에 있으며, 미국은 마땅히 그들을 도와
주어야 한다고 호소하였다. 그는 미국 지도자들에게 한국과 대만이 저항
을 하지 않거나 실패한다면 소련은 전 아시아를 유린할 것이며 나아가서
미국의 안전을 위협할 것이라고 역설하였다. 아울러 지금 그들을 돕는
대가가 작을 수 있지만, 한국과 대만이 없으면 공산당의 침략을 막는 데
막대한 대가를 지불해야 할 것이라는 점을 지적하였다.[63]

한국을 원조할 것인가, 대만을 원조할 것인가 하는 논쟁에서 미국의
동아시아에 대한 동공이곡(同工異曲) 전략을 반영하는 것이었다. 그러나
1950년 초부터 미국의 대한 정책과 대대만 정책에 있어서의 중심은 뚜

---

63) 顧維鈞, 앞의 책, p.718.

렷한 변화를 보이기 시작하였다. 그것은 주로 한국 정세의 변화로 말미암은 것이었다.

1949년 한국의 정국은 혼미를 거듭하고 실업과 인플레이션으로 경제마저도 혼란 상태에 빠져들면서 그 정경은 흡사 중국 대륙에서의 국민당 정부의 말기와 비슷하였다. 1949년 12월 30일 미 국무성은 서울의 미국 대사관에 한국의 위협은 국내의 경제혼란으로부터 야기될 것이라고 지적하면서 미국은 "정치군사적 상황이 경제 상황보다 더 중요하다고 생각하지 않는다"는 입장을 전달하였다. 국무성은 대사관에 이승만에게 인플레이션을 억제하기 위한 상세한 방안을 제시할 것을 지시하였다. 또한 "한국 정부의 무책임한 재정정책은 경제원조와 경제부흥의 효과를 보지 못하게 할 뿐만 아니라 정부의 붕괴를 초래할 수도 있다"고 경고하였다.[64] 1950년 1월 18일 주한 미국대사 무쵸는 이승만에게 한국의 인플레이션이 초래할 엄중한 위기를 경고하면서 한국의 상황은 1947년부터 1948년까지 중국이 직면했던 것과 같은 상황이라고 지적하였다. 그는 당시 중국의 관리들은 현재 한국 관리들처럼 인플레이션을 억제할 수 있다고 주장하였지만 결국 그것에 현실적으로 대응하지 못하여 인플레를 통제하지 못했으며, 이러한 인플레이션의 해악은 심지어 국민당의 몰락을 가져온 군사력의 쇠퇴보다 더 심각한 것이었다는 점을 강조하였다.[65]

1950년에 들어서 이승만은 경제적 혼란에도 불구하고 정치적으로는 독재를 강화하여 새로 제정한 국가보안법으로 반대파를 탄압하면서 공

---

64) Acheson to the Embassy in Korea, 30 December 1949, FRUS, 1949, Ⅶ 1112~1114. 小此木政夫, 앞의 책, p.65.

65) Muccio to Acheson, 18 Jan. 1950, FRUS, pp.8~9. 1950(7).

포정치를 펴는 등 경찰국가의 길로 나아갔다. 한국 국내에는 이승만을 반대하는 목소리가 날로 높아갔으며, 급기야 이승만은 5월의 국회의원 선거를 연기하고자 하였다. 이에 대해 미 국무장관 애치슨은 이승만에게 엄중 경고를 하는 동시에 주한 대사에게 한국의 경제상황을 질책하는 비망록을 전달하였다.[66] 애치슨은 1월 20일의 연설에서 한국은 중국과 달리 미국의 원조를 원하고 있을 뿐만 아니라 이를 효과적으로 사용할 수 있다고 하였지만 한국의 상황은 결코 낙관한 것만은 아니라고 우려하였다. 스톤도 당시 한국의 사정이 1940년대 후반의 중국의 축소판처럼 되었다고 지적하였다. 이것은 일련의 사태발전은 또다시 미국의 정책 결정에서의 갈등을 초래하였다. 애치슨은 한국이 예정대로 선거를 할 것을 요구하였다. 결국 이승만은 선거를 치루었지만 예상했던 대로 대패함으로써 정치적인 위기를 맞게 되었다. 스톤은 미 의회가 원조법안에 부가한 조항 때문에 이 위기를 평화롭게 해결하기 어려웠다고 주장하면서 이승만도 장개석처럼 바다로 내몰릴 위험에 처하게 된 것은 아닌지를 반문하고 있다.[67]

대만 문제에 있어서는 1950년 1월 5일 트루먼 성명 발표 후부터 미국 정부에 대한 군부와 의회 친장개석파들의 압력이 점차 강화되었다. 미 국방성에서는 1950년 4월부터 6월 한국전쟁이 발발하기 전까지 미국이 단호하고 지속적인 조치를 취하여 중국공산당의 압력을 저지해야 하며, 소련과 전쟁시 소련의 대만 장악을 저지하기 위해 제정된 '긴급 응전계

---

66) Franks to Bevin, 14 April 1950, FK 11345/5, FO 371/84147. Peter Lowe, 앞의 책, p.96에서 재인용.
67) I. F. 斯通, 앞의 책, p.19.

획'의 유효기간을 1951년 말까지 연장하자는 합동참모부의 의견을 지지하는 내용의 건의가 거듭 제기되었다. 이는 사실상 트루먼이 1월 5일 발표한 정책을 번복하고 모든 역량을 다해 대만을 보위하자는 것이었다. 건의서에는 미국의 단기목표와 장기목표가 제시되었는데 단기목표는 대만의 저항역량을 될 수 있는 한 오랫동안 유지하자는 것이고 (가장 바람직하기는 18개월을 초과하여 필리핀과 인도네시아의 방어를 강화할 시간을 버는 것이다) 장기목표는 공산당이 대만을 점령하지 못하도록 하는 것이었다.[68]

대만을 군사적으로 보호할 것을 강력히 주장해 왔던 미 국방장관 존슨은 6월 9일에 합동참모부 회의에서 "미국은 어떠한 대가를 치르더라도 공산당의 대만 점령을 막아야 한다"는 내용의 견해를 발표하였다.[69] 당시 일본의 맥아더도 대만은 미국 극동 방어선에서 분리할 수 없는 부분이며, 전쟁이 일어났을 경우 이 지역에서의 미국의 작전능력은 많은 면에서 대만 정권이 우호적인가 혹은 중립적인가의 여부에 달려 있다고 주장하였다. 맥아더는 또한 "대만은 마치 가라앉지 않는 항공모험과 잠수함 공급기지와 같고, 소련이 진공 전략을 완성하는 데 있어 대단히 이상적인 위치에 자리하고 있다. 때문에 대만을 중국공산당이 장악할 경우 오키나와와 필리핀 미군 부대의 행동이 완전히 봉쇄당할 수도 있다"고 지적하였다. 맥아더는 "대만의 중국 귀속 문제는 마땅히 재고되어야 하며,

---

68) 美國國家檔案館 檔案, RG330, CD6-4-6. 資中筠, 앞의 책, pp.311~312에서 재인용.

69) Edited by Dorothy Borg&Waldo Heinrich, Uncertain Years, *Chinese-American Relations, 1949-1950*, Columbia University Press, N. Y., 1980, p.89.

대만의 최종적 운명은 미국에 달려있다"고 강조하고, 미국으로서는 이곳
에 방어선을 긋고 공산주의의 확장을 막아야 한다고 역설하였다.

[70]국무성 공화당 국무성고문인 덜레스는 대만을 '비자치 지역'으로 유
엔에 이관하고, 유엔이 즉각 독립시키거나 일정 기간 임시적으로 신탁관
리하는 구상을 제시하였다. 5월 18일 덜레스는 다시 대만의 중립화 방안
을 제안하였다. 5월 30일과 6월 9일 라이스크는 애치슨에게 기본적으로
대만에 대한 덜레스의 방안을 번복하는 두 개의 건의서를 제출하였다.
즉 미국은 성패가 결정되지 않은 아시아의 어느 한 지점에서 '극적이고',
'강경한' 입장을 취함으로써 미국의 결의와 신뢰를 과시할 필요가 있다고
전제하고, 대만은 이러한 지점으로서 가장 적합한 조건을 가지고 있다고
제안하였던 것이다.[71]

1949년부터 1950년 한국전쟁이 발발하기 전까지의 미국의 대한 정책
과 대대만 정책을 둘러싼 논쟁을 보면 한국전쟁 발발 후 미국이 그토록
신속하게 극적이고도 강경한 입장을 취하여 미국의 '결의'와 '신뢰'를 보
여준 것이 결코 우연이 아니라는 것을 알 수 있다. 한국전쟁 발발 후 미
국이 한반도와 대만에서 취한 정책도 전쟁 전 정책의 연속선상에 있었다
는 것이다.

제3절 중국혁명의 승리와 동북아 대립구도의 형성

1947년 10월 '유럽공산당 9국 정보국'이 베오그라드에서 성립되면서

---

70) FRUS, 1950 VⅡ, p.161~165. 資中筠, 앞의 책, p.313에서 재인용.
71) FRUS, 1950 Ⅰ, p.314~316, 347~351. 資中筠, 앞의 책, p.317에서 재인용.

소련을 중심으로 하는 사회주의 진영과 미국을 중심으로 하는 제국주의 진영의 상호 대립이라는 개념이 처음 제기되었고, 사실상 이미 존재해 오던 두 개 진영의 대립도 이론적으로 명확하게 되었다.[72] 중국공산당 역시 이 시대를 "전 세계 자본주의와 제국주의가 멸망으로 나아가고 전 세계 사회주의와 인민민주주의가 승리에로 나아가는 역사 시대"[73]로 규정하였다.

세계가 두 개 진영으로 나뉘어지고 중국공산당이 결정적 승리를 이룩하는 시점에 모택동은 '인민민주독재론'을 발표하여 소련진영에로의 일변도정책(一邊倒政策)을 선포하였다. 모택동이 제국주의 동방전선을 돌파할 위대한 국제적 의의를 가진 것이라고 선언한 바와 같이, 이것은 확실히 거대한 사변이었다.[74]

1949년 6월 15일 신정치협상회의 준비회의에서 모택동은 중국혁명의 승리는 전 중국 인민의 승리이자 전 세계 인민의 승리이기도 하다고 강조하면서, 제국주의와 각국 반동파를 제외한 온 세계가 중국 인민의 이 위대한 승리에 환희와 고무를 아끼지 않고 있다고 주장하였다. 아울러 그는 중국 인민들이 적들을 반대하여 투쟁하는 것과 세계의 인민이 자기의 적을 반대하여 투쟁하는 것은 똑같은 의의를 갖는 것이라고 부연하였다.[75]

중국공산당의 승리가 제국주의 진영에 심각한 타격을 안기고 사회주

72) 資中筠, 앞의 책, p.9.

73) 毛澤東, 「目前形勢和我們的任務」, 『毛澤東選集』(人民出版社, 1969), p.1156.

74) 毛澤東, 『毛澤東選集』(一卷本), (人民出版社, 1969), p.1328.

75) 위의 책, pp.1353~1354.

의 진영을 크게 고무하였다는 것은 의심할 바 없는 것이었다. 타협과 양보, 합작과 공존보다 모순과 갈등, 대립과 충돌이 풍미하던 시대에 이 사건은 동북아, 나아가서 세계의 역학 관계와 국제정치 구도에 엄청난 충격을 몰고 왔다고 할 수 있다. 중국 정세의 변화에 따라 동북아시아 각국의 '의지'가 상호작용을 하면서 새로운 협력관계가 구축되고, 동북아에서도 세계적 차원의 진영 간 대립이 고착되게 되었다.

중국공산당의 승리에 가장 큰 충격을 받은 것은 물론 미국이었다. 전후 미국의 대중국 정책은 한마디로 '강대하고, 공고하며, 통일된' 중국 정부를 수립하여 중국이 아시아와 극동지역에서 주요한 균형자 역할을 하도록 한다는 것이었다. 여기에서 말하는 중국 정부란 두말할 것 없이 친미 반공의 장개석 정부를 이르는 것이었다. 물론 전후 초기 미국은 한반도에서 이른바 좌우합작을 추진하던 것과 마찬가지로 국공 양당의 합작을 추진하고 연합 정부를 수립하기 위한 노력을 기울이기도 하였지만, 미국은 처음부터 장개석의 국민당 정부에 기울어져 있었다. 국공내전이 일어난 후 미국은 전심전력 장개석을 지지하였지만 결국 소망을 이루지 못하였다.

중국공산당의 승리가 임박했던 6월 4일 미국 공화당 하원의원 체스터 메로우는 하원에서 중국에 대한 적극적이고 건설적인 정책을 촉구하였다. 그것은 즉 미국이 중국 대륙에 잔류해 있는 핵심 반공세력에 대한 원조계획을 수립해야 한다는 것이었다. 다시 말해 미국은 혼란스럽고 잘못된 극동정책을 하루 빨리 시정하는 적극적이며 건설적인 아시아정책을 확립해야 한다는 것이었다. 그는 공산세력이 중국과 그 주변지역을 지배하게 되는 것은 크레믈린이 세계 지배계획의 중대한 승리가 될 것이며, 중국이 공산당의 수중에 들어가면 중국뿐만 아니라 인도·일본·한국·인도지나·미얀마 등도 공산화의 위협을 받게 될 것이라고 보았다.[76]

6월 25일 크레어 세노트는 "만약 미국이 공산주의자들의 중국 정복을 허용한다면 제3차의 세계대전이 불가피하게 되어 우리는 10억의 적을 가지게 될 것이다. 공산주의는 아시아를 정복하고 태평양 제도를 침략할 것이다. 그렇게 되면 이들 도서에서 일본군을 몰아내기 위하여 생명을 바쳤던 미국인들의 희생은 아무런 의미가 없게 될 것이다"[77]라고 주장하였다.

중국공산당의 승리를 둘러싸고 미국에서 "누가 중국을 잃게 했는가"라는 논쟁이 일어나자 미국 정부는 이른바 『중국백서』를 발표하고 그 책임을 장개석 정부의 무능과 부패에 돌리게 되었다. 바꾸어 말하면 미국으로서는 최선을 다 했다는 것이다. 중국공산당의 승리가 확정되자 애치슨은 "혼돈된 상황이 정돈될 때까지 기다린다"(진애낙정론, 塵埃落定論)거나 중소관계를 이간해야 한다는 '쐐기론' 등을 제기하였고, 일각에서는 중국이 '제2의 티토'가 될 가능성도 제기되었다. 그렇지만 그것은 애치슨 등의 희망 사항일 뿐 미국의 정책은 아니었다.

이 시기 미국은 표면상 새로운 중국정책을 모색하는 것으로 보였다. 트루먼의 '1.5성명'과 애치슨의 '1.12연설'은 역시 미국의 정책변화를 의미하는 것으로 비쳐졌다. 그러나 사실상 미국의 대 중국정책은 매카시와 덜레스와 같은 강경파들의 주도하에 중국공산당을 적대시하는 정책으로

---

76) 『自由新聞』(서울: 1949. 6. 5).
77) 『自由新聞』(서울: 1949. 6. 28).

그 윤곽을 확연히 드러내게 되었다.

트루먼의 성명에 대해 일부 학자는 트루먼의 성명과 애치슨의 연설 이후 중국공산당 측이 북경의 미국 병영건축물을 몰수하고 소련과 중소우호동맹조약을 체결하였는데, 이 두 개의 외교적 조치가 "트루먼 성명의 새로운 대중국정책의 정신에 충격적인 부정적 영향을 미쳤고, 미국의 대중국정책이 적대정책으로부터 비적대정책으로 전환할 가능성을 최대한 약화시켰다"[78]고 설명하고 있다. 그렇지만 이 두 개의 외교적 조치가 중국공산당과 미국의 관계개선 가능성을 약화시켰다고 보기는 어려울 것이다. 중국공산당과 미국의 관계는 전후 국공내전 시기에 이미 최악의 상황으로 치달았고, 상술한 외교적 조치는 그 연속선에서 이루어진 것이기 때문이다.

미국은 중국이 소련진영에 편입되는 것을 원치 않았고, 일각에서는 중국이 티토의 경우처럼 중국과 소련 사이의 틈이 생기는 것을 기대하기도 하였다. 따라서 중소우호동맹조약이 체결될 즈음, 미국에서는 "소련은 중공이 북한을 경유하여 소련 경내로 퇴각하는 것을 허용했다", "소련이 중공 군대가 시베리아와 북한에 공군훈련소를 세우는 것에 동의했다", "중공이 요녕과 안동을 특수구(區)로 획정하는 데 동의하고 북한 군대가 주둔하도록 했으며 이 두 성(省)을 장래 적당한 시기에 북한에 병합시킨다", "중국은 소련군이 만주와 신강에 주둔하는 것을 허용한다", "중공군의 총사령관은 소련에서 지명하고 부총사령관은 중국에서 지명한다"는 등등의 소문이 퍼져있었다. 이에 대해 중국공산당은 이것은 미국의 공황

---

78) 林利民, 『遏制中國』(時事出版社, 2000), p.97.

적인 심리상태와 미국인들의 중국 침략정책이 실패한데 대해 얼마나 분노하고 있는가를 보여주는 것일 뿐이라고 일축하였다.[79]

애치슨은 3월 15일 또다시 미국은 아시아에서 얻으려는 것이 아무것도 없다고 발언하였다. 이에 대해 중국 외교부장 주은래는 미국은 2차 세계대전 이후 이미 아시아에서 일본과 남한을 점령하였다고 지적하면서, 지금도 미국은 장개석에게 폭격기를 공급하여 중국 대륙을 공격하도록 하고 있다고 비난하였다. 아울러 그는 미국은 똑같은 수법으로 이승만 등 괴뢰들을 지지하여 남한 등에서의 민족독립운동을 파괴하고 있다고 주장하였다.[80]

중국공산당의 시각에서 볼 때에도 중국공산당과 미국의 '의지'가 상호충돌해 온 역사는 이미 쌍방관계의 향방을 결정하였다고 할 수 있었다. 모택동이 '일변도'를 강조한 것이나 중국과 소련이 새로운 중소우호조약을 체결한 것은 중국공산당의 일관된 입장을 다시 한 번 천명한 것이었다. 물론 중국공산당과 소련의 관계가 순탄하게 발전하지만은 않았지만 중국공산당이 소련 진영과 이념을 같이해 왔다는 것은 이데올로기로 진영을 가르던 당시에 중국이 일변도정책을 재확인한 결정적인 요소가 아닐 수 없었던 것이다. 당시 미국의 일각에서는 모택동이 티토의 길을 걸을 수 있다는 희망을 가지기도 하였지만 중국공산당은 국민당과의 대결에서 이미 미국에 대한 환상을 버렸던 것이다. 이런 측면에서는 모택동이 다른 나라의 공산주의자들과 다른 것이 없다고 한 이승만의 주장이 더 정확했다고 할 수 있을 것이다.

---

79) 「新華社嚴斥美帝造謠」, 『新華月報』(1950. 3).
80) 『周恩来外交文獻』(中央文獻出版社, 1990), p.8.

당시 상황에서 미국과 중국공산당이 새로운 관계를 설립하기 위해서는 중국공산당이 자신의 이념을 포기하거나 미국이 자신의 세계전략을 변경해야 가능한 일이었지만 사실상 이것은 불가능한 것이었다. 이런 맥락에서 중국 정부가 취한 두 개의 외교적 조치가 중미관계에 있어서 하나의 전환점으로 되었다는 것은 이해하기 어려운 것이다.

트루먼과 애치슨 연설의 진의가 어떻든 간에 미 의회의 친장개석파 의원들과 동경의 극동군 총사령부는 트루먼의 성명과 애치슨의 연설에 극력 반대하였다. 국공내전 시기에 장개석을 적극 지지하던 이들은 공산당의 승리가 현실화되자 공산당 중국의 승인을 반대하면서 대만을 아시아 반공 군사방위선 안에 편입할 것을 주장하였다. 중국공산당이 미국의 '군벌'로 지칭한, 그리고 미국의 대외정책에 사실상 결정적 발언권을 가지고 있었던 맥아더[81]는 소련 위협보다 중국공산당의 위협에 훨씬 더 큰 우려를 표하였다.[82] 이러한 중국에 대한 적대적 정서는 1950년 초부터 미국 국내에 정치적 파장을 초래하였다.

위스컨신 주 출신의 공화당 상원의원인 조셉 매카시는 미국을 '반공의 광풍' 속으로 밀어 넣었다. 그는 특히 미국 정부가 장개석에 대해 회의를 품도록 한 인사들에게 비난의 화살을 집중하였다. 공격은 맹렬하였고 국무성 관리들도 부득불 소련이 '전쟁 상인'으로 불렀던 덜레스를 국무성의 공화당 고문으로 앉힐 수밖에 없었다. 덜레스는 국무성 고문으로 임명되자 곧 극동으로 날아가서 맥아더를 만났다. 그는 동경에서의 한 연설에

---

81) 「蔣軍必敗」, 中共中央檔案館編, 『中共中央文件選集』(第16册), (中共中央黨校出版社, 1992), pp.688~689.

82) Peter Lowe, 앞의 책, p.119.

서 "우리는 물질적 힘으로는 원자탄이 있고, 정신적 힘으로는 맥아더의 솔선수범의 역할이 있다"고 주장하면서, 미국의 대외정책은 "변화되는 정세에 맞춰 부단히 조정하는 것인데, 이것은 대만과의 관계에도 적용된다"고 언명하였다.[83] 결국 중국공산당의 승리는 미국에서 강경파들의 입지를 강화시켰고 주춤했던 미국의 대중국 정책도 강경파들의 희망사항대로 나가게 되었다.

중국공산당의 승리는 미국의 대중국 정책의 실패를 의미하는 것이었지만 한편으로는 중국대륙에서 미소의 대결 국면이 사라졌다는 것을 의미하는 것이기도 하였다. 미국은 "국민당 정부가 통치하는 중국은 미국의 세력범위에 속하고, 공산당의 중국은 소련의 세력범위에 속한다"는 점을 인정하였다.[84] 따라서 미국은 소련의 극동지역뿐만 아니라 중국의 만리장성 이북, 북한, 가라후토(庫頁島), 지시마군도(千島群島) 등을 소련의 세력범위로 인정하였다. 이런 상황에서 일본 본토와 인도와 파키스탄 등의 지역이 소련 세력범위 밖의 주요한 힘의 중심으로 부상하였다. 미국으로서는 만약 일본마저 스탈린주의 블록에 가담하게 되면 소련의 아시아 기지는 힘의 중심이 되고 세력균형이 극적으로 변화하게 될 것이고, 이는 미국에게는 상당히 불리한 사태발전이라고 생각하였다. 그들은 여기에다 인도와 파키스탄마저 공산화되면 미국과 그 우방국들은 아시아 대륙에 발붙일 곳이 없게 될 것이라는 사실을 절감하게 될 것이라고 판단하였다.[85] 요컨대 미국은 중국공산당의 승리는 곧바로 소련의 확장

---

83) I. F. 斯通, 앞의 책, pp.20~25.

84) 資中筠, 앞의 책, p.10.

85) 「國家安全委員會第48號/1號文件: 美國關于亞洲問題的立場與態度」, 『戰後國際關係
史料』(第一輯), (1983), p.53.

으로 이어지고, 이러한 소련의 팽창은 한국, 일본, 대만으로부터 동남아시아에 이어진다고 보았던 것이다.

이러한 분석에 따르면 미국이 아시아에서 봉쇄정책을 실행하는 데 있어서 가장 중요한 교두보는 한국과 대만이 아닐 수 없었다. 1950년 초 한국과 대만 원조를 둘러싸고 일어났던 논쟁도 강조하는 측면이 달랐을 뿐 본질적으로 이러한 상황을 배경으로 하는 것이었다.

중국공산당은 동북에서 승기를 잡기 시작했고, 동북의 해방은 중국공산당의 결정적 승리를 예고하고 있었다. 이 승리는 두말할 것 없이 동북과 강 하나를 사이 둔 한반도에 거대한 충격을 몰고 왔다. 이에 대해 국민당의 중앙일보도 대한민국 정부의 공식 승인을 논하는 사설에서, 한국이 민주정권 성립을 선포하기는 하였지만 동북의 9개 성(省)이 공산군에 점거되었기 때문에 그 독립적 지위에 대한 위협은 더욱 가중되고 있다고 평가하고 있다. 사설은 또한 "완정한 동북이 없으면 한국의 독립이 있을 수 없고, 따라서 극동의 평화도 있을 수 없다"는 장개석의 말을 인용하면서 동북이 '함락'된 후 서태평양 전체와 동아시아 대륙의 형세가 완전히 변화되었고 제3차 세계대전도 틀림없이 앞당겨 폭발할 것이라고 부연하였다. 한마디로 국민당의 시각에서 볼 때 "중국 정세의 악화는 동시에 한국 정세의 악화이기도 한 것이었다."[86]

국민당군의 패배는 이승만에게는 큰 타격이 아닐 수 없었다. 남한의 입장에서 보면 한국에 대한 중국 사태의 압력은 바로 공산당이 남한에 반월형의 포위망을 형성하였다는 것이었다.[87] 이에 대해 조병옥은 미국

---

86) 「正式承認大韓民國」, 『中央日報』(1949. 1. 3).
87) 『自由新聞』(서울: 1949. 4. 28).

에서 "북한과 중국의 공산군이 이미 서울 정부를 위협하고 있지만, 한인들은 여전히 반공정책을 고수할 것이다"[88]라고 언급하였다.

1949년 2월 12일 이승만은 그의 개인고문 올리버와 주미 한국대사 장면(張勉)에게 보낸 '오늘의 한국 정치상황'이라는 각서에서 "최근 중국의 정치적 변동은 한국에 광범하고도 심각한 불안과 우려를 낳게 하고 있다. 중국국민당 정부의 몰락과 이에 따른 적색분자들의 상승추세는 반드시 한국에 불리한 결과를 초래할 것"이라고 설명하였다. 그리고 국민당이 실패한 원인은 미국의 정책이 때로는 반공이고 때로는 친공이었는가 하면 때로는 이것도 저것도 아닌데 있다고 지적하면서, 그 결과 국민당은 기대할 만한 꾸준한 지지세력을 확보하지 못한 반면 중국의 공산분자들은 폭넓은 지지세력 확보에 필요한 모든 고무적인 자극과 시간을 벌었다고 덧붙였다. 나아가 이승만은 "미국의 정책결정자들의 일관성 없는 정책을 따른다면 한국은 조만간 또 하나의 중국이 될 것이다"라고 힐난하였다.[89]

장개석은 자신의 실패는 소련이 얄타협정에 기초한 1945년의 중소조약을 이행하지 않고 중국의 만주 수복을 방해하고 공산당이 그곳에서 방대한 군사력을 발전시키도록 조장하였기 때문이라고 주장하였다. 중국 공산당의 승리에 관한 외국기자들의 질문에 장개석은 "중국에서 공산주의를 저지하지 않으면 공산주의는 아시아로 확산될 것이고, 그렇게 되면 세계대전은 피할 수 없을 것"[90]이라고 주장하였다. 비록 장개석도 미국이

---

88) 『中央日報』(1949. 5. 27).

89) Robert Oliver, Symgman Rhee, pp.222~223. 朴明林, 앞의 책, pp.595~597에서 재인용.

90) 『自由新聞』(1949. 7. 8).

자기를 저버렸다고 분노하였지만 사면초가에 빠진 그가 의지할 곳은 여전히 미국이었다.

일본에 있는 맥아더는 중국공산당의 승리를 지켜보면서 만약 중국공산당이 중국의 해안선을 점령하게 되면 경제부흥을 위해 자유중국과 통상관계를 반드시 유지하여야 하는 일본은 매우 큰 어려움에 봉착할 것이며, 공산당의 중국 지배는 한국이나 일본에 위협이 될 것이라고 경고하였다.[91] 맥아더의 경제고문이었던 돗치는 일본은 미국의 이익과 책임의 초점이며, 아울러 전 세계적인 차원에서 진행되고 있는 공산주의와 민주주의 투쟁에 있어서 중요한 지역이라고 지적하고 자율적인 민주 일본이 되어야만 공산주의에 대항하여 나아갈 수 있다는 점을 강조하였다.[92]

위에서도 밝혔듯이 일본의 요시다 정권은 미국이 일본과 강화조약을 체결한 후에도 일본에 잔류하기를 희망하였다. 요시다는 그렇지 않을 경우 일본은 미국의 자본을 떠나 소련의 영향권으로 들어갈 수 있다고 주장하였는데, 어찌 보면 중국 사태로 일본은 미국을 '위협'하는 카드를 쥐게 되었던 것이다.

중국공산당의 승리가 굳어지면서 요시다의 희망대로 미국은 다시 일본을 주목하게 되었다. 장개석과 이승만의 논리대로 미국이 중국을 공산주의에 넘겨준 상황에서 그것은 역으로 일본이 미국의 원조를 받을 가능성을 크게 높이게 되었던 것이다. 당시 일부 관찰가들은 『중국백서』의 발표로 미국인들은 아시아 공산주의 위협을 더욱 깊이 인식하게 되었고, 이는 일본 경찰을 무장시키려던 육군성 당국이 계획 추진을 용이하게 하

---

91) 『自由新聞』(1949. 4. 27).
92) 『自由新聞』(1949. 8. 3).

였다고 보고 있었다.[93]

일찍이 1948년에 장개석은 미국 기자와의 회견에서 중국에서의 실패, 그리고 한국과 일본의 정세에 대해 언급한 적이 있었다. 장개석은 당시 국민당 정부와 대항하고 투쟁하는 공산당은 일본과 한국의 공산주의자들과 서로 연계되어 있으며, 여기에 국제공산주의의 지원을 받고 있다고 지적하면서 동북아의 통합이 없으면 독립된 한국도, 동북아의 평화도 있을 수 없다고 역설하였다. 그는 결론적으로 국민당의 유일한 희망은 제3차 세계대전이 일어나는 것이라고 보았다.[94] 여기서 장개석이 말한 통합은 후에 그가 결성하고자 했던 극동 반공연합과 같은 맥락을 가지고 있는 것이다.

미국의 저명한 칼럼니스트 리프만은 중국공산당의 승리 후 미국은 동북아에서 자신의 극동전략을 위해 각양각색의 위성(衛星), 위탁, 부용(附庸), 괴뢰들을 끌어 모으고 이들을 지지·원조해 줄 수밖에 없게 되었다고 주장하였다. 또한 그는 미국은 괴뢰들을 포기하는가, 아니면 어떠한 대가를 치르더라도 지지해주는가 하는 선택을 할 수밖에 없을 것으로 전망하고, 전자를 택하면 그것은 실패를 인정하고 체면을 잃는 타협정책이 될 것이요, 후자를 택하면 본래의 소망과 다른, 혹은 예상 밖이거나 심지어 불리한 결과를 초래할 수 있다고 보았다.[95] 그러나 미국으로서는 후자를 택할 수 없었다. 미국이 실패를 인정하며 위신을 손상하지 않으려 했기 때문이다. 남은 것은 후자의 선택, 즉 어떠한 대가를 치르더라도 '동

---

93)『自由新聞』(1949. 8. 17).

94) Peter Lowe, 앞의 책, p.142.

95) 資中筠, 앞의 책, p.13.

맹군'을 지지하는 것이었다. "미국은 자유의 보루를 유지하고 미국의 전
략이익을 보호하기 위하여 부득불 현실에 부합되는 행동을 취하지 않을
수 없게 되었다."[96]는 것이었다. 맥아더가 말했듯이 장개석이 뿌리와 꼬
리가 달린 괴물이라 해도 그가 반공을 하기만 하면 미국은 그를 도와주
어야 했던 것이며,[97] 이는 이승만 정권에 대해서도 마찬가지였다.

많은 사람들은 1950년 초 트루먼과 애치슨의 연설이 사실상 대만과 한
국에 대한 미국의 정책 변화를 의미하는 것이며, 또한 애치슨의 연설이
스탈린과 김일성의 오판과 한국전쟁의 발발을 유도했다고 보고 있다. 그
러나 이 연설에서 애치슨은 한국은 미국의 원조가 필요할 뿐만 아니라
그것을 효과적으로 사용할 수 있다고 하면서 한국에서 미국의 전략이 성
공할 것으로 낙관하였다. 애치슨은 미국이 이러한 원조를 제공하지 않는
것은 철저한 패배주의이며 미친 짓이라고까지 극언을 하였다. 그렇기 때
문에 한국주재 미국대사 무쵸는 애치슨의 연설은 새로운 정책의 시작을
의미하는 것이 아니라고 하였던 것이다.[98] 매트레이(James I. Matray)는
미국은 아시아 국가의 국내 문제에 직접적으로 개입하기를 원하지 않았
으며 애치슨의 연설은 아시아의 민족주의가 소련의 팽창을 저지하는 가
장 유효한 수단이라는 미국인의 심리를 반영한 것이라고 주장하였다.[99]
애치슨 연설의 본래의 의도는 결코 한국 포기를 의미하는 것은 아니었
다. 오히려 이와 반대로 그의 연설은 미국이 한국의 생존을 아시아 정책

---

96) 「魏德邁中將致杜魯門總統的報告」, 『美國與中國的關係』(中國現代史資料編輯委員會
   翻印, 1957), p.734.
97) 김철범, 제임스 매트레이 엮음, 앞의 책, p.154.
98) James Irving Mateay, 앞의 책, p.260.
99) 위의 책, pp.260~261.

실현에 있어서 불가결한 요소로 파악하고 있다는 것을 보여주고 있다. 다만 미국은 한국이 자신의 의지와 목적의식을 가지고 미국의 군사적 보호와 보장 없이도 소련에 저항할 수 있는 능력을 보여주기를 기대하였던 것이라고 할 수 있다.

중국공산당의 승리로 동북아시아의 질서는 사회주의 진영과 응집력이 강화된 미국을 중심으로 한 자본주의 진영의 대립 구도로 개편되게 되었다. 이 과정에서 중국공산당의 승리가 사회주의 진영을 크게 고무하게 되었다는 것은 두말할 필요가 없는 것이다.

북한도 이와 같은 정세변화에 예민하게 촉각을 세우고 사태를 주시하였다. 예컨대, 1947년에 중국공산당이 동북 지방에서 전략적 진공을 개시하자 북한의 『민주조선』은 "중국과 조선이 상호 인접해 있는 상황에서 만주 주변의 중국공산당의 활동은 북조선 인민과 남조선 인민들에게 매우 큰 영향을 미치고 있다"[100]고 지적하였다. 또한 북조선노동당 기관지 『근로자』는 1948년 2월 호에 석국(石局)의 글을 통하여 "중국공산당 영도 하에 중국에서는 세계에서 가장 큰 신민주주의 지역이 건설되고 있으며, 북조선에서도 김일성 장군의 영도 아래 견고한 인민주권을 수립하였다"고 강조하였다. 아울러 이 글은 "미 제국주의는 중조(中朝) 양국 인민이 외세의 간섭을 반대하고 민주독립의 기초를 건립하며 새로운 형태의 진정한 민주주의를 건립하는 것에 대해 극도의 공황을 느끼고 있다"고 지적하고,[101] 나아가 "광범한 중국의 해방구와 한반도의 절반인 북조선은 자본주의 체계를 완전히 이탈하고 진정한 민주주의 국가로 발전

---

100)「東洋民主主義革命の進展」,『民主朝鮮』(日文版), (1947. 8.), p.4.

101) 石局,「극동 제 인민의 미국침략정책에 대한 반대투쟁」,『근로자』(1948. 2), p.43.

하고 있으며, 이것은 미 제국주의의 극동침략을 방지하기 위한 가장 적극적이고 결정적인 방어선이 되고 있다"고 주장하였다. 특히 석국은 "조선 인민과 중국 인민은 이 견고한 방어선에 의지하여 마지막 승리를 이룩하기 위하여, 민족의 독립과 민주국가 건설의 위대한 승리를 쟁취하기 위하여 미국의 침략을 반대하는 투쟁을 끊임없이 진행할 것이다"라고 강조하였다.[102]

노동신문은 또한 1948년 1월 11일 중국 정세에 관한 모택동의 연설 내용을 게재하는 등 거의 매일 중국의 상황을 상세하게 보도하면서 중국 정세에 지대한 관심을 표명하였다. 예컨대 1949년 초 중국 섬북(陝北)에서 보낸 북조선 통신은 "위대한 중국 인민의 투쟁은 중국의 반동파를 타도하기 위한 것일 뿐만 아니라 미 제국주의 침략을 뿌리 뽑는 성격도 가지고 있다"고 전제하고, "조선 인민들은 중국 인민해방군과 중국 인민들이 미 제국주의가 지지하고 원조하며 현대적인 장비로 무장한 반혁명 군대와 중국 반동파들의 진공을 물리치고 전대미문의 전과를 거둔 것을 보고 민주주의 독립국가를 건설하는 인민들의 역량은 무궁무진하다는 것을 새삼 느끼게 되었다"고 전하고 있다.[103]

중국공산당의 승리는 정치적 격변기를 겪고 있는 한국의 정세에도 크나큰 영향을 미쳤다. 1948년 11월 중국해방구 청년대표단이 평양을 방문하여 조선민주청년동맹 제3차 대회에 참가하였다. 당시 이 회의에 참가한 남한 대표들은 남한 인민들의 처지는 중국의 장개석 통치구역 인민들의 처지와 같다고 하면서 남한 인민들은 미 제국주의와 그 주구 이승만과

---

102) 위의 책, p.52.
103) 『民主朝鮮』(1948. 1. 4).

투쟁에서 중국 인민의 투쟁경험을 매우 중시하고 있다고 주장하였다. 또한 그들은 모택동의 저작을 행동지침으로 삼고 있으며, 특히 그의 유격전 전략에 관한 책은 거의 모든 남조선 혁명가들이 한 권씩 가지고 있을 정도라고 하였다.[104] 마지막 말의 사실여부에는 이의가 있을 수 있지만 남한에 대한 중국 사태의 영향은 부인할 수 없는 것이었다. 또한 위에서 말한 남한 대표의 발언 내용들은 중국공산당의 선전물을 통해 남한 정세에 대한 중국인들의 인식에 영향을 미쳤음도 의심할 바 없을 것이다.

모택동이 말한 바와 같이 중국공산당의 승리는 위대한 국제적 의의를 갖고 있었다. 이 국제적 의의는 민족해방운동에 대한 중국 혁명의 영향을 포함한 것으로 중국공산당은 아시아 각국에서의 '위대한 민족해방운동'에 대한 지지를 표명하였다. 모택동은 1947년 "제국주의를 반대하는 동방 각국의 모든 역량이 단결하여 제국주의와 각국 내부 반동파들의 압박을 반대하며 동방의 10억 이상 피압박 인민의 해방을 분투 목표로 하여야 한다"[105]고 강조하였다.

일본학자 시노부 세이자부로(信夫淸三郎)는 1949년 11월 북경에서 열린 아시아·오스트레일리아지역 노조대표회의(亞澳工會代表會議)에서 행한 유소기(리우샤오치, 劉少奇)의 연설이 무장 투쟁이 민족해방 투쟁의 주요한 투쟁형식이라는 것을 강조하고 있다는 점에 주목하고, 그것이 한국전쟁의 발발에 일정한 영향을 미쳤다고 주장하고 있다.[106] 한국전쟁을 연구하는 많은 학자들도 리우의 이 연설을 예시하면서 중국공산당과

---

104) 『東北日報』(1949. 1. 17).

105) 毛澤東, 「全世界反帝國主義陣營的力量超過了帝國主義陣營的力量」, 『毛澤東外交文選』(中央文獻出版社, 世界知識出版社, 1994), p.66.

106) 信夫淸三郎, 『朝鮮戰爭の爆發』(福村出版株式會社, 1969), pp.246~256.

한국전쟁과의 관계를 밝히려고 노력해 왔다.

유소기의 개막식 연설에서 이른바 쟁점이 되고 있는 부분은 다음과 같은 대목이다. "조선인민들이 미 제국주의의 괴뢰 이승만을 반대하고, 통일된 조선민주주의인민공화국을 수립할 것을 요구하는 운동은 막을 수 없는 것이다", "식민지 반식민지의 민족해방운동과 인민민주운동은 완전한 승리를 거둘 때까지 절대 멈추지 않을 것이다. 그들의 투쟁은 전적으로 정의로운 투쟁이며, 따라서 그들은 승리를 거두어야 하고 또 반드시 승리할 것이다. 중국 인민의 위대한 승리가 바로 그들에 있어 가장 훌륭한 본보기인 것이다."[107]

유소기의 연설은 사실상 중국공산당의 일관된 '의지'를 표현한 것뿐이었다. 무장투쟁의 필요성에 대해 그는 "제국주의자들이 평화를 파괴하고 식민지, 반식민지의 민족독립운동을 무장으로 정복하려 하기 때문"이라고 주장하고, 따라서 "식민지, 반식민지 인민들이 무장투쟁으로 제국주의자들의 무장 진공을 반대하며 자기의 민족독립을 쟁취하는 것은 완전히 정의적인 것이며 식민지, 반식민지에서 제국주의 진공에 저항하며 민족독립을 쟁취하는 무장투쟁은 세계의 평화를 수호하고 증진하는 위대한 역량으로서, 그것은 중국 인민해방전쟁의 승리가 세계 평화민주역량을 크게 강화한 것과 같은 것"[108]이라고 주장하였던 것이다.

1950년 2월 20일 중국 신민주주의청년단 중앙위원회와 중화 전국 민주청년연합회는 2월 21일 식민지제도 반대 투쟁일에 즈음하여 채택한 아시아 청년들에게 보내는 서한을 통해 "우리는 무기를 들고 민족해방투

___

107) 『人民日報』(北京: 1949. 11. 22).
108) 위와 같음.

쟁의 대오에 참가하는 젊은 친구들에게 최대의 경의를 표한다. 당신들은 베트남, 미안마, 남조선, 말레이, 필리핀과 인도네시아에서 모든 무기를 이용하여 현대화된 장비로 무장한 적들에 저항하고 있다. 당신들의 투쟁은 비록 간고하지만 이것은 해방으로 가는 정확한 길이다…우리는 당신들의 정의의 투쟁이 반드시 제국주의 침략자들에게 새롭고도 심각한 타격을 주리라고 믿는다"[109]고 역설하였다.

당시 중국공산당은 세계의 반민주세력이 연합하여 미국 인민과 여러 자본주의 국가의 인민, 식민지·반식민지 나라의 인민들에 대한 공격을 감행하고 있다고 인식하였다. 중국공산당은 미국 인민과 여러 자본주의 국가의 인민, 그리고 식민지·반식민지의 인민들도 일치단결하여 세계적인 통일전선을 결성하여 미 제국주의와 각국의 반동파들을 반대하여야 한다고 생각하였다.[110] 1949년 모택동은 "제국주의가 존재하는 시대에 모든 국가의 진정한 인민 혁명은 국제혁명역량의 다양한 방식의 지원을 받지 않고는 승리를 쟁취할 수 없다. 승리를 쟁취한다고 하여도 그것을 공고히 하는 것이 불가능하다"[111]고 하면서 국제혁명역량 간의 연대성을 강조하였다. 이는 위의 유소기의 연설과 같은 맥락으로 당시의 시대적 상황에서 이해해야 할 것이다. 결국 중국 정세의 거대한 변화로 동북아시아에서 미소대립을 큰 배경으로 하는 지역적 대립구도가 고착되기 시작하였던 것이다.

---

109)「二月二十一日反對殖民制度鬪爭日告亞洲青年書」,『新華月報』(1950. 3), p.1226.

110) 陆定一,「對于戰後國際形勢中幾個基本問題的解釋」, 中共中央檔案館編, 앞의 책, pp.715~723.

111) 毛澤東,「聯合世界上以平等待我的民族和各國人民」, 앞의 책, p.94.

한국전쟁의 발발과 중국의 참전

제1절 전면전의 먹구름
'전쟁 이전의 전쟁'

"한국전쟁이 1950년에 일어났다는 것은 틀린 말이다. 비록 일본 역사 책에는 그렇게 기재되어 있지만 우리는 한국전쟁이 적어도 그보다 1년 전에 이미 시작되었다고 알고 있다." 일본인 학자 신토에이찌(進藤榮一) 는 한 한국인의 말을 인용하여 그의 저서 『현대분쟁의 구조』에서 한국전 쟁의 발발시점을 이렇게 서술하고 있다. 그는 이 한국인이 제주 사건 당 시 일본에 망명한 사람이며, 이 사람이 말하는 시점은 바로 1948년 4월 3일에 발발한 제주도 봉기라고 밝히고 있다.[1] 한국전쟁이 1950년 6월 25일에 발발했다는 데에는 이의가 있을 수 없지만 또한 이 전쟁이 '전쟁 이전의 전쟁'의 계속이었다는 점에도 이의를 제기하기 어렵다.

1947년 북한을 방문하여 김일성을 만나고 남북한 상황을 조사하였던

---

1) 進藤榮一, 『現代紛爭の構造』(岩波書店, 1992), p.1.

미국인 기자 안나 루이스 스트롱은 그의 기행문에서 "38선은 조선인을 양극화했다. 반동적 인사들은 남으로 도주했고 좌익 노동자들이나 농민들은 북으로 이동했다."[2]고 주장하였다. 이와 관련하여 박명림은 북한의 토지개혁 당시 87%의 지주들이 월남하였는데 소련 군정과 북한 지도층이 반동세력의 근절을 위해 의식적으로 그들의 남하를 방임 또는 권장하였다고 지적하면서 이러한 반동 남하정책은 북한 혁명을 용이하게 하였다[3]고 주장하고 있다. 1946년 말 연안(延安)의 해방일보의 보도대로 "북조선에서 일본 제국주의와 친일 주구의 잔당은 깨끗이 청산되었다"[4]고 할 수 있다. 그러나 숙청된 친일파와 대다수 토지를 몰수당한 지주들은 남으로 도주함으로써 한 편으로는 북한지역에서 개혁의 대립 면을 약화시켰지만 다른 한 편으로는 '반혁명 세력'들이 남한에 집중하는 결과를 초래하여 "남한에 반혁명 세력을 결집시켜 주고 그들이 퍼뜨리는 반공, 반북한의 이념을 급속하게 확산시켰다."[5] 1948년 제주도에서 봉기가 일어났을 때 가장 앞장에 선 것이 바로 북부의 사회개혁을 반대하여 남하하였던 청년들의 단체인 '서북청년단'[6]이었다.는 사실이 그 한 예이다.

북한에서 실시한 개혁은 모종의 의미에서는 개혁의 장애를 제거하는 일종의 '전쟁'이었다고 할 수 있고, 남한 또한 1946년부터 한국전쟁이 발발하기 전까지 치열한 전쟁을 겪었다고 할 수 있다. 이 '전쟁'은 한국 정

---

2) 안나 루이스 스트롱, 「北韓, 1947年 여름」, 金南植 외, 『解放前後史의 認識』(5), (한길사, 1990), p.538.

3) 박명림, 앞의 책, p.361~362.

4) 尹光, 「朝鮮民主化的症結」, 『解放日報』(延安: 1946. 11. 13).

5) 박명림, 앞의 책, p.362.

6) 노민영, 『다시 보는 한국전쟁』(한울, 1991), p.30.

부가 성립되기 전부터 주로 농민운동과 노동운동의 양상으로 나타났고 직접 미군정을 겨냥하고 있었다. 그 중 가장 규모가 큰 사건이 1946년 10월, 해방을 맞은 지 불과 일 년이 좀 넘어 남한정국을 요동치게 하였던 대구폭동이었다. 9월에 부산지구 철도노동자들의 파업이 남한 전체 철도노동자들의 파업으로 이어졌다. 미군정은 이를 불법으로 규정하였고, 9월 30일 수도경찰청 경찰과 민족주의 진영의 대한노총이 파업을 진압하기 위해 서울 철도파업단을 습격, 100여 명이 중상을 입고 1,700여 명이 체포되었다. 이것이 만여 명의 데모대와 경찰이 대치한 대구 폭동으로 이어졌던 것이다.

폭동은 남한 전체의 주요 도시로부터 농촌에 파급되며 농민들의 폭동으로 이어졌다. 마크 제인은 그의 일기에서 이 폭동을 수만 명, 아니 수백만 명의 군중이 참가한 전면적인 폭동이라고 하면서 대구 지방에서만도 전체 인구 15만 명 중 아마 3분의 1이 폭도화 되었으며 경찰, 우익단체와 미군정이 이를 진압하였다고 적고 있다.[7] 중국공산당의 기관지는 연일 대구폭동 상황을 보도하면서 그것을 "암흑통치에 반항하는 투쟁"[8]이라고 규정하였다.

1948년 유엔 한국위원회가 한국에 도착하여 사실상 남한 단독정권 수립에 착수하자 남한 단독 정부 수립을 반대하는 '2·7구국투쟁'의 민중운동이 한국의 각 대도시와 농촌을 휩쓸게 되는데, 북한은 이 투쟁에 참가한 사람이 200만에 달하였다고 주장하였다.[9] 이 과정에서 미군정의

---

7) 徐大肅 等著, 『韓國現代史의 再照明』(돌베개, 1982), pp.461~463.

8) 「朝鮮南部人民反抗黑暗統治與美軍及金九政府發生激戰」, 『人民日報』(晋冀魯豫), 1946. 10. 15.

9) 『朝鮮中央年鑑』(朝鮮中央通訊社, 1950), p.261.

진압으로 적어도 100여 명의 폭동 참가자가 목숨을 잃었고 8,500여 명이 체포, 투옥되었다. 이 2·7사건은 한국전쟁 전 가장 많은 사망자를 낸 제주도 4·3 무장봉기를 촉발하게 되는데, 이 제주 무장봉기에는 25만 제주도 도민 거의 모두가 참가하여 미군정 통치하의 군경과 투쟁을 전개하였다. 한국 정부 성립 후 도민들은 유격대를 조직하여 정부군과 맞서 이듬해 4월까지 투쟁을 계속하였다. 제주도사건에서 사망한 인명수는 여러 통계가 있으나 한 자료에는 사망자가 86,000명이고 불탄 가옥이 15,000채라고 기록되어 있으며,[10] 한국 정부에서 2003년 5월 6일 발간한 『제주 4·3사건 진상조사보고서』에서는 사망자수를 잠정적으로 2만 5천~3만으로 추정하고 있다.[11] 박명림도 사망자 수를 제주도민의 8분의 1인 3만 여명으로 추정하였다. 그러나 군경의 사망자수는 118명에 불과하였고 그 가운데 서북청년단의 사망자가 40명이었다. 이에 대해 박명림은 "전투를 했다는 두 세력 간의 사망자 숫자의 이 엄청난 불균형은 그것이 전투에 의한 사망이 아님을 시사한다"고 적고 있다.[12] 쌍방의 충돌에서 3만여 명이 사망했다는 것은 '전쟁'을 치루었다고 할 수밖에 없는 사건이지만 정작 사실상의 유격전쟁은 여순반란 후부터였다고 할 수 있다.

1948년 10월 초 여수에 주둔하고 있던 국방경비대 14연대 장병들은 제주도에 가서 봉기를 진압하라는 명령을 거절하고 반란을 일으켰다. 반란군은 신속히 여수를 점령한 후 북상하여 순천을 점령하였다. 정부는 육해공 3군을 출동하여 여순 반란사건을 진압하였지만 정부군에 대항

10) 박세길, 『다시 쓰는 한국현대사』(돌베개, 1988), pp.103~107, pp.142~151.
11) 「4·3사건 강경진압 이승만 책임」, 『중앙일보』(2003. 5. 7).
12) 박명림, 앞의 책, p.407.

한 것은 반란군만이 아니었다. 무장한 민간인 1,000여 명에 동조세력까지 합하면 12,000여 명이 정부군과 맞섰다고 한다. 정부군이 여수, 순천을 탈환한 후 처형당한 사람을 포함하여 사망자와 실종자수가 7,000명에 달했다고 한다. 이것은 제주도 사건 후 사망자수가 가장 많은 사건이었다.[13] 제주도 사건이 외딴 섬에 국한되고 또 민간인의 무장투쟁이 특징이었다면 여순 반란사건은 그 파급효과가 어마어마한 군인들의 폭동으로서 이승만 정권을 생사존망의 기로에 몰고 갔다. 한국 정부의 군경은 미군정의 지지 속에 총력을 기울여 민간인이 가세한 반란을 진압하였다. 반란군은 결국 도시를 포기하고 지리산, 백운산 등지에 들어가 유격전을 전개하였다. 게릴라전은 호남 유격전구, 지리산 유격전구, 태백산 유격전구, 영남 유격전구, 제주도 유격전구를 형성하며 세 개 그룹으로 나뉘어 진행되었다.[14] 통계에 따르면 남한 133개 군(郡) 중 118개 이상의 군에서 게릴라 부대의 활동이 있었다고 한다. 1949년 가을 유격대의 공세가 최고조에 이르고, 이승만 정부는 대량의 병력을 투입하여 동기(冬期) 대토벌을 시작하였는데, 정부군과 유격대는 매월 1,500여 차례의 교전을 벌인 것으로 알려지고 있다.[15]

남한의 무장폭동에 대하여 중국국민당의 중앙일보는 그 진전 상황을 상세하게 보도하였다. 물론 이승만의 정부군을 지지하는 입장이었다. 1948년 10월 22일부터 11월 7일 보름 동안의 보도 중에서 제목만 일별하여도 마치 그 당시 중국의 내전 상황을 보는 듯한 느낌이 든다. 예를

---

13) 박명림, 앞의 책, p.413.
14) 역사 문제연구소, 앞의 책, pp.312~331.
15) 노민영, 앞의 책, p.41.

들면 '남한반군 여수점령, 정부군 토벌에 출동',(10.22), '한국 정부군, 여수공격',(10.23), '조병옥, 공당(共黨)이 남한에 침입하여 경비대 반란을 조작했다고 발언'(10.23), '한국군, 순천 수복'(10.24), '한반군(韓叛軍), 서남으로 철퇴'(10.25), '한국 정부군, 보성을 탈환'(10.26), '한국군, 여수 수복 광명 작일(昨日) 탈환'(10.27), '한국 반란사건, 공당(共黨)이 영도' (10.28), '한국, 반군 소멸 선포'(10.29), '한국 경내(境內) 소란발생, 육군과 헌병충돌'(11.4), '한국 반대파를 대거 검거, 천여 명 체포'(11.6), '남한 공산당 체포'(11.7) 등이다. 당시 국공내전을 치르고 있는 중국의 시각에서 보면 한국도 역시 내전을 치르는 것으로 비춰졌을 것이다. 중국 공산당 신문은 남한의 폭동을 "미제와 괴뢰정권에 반항하는 병사들의 봉기로서 이미 광범한 무장투쟁으로 발전하였다"[16]고 보도하였다.

　당시 주한 미 군사고문 단장이었던 로버츠는 1949년 11월부터 그 이듬해 3월에 이르기까지의 소탕작전에서 6,000명의 게릴라들이 죽음을 당했다고 증언하였다.[17] 같은 기간 정부군의 소탕작전에 게릴라부대는 궤멸적인 타격을 당하였다.

　이승만은 군 내의 공산당과 좌익세력을 철저히 뿌리 뽑기 위해 대대적인 숙군(肅軍)을 전개하였다. 이를 통하여 총살, 징역, 파면 등의 숙청을 당한 군인은 모두 4,749명으로서 전체 군인수의 5%에 달하였으며, 약 5% 탈주자까지 합하면 10%의 군인이 숙청당하거나 탈출한 셈이 되고,[18]

---

16)「新華社陝北二十八日電」,『東北日報』(1948. 10. 30).

17) 노민영, 앞의 책, p.42.

18) 박명림, 앞의 책, p.430.

한국군 장교의 3분의 1이 용공분자로 몰려 직무를 박탈당하였다.[19]

이 숙군이 없었다면 아마 한국전쟁이 발발한 후의 역사는 다시 써야 할지 모를 일이다. 유격전에 대한 대규모의 진압이 실패하였다면 이승만 정권은 그 근간이 흔들려 생존 자체가 어려웠을 것이고, 이 점에서 이 '전쟁'은 이승만 정권을 수호하기 위한 것이었다.

한편 원래 중국국민당군에 있다가 '한국광복군'을 인솔하여 귀국한, 한국전쟁 정전회담시 한국 측 대표를 맡았던 최덕신(崔德新)에 의하면 당시 이승만 군대와 경찰의 군권(軍權)과 경권(警權)을 장악한 절대 다수는 일본군이나 만군(滿軍) 출신의 군인이었다고 한다. 그에 따르면 광복군 출신도 적지 않았지만 그 세력은 일본군이나 만군 출신에 비해 훨씬 약했으며, 일본 관동군 특무로 있던 소위 김창룡(金昌龍)이 숙군 행동대의 선봉이었다고 증언하고 있다.[20] 이런 점에서 이 '전쟁 전의 전쟁' 그 자체가 과거 '전쟁'의 연속선상에 있었다고 할 수도 있었던 것이다.

이 전쟁의 와중에서 1949년 한 해 동안 이승만 정부에 의해 투옥된 사람이 118,621명에 이르렀다. 1949년 10월까지 한국 국회의원의 7%를 차지하는 의원들이 경찰에 연행돼 투옥되었고,[21] 그 이전인 1948년 9월부터 1949년 4월 30일까지의 기간에 한국에서 체포된 사람은 무려 80,710명이 된다고 한다.[22] 뿐만 아니라 이승만은 1949년 9월과 10월 두 달 동안 북진통일에 반대하는 132개의 정당과 사회단체를 강제해산시킴

19) Gregory Henderson, Korea, *The Politics of the Vortex*(Cambridge: Harvard University Press, 1968), p.163.

20) 崔德新, 『남한에서의 30년』(東京: 統一評論社, 1985), pp.40~41.

21) Rober R. Simmons, 박건언 외역, 『朝鮮戰爭と中蘇關係』(ユリア評論社, 1976), p.126.

22) 위와 같음.

으로써 남북통일을 위한 평화협상의 길을 봉쇄하였다.[23]

1949년 11월 20일 북경에서 열린 아시아 · 오스트레일리아지역 노동자 대표회의(亞澳工會代表會議)에 참석한 남한 전국노동평의회 부위원장 박세영(朴世榮)은 1945년 일본 투항 이래 남한에서 도살당한 애국인사가 이미 10만을 초과하였다고 보고하면서 "미 제국주의는 현재 남조선에 대한 침략을 더욱 미친 듯이 감행하고 있으며 조선을 반소, 반아시아 인민의 군사기지로 만들려 하고 있다. 그러므로 남조선의 해방은 지금에 있어서 아시아 평화사업을 보위하는 중요한 문제이다"라고 주장하였다.[24]

확실히 한국전쟁 이전에 한국은 이미 전쟁전의 내전을 치른 셈이다. 중국공산당은 남한에서 들려오는 이 '전쟁' 소식에 이를 미 제국주의와 그 주구를 반대하는 피압박 인민의 민족해방운동으로 규정하였다. 신화사는 1949년 11월 13일 평양으로부터 "인민 무장 유격투쟁의 진전에 호응하여 남조선 농민들 대규모 봉기, 반동지주를 청산하고 토지를 분배하다"라는 평양발 기사를 통해 "인민 무장 유격투쟁이 승승장구하면서 남조선 농민들이 대규모의 봉기를 단행하기 시작하였으며 자발적으로 반동지주를 청산하고 토지를 분배하고 있다"고 지적하였다. 이 글은 또한 10월 29일 전라남도 북부의 담양 등지에서 약 7,500여 명 농민들이 무장봉기를 한 상황을 전하면서 봉기는 신속히 주변지구로 확산 · 발전하여 농민들의 호응을 얻고 있다고 보도하고 있다. 또한 신화사는 "농민들은 노도와 같은 기세로 인민 유격대에 호응하여 반동지주, 고리대 착취자,

23) 『社會和思想』(1990. 6). p.215.
24) 『東北日報』(1949. 11. 22).

특무분자, 반동관리와 기짜 군경을 청산하고 그들의 토지·재산과 토지
계약서를 몰수하였으며, '민주국민당', '호국군(護國軍)'. '민보단(民保團)'
지부를 점령하였다. 4,500명의 농민들은 "우리의 손으로 북조선과 같은
토지개혁을 실시하자"는 구호를 외쳤다. 그들은 군중대회를 열고 붙잡아
온 일부 반동분자를 공개 심판하고 지주의 토지를 몰수하여 무상으로 농
민들에게 분배하는 결의를 통과시켰다"고 보도하였다. 글은 마지막으로
"현재 조선민주주의인민공화국의 국기가 이미 담양 등 각 농촌에서 나부
끼고 있다"고 전하고 있다.[25]

다른 한편 한반도의 또 다른 전쟁터, 즉 남과 북이 대치해 있는 38선에
서도 밤낮없이 총성이 울리면서[26] 끊임없이 크고 작은 규모의 전투가 벌
어졌다.

한국의 한 자료는 1949년 1월부터 한국전쟁이 일어나기 전까지 38선
에서 남과 북의 충돌이 874차례 일어났다고 기록하고 하는데, 이는 거의
매일 두 차례 전투가 벌어진 셈이다.[27] 1949년 11월 25일 북조선 "38선
무장충돌 조사결과에 관한 조국통일민주주의전선 조사위원회 보고서"는
1949년 1월부터 1949년 9월까지의 기간에 남한은 432회 38선 이북지옥
을 침범하였고, 침입한 남한 군대와 경찰대의 총 인원수가 49,000여 명
에 달했다고 주장하고 있다. 또한 이 보고는 같은 기간 동안 북한의 13개
군 45개 면 136개 리가 10여 차 이상씩의 무장습격을 당한 외에도 71회

---

25)「新華社平壤 1949年 11月 13日電」,『東北日報』(1949. 11. 15).
26)『自由新聞』(1949. 8. 2).
27) 박명림, 앞의 책, p.620.

의 비행기 침습과 42회의 함대 습격이 있었다고 주장하고 있다.[28] 이 두 자료가 사실이라면 평균 하루에 두 차례의 충돌이 있었고, 쌍방의 진출 회수가 비슷하다는 것을 알 수 있다.

38선은 사실상 이미 전쟁터가 되어 있었다. 이런 맥락에서 브루스 커밍스는 1950년에 일어난 한국전쟁은 남한 유격전쟁의 계속이자 1949년 여름 38선 부근에서 발생한 전투의 연속이라고 보았던 것이다. 그는 한국전쟁을 이해하려면 우선 먼저 1949년 38선을 둘러싼 전투를 이해해야 한다고 보았다. 전투는 1949년 5월 4일부터 개성에서 시작되었는데, 남한 군대가 먼저 선공을 하였다. 미국과 한국 측은 나흘 동안의 전투에서 북조선군 400명, 남한군 22명이 사망했고 개성의 민간인 100명이 사망했다고 공표하였다. 당시 남한에서는 보병 6개 중대와 몇 개의 포병대대를 동원하였는데 그 중 2개의 보병중대가 의거하여 북측으로 넘어갔다고 한다.[29] 쌍방의 교전이 가장 격렬하였던 곳은 여전히 옹진반도였다. 때때로 쌍방은 하나의 고지를 쟁탈하기 위하여 서로 수백 발의 포탄을 퍼부었으며 포화 속에서 밀고 밀리는 전투를 계속하였다.[30]

이런 상황에서 38선은 분계선이라고 하기 어려울 정도였다. 실제 1948년 남과 북이 각각의 정부를 수립한 후 쌍방은 서로 자기가 합법 정부라고 선포하였으며 상대방의 영토를 자기의 영토로 규정하고 상대방을 불법 또는 괴뢰 정부라고 비난하였다. 이런 의미에서 볼 때 38선은 분계선이 아니었다는 것이다. 쌍방이 밀고 밀리며 교전하는 과정은 다만

---

28) 『朝鮮中央年鑑』(1951-1952), (朝鮮中央通訊社, 1952), p.130.

29) Jon Halliday, Bruce Cumings, 淸水知久 譯, *KOREA: THE UNKNOWN WAR*(岩波書店, 1990), p.54.

30) 노민영, 앞의 책, p.43.

'반 정부군'의 영역을 회복하는 과정일 뿐이었던 것이다. 남한의 해석에 따르면 남한의 유격대는 합법 정부를 반대하는 불법단체로서 북한과 다른 점이 없으며, 북한의 입장에서 볼 때 남한은 미 제국주의의 괴뢰정권일 따름이었다.

그럼에도 불구하고 미국과 소련에게 있어서 38선은 분명한 '분계선'이었다. 미국의 입장에서 38선은 "미국 극동 반공선(反共線)"[31]이었고, 한국은 "서로 다른 체제 간의 이데올로기적인 투쟁이 진행되는 민주주의의 시험장"[32]이었으며, 소련에게 38선은 "사회주의 진영의 전초선"임이 틀림없었다. 38선이 가지고 있는 이와 같은 국제적인 의미가 억제력의 역할을 하였기 때문에 38선에서의 상당기간의 잦은 충돌에도 불구하고 곧장 전면전으로 치닫지는 않았던 것이다.

그러나 38선에서의 빈번한 무장충돌은 사실상 아무런 제약이 없는 상황에서 이루어졌다. 교전 쌍방 간에는 정전협의 등의 담판이 이루어지지도 않았고 제3자의 조정도 없었다. 미국과 소련도 쌍방의 충돌에 어떠한 조치도 취하지 않았으며, 기껏해야 쌍방의 군사력을 강화하여 군사력에서의 균형을 유지하려고 한 것뿐이었다.

당시 이러한 '전쟁' 상황은 1948년 9월호 『민정』에 실렸던 한 편의 글을 떠올리게 한다. 이 글은 "오늘 조선의 하늘에는 하나의 상서롭지 못한 기운이 감돌고 있다. 사람들은 이 어두운 구름의 그림자 속에서 불안과 공포를 느끼고 있다. 이것은 민족을 파멸의 길로 인도하는 동족상쟁

---

31) 『韓國通訊』(1950. 1. 24.)
32) 菅英輝, 「朝鮮戰爭と ァメリカ合衆國」, 『北九州大學外國語學部紀要』(第68號), (北九州大學, 1990. 3.), p.23.

의 전운이다." "남북전쟁이라는 커다란 불안과 공포가 많은 사람의 심령을 사로잡고 있으며, 이러한 불안과 공포가 커지게 된 경위는 간단한 것이다. 남북이라는 지리상의 분리로부터 민족생활의 분열이 시작되었고, 양대 외세의 말초신경의 접촉점에서 일어나는 화약의 불똥을 받을 때마다 큰 충격과 공포가 커지고 있다"고 기록하고 있다.[33] 한국전쟁은 결국 한국전쟁이 일어나기 2년 전의 이 불안과 공포를 현실화한 것이다.

제2절 한국전쟁
모순과 대결구도의 폭발

한반도 남북의 두 진영은 정부 수립 전부터 무협상, 무대화로 상호대립의 씨앗을 키워갔다. 즉 1945년 이래 쌍방은 협상과 대화를 이루어내지 못하였고, 이런 상황에서 미국과 소련, 남한과 북한이 전쟁을 한다는 소문이 나돌 뿐이었다. 더 거슬러 올라가 보면 독립운동 시기에도 두 진영은 대화와 협상을 가져 본 적이 없었다. 물론 남북한 정부가 수립되기 전 김구의 북행과 남북 간의 협상이 있었지만 그 시기 김구는 이미 남한의 정국을 주도할 수 없는 입장이었고 남북관계 역시 그러한 협상으로 풀릴 상황을 이미 지나 있었다.

전후 남과 북의 정치세력은 점차 남과 북의 정국을 주도해 나갔지만 남북관계를 주도한 것은 여전히 미국과 소련이었다. 미소공위가 결렬된

---

33) 胡建, 「民族戰爭不許」, 『民政』(1948. 9), p.81.

후 미국은 한반도 문제를 유엔에 이관하면서 남북은 더욱 주도권을 잃었으며 심지어 북한은 유엔에서 자신의 입장을 주장할 기회마저 부여받지 못하였다. 더욱이 미국과 소련은 한반도에서 군대를 철수하면서 방대한 군사고문단과 '방어용' 무기를 남겨 놓았을 뿐 남과 북이 통일을 이룩하거나 공존할 수 있는 '평화 시스템'을 구축하지 않음으로써 미소의 대치상태는 즉각 남과 북의 직접적인 대결로 전변하게 되었다.

한국 정부는 정부 수립 직후부터 북한공산당이 남정(南徵)계획을 갖고 있다고 하면서 "북조선공산당(가칭 북노당)에서는 현재 중공군에 편입되어있는 조선의용군 10만, 최용건 부대(소위 보안간부훈련대대 본부군) 5만, 기타 보안부대 10만, 장차 군인으로 징발될 '민청원' 25만 등 50만 명을 동원하여 남조선을 토벌함으로써 일거에 전 조선을 적화할 것을 호언하고 있다"[34]고 선전하였다. 북한 또한 남한 정부 수립 이전부터 이승만이 남조선을 미국의 식민지와 '군사기지'로 만들려 하고 있으며 그 목적은 '민주진영'을 진공하기 위한 것이라고 주장하였다.[35]

위에서 지적했듯이 38선은 미국과 소련에 있어서는 엄연히 분계선이었으며, 때문에 미국과 소련은 철군 전 38선에서 직접적인 충돌을 회피하였고 미소가 철군한 후에도 이러한 사정은 마찬가지였다. 그러나 한반도의 남과 북에 있어서 38선은 법적으로 결코 분계선이 아니었다. 38선이 가지고 있는 이러한 이중성으로 말미암아 남북 간의 충돌이 그치지 않았지만, 역설적으로 그 이중성으로 말미암아 충돌의 범위도 제한

---

34) 대한민국공보처, 『蘇聯軍政의 始末』(1948), p.90.
35) 金昌滿, 「新朝鮮是世界民主力量的一環」, 『一切爲了祖國建設』(勞動黨出版社, 1947), p.189.

되었다.

38선에서 무장충돌이 빈번하게 발생한 시기는 한반도 분단에 직접적 책임이 있는 미국과 소련이 전면적인 냉전을 시작한 때이었으며, 한반도에서의 대립 역시 미소 냉전의 한 부분으로 편입되게 되었다. 국제적 측면에서도 중국을 포함한 어느 관련국가도 남북 간의 충돌을 조정할 수 없는 상황이었고, 미국과 소련도 이미 협상을 통해 38선에서의 충돌 사태를 저지할 수 없었을 뿐만 아니라 오히려 각자 남과 북에 군사원조를 제공하여 군사적인 균형을 유지하거나 우위를 차지하려고 하였을 따름이다.

그러나 남북 쌍방의 목적은 힘의 균형을 이루고 현상을 유지하자는 것이 아니었다. 쌍방은 모두 수천 년의 역사를 가진 통일국가가 분열되는 것을 용인할 수 없었으며, 통일은 두말할 필요도 없이 쌍방이 추구하는 지상의 목표가 되었다. 그렇지만 통일을 이룩하려면 두 정부가 대립하는 분열구조를 깨뜨려야 했고, 이 구조를 깨뜨리기 위해서는 평화적 통일이냐, 아니면 무력통일이냐라는 두 가지 방법 외에는 달리 방법이 없었다. 다시 말하면 남과 북이 가지고 있는 통일에 대한 강렬한 소망이 평화통일의 의지로 승화되지 못한다면, 이는 곧 무력통일의 추동력으로 오도될 수밖에 없었던 것이었다.

그러나 당시 국제환경과 한반도의 정세에 비추어 볼 때 평화통일의 희망은 사실상 묘연한 것이었다. 한반도는 각각 세계적 차원의 동서 두 진영에 속해서 국제정치 구도의 축소판을 이루며 사회주의와 자본주의 투쟁의 장(場)이 되어 있었다. 이러한 상황에서 남북한이 평화통일을 실현할 수 있다면 그것은 두 진영의 화해를 의미하는 것이며, 또한 한반도의 두 이익집단이 기득권을 포기할 수 있다는 것을 의미하는 것이다. 유엔 한국위원회도 1948년 10월의 한 보고에서 "세계의 사상적·정치적 대치가 갈수록 극심해지는 상황에서 한반도 두 정권의 평화적 관계를 위한 규정 방법을 찾는다는 것은 헛수고에 지나지 않는다"[36]고 고백하고 있다. 국내외의 정세로 보아 평화적 수단으로 한반도의 분열구도를 깨뜨린다는 것은 이미 매우 어려운 상황이었다. 또한 쌍방은 비록 협상과 대화를 나누지 않았지만, 무력통일이 아닌 평화적 통일의 방안을 자기 나름대로 강구하여 보았으나 그 길이 상당히 어렵다는 것을 확인하였을 뿐이다. 그것은 쌍방이 강조하는 비무력적 수단에 의한 통일이 한마디로 자기를 중심으로 하는 것이었기 때문이었다.

1949년 6월 미군이 한국에서 철수할 즈음 북한에서는 남북한의 71개 정당과 사회단체 대표 704명이 참가한 가운데 "조국통일 민주주의전선"이 결성되었고, 이 대회에서는 전쟁과 외세의 간섭을 배제한 평화통일 실현방안을 통과시켰다.[37] 7월 5일 북한은 조국통일 민주주의전선과 남한의 정당 및 사회단체에게 9월 15일 남북 정당과 사회단체 대표위원들이 주관하는 남북 총선거를 실시하자고 제안하였다. 그러나 이승만은 7월 9일 북한의 제의를 단호히 거절하였다.[38]

북한이 평화통일 공세를 강화해 나가는 것과 관련, 한국의 내무장관 윤치영은 북한이 주장하는 평화통일이란 정치적 음모일 뿐이라고 일축하고, 대한민국의 입장에서 남북통일의 유일한 길은 무력으로 북한을 장

---

36) 『中央日報』(1948. 10. 31).
37) 『조국통일투쟁사』(사회과학출판사, 1992), pp.151~152.
38) 노중선 편, 앞의 책, p.279.

악하는 것이라고 발언하였다.[39] 1949년 10월 7일 이승만은 유엔 한국위원회에 "앞으로 이북 공산당의 지도자들과 자리를 같이하여 문제를 협의하는 일은 없을 것이다. 우리는 인권을 보호하기 위하여 공산당과 투쟁해 나가야 한다. 유엔이 이렇게 일을 해나가지 않으면 우리가 이 일을 해야 할 것이다. 유엔은 민주주의를 도와서 공산주의를 물리쳐야 할 것이다. 이제부터 공산당과 협의·협상한다는 것은 의미가 없을 뿐더러 착오라는 사실을 알아야만 할 것이다"[40]라는 견해를 표명하였다. 이승만의 시각에서는 그를 도와 정권을 출범시킨 유엔이 이제는 그를 도와 공산당의 북한정권을 타도해야 한다고 본 것 같다. 이승만에게 있어서 유엔은 사실상 미국의 유엔이고 또한 미국의 유엔이어야 했을 것이다.

객관적으로 평가할 때 1948년부터 1949년의 한반도 정세에서 북한이 제기한 '평화적인' 방식의 통일은 이승만 정권에게 절대 불리한 것이었다고 할 수 있다. 반면 이승만이 제기한 '평화적인 방식'은 북한 정부를 해산하고 총선을 하는 것으로, 결국 북한을 자기 정부에 흡수시키는 방식이었다. 1949년 11월 26일 이승만은 "북한 괴뢰정권을 해산하고 남북 자유선거를 실시하자"고 제의하였고, 1950년 4월 6일에는 북한에 대해 통일정권 수립을 호소하면서 "북한에서도 유엔감시 하에 인구비례에 의한 자유 보통선거를 실시하여 국회의원을 선출, 대한민국 국회에 합류"시키며 "국민이 선출한다면 그 사람이 김일성이든, 박헌영이든, 허헌이든, 그 누구든 그 죄를 용서하고 포섭"하며 "그들이 반성하고 새 국가건설에 헌신한다면 그들에게 적당한 직위와 적당한 기회를 허여할 준비가

---

39) 『社會和思想』(1990. 6), p.206.
40) 대한민국 공보처, 앞의 책, p.23.

돼 있다"고 발언하였다.[41] 이것은 평화통일에 대한 호소가 아니라 무기를 버리고 투항하라는 통첩과 같은 것이었다. 6월 7일 조선 조국통일 민주주의전선 중앙위원회는 평화통일 호소문을 발표하였는데, 이 호소문의 한 조항은 "조국의 평화적 통일을 파탄시킨 범죄자 이승만, 이범석, 김성수, 신성모, 조병옥, 채병덕, 백성옥, 윤치영, 신흥우 등 민족반역자를 남북대표협의회에 참가시키지 않는다"[42]고 명시하고 있다. 이것 역시 사실상 이승만 정권과의 협상을 거절하는 선언이나 다름없는 것이었다.

전후 초기 미국과 소련이 한반도 문제에서 협상할 여지가 있었던 시기에 북한의 방침은 북부에 먼저 '민주기지'를 건설하고 그것을 기초로 남북 공동정권의 수립을 실현하려는 것이었다. 그리고 북한 정권 수립 후에는 통일을 실현하는 '국토완정론(國土完整論)'을 제기하였다. 반면 이승만은 남한에서 먼저 단독정권을 수립한 후 소련과의 협상을 통하여 정권을 북방으로 확대하려 하였고, 정권 수립 후에는 실지를 회복한다는 이른바 "북진통일론"을 제기하였다. 1949년 8월 19일 한국의 남북통일 구호가 '실지회복'으로 바뀌었다. 이승만은 이것이 정책의 변화를 의미하지 않는가라는 기자들의 질문에 "남북통일로서 실지회복을 해야 국제적으로, 도의적으로 우방과의 연계가 더 두터워질 것이다. 늘 이대로 있을 수는 없으며 조만간 조처해야겠는데 세계 대세를 보아서 할 일이다." "우리는 이북 공산당이 문제가 아니라 세계대전을 우리가 도발했다는 책(責)을 받지 않도록 해야 한다"고 하면서 "3천 만은 공산분자를 청소하여 이들을 두만강, 압록강 저 건너편에 몰아넣어야 할 것이다"라고 주장하

---

41) 노중선 편, 앞의 책, p.284.
42) 위와 같음.

였다.[43]

북한은 1949년 스탈린에게 다음과 같은 북한 인민 명의의 서한을 보냈다. "남조선에서는 하나의 노역이 다른 하나의 노역제도를 대체하였지만 남조선 인민들은 이미 북조선 인민과 함께 굳은 기초를 마련하여 민주적인 방침으로 조선을 통일하려 하고 있으며, 민주조선의 독립을 쟁취하고 미국 제국주의의 식민정책을 반대하기 위하여 계속 부단히 영웅적 투쟁을 진행하고 있다. 앞으로 조선민주주의인민공화국의 국기가 북조선 영토에서뿐만 아니라 남조선의 수많은 지방에서도 휘날리게 될 것이다. 미국 월가의 독점자본가와 그에 후안무치하게 아첨하는 주구들이 아무리 분통이 터져도 우리의 승리와 전진을 막지 못할 것이며, 우리가 단일 독립 민주조선을 수립하려는 목표를 실현하는 것을 막지 못할 것이다.[44]

북진통일론이나 국토완정론의 핵심은 역시 자신들의 방식으로 통일을 실현하는 것이었고, 이를 위해 쌍방은 각각 자신들의 통일 계획을 준비하였다.

1949년 4월 10일 이승만은 주미 한국 전권대사이자 유엔 상임 옵서버인 장면에게 서한을 보내 "나는 당신이 이 사업을 유엔과 미국 요인들과 비밀리에 흉금을 털어놓고 토의하여야 되리라고 믿는다. 그들에게 비밀리에 통일에 대한 우리의 계획을 알려주기 바란다. 사실상 우리는 한 가지를 제외하고는 모든 면에 있어서 지금이라도 통일을 할 수 있는 준비가 되어 있다. 그 한 가지 사항은 우리에게 무기와 탄약이 부족한 사실이

---

43) 『自由新聞』(1949. 8. 20).
44) 「新華社陝北1949年2月23日電」, 『東北日報』(1949. 2. 26).

다…이 작전을 수행함에 있어서 우리에게는 압록강과 두만강을 방어하기 위하여 18인치 구경포를 장비한 8,000톤급의 군함 2척이 필요하다"고 주장하였다. 이승만은 또한 "우리는 북쪽을 침공할 것이며 우리에게 충성하는 그곳의 군인들과 협력하여 철의 장막을 38선으로부터 압록강 연안으로 밀고 나갈 것이다. 그곳 경계선에서 외부 침략을 방지하기 위하여 충족한 병력을 준비하는 것이 필요할 것이다"[45]라고 주장하였다. 물론 여기에서의 외부 침략은 주로 공산당의 중국을 말하는 것이다.

같은 해 3월 3일부터 20일까지 김일성은 정부 대표단을 인솔하여 소련을 방문하여 스탈린과 회담하고 '조소경제문화협정'을 체결하였다.[46] 러시아에서 공개한 구 소련의 외교문서에 따르면 김일성과 스탈린의 회담에서는 한반도 통일계획과 관련된 내용이 거론되었으며, 스탈린은 북의 선제공격에 동의를 하지 않으면서 남쪽이 진공해 올 경우에 반격을 해야 하고 그때에 소련은 조선을 이해하고 지지할 것이라고 발언했다고 한다.[47]

확실한 것은 남북이 모두 혹은 '방어를 위하여', 혹은 '진공을 위하여' 전쟁준비를 했다는 것이다. 위에서 얘기한 바와 같이 한국은 국방력 강화를 위하여 비행기 헌납 운동을 벌이고 북한 역시 강대한 국방군을 건설하기 위해 헌금을 통하여 비행기와 탱크를 구매하는 운동을 전개하였던 것이다.

---

45) 『누가 조선전쟁을 일으켰는가?』(평양: 사회과학출판사, 1993), p.177. 小此木政夫, 『朝鮮戰爭』(中央公論社, 1986), p.62 참조. 오코노기 교수에 의하면 이는 북한군이 서울에서 노획한 한국외교문서에 밝혀진 것이라고 한다.

46) 『朝鮮中央年鑑』(朝鮮中央通訊社, 1950), pp.69~70.

47) 『朝日新聞』(東京: 1993. 6. 26).

이승만은 한 편으로 군사력을 강화하면서 이것은 주로 통일 후 중국공산당에 대응하기 위해서라고 주장하였다. 통일 문제에 있어 그는 이북에서의 애국적 요소에 기대한다고 하면서, "이북 공산군은 대부분이 강제적으로 끌려 나간 사람들로 이들이 이북 동포들과 함께 통일을 위해서 일어날 것을 믿는 바이며, 그것을 위해서는 남한의 안정화가 필요하다. 그러면 나는 남한의 국군이 북벌해서 통일을 이룩하게 되는 것 같은 남북한 간의 충돌사태는 없으리라고 생각하며, 현재 고려되고 있는 국군강화는 남북통일 후 만주의 중공군에 대응하기 위한 것이다"[48]라고 언명하였다. 바로 이렇게 이승만은 늘상 중국을 함께 거론하면서 중국공산당에 대한 깊은 적의를 나타내었다.

남북이 제기한 통일방안을 비교할 때 이승만의 북진통일론은 물론 더욱 공격적이고 도발의 성격이 짙었다고 할 수 있다. 이승만은 1949년 5월 3일 한국의 제1회 정기국회의 폐막식 연설에서 "공산과 민주의 두 진영은 공존할 수는 없는 것이며. 미국 친구들도 말하기를 둘 중에 하나가 죽어야만 세계가 평화롭게 될 것이라고 하고 있다. 그러므로 조만간 승패를 규정하게 될 것이다"[49]라고 연설하였다. 국방장관 신성모 또한 한국군은 대통령의 명령만 기다린다고 하면서, 자기들은 믿음과 실력이 있으며 어느 때든 명령만 내리면 하루 내에 평양을 완전히 점령할 수 있고 원산도 점령할 수 있다고 호언하기도 하였다.[50]

한국 정부의 일부 고위 관리들은 소련이 훈련시킨 북한군과 미국이 훈

---

48) 대한민국공보처, 앞의 책, p.18.

49) 위와 같음.

50) 佐佐木春隆, 「李承晚の思想と鬪爭」(5), 『防衛大學校紀要』(人文科學分册, 第五十輯, 昭和六十年三月), p.249.

련시킨 남한군이 거의 매일 충돌하는 상황에서 남북한 간의 긴장은 이미 폭발점에 달했다고 보고 있었다. 한편 한반도에서 본격적인 전쟁이 발발할 경우 중국공산당이 북한을 원조할지 여부는 장개석이 이승만의 대북 군사행동에 호응하여 중국에서 공산군에 대한 반격을 할 수 있는지, 또한 할 것인지와 관련이 있을 것이라고 생각하고 있었다. 한국 군부는 미국이 보병 경무기에 더해 중무기와 공군을 추가로 지원할 것을 희망하였다.[51]

8월 3일 서울의 자유신문은 한국에서는 그 자신을 보호하기 위하여 공산주의 지배 하의 북방을 공격하지 않으면 안 된다는 분위기가 점점 높아가고 있다는 8월 1일 서울 발 AP통신 보도내용을 전재(轉載)하였다. 이 기사는 또한 한국 정부의 일부 핵심 인사들은 신생 대한민국이 공세를 취하지 않을 수 없게 될 날도 그다지 멀지 않았다고 생각하고 있으며, 이 관리들은 남한 국민들은 국토가 인위적으로 양분되고 38선과 게릴라전에서 매일같이 살육이 일어나고 있는 사태를 언제까지 참고 보고만 있을 수 없다고 주장하고 있다고 전하고 있다. 또한 이들은 중공군이 화남에서 전투를 하고 있기 때문에 중국공산당이 만주로부터 병력을 이동하여 북한을 지원할 가능성이 적을 것으로 보고, 이 기회를 틈타 북한의 적색 통치를 없애버리는 것이 동방에서 공산주의 팽창을 저지하는 최초의 일격이 될 것이며 모든 민주주의 국가들이 이에 갈채와 지지를 보낼 것이라고 생각하고 있다고 보도하였다.[52] 10월 7일 이승만은 UPI 부사장 요셉 존슨을 접견하고 "나는 우리가 3일 내에 평양을 점령할 수 있다

---

51) 『自由新聞』(1949. 7. 28).

52) 『自由新聞』(1949. 8. 3).

고 확신한다"[53]고 장담하였다. 이승만은 다시 10월 21일 기자회견을 통해 "유혈이 없으면 통일과 독립이 있을 수 없으며 국가를 장기간 유지하는 것도 불가능하다"고 강조하였다. 같은 달 31일 이승만은 미국 순양함상의 연설에서 남북의 분열은 전쟁을 통해서만 해결할 수 있다고 주장[54]한데, 이어 11월 2일 "한국은 장기간의 남북 분열을 용인하지 않을 것이다. 우리가 전쟁으로서 이 사태를 해결해야 할 때에는 필요한 모든 전쟁을 우리가 수행할 것이다. 우리는 우리의 친구에게 우리를 위하여 싸워달라고 요청하지는 않는다. 이 거대한 이념적 냉전에서 우리는 공산주의를 저지하기 위하여 가능한 모든 일을 할 것이다. 중국뿐 아니라 여하한 국가가 적화될지라도 우리는 우리의 독립을 유지할 것이다. 남한은 미국의 경제적 · 군사적 · 정신적 지지를 필요로 한다"[55]고 발언하였다.

한편 주한 미 군사고문 단장인 로버츠는 하원에서 "남한 군대는 북한군에 비해 훨씬 월등하다"고 증언을 하였으며, 한국전쟁이 발발하기 직전인 6월 13일 ECA 부국장 윌리암 포스터(Wiliam C. Foster)는 여전히 국회에서 "기율이 엄정하고 정예한 남한군은 북한의 어떠한 도전에도 충분히 대응할 수 있다"[56]고 주장하였다. 이 시기 미 육군성 정보부 또한 북한 인민군이 비록 훈련을 거친 전투력을 가지고 있다고는 하지만 그것은 소규모에 지나지 않으며 아직까지 남한과의 무장투쟁에서 승리를 확보할 수 있는 우월한 역량을 가지고 있지는 않다는 낙관적인 판단을 하고

---

53) 『서울신문』(1949. 10. 8).
54) 佐佐木春隆, 앞의 책, p.249에서 재인용.
55) 대한민국공보처, 『대통령 이승만 담화집』(1953), p.24.
56) 梁敬錞, 『中美關係論文集』(聯經出版事業公司, 1982), p.267.

있었다.[57]

후에 에치슨은 남한군에 대한 군사물자 원조에 대해 다음과 같이 밝히고 있다. "한국전쟁이 발발하기 전 미국이 한국에 이미 보낸 군용 기재는 원가가 5,700만 달러 이상이 된다. 그런데 이러한 군용 기재를 교부할 때의 실제 가격은 이미 1억 1,000만 달러에 달하고 있었다. 이러한 기재는 라이플 총과 보총 10만 5,000정을 포함하여 기관총과 경기관총 2,000여 정과 이상의 무기에 쓰는 탄약 5,000만 발, 그리고 장갑차, 야전포, 로켓포 및 기타 대포와 탄약, 트럭 5,000대, 지뢰와 중형 폭탄 5만 발, 해안 순찰과 방위용으로 쓸 수 있는 무장선박 79척, 연락용 비행기 20대 등이다."[58]

1950년에 들어서면서 이승만은 기자회견에서 1950년 내에 남북통일을 실현하겠다고 결심을 표명하면서, 지금까지는 전 세계의 대세를 고려하여 시기를 늦추고 억제하였지만 이제부터는 모든 수단을 다해 승부를 가를 것이며, 설혹 동족상쟁이 될지라도 문제를 해결해야 한다고 주장하였다.[59] 또한 이승만은 1950년 신년사에서 새로운 한 해에 전 민족은 실지를 회복하기 위해 노력하여야 한다고 강조하고, 국제정세로 보아 새로운 한 해에는 반드시 스스로의 힘으로 남북한을 통일해야 한다는 것을 잊지 말아야 할 것이라고 역설하였다.[60] 국방장관 신성모 역시 38선은 미국의 극동 반공선이며 평양과 원산을 점령하면 미국의 반공선도 북상

---

57) 小此木政夫, 앞의 책, p.40.

58) 「魏德邁中將致杜魯門總統的報告」, 『美國與中國的關係』(中國現代史資料編輯委員會 翻印, 1957), pp.737~738.

59) 『京鄕新聞』(서울: 1949. 12. 31).

60) 『月刊京鄕』(1987. 6).

할 것이라고 하면서, 자기들은 이미 실지를 회복할 준비를 다 하였고 단지 명령만을 기다릴 뿐이라고 재차 강조하였다.[61]

한국전쟁이 일어나기 전 이승만은 기회만 있으면 북진론을 강조했고 미국의 한국에 대한 군사원조 증가를 강력히 요구하였다. 한반도는 이미 전쟁 중에 있다는 것이 이승만의 주장이었다.[62] 당시 서울에서 한국 정세에 어느 누구보다 관심을 기울이며 형세를 분석하고 있던 소육린도 그의 회고록에서 "미국과 한국의 지도자들은 때와 장소를 가리지 않고 공공연하게 북한을 자극했다. 남한의 이승만과 고급관리들은 사흘이 멀다하고 공개적으로 군대를 지휘하여 북상한다거니 '멸공통일'을 한다거니 하는 발언을 계속했다"[63]고 지적하고 있다.

이승만이 이렇게 사흘이 멀다 하고 북진통일을 호소한데 대해 박명림은 이를 네 가지 측면으로 분석하고 있다. 첫째는 북한과의 긴장을 고조시켜 내부의 통합을 촉진하고 체제의 안정을 기도했다는 것이다. 둘째는 미국에 남한은 결코 장개석 정부가 아니며 싸울 의사가 있다는 것을 표명하기 위한 것이었다. 셋째, 남한이 북한보다 강력하다는 사실을 소련에 인식시켜 소련이 북한에 남침 신호를 보내지 못하게 하는 것이다. 넷째는, 조건이 구비되면 북한과 정면으로 결전을 벌인다는 것이다.[64] 이 견해대로라면 이승만의 북진통일은 사실상 빈껍데기의, '공갈'을 위한 수단일 뿐이었다는 것을 알 수 있다.

---

61) 『韓國通訊』(1950. 1. 24).
62) 『月刊京鄕』(1987. 6), p.197.
63) 邵毓麟, 앞의 책, p.137.
64) 박명림, 앞의 책, pp.611~613.

그렇지만 우리는 여기서 이승만의 이러한 '공갈'이 결코 한반도가 평온한 분위기에서 진행된 것이 아니라는 점을 명심해야 할 것이다. 이승만의 '공갈'은 한국의 정부군이 반 정부의 게릴라부대를 전면 소탕하는 상황에서, 그리고 38선에서 충돌이 끊이지 않고 전쟁의 분위기가 날이 갈수록 고조되어 가고 있는 상황에서 이루어졌다. 그것이 한반도의 정세에 어떠한 영향을 미쳤는가 하는 것은 쉽사리 이해할 수 있을 것이다. 한국전쟁 발발 후 김일성은 북한주재 중국대사관 참사인 시성문(즈청원, 柴成文)에게 "우리는 전부터 늘 조국의 평화통일을 주장하여 왔지만 이승만은 매일같이 싸우겠다고 하였다. 싸우겠다고 하니 우리는 할 수 없어 역량을 집중하여 싸웠으며 전쟁의 승리를 쟁취하려 하였다. 그런데 정작 싸우니 그는 상대가 안 되었다"[65]고 주장했다고 한다.

1950년 5월 18일 박일우 북한 내무상은 중앙신문 기자단에 담화를 발표하면서 이승만이 모종의 모험적 도발행위를 꾸미고 있다고 비난하면서, 실제 4~5월 중에 국방군 8개 사단 중에서 5개 보병사단을 38선에 집결시켜 놓았다고 지적하였다. 박일우는 왜 이승만이 한편으로 병력을 38선에 집결하고 다른 한편 후방을 '청소'하고 유격대를 전멸하며 인민들을 학살하기 위해 그토록 잔혹한 토벌전과 초토전을 반 해 이상이나 계속하였던가를 자문하면서 이를 이해하는 열쇠는 바로 이승만이 고취해온 '5~6월 위기설' 속에 숨어 있다고 주장하였다.[66] 스톤에 따르면 이승만은 확실히 1950년 5월 공군에 "5월과 6월이 우리 민족에게는 가장 중요

---

65) 柴成文·趙勇田, 『板門店談判』(解放軍出版社, 1992), p.36.
66) 『朝鮮中央年鑑』(1951-1952), (朝鮮中央通訊社, 1952), pp.89~90.

한 시기가 될 수 있다"[67]고 말했으며, 신성모 역시 5월과 6월이 가장 위험하다고 발언하였다고 한다.[68] 이에 대해 박일우는 이승만이 이렇게 긴장을 조성하며 위기설을 퍼뜨리는 것은 그들이 준비하고 있는 동족상잔의 내란 도발 음모를 은폐하려는 것이며, 미 제국주의자들에게서 전쟁에 사용할 무기를 더 많이 제공받으려는 데 있다고 주장하였다.[69]

5월 7일 동경의 일본 타임스는 "엉클 샘, 용감한 남조선은 눈 깜짝할 사이에 북조선에 병합될 것이다. 비록 이것이 현재로서는 가능성이 별로 없지만 문제는 소련이 지지하는 북한이 어느 때 남방으로 진격하는가에 달려있을 뿐이다"라는 내용의 서울발 기사를 속보로 보도하였다. 이 글은 이어서 "조선의 정세는 이미 세인의 주목을 집중시키고 있으며 유엔도 골머리를 앓고 있다. 일부 정치가들은 남한을 절대 아시아에서의 공산당 적색 파도의 희생물이 되게 해서는 안 된다고 하고 있지만, 다른 일부 인사들은 조선의 액운은 시간 문제일 뿐이라고 인식하고 있다. 이러한 사실을 뻔히 알면서도 왜 시간을 끌며 미국 납세자들의 돈을 더 받아내려는가"라고 반문하고 있다.[70]

비록 많은 사람들이 이승만의 행위를 일종의 공갈로 보고 있지만 이승만의 일거일동이 남북의 긴장을 가중시켰다고 보는 것에는 무리가 없을 것이다. 사실 이승만이 사석에서 말한 내용을 보면 이승만의 진실한 의도가 단지 공갈뿐이었다고 보기도 어려운 측면이 있다. 일찍이 1949년 9

---

67) I. F. 斯通, 앞의 책, p.7.

68) 『朝鮮中央年鑑』(1951–1952), p.90.

69) 위와 같음.

70) I. F. 斯通, 앞의 책, pp.12~13.

월 30일 이승만은 자기의 미국 고문인 올리버에게 보내는 서한에서 "나는 지금이 우리들이 공격을 개시해 평양에 있는 잔당을 소탕하기 위한 절호의 시기라고 절실히 느끼고 있다. 우리들은 소수의 김일성파를 산악지대로 축출하고 그 자들이 거기에서 굶어죽게 할 것이다. 그리고 그 다음에 우리의 방어선을 두만강과 압록강 연안에까지 확대할 것이다. 우리들은 100% 우세한 위치를 점하게 될 것이다. 충분한 수량의 비행기와 두 강의 어구를 막을 2, 3척의 쾌속함정과 제주도까지 포함한 해안선을 방어할 전투기가 있으며 두 강과 백두산에 걸친 자연의 경계선을 거의 침공 불가능한 요새로 만들 수 있을 것이다"라고 쓰고 있다. 이어서 그는 중국과 소련에 대해 "만주와 시베리아에 있는 중국인, 일본인 및 조선인 중 일부 공산주의자들은 활개를 치고 있으나 우리들은 그 자들을 격퇴할 수 있을 것이다. 우리들은 다른 나라들이 무엇을 하든 상관없이 그들에게 본때를 보이려는 것이다. 나는 소련이 현 시기에 침공을 감행할 만큼 분별없는 행동을 하지는 않으리라고 믿고 있다. 우리 국민들은 북벌을 갈망하고 있다. 북한에 있는 우리 국민들은 금방이라도 우리가 그들을 궐기시킬 것을 바라고 있으나 우리들은 온갖 방도를 다하여 그들을 진정시키고 있는데 이것은 대단히 어려운 일이다"라고 주장하고 있다.

이승만은 마지막으로 "우리들의 단 한 가지 목적은 그들로 하여금 우리들이 집안을 청소하고 정돈하는 데 동의하도록 하는 것이다."라고 강조하고 있다. 또한 올리버에게 "우리들에게 무기를 달라, 그러면 나머지 일은 우리가 한다"라는 처칠의 말을 인용하면서,[71] 그가 미국이 "집안을

---

71) 「이승만으로부터 올리버에게」, 『朝鮮中央年鑑』(1951-1952), pp. 229~230.

청소하고 정돈하는" 자신의 통일계획에 동의해주도록 노력해주기를 희망하고, 통일을 위해서 필요한 것은 미국이 충분한 무기를 제공해주는 것뿐이라고 주장하였다.

위에서 서술하였듯이 남한이나 북한에게 있어서 38선은 엄격한 의미의 분계선이 아니었으며 38선에서의 무장충돌 역시 분계선에서 뿐만 아니라 이 경계선을 넘나들며 전개되었다. 어떤 때는 고지 하나를 차지하기 위하여 또는 어느 한 지역을 점령하기 위하여 치열한 쟁탈전을 벌였다. 가장 전형적인 것이 옹진반도이었다. 이러한 밀고 밀리는 전투는 더욱 많은 지방을 점령하기 위해서도 아니었다. 다만 그것은 쌍방이 본격적인 힘겨루기를 앞두고 진행한 탐색전이었다고 할 수 있다. 이러한 상황은 한반도에서 쌍방의 위치가 최종적으로 확정되지 않았고 분계선 또한 유동적인 상태에 있었기 때문이었다.

그렇지만 미국과 소련에 있어서 38선은 엄연히 분계선이었고, 이 38선의 현상을 깨뜨린다는 것은 분명히 미국과 소련의 말초신경을 자극하는 것이었다. 미국과 소련은 38선에서 충돌을 도발한 책임을 지려하지 않았지만 일단 현상의 구도가 깨지면 수수방관할 수도 없는 입장이었다. 그러므로 38선의 구도를 깨뜨리려면 두 가지 선택밖에 없었다. 즉 미국이나 소련의 묵인을 받아내거나, 선제공격을 감행하여 미국과 소련을 이 전쟁에 휘말리게 하는 것이었다. 이런 점에서 1950년부터 남북 쌍방은 바로 이러한 점을 노리고 일련의 행동을 전개했다고 할 수 있는 것이다.

6월 19일 이승만은 한국을 방문한 미 국무성 극동국장 애리슨에게 중국에서 공산주의자들의 지위가 공고해지기 전에 한국의 분열상태를 해소해야 한다고 강조하였다. 이승만은 또한 대만 문제에도 우려를 표하면서 대만이 공산주의자들의 수중에 들어가면 한국은 남과 북으로부터 공산분자의 위협을 받게 된다는 점을 설명하였다.[72] 이승만은 대만과 한국의 운명은 서로에게 영향을 주는 관계라고 보고 있었다. 다른 한편 대만 행정원장 염석산(閻錫山)과 참모총장 고축동(顧 祝同), 주한대사 소육린은 대만을 위기에서 구하는 길은 남북한의 충돌을 야기시키는 길밖에 없다고 생각하고 있었다. 이러한 생각을 가진 소육린은 집요하게 자기의 구상을 통해 이승만에게 영향을 주려고 노력하였다.

그러나 국제정치의 흐름을 잘 알고 있던 노회한 이승만은 일단 전쟁이 터지면 미국이 가만 있지 않으리라는 것을 잘 알고 있었다. 1950년 5월 3일 동경의 일본타임스는 "코너리, 적색 군대가 남한을 포기하도록 미국을 압박할 것이라고 예견"이라는 제하의 기사에서 미 상원 대외관계위원회 위원장 코너리의 연설을 소개하였다. 거기에서 코너리는 공산당은 시기만 성숙되면 그들이 "대만을 석권할 수 있는 것처럼" 남조선을 점령할 것이라고 주장하였다. 그는 또 남한과 같은 지역은 전략상 중요한 지리적 위치를 가지고 있지만 자신은 그것이 대단히 중요한 것이라고는 생각하지는 않는다고 전제하고, 경험이 증명하다시피 일본, 오키나와와 필리핀 군도만으로도 미국은 절대적으로 필요한 방어선을 완전히 형성할 수 있다고 주장하였다.

코너리의 연설이 발표된 이튿날 미 국무장관 애치슨은 미국이 남한을 소련에 양도할 수 있는가라는 질문에 대한 답변을 거절하였다. 이에 대해 서울의 이승만은 특별히 AP통신과의 기자회견을 자청하여 "코너리

---

72) 『月刊中央』(1977. 5), p.21.

의원은 확실히 미국이 이미 개입하였다는 것, 미국이 한반도 정세에서 체면을 지키며 손을 뗀다는 것이 불가능하다는 것을 잊고 있다"[73]고 지적하였다. 노회한 이승만은 미국은 이미 한반도에 개입하여 있고 한반도에서 손을 뗄 수 없다고 분석하고 있었던 것이다.

한편 올리버는 "우리가 만약 단호한 행동을 취하지 않는다면, 우리가 즉각 비행기를 파견하지 않는다면 소련이 석권할 다음 목표는 한반도가 될 것"[74]이라고 강조하였다.

러시아가 공개한 구 소련의 비밀외교문서에 따르면 김일성도 4월에 소련을 비밀 방문하여 스탈린과 통일 계획을 토의했으며 스탈린은 최종적으로 동의를 하면서도 모택동과 상의할 것을 권했다고 한다. 같은 달 김일성은 북경을 비밀리에 방문하여 모택동을 만나 스탈린이 자신의 통일계획에 동의하였다는 사실을 알리게 되는데, 이러한 사실이 믿기지 않았던 모택동은 이를 다시 스탈린에게 확인하였다.[75] 같은 해 10월 2일 스탈린에게 보내려다 발송하지 않은, 모택동의 전보문에는 "올해 4월 김일성 동지가 북경에 왔을 때 우리는 그에게 외국의 반동군대가 조선을 침략할 수 있는 가능성에 대해 엄중히 주의를 기울일 것을 이야기했다"[76]고 적고 있다. 위 글에서 지적했듯 중국공산당이 "조선 인민들이 미제국주의와 그 괴뢰 이승만을 반대하며 통일된 조선민주주의인민공화

---

73) I. F. 斯通, 앞의 책, p.12.

74) 앞의 책, p.7에서 재인용.

75) 張盛發, 『斯大林與冷戰』(中國社會科學出版社, 2000), pp.421~423 참조. 이 책에서는 김일성의 북경방문 시기를 5월이라고 하였는데, 이에 대해서는 이견이 있다. 逄先知·李捷, 『毛澤東與抗美援朝』(中央文獻出版社, 2000)에서는 4월이라 하고 있다.

76) 「毛澤東致斯大林電(手稿, 未發出)」(1950. 10. 2), 逄先知·李捷, 『毛澤東與抗美援朝』(中央文獻出版社, 2000), p.12.

국을 세울 것을 요구하는 투쟁"을 지지하는 것은 그 시대상황에 있어서는 필연적 선택일 수밖에 없었다. 이들의 입장에서 조선이 "미 제국주의 식민통치 하에 있는" 남조선을 해방하는 것은 당연하며, 반대할 이유도 없었을 것이라는 것이다. 그렇지만 모택동은 38선이 남북한에 있어서는 국공내전 시기의 '해방구'와 '장개석 통치구역'의 분계선과 같은 의미일지 모르지만 미국과 소련에게 있어서 38선은 미소 두 진영의 분명한 분계선이라는 사실을 잘 알고 있었다. 그는 중국에서 참담한 실패를 경험한 미국이 한반도에서 선선히 물러나지 않을 것이라고 생각하고 있었기 때문에 김일성에게 외국군대가 조선을 침략할 가능성에 대한 주의를 환기시켰던 것이다.

한국전쟁 발발 직전 미 국무성의 공화당 고문인 덜레스가 한국을 방문하였다. 피터 로우는 워싱턴에서 대만 문제에 대한 강경노선이 대두되고 있는 상황에서 덜레스가 서울을 방문한 것은 매우 시의적절한 것이라고 평가하였다. 서울 방문 후 일본에 들른 덜레스는 이승만의 기분이 매우 들떠 있었다고 말하면서, 그는 결코 수동적으로 북의 공격을 앉아서 기다리지 만은 않을 것이며 북에 대해 주도권을 행사할지 모른다고 주장하였다.[77] 덜레스의 말대로 이승만이 기분이 들떠 있었다고 한다면 덜레스가 이승만에게 어떠한 영향을 주었을 가능성도 배제할 수 없을 것이다. 6월 19일 한국전쟁이 발발하기 6일 전에 덜레스는 한국 국회에서 연설을 통해 한국은 자유세계의 최전선에 있으며, 한국의 정세는 매우 급박하고 인심 또한 격화되어 있다고 지적하며, 한국은 소련의 위협을 받고

---

77) Peter Lowe, 앞의 책, pp.213~214.

있다고 주장하였다. 이어서 그는 북한은 테러와 기만적인 선전, 침투와 전복, 선동으로 신생 대한민국을 약화시키고 교란하고 있으나 한국은 고립되어 있지 않다고 강조하였다.[78]

스톤은 5월 10일 한국 국방장관이 기자회견에서 북한 군대가 38선에 접근하고 있으며 남침이 임박했다고 주장하였는데, 이 호소를 마지막으로 그 후 한국 측에서 아무런 이유 없이 침묵을 지켰다는 점에 주목하고 있다. 스톤은 이에 대해 누군가 이승만에게 북한의 진공을 유도하거나 진공하도록 도발을 한 후 미국 정부가 여론의 압력에 못 이겨 정책을 변경할 때를 기다리는 것이 바람직하다고 건의한 것은 아닌가 하는 의문을 제기하였다.[79]

6월 25일 전쟁이 발발하였다. 이 전쟁에서 과연 어느 측이 먼저 공격을 시작하였는지는 아직도 논쟁이 그치지 않고 있는 쟁점의 하나이다. 한국의 박명림은 『한국전쟁의 발발과 기원』에서 구 소련 외교문서와 미군이 한국전쟁에서 노획한 북한 문서 등 대량의 일차 자료를 검토하면서 한국전쟁의 발발 원인을 해명하였다. 그렇지만 그가 "많은 자료를 검토하면서 전쟁이 발발하게 되는 과정을 설명하였지만 아직도 이에 대한 강력한 반대설명이 존재하는 것이 사실"[80]이라고 밝혔듯이 이 문제에 대해서 아직도 논쟁의 여지가 있는 것이 사실이다. 이것은 그 당시 남북한 쌍방이 모두 이러한 전쟁에의 의지를 가지고 있었고, 국제적으로도 남북한 간의 전쟁을 원하는 '의지'와 '힘'들이 복합적으로 작용하고 있었기 때문

---

78) I. F. 斯通, 앞의 책, p.17.

79) 앞의 책, pp.12~13.

80) 박명림, 앞의 책, p.454.

이다.

심지화는 1950년에 들어서면서 소련의 대한반도정책이 변화하고 있음에 주목하고, 이는 새로운 중소우호조약으로 극동에서의 기득권을 잃은 소련이 극동에서의 전략적 이익을 위한 새로운 정책을 필요로 했기 때문이었다고 분석하고 있다.[81] 다시 말하면 스탈린이 극동에서의 전략적 이익을 위하여 동북아에서의 긴장상태, 심지어 전쟁을 원했다는 이야기가 된다. 결국 미국과 소련이 의도하지 않으면 허물지지 않을 38선의 구도를 스탈린이 깨뜨리기로 결심했다는 것이다.

이 문제에 대한 다른 한 견해는 한국전쟁은 맥아더와 미 국무성 고문인 덜레스, 이승만, 장개석이 공모한 것이었다고 한다.[82] 이 역시 논쟁 중의 한 견해일 뿐이지만 이들의 의지가 당시의 복잡한 상황에서 전쟁 발발의 한 요인으로 작용하였다는 것은 의심할 바 없는 것이다. 요컨대 한국전쟁은 전쟁을 하고자 했던 '의지'와 '힘'들이 복합적으로 작용한 결과이었다고 볼 수 있다.

1950년 6월 완성된 미국의 국가안전위원회-68연구 프로젝트는 미국을 중심으로 한 자유세계와 소련을 중심으로 하는 공산주의 진영 사이에 장기간의 대치를 예고하였다. 이 비밀 보고서는 소련의 직접적인 도전뿐만 아니라 각 국의 민족운동에 대처하기 위해서 미국의 국방비 지출을 300-400% 증액 할 필요성을 제기하였다. 그렇지만 이를 지지하는 정부의 관리들도 한 차례의 큰 '위기'가 조성되어야 이 보고서가 의회와 여론의 지지를 얻고 실행될 수 있을 것이라는 점을 인정하였다. 트루

---

81) 沈志華, 『中蘇同盟與朝鮮戰爭硏究』(廣西師範大學出版社, 1999), pp.133~134.
82) 『朝鮮日報』(1985. 1. 5).

먼의 한 고문은 후에 1950년 6월 "우리가 이 국가안전위원회-68계획의 승인 문제로 골머리를 앓고 있던 바로 그 시점에 한국전쟁이 발발했다"고 한다.[83]

한국전쟁이 일어난 후 7월 22일 이승만은 총궐기대회에 "원래 우리 통일 문제는 언제든지 이러한 방식으로 해결될 것이 미리부터 예정되어 있었던 바이다. 우리는 이러한 참화를 면하기 위해 무기와 군수물자를 확보하고자 백방으로 노력해 보았으나 여의치 못하였다. 급기야 이와 같은 참화를 당한 뒤에야 비로소 전 세계의 50여 개 국이 우리와 같이 힘을 합쳐서 싸움을 하고 있다. 이렇게 된 마당에 통일은 이미 결정이 된 것이다"[84]라는 내용의 메시지를 보냈다.

한국전쟁 발발은 대만의 장개석에게는 "백 가지의 이익이 있을 뿐 한 가지도 손해될 것이 없는"[85] 사건이었으며, 소육린이 바라마지 않던 바, 대만의 생존에 일루의 서광이 된 사건이었다.

제3절 중국의 참전
피할 수 없었던 역사적 선택?

한국전쟁이 발발한 날 주미 한국대사 장면과 참사 한표욱(韓豹頊)은 개전 소식을 듣자마자 미 국무성으로 달려가 미국의 즉각적인 지원을 요

---

83) 邁克爾·沙勒, 王扬子·劉湖 譯, 『二十世紀的美國和中國』(光明日報出版社, 1985), p.141.

84) 대한민국공보처, p.37.

85) 邵毓麟, 앞의 책, p.151.

구하였다. 이승만도 장면에게 즉각 트루먼을 만나 미국이 군사원조를 신속히 제공해줄 것을 요구하라고 지시하였다. 트루먼은 이들을 면담하면서 미소를 띠고 1차 세계대전 당시 유럽이 거의 소멸될 위기에서도 원조를 제공하는 국가가 있었으며 미국의 독립전쟁 당시에도 일부 국가들이 원조를 해왔다고 말하였다.[86] 미국이 방관하지 않을 것이라는 표시였다. 뒤이어 6월 27일 트루먼은 "한국에 대한 공격은 공산주의가 '전복'의 방식으로 국가를 정복하던 수준을 넘어 이제는 다른 나라에 대한 '침략'과 '전쟁'을 기도하고 있음을 명백히 보여주고 있다"는 내용의 성명을 발표하였다. 트루먼은 한국 내전에 대한 개입뿐만 아니라 "제7함대가 대만에 대한 어떠한 공격도 저지할 것"을 명령하면서 "대만의 미래 지위는 마땅히 태평양 안전의 회복, 일본 문제에 대한 평화적 해결, 또는 유엔의 심의를 기다려 결정해야 한다"고 언명하였다.[87]

같은 날 중국의 인민일보는 "조선 인민들 침략자를 격퇴하기 위해 분투"라는 제하의 사설에서 "조선민주주의인민공화국은 부득이 이승만 괴뢰군의 대규모 군사적 진공에 반격을 가하고 있다. 조선의 전면 내전이 폭발했다"고 하면서 "조선 인민이 처한 오늘의 상황을 특히 중국 인민은 어렵지 않게 이해한다. 이승만은 바로 조선의 장개석이라고 말할 수 있다. 미국은 지금 장개석을 원조하던 방법으로 이승만을 원조하고 있으며 중국 인민을 반대하던 방법으로 조선 인민을 반대하고 있다. 그것은 마치 장개석이 중국 인민을 침탈한 중국의 내전에 미국인이 돈과 무기를

---

86) 『東亞日報』(2001. 5. 4), A18版.
87) 劉金质・杨淮生 主編, 『中國對朝鮮和韓國政策文件滙編』(1) (中國社會科學出版社, 1994), pp.8~9.

제공하고 장개석이 인력을 대던 것과 마찬가지이다[88]"라고 주장하였다.

6월 28일 중국외교부장 주은래는 트루먼의 성명에 대해 반박하는 성명을 발표하였다. 그는 "미국이 조선민주주의인민공화국을 침략하도록 조선의 이승만 괴뢰군에 지시한 것은 미국의 예정된 계획에 따른 것으로, 이는 미국이 대만, 한국, 베트남과 필리핀을 침략하기 위한 구실을 만들려는 것이며, 미 제국주의가 아시아 문제에 간섭하기 위해 취한 또 하나의 책동이다"[89]라고 비난하였다.

중국의 입장에서 볼 때 한국전쟁 발발 후 대만에 대한 미국의 정책은 한국전쟁 전 미 군부와 국회 내의 친 장개석파들이 줄곧 주장하여 오던 입장을 반영한 것이었다. 사실상 한국전쟁이 발발하기 전인 5~6월경에 대만에 대한 미국의 정책은 이미 근본적인 변화를 보이기 시작하였다. 합동참모부는 이미 대만에 대한 맥아더의 주장에 충분한 공감을 하고 있다는 입장을 표명하며 정부가 대만의 중립화를 위해 필요한 조치를 취할 것을 요구하였다. 트루먼과 애치슨도 대만에 대한 새로운 고려를 하게 되었고, 미국은 이미 한국전쟁이 일어나기 전에 대만에 대한 '새로운 정책'을 마련하고 있었다.[90] 이런 맥락에서 한국전쟁 직후 미국이 일련의 사태에 그토록 신속하게 반응한 것은 결코 우연한 것이 아니라 이 '새로운 정책'을 실천하기 위한 구실을 찾았다고 보는 것이다. 한국전쟁 폭발 후 가장 먼저 공산당의 대만점령을 저지하여야 한다고 주장하며, 대만의 전략적 중요성을 다시 강조한 사람이 다름 아닌 줄곧 대만보호를 주장하

---

88) 「朝鮮人民爲擊退進犯者而奮鬪」, 『人民日報』(1950. 6. 27).
89) 「周恩来外長駁斥杜魯門1950年6月27日聲明的聲明」, 『人民日報』(1950. 6. 28).
90) Peter Lowe, 앞의 책, pp.207~208.

여 왔던 맥아더였다.[91)]

미국은 한국의 내전에 무력으로 개입하며 대만 방어와 중국의 대만해
방을 저지하기로 결정하였다. 또한 필리핀의 미 군사력을 강화하고 필리
핀에 대한 군사원조를 하는 동시에 인도지나의 프랑스 군에 대한 군사원
조를 가속화하였다. 미국은 재빨리 한국전쟁 전에 추구하던 극동 반공전
선을 형성하게 된 것이다. 주은래가 지적했듯이 미국은 한국 문제와 대
만 문제를 연결하였으며, 이를 다시 극동 문제와 연결하였던 것이다.[92)]
스톤도 "이전에 맥아더의 지지를 받고 있었던 이승만과 장개석, 퀴리노
의 노력에도 불구하고 아무런 결실을 맺지 못했던 태평양 반공동맹 문제
를 6월 27일 트루먼의 성명은 일거에 해결해 주었다"[93)]고 지적하고 있다.

미국이 한반도와 대만 문제를 연결하면서 이승만과 장개석은 또 다
시 운명공동체가 되었다. 그리고 전쟁 전 맥아더-이승만-장개석-요시
다로 이어지던 극동의 반공전선은 공산당과 실전(實戰)을 벌이는 현실의
전선으로 연결되었다.

한국전쟁이 발발하자 대만의 주한대사 소육린은 기쁨과 우려가 반반
이라고 하면서 "불행하게 남북으로 분할된 한국은 공산당이라는 암에 전
염되어 계속 그대로 나가면 암세포가 침투되고 전이되어 죽음을 당할 위
기에 처해 있었다. 그런데 이번에 공산당의 남침으로 전쟁이 일어나면서
남한 전국이 일어나 항전하게 되고 외과 수술요법으로 암을 제거할 수
있게 되었다는 점에서는 기쁜 일이다. 이른바 "사경(死境)에서 다시 살아

91) James Irving Mateay, 앞의 책, p.287.
92) 柴成文 · 趙勇田, 앞의 책, p.30.
93) I. F. 斯通, 앞의 책, p.68.

난다"는 말과 같이 전화위복이 되고 있는 것이다. 한국전쟁은 대만의 입장에서는 백 가지의 이익만 있을 뿐 한 가지도 손해될 일이 없는 것이다. 중공의 군사적 위협과 미국이 우리나라를 포기하고 강도 정권을 승인하려는 위기에 직면하였던 우리는 한국전쟁 발발로 정세가 일변하게 되면서 한 가닥의 전기를 맞게 되었다"고 언명하였다. 이어서 그는 "중한 양국은 동고동락할 것이다. 앞으로 한국전쟁이 남한에 유리하게 전개되면 그것은 틀림없이 우리나라에도 유리할 것이다. 만약 한국전쟁이 미소 세계대전으로 번진다면 남북한은 필연코 통일을 성취할 수 있을 뿐만 아니라 우리도 압록강을 건너 동북을 거쳐 중국 대륙을 회복할 수 있을 것이다. 한국전쟁이 남한에 불리하게 발전하면 미국과 자유국가들의 경각심이 높아지고 한국에 대한 원조를 가속화하게 될 것이고, 또한 국제 공산당이 바다를 건너 대만을 진공하는 것을 결코 허용하지 않을 것이다"[94]라고 주장하였다. 소육린은 물론 미국과 이승만의 승리를 고대하였다. 그렇게 되면 국민당 행정원이 1950년 시정보고에서 제출했던 바와 같이 "대만을 확보하고 대륙을 공략한다"[95]는 목표에 대한 한 가닥의 희망을 가질 수 있었기 때문이다. 그는 또한 이와 반대로 중국의 입장에서 북한이 승리를 이룩한다면 대만 문제의 해결도 용이해질 것이라는 점을 인정하였다.[96]

한국전쟁 발발 다음날 장개석은 한국을 지원하기 위해 파병을 단행하기로 결정하였다. 전 국민당군 제67군의 유염일(리우리엔이, 劉廉一) 장군

---

94) 邵毓麟, 앞의 책, p.151.

95) 何本方 主編, 『中華民國知識大詞典』(中國國際廣播出版社, 1992), p.287.

96) 『周恩来軍事文選』(第4卷), (人民出版社, 1997), p.44.

을 한국 파견군 사령관(援韓派遣軍司令官)으로 하여 잠정적으로 한 개 군단을 파견하기로 하고 201사, 67사, 18사 등 이른바 명예사단(榮譽師)으로 구성하고, 장갑차 한 개 여단과 비행기 20대를 파견하기로 하였다.[97]

6월 29일 대만당국은 미국에 있는 고유군과 호적(후쓰, 胡适)에게 트루먼을 만나 장개석의 6월 26일 한국 파병건의안을 전달하였다. 이승만도 처음에는 역시 장개석의 파병을 기대하였다. 7월 1일 소육린은 대만 외교부에 "이 대통령은 한국은 병력은 충분하지만 대포, 비행기, 전차가 부족하다고 하고 있으며, 미군이나 유엔군이 북한으로 진공하지 않을 경우에는 중국군(국민당군)이 원조할 것을 희망한다"[98]는 내용의 전문을 발송하였다.

트루먼은 처음에는 장개석의 제의를 수용하여 한국전에서의 미군 희생을 줄여 볼 생각이 있었고, 한국에서 전쟁 상황을 시찰한 맥아더 역시 트루먼에게 장개석의 제의를 받아들일 것을 요청하는 전문을 보냈다. 그러나 애치슨 등은 장개석의 파병이 중공의 파병을 불러올 수 있으며, 또한 장개석의 군대가 이승만의 군대에 비해 전투력이 별로 나은 게 없다는 이유로 국민당이 한국전쟁 개입을 반대하였다. 결국 트루먼은 장개석의 요구를 수용하지 않기로 결정하였다.[99] 그럼에도 불구하고 한국에 파병하려는 장개석은 집요하게 파병을 요구하였다. 트루먼의 6·27성명이 이미 대만을 구해 준 상황에서 장개석이 이렇게 집요하게 파병을 주장한 것은 장개석의 목적은 대만보호가 아니라 '대륙 반공'(大陸反攻)에 있었

---

97) 邵毓麟, 앞의 책, p.185.

98) 앞의 책, p.177.

99) 何仲山 等著, 『毛澤東與蔣介石-半個世紀的較量』(中國檔案出版社, 1996), pp.295~296.

기 때문이다. 그는 한국전쟁이 세계대전으로 확대되거나 적어도 중공과 미국의 전쟁으로 번져 그에게 대륙반공의 기회가 열리기를 기대했던 것이다. 실제로 장개석의 한국 파병이 이루어졌다면 국공내전 상황이 한반도에서 다시 재현되었을지도 모를 일이다.

맥아더도 장개석과 생각을 같이하고 있었다. 맥아더의 장개석에 대한 감정은 가히 각별한 것이었다. 일찍이 1946년 장개석이 전면 내전을 일으킨 후 맥아더는 "장개석과 그의 정부는 '세계 제일이라고 할 수 없는 것은 사실'이다. 그러나 그가 우리 편에 서있기 때문에 우리는 그를 지원하여야 한다"고 주장하였다. 국공 내전시기에도 맥아더는 줄곧 장개석에게 적극적인 군사원조를 제공할 것을 주장하였다. 맥아더는 중국국민당이야말로 환태평양 지구에서 가장 중요한 초석이라고 생각하였다. 때문에 맥아더는 중공을 진압하는 작전을 전개할 것을 제의한 바 있다. 1948년 미국 대통령선거가 시작될 즈음 미국 공화당의 일부 정객들은 맥아더가 장개석의 '특별군사고문'을 맡도록 할 구상을 하게 되는데, 이에 대해 맥아더 자신도 적극적인 반응을 보였다. 중국공산당이 중국 동북에서 승리를 거두고 있을 때 맥아더는 이 지역에서 중국공산당을 축출할 계획을 제안하면서 "비행기 1,000대로 공중작전을 하여 6개월 내에 이 계획을 완수"하겠다고 호언하였다. 한걸음 더 나아가 그는 "중국의 동북을 점령하고 동북을 국민당의 신탁구역으로 만들어 공산주의 위협에서 벗어나게 하며, 아시아 전체를 보위하여야 한다"고 주장하기도 하였다.[100]

장개석이 대만으로 쫓겨간 후 맥아더는 더욱 강력하게 공산당의 대만

---

100) 마이클 샬라, 「맥아더장군: 중국 문제 · 정책갈등 · 한국전쟁」, 김철범 · 제임스 매트레이 엮음, 앞의 책, pp.146~147.

점령을 막아야 한다고 주장하였다. 맥아더는 대만이 중국 공산주의자들의 손에 들어가면 미국은 극동에서 방어거점들을 결정적으로 상실하게 될 것이며, 미국의 방어선은 독립전쟁 당시의 미 서해안까지 밀려날 것이라고 역설하였다. 한편 맥아더는 대만을 방어할 수 있는 몇 가지 방안을 제시하였는데, 그 가운데는 대만을 미국의 신탁통치나 다른 '안전한 국가들'의 통제 하에 둔다는, 심지어 당분간 일본에 돌려주는 내용 등이 포함되어 있었다.[101] 그리고 극동군 사령관이라는 직무를 이용하여 비밀리에 계획을 실천에 옮기고자 하였다. 이러한 계획에는 대만을 방어하기 위해 미국인 지원병 500명이 전투기로 중국의 해안 도시들을 봉쇄, 파괴하고 소규모 해군부대를 창설하자는 장개석의 군사고문 세노트(Claire Chennault)의 제의도 포함되어 있었다.

1949년 말 미국 중앙정보국은 맥아더가 일본인 조종사들이 중국국민당의 공군을 지원하기 위해 대만으로 가는 것을 허용한 사실을 포착했다. 이 시기 대만에는 이미 맥아더가 공산주의자들이 대만 점령을 저지할 계획을 세우고 있다는 소문이 떠돌았다. 앞에서 밝혔듯이 1950년에 이르러 맥아더와 이승만의 친구였던 굿펠로우는 서울과 동경, 대만 사이를 분주하게 오가며 북한과 중국에 대항하는 작전을 수행할 한국군과 중국국민당의 '외인부대'의 창설을 구상하였다. 5월에 맥아더는 대만과 한국의 군사조약을 수립할 계획을 수립하기도 하였다. 실제 1950년에 들어서면서 대만의 장개석은 대륙에 대한 폭격과 교란을 멈추지 않았다. 2월 7일에만 해도 국민당 군은 17대의 폭격기를 동원하여 네 차례 상해를

---

101) 김철범 · 제임스 매트레이 엮음, 앞의 책, p.148.

폭격하여 1,000여 명을 살상하였는데, 이때 노가만(뤄지아완, 盧家灣) 구역에서만도 200여 명이나 되는 사망자가 발생하였다.[102]

한국전쟁이 일어나면서 '유엔군 총사령관'을 맡게 된 맥아더는 그의 계획을 실현할 희망을 갖게 되었다. 전쟁 후의 맥아더의 행위를 보면 그가 몇 년 전에 하였던 구상을 적극 추진하였다는 것을 알 수 있는데, 그가 그 해 5월에 남한과 대만 간의 군사조약을 맺으려고 계획했다는 것 역시 충분히 가능한 것이었다.

맥아더가 지휘한 것은 한국전쟁이었다. 그렇지만 그가 지향한 목표는 중국이었다. 그는 중국공산당이 대만 해방계획을 연기했다는 사실을 분명히 알고 있으면서도 중국공산당이 대만을 공격하기만을 고대하였다. 그의 후임인 리지웨이는 맥아더가 "특히 대만에 관해 관심이 많았다"고 회고하고 있다. 그에 따르면 맥아더는 매일 저녁 무릎을 꿇고 "만일 중공이 대만을 공격하면 대만으로 달려가 적을 철저하게 격파하여 그들에게 역사상 가장 결정적이고 참담한 패배를 안겨 줄 것이며, 아시아의 평화를 굳히고 공산주의를 몰아낼 것"을 기도했다고 한다. 리지웨이는 "그러나 그는 중공이 그런 어리석은 짓을 하리라고는 생각하지 않은 것 같았다"고 하면서 맥아더는 자신을 공산주의라는 용의 숨통을 조이는 기사(騎士)로 생각하고 있었다고 기록하고 있다.[103] 트루먼이 6월 27일 성명에서 "대만의 중국 정부가 대륙에 대한 모든 해군과 공군의 행동을 정지할 것을 요구"했지만 맥아더는 이러한 제약을 깨뜨리고자 하였다.

장개석의 한국파병 요구가 거절된 후 맥아더는 7월 16일 트루먼에게

---

102) 王功安 · 毛磊,『國共兩黨關係通史』(武漢大學出版社, 1991), p.938.

103) Matthew B. Ridgway, 김재관 역,『한국전쟁』(정우사, 1981), p.52.

장개석으로 하여금 중국 본토로 진공하도록 하여 중국이 북한을 지원하려는 생각을 포기하도록 할 것을 요구하였다. 트루먼은 국방성과의 협의를 거쳐 국방성이 맥아더에게 "미국은 중국국민당의 대륙 진공을 비우호적 행위로 간주한다"라고 지시하도록 조치하였다.[104]

7월 31일 맥아더는 대만을 방문하여 장개석과 한반도 정세를 주 내용으로 하는 역사적인 회담을 가졌다. 당시 50여 명의 미군 장교와 수행원이 3대의 미 군용기를 이용하여 맥아더의 대만행에 동행하였다.[105] 이 회담에서 두 사람은 향후 국민당 군대를 한국전쟁에 파견할 가능성을 제기하였는데, 그 후 '상륙부대'는 한국어를 배우면서 한국전에 참가할 준비를 하였다. 그러나 이후에도 미국 정부가 계속 장개석의 파병 요구를 거절하자 장개석은 이를 매우 불쾌하게 생각하였다. 그는 "동아시아 지역의 작전에 동아시아 군대를 이용하지 않는다면 그것은 힘은 힘대로 들이면서도 성과를 내지 못할 뿐더러 근본적인 문제 해결을 도모하지도 못할 것"[106]이라고 주장하였다. 후에 장개석은 중·한·일 3국이 "응당 연합군을 조직하여야 하며, 그래야만 북한과 중공 정권을 평정할 수 있다"고 주장하기도 하였다.[107]

맥아더의 이러한 일련의 행동은 그가 한국전쟁을 사실상 미국이 장개석을 지지하여 치른 중국 국공내전의 계속으로 보고 있었다는 것을 보여주고 있다. 이 점에서는 중국공산당도 마찬가지였다. 일찍이 국공내전

104) Peter Lowe, 앞의 책, pp.238~239.
105) 于衡, 「麦克阿瑟將軍訪華: 采訪二十五年之十六」, 『傳記文學』(臺灣) 22卷, 4期, (1973. 4.), pp.70~71.
106) 「對當前國際局勢應有的認識」, 『總統蔣公思想言論總集』 卷23, p.393.
107) 위와 같음.

시기에 중국공산당은 제2차 세계대전을 치루면서 미국에서 명실상부한 군벌이 등장하게 되었고, 이들은 미국의 대외정책에서 실제로 결정적인 발언권을 가지고 있으며, 맥아더나 웨드마이어 등이 이 반동적인 군벌의 예라고 주장하였다. 또한 이들은 미국의 정치는 거대한 독점자본과 군벌이 결합되면서 제국주의적 색채가 갈수록 짙어지고 있고, 미국에서 파쇼세력이 성장하고 있다고 강조하였다. 아울러 자본과 권력을 가지고 있는 제국주의자들인 이 독점자본과 군벌들이 3차 세계대전을 획책하고 있으며, 이들은 이미 일본과 대만을 방대한 군사기지화할 방침을 확정하였다고 주장하였다. 이런 맥락에서 미국의 대중국 정책은 부패하기 짝이 없는 장개석 독재정권을 부추길 수밖에 없다고 본 것이다.[108]

중국공산당은 미국이 중국 대륙에서의 실패 후 미국이 또 다시 이러한 실패의 전철을 밟지 않으려 할 것이라고 인식하고 있었다. 1949년 1월 8일 중공중앙 정치국 회의에서 통과된 '당면한 형세와 당의 1949년 임무'에서는 "우리는 줄곧 미국이 직접 병력을 동원하여 중국의 일부 연해도시를 점령하고 우리와의 전쟁을 수행할 가능성을 배제하지 않고 있으며, 작전계획에서 이러한 가능성을 고려하고 있다. 만일의 사태시 속수무책의 상태에 빠지지 않기 위하여 이 작전계획은 지금도 여전히 견지되어야 한다"[109]고 지적하고 있다. 중앙군사위원회에서도 "중국혁명에 대한 제국주의 간섭을 방지하기 위한 대책"에서 최근 제국주의 국가가 연합하여 중국혁명에 간섭하려는 징후가 있다고 지적하면서 이에 대한 대책 수립

---

108) 「蔣軍必敗」, 中共中央檔案館編, 『中共中央文件選集』(第16册), (中共中央黨校出版社, 1992), pp.688~689.

109) 「目前形勢和黨在一九四九年的任務」, 中共中央檔案館編, 『中共中央文件選集』(第18册), (中共中央黨校出版社, 1992), p.17.

을 제기하고 있다. 그것은 첫째, 국민당의 잔여 세력을 섬멸하여 제국주의가 중국 대륙에서 그들의 앞잡이를 완전히 상실하도록 한다. 둘째, 경제적인 자립자족을 실현하여 해상봉쇄에 대비한다. 셋째, 화북과 화동지구에 충분한 병력을 배치하여 미 해군이 국민당의 육군과 협동하여 후방을 기습·교란하는 것을 방지한다는 등의 내용이었다.[110]

한국전쟁이 일어난 후 중국공산당은 "대만에 대한 미국의 약탈은 사실상 중국 인민해방전쟁에 대한 미국 정부의 장기간의 무력 간섭의 계속에 불과하며, 그것은 또한 중화인민공화국에 대한 무력 간섭의 시작이기도 하다"고 인식하고 있었다. 또한 이들은 "미국의 대만 약탈은 우리 이웃의 우방인 조선민주주의인민공화국에 대한 미국의 광폭한 무력 간섭이 결국 우리나라에 대한 총체적인 침략의 일부분이라는 것을 증명하였다"고 주장하면서, "미국 간섭주의자들이 '한국의 장개석'인 이승만 괴뢰집단의 조선민주주의인민공화국에 대한 침략을 지지하는 것은 바로 일본 침략자들의 옛 수법을 모방하여 조선을 먼저 점령하고 동시에 대만을 탈취하며 나아가서 동북을 점령하기 위한 것"이라고 간주하였던 것이다.[111]

인민군이 승승장구하면서 한국군을 붕괴 상태에 빠뜨리고 있던 7월 6일 인민일보는 "제국주의자들은 아직도 실패에 달가워하지 않고 있다. 트루먼은 이미 이승만에게 자금을 원조하고 맥아더에 대한 원조를 증가하도록 지시했다. 또한 육군의 참전과 해공군의 침략 범위를 38선 이북으로 확대하도록 명령했는가 하면 영국, 오스트레일리아, 뉴질랜드 등이

---

110) 「軍委關于豫防帝國主義干涉中國革命的對策」, 中共中央檔案館編, 『中共中央文件選集』(第187冊), (中共中央黨校出版社, 1992), p.308.
111) 胡喬木, 「中國共産黨的三十年」, 『新華月報』(1951. 7).

해공군을 파견, 참전하도록 동원하면서 남조선 반혁명전선의 붕괴를 만회하려 하고 있다. 이러한 일련의 조치들은 조선 인민의 승리를 늦출 수 있으며 조선 인민들은 지속적이고 비교적 간고한 전투를 준비하지 않으면 안 되게 되었다"[112]는 내용의 사설을 게재하였다. 이는 중국이 이미 한국전쟁이 국제전으로 비화되고 있는, 사태의 심각성을 직시하고 있었음을 보여주는 것이다. 모택동도 "7월 중순과 하순, 그리고 9월 중순에 우리는 세 차례에 걸쳐 조선 동지들에게 적들이 해상으로부터 인천과 서울로 쳐들어와 인민군의 뒷길을 끊어놓을 위험이 있으며, 따라서 인민군은 이에 대한 충분한 준비를 하여야 하며 적절히 북쪽으로 철수하여 주력을 보존하고 장기전에서 승리할 준비를 해야 한다고 충고하기도 하였다."[113]

미국이 한국에 지상 부대를 파견한 후 중국 측은 예측할 수 없는 사태에 대비하기 위한 전략적인 조정을 모색하게 된다. 7월 7일과 10일, 즉 유엔안보이사회에서 '유엔군 사령부'를 설치하고 맥아더를 총사령관으로 임명하던 시점에 중국공산당은 모택동의 제의에 따라 주은래가 주재하는 두 차례의 중앙군사위원회를 소집하여 국가를 보위와 동북변방군(東北邊防軍) 구성 문제를 토론하였고, 13일에 중앙군사위원회는 '동북변방을 보위하는 문제에 대한 결정'을 내리게 된다.[114] 이에 대해 주은래는 "조선이 승리하게 되면 우리의 대만 문제도 쉽게 해결될 수 있다. 그러므로 우리는 조선 문제에 대해서 적극적인 태도를 취해야 하며, 따라

---

112) 『人民日報』(1950. 7. 6).

113) 「毛澤東致斯大林電(手稿, 未發出)」, 逢先知 · 李捷, 앞의 책, p.12.

114) 앞의 책, p.4.

서 동북변방군을 조직하게 되는 것이다"[115]라고 설명하였다.

8월 4일에 소집한 중공중앙 정치국 회의에서 모택동은 "만약 미제가 승리하면 득의양양하여 우리를 위협할 것이다. 조선을 도와주지 않을 수 없으며, 반드시 도와주어야 하는데, '지원군'(志願軍)의 형식으로 하되 시기는 물론 적당하게 선택하여야 할 것이다. 우리는 준비를 하지 않으면 안 된다"[116]고 지적하였다. 다시 말하면 한국전쟁 발발 후 한 달이 좀 넘은 이때 이미 파병 문제가 검토되기 시작한 것이다. 모택동은 중국과 북한과의 관계에서 볼 때 북한을 도와주지 않으면 안 된다고 생각하고 있었다. 위에서 얘기한 바와 같이 미국이 승리하여 득의만만해지면 어떻게 되겠는가는 인천상륙작전 성공 후 맥아더의 행동이 극명하게 설명해 주고 있다고 할 것이다.

맥아더는 항상 전쟁의 목적은 승리라고 주장해 왔다. 리지웨이 (Matthew B. Ridgway)가 이야기했듯이 맥아더는 한국전쟁에서의 승리는 상대를 소멸하는 의미뿐만 아니라 한반도에 통일된 민주 정부를 세우는 것이라고 인식하고 있었다. 또한 그의 목표는 압록강으로의 진군에 그치지 않고 만주의 중공 공군기지와 공업지대를 파괴하는 것, 중공의 해안을 봉쇄하는 것, 중공의 공업중심지를 파괴하는 것, 장개석의 대륙 침공에 필요한 모든 것을 지원하는 것, 장개석 군대를 동원하여 한국의 지상군을 강화하는 것 등이었다. 맥아더는 이상의 조치가 중국에 대한 공산주의 통치를 무너뜨릴 수 있을 것으로 보고 있었으며, 또한 중국

---

115) 『周恩来軍事文選』(第4卷), (人民出版社, 1997), p.44.
116) 「毛泽東在中共中央政治局會議 上的講話紀錄」,(1950. 8. 4.), 逄先知 · 李捷, 앞의 책, p.5.

인들이 장개석의 대륙 수복을 환영할 것이라고 확신하고 있었다.[117]

맥아더의 인천상륙작전이 성공하고 전세가 역전되자 이승만은 평양으로 진격할 것이라고 호언하였다. 이 소식을 접한 소육린은 한편에서 평양을 거쳐 압록강을 건너고 심양으로 진군하고, 다른 한편에서는 중국 연해에 상륙하여 대륙을 반격하는 국민당과 화북에서 회합하여 주덕과 모택동 비적(匪賊)을 격파하는 환상이 떠올랐다고 술회하였다.[118]

리지웨이는 "인천의 승리를 발전시키기 위해 38선을 넘어 2개 방면으로 진격하려는 맥아더의 계획은 이치상 당연한 것이다"[119]라고 평가하였다. 한국전쟁이 일어나기 전의 맥아더의 행위를 보아도 맥아더의 이러한 심경을 이해하기는 어렵지 않을 것이다.

위에서 밝혔듯이 38선이 미국과 소련 진영을 가르는 엄연한 분계선이었다. 이런 의미에서 미국이 38선을 넘는다는 것은 단순히 북한에 대한 도전만이 아닌 중국과 소련에 대한 도전으로 확실히 중대한 사건이었다. 미국도 이 점을 몰랐던 바가 아니었다. 바로 이런 이유 때문에 미군이 38선을 넘으면서 가장 우려한 것이 중국과 소련의 반응이었고, 이 때문에 미군의 인천 상륙 후 미국 정부는 맥아더에게 북한에서의 작전권한에 "소련이나 중공의 대 부대가 북한에 들어와 있지 않는 경우, 참전할 의사 표시가 없는 경우, 그리고 한국에서의 우리 작전이 군사적으로 반격을 받을 위험이 없는 경우"라는 조건을 부가하였던 것이다.[120]

---

117) Matthew B. Ridgway, 앞의 책, p.164.

118) 邵毓麟, 앞의 책, p.209.

119) Matthew B. Ridgway, 앞의 책, p.61.

120) Matthew B. Ridgway, 앞의 책, p.60.

주은래는 9월 30일 "미국은 조선의 정세를 구실로 해공군을 파견하여 우리나라의 대만성을 침략하였으며, 소위 대만의 지위 문제는 미국이 조종하는 유엔에서 해결해야 한다고 주장하고 있다. 미국은 또한 조선에서 파견된 미 공군이 수차례에 걸쳐 아국의 요녕성 상공에 침입하여 사격과 폭격을 하도록 하였을 뿐만 아니라 해군이 중국의 상선을 포격하게 하였다. 미국 정부는 이러한 난폭한 제국주의 침략행위로 자기들이 중화인민공화국의 가장 위험한 적이라는 것을 스스로 증명하였다. 미국의 무력은 이미 중화인민공화국의 판도를 침입하였으며 또한 수시로 이러한 침략을 확대할 가능성이 도사리고 있다."[121]고 비난하였다.

중국은 미국의 38선 월경이 침략을 확대하는 표징이며, 이는 곧 미군이 압록강에 육박하는 것이며, 압록강은 종점이 아니라 미국이 중국을 침략하는 시작점이라고 간주하였다. 때문에 주은래와 중앙군사위원회 총참모장 대리인 섭영진은 주중 인도대사 파니카를 통해 미국의 38선 월경에 대해 몇 차례 엄중 경고를 하면서 미군이 38선을 넘으면 중국이 개입할 것이라는 점을 명확히 하였다. 그러나 맥아더는 중국의 경고가 허장성세일 뿐이라고 단정하였다. 그는 영국대사 가스코인(Alvary Gascoigne)에게 만약 중국과 소련이 이 단계에서 어리석게도 전쟁에 참전한다면 미국은 중국뿐 아니라 소련까지 대적할 충분한 전력을 가지고 있다고 강조하였다. 가스코인에 따르면 맥아더는 "일단 중국이 개입하면 맥아더는 공군을 동원하여 즉각 만주와 북경을 포함한 중국 북부 도시들을 공격할 것이다. 맥아더는 주은래가 미국의 방대한 군사적 잠재력

---

121) 「爲鞏固和發展人民的勝利而奮鬪」, 『人民日報』(1950. 9. 30).

을 충분히 인식하고 있으며, 따라서 파니카에게 한 그의 발언은 단순한 공감에 불과한 것이다"[122]라고 생각하였다고 한다. 당시는 대만 당국이 미국의 비호하에 유엔에서 주권국가로서의 중국을 대표하고 있는 상황이었고, 중국의 '엄중한 경고' 역시 미국에게는 마이동풍에 불과한 시기였다. 맥아더의 안중에 중국은 너무나 보잘것없는 존재였고 따라서 그는 중국군이 압록강을 건너는 날이 바로 한국전쟁이 끝나는 날이라고 생각하고 있었던 것이다.[123]

모택동은 후에 "미 제국주의가 개입하여도 38선을 넘지 않으면 우리는 관계하지 않겠지만 38선을 넘으면 우리는 반드시 국경을 넘어 싸울 생각이었다"[124]라고 술회한 바 있다. 중국으로서는 한국군이 38선을 넘으면 상관없지만 미군이 넘으면 개입하겠다는 것이었다. 역시 중국으로서는 38선을 미소 양 진영의 분계선으로 간주하였고, 또한 사실상 38선은 중국이 출병하는가 하지 않는가를 결정하는 마지노선이었다.

미국은 중국의 경고를 무시하고 38선을 넘어 대대적인 진공을 개시하고, 북한에 마지막 통첩을 발하였다. 10월 1일 김일성은 모택동에게 편지를 보내 중국의 특별 원조를 요청하였다.[125] 모택동과 중국공산당은 역사적인, 참으로 어려운 선택에 직면하였다. 후에 모택동은 김일성에게 "우리는 비록 다섯 개 군단을 압록강변에 배치했지만 정치국에서는 최종 결정을 내리지 못하였다. 결정했다가는 번복하고 결정했다가는 다시 번

122) 마이클 샬라, 「맥아더장군: 중국 문제·정책갈등·한국전쟁」, 김철범·제임스 매 트레이 엮음, 앞의 책, p.158.

123) 앞의 책, p.159.

124) 「毛澤東會見蘇共中央代表團時的談話」(1956. 9. 23), 逢先知·李捷, 앞의 책, p.8.

125) 원본은 중국군사박물관에 진열되어 있음.

복하였다. 그리고 마침내 결정을 내렸다."[126]고 당시의 상황을 회고하였다. 미국의 한 학자는 모택동의 파병 결정이 그의 '군사적 낭만주의'에 기초한 것[127]이라고 주장하였는데 이것은 파병 결정과정의 어려움을 너무나 간단하게 낭만적으로 본 것이다. 역사를 돌이켜 보면 명나라와 청나라 때의 한반도 출병은 중국 역사의 흐름을 바꾸어 놓았었다. 새로운 공화국을 갓 세운 중국의 입장에서 이번의 파병은 더더욱 그 전도와 운명에 관계되는 중차대한 선택으로, 거기에 '낭만'을 운운할 상황이 아니었던 것이다.

10월 2일 중공중앙 서기처 회의와 10월 4일 중앙정치국 확대회의에서 대다수 사람들은 파병에 반대하거나 여러 가지 우려를 표명하였다.[128] 당시 파병 반대의 주요한 이유로 예시된 것은 전쟁의 상처가 아직 가시지 않았다. 토지개혁이 완수되지 않았다. 토비와 특무들이 완전히 숙청되지 않았다. 군의 장비가 낙후하며 훈련도 불충분한 상태이다. 일부의 군인과 인민들 간에 전쟁혐오 정서가 있다는 것 등이었다.[129] 이에 대해 모택동은 "당신들의 말에는 모두 다 의미가 있다. 하지만 이웃 나라가 위급한 시각에 처해 있는데 우리가 곁에서 방관한다는 것은 어떻게 말해도 고통스러운 것이다"[130]라고 지적하였다. 팽덕회는 모택동의 이 말에 대해 "수십 차례 음미한 결과 이 말이 국제주의와 애국주의가 결합된 지시라는

---

126) 「毛澤東會見金日成時的談話」(1970. 10. 10). 逢先知 · 李捷, 앞의 책, p.22.

126) 「毛澤東會見金日成時的談話」(1970. 10. 10). 逢先知 · 李捷, 앞의 책, p.22.
127) 한국전쟁위원회 편, 『탈냉전시대 한국전쟁의 재조명』(백산서당, 2000), p.50.
128) 逢先知 · 李捷, 앞의 책, pp.18~20.
129) 張民 · 張秀娟, 앞의 책, p.123.
130) 彭德懷, 앞의 책, p257.

제9장 한국전쟁의 발발과 중국의 참전   385

것을 깨달았다"[131]고 적고 있다. 당시 그는 중국과 북한이 모두 공산당이 영도하는 사회주의 이웃으로서 순망치한의 관계에 있기 때문에 국제주의적 시각에서 보나 애국주의적 시각에서 보나 중국은 수수방관할 수 없다고 보았던 것이다.[132] 그런데 위에서 밝혔듯이 중국이 파병결정을 내리기 두 달 전인 8월 4일 중공중앙 정치국회의에서 모택동이 이미 "조선을 도와주지 않을 수 없으며 반드시 도와주어야 한다"고 말했던 점으로 미루어 보아 모택동의 결정에 중국공산당과 북한의 특수한 관계가 상당한 비중을 차지하고 있었던 것으로 보인다.

미국이 38선을 넘고 전쟁의 불길이 압록강변까지 확산되자 중국은 미국의 목표가 단순히 북한 점령에 그치는 것이 아니라고 판단하였다. 모택동은 "만약 미국이 조선 전체를 점령하고 조선의 혁명역량이 근본적인 좌절을 맞이한다면 미국 침략자들의 창궐은 더욱 심해질 것인 바, 이는 전체 동방에 불리한 것이다"[133]라고 주장하였다. 한편 팽덕회는 "미국이 조선을 점령하면 우리와 강 하나를 사이에 두면서 우리의 동북을 위협하고 또 우리의 대만을 통제하고 상해와 화동지구를 위협할 것이다. 그렇게 되면 미국은 중국을 침략하기 위해 아무 때나 구실을 만들 수 있는 것이다."라고 지적하였다.[134] 결국 미국이 한반도를 점령할 경우 중국은 양면으로부터 오는 압력과 위협을 받게 될 것이었다. 거기에 인도지나에서의 미국의 존재까지 고려한다면 미국은 중국에 대해 반월형 포위망을 형

---

131) 위의 책, p.258.

132) 張民·張秀娟, 앞의 책, p.125.

133) 「毛澤東致斯大林電」(手稿, 未發出)(1950. 10. 2). 逄先知·李捷, 앞의 책, p.17.

134) 彭德懷, 앞의 책, p.257.

성하게 되는 것이다. 주은래가 지적했듯이 "조선에서 구멍이 뚫리게 되면 다른 곳도 그 뒤를 이어 구멍이 뚫리게 될"[135] 상황이었던 것이다. 중국의 참전 후 맥아더, 이승만과 장개석이 중국에서 '제2의 전장'을 개척하려고 했던 것은 이러한 가능성을 증명해 주고 있다.

중국의 참전이 대세였다고는 하지만 이 어려운 역사의 선택 앞에서 모택동과 중국 지도자들은 "결정을 했다가 번복하고 결정을 했다가는 다시 번복을 하며" 쉽사리 결단을 내리지 못하였다. 중국은 명나라와 청나라 때에 조선에 출병하여 일본과 싸웠다. 명나라는 비록 일본을 물리쳤지만 국력이 쇠퇴하여 청에 밀리게 되었다. 청나라의 출병은 갑오 중일전쟁을 불러왔고, 중국의 패전은 엄청난 재난을 초래하였다. 역사상 가장 전형적이었던 두 차례의 조선 출병은 그 시기 중국에 지대한 영향을 미쳤으며 어떻게 보면 국가의 운명을 좌우했다고도 할 수 있다. 그런데 또다시 역사적 선택을 해야 하는 중국은 몇 십 년 동안의 전쟁을 치러 어느 때보다 국력이 취약한 상황이었으며 그 상대 또한 세계 제일의 군사강국이었다. 그 결과가 신생공화국에 결정적 영향을 미칠 수 있다는 것은 불 보듯 뻔한 것이었다.

후에 모택동은 "일이 매우 복잡하게 되었다. 그 때 중국이 결정을 하지 못하고 흔들리니까 스탈린도 맥이 빠져서 "됐다. 그만하자"[136]라고 말했다고 회고하였다. 10월 2일 스탈린에게 쓴 미발송의 전문을 보면 모택동의 주된 우려는 두 가지였다는 것을 알 수 있다. 첫째는 한반도 내에서 미국과 기타국의 침략군을 섬멸하거나 구축할 수 있겠는가 하는 것이었

135) 『周恩來軍事文選』(第4卷), (人民出版社, 1997), p.73.
136) 「毛澤東會見金日成時的談話」(1970. 10. 10). 逢先知·李捷, 앞의 책, p.30.

고, 둘째는 미국이 중국과의 전쟁을 선포하고 중국의 대도시와 공업기지를 폭격하고, 중국의 연해 일대를 공격하지 않겠는가 하는 것이었다. 그는 첫 번째 문제를 잘 해결하면 두 번째 문제가 발생할 가능성이 낮은 것으로 보았고, 때문에 관건은 첫 번째 문제를 잘 해결하는 것이라고 생각하였다. 그런데 첫 번째 문제의 해결을 위해서는 소련의 지원, 특히 공군의 지원이 필요하였다. 문제는 스탈린이 처음에는 공군 지원을 동의하였는데 후에는 마음을 바꾸었다. 이것은 파병 결정에 더욱 큰 어려움을 조성하였다. 이에 대해 한 중국학자는 "파병 문제를 둘러싼 힘겨루기에서 스탈린이 최종적인 주도권을 장악하고 있었다"고 하면서 스탈린이 "중국을 반미투쟁의 제일선으로 내몰았다"[137]고 주장하였다. 물론 파병 결정과정에 소련의 영향이 컸음은 사실이다. 그러나 파병의 주도권이 완전히 스탈린의 수중에 있었다는 것은 파병 결정과정에서의 소련의 역할을 과대평가한 것이라고 할 수 있으며 역사적인 사실에도 부합하지 않은 것이다. 주은래의 회고에 의하면 그가 스탈린에게 공군의 지원을 요청했을 때 스탈린은 동요하였고, 그는 중국이 어려우면 파병하지 않아도 괜찮다고 하면서, 북조선을 잃어도 우리는 여전히 사회주의 국가이고 중국 역시 그대로 존재할 것이라고 말했다고 한다.[138]

또한 스탈린은 만약 조선의 동지들이 지탱하지 못하고 무모한 희생을 당할 경우 아예 그들을 조직적으로 계획성 있게 철수하도록 하는 것이 나을 것이라고 지적하였다. 그리고 북한의 주요 역량과 무기, 물자 그리고 일부 사업일군, 간부들은 중국의 동북으로 철수하도록 하고, 노약자

---

137) 張盛發, 앞의 책, pp.431~432.
138) 『周恩來傳』(第3卷), (中央文獻出版社, 1998), p.1019.

와 신체 기능장애자, 부상자의 대부분은 소련 경내로 철수시킬 것을 약속하는 것이 좋겠다고 말하였다. 스탈린은 지휘부대를 중국의 동북 지방으로 철수시키는 것은 후에 다시 북한으로 들어가기 위한 것이라고 설명하였는데, 중국의 동북 지방에서 북한으로 들어가는 것이 소련에서 북한으로 들어가는 것보다 훨씬 쉽다는 것이었다. 스탈린은 소련과 중국이 이러한 중책을 맡아야 한다고 주장하였는데[139] 이는 중국이 파병하지 않을 경우를 대비한 것으로서 굉장히 큰 의미를 함축하고 있는 대목이다. 즉 이렇게 되면 중국으로서는 두 가지의 어려움을 안을 수밖에 없었던 것이다. 하나는 주은래가 지적했듯이 중국은 부득불 대량의 병력을 1,000km에 걸친 압록강 방어선에 배치하여 어느 때 쳐들어올지 모를 적들을 경계해야만 하는 부담을 안을 수밖에 없었다.[140] 한편 중국공산당과 북조선의 역사적 관계를 감안할 때 북한의 방대한 지휘부가 중국 동북 지방으로 철수하여 북한 국내의 유격전과 연계하여 재기를 도모할 경우 중국은 당연히 북조선을 지지할 것이고, 그렇게 되면 동북은 사실상 미국이 쳐들어오기 전에 전선이 되고 말 것이라는 점이다. 거기에 소련이 이를 빌미로 다시 개입할 경우 중국의 동북 지방은 또다시 중국과 미국, 소련 간의 각축장으로 떠오를 가능성이 있는 것이다. 스탈린은 북한군 지휘부를 동북으로 철수시키는 것은 동북 지방에서 북한으로 복귀하는 것이 쉽기 때문이라고 주장하였다. 그러나 그것은 결국 북한이 미군에 완전히 점령당할 경우 중국의 동북 지방에서 국권수복 투쟁을 벌이게 된다는 것을 의미하는 것이다. 당시 동북 지방에 북한을 지지하는 100만

---

139) 師哲, 앞의 책, p.443.
140) 『周恩來軍事文選』(第4卷), (人民出版社, 1997), p.74.

이 넘는 조선족이 있었다는 것을 감안하면 이 문제는 결코 간단한 문제가 아니었다. 실제로 중국이 파병을 단행하는 시점에 조선인민군의 9개 사단 12만 6,000여 명이 중국의 동북 지방에 들어와서 민족보위상 최용건을 중심으로 지휘부를 설치하여 정돈개편 하였고 소련 군관 90명이 이들을 도와주기도 하였다.[141] 이러한 시각에서 볼 때 중국이 전장(戰場)을 한반도로 한정한 것은 정확한 판단이었으며, 또한 중국의 정책결정은 중국의 국가이익을 고려한 것일 뿐 소련의 '압력'은 결정적 요소가 아니었음은 의심이 여지가 없는 것이다.

중국군이 참전 후 미군이 연속 패배를 당하자 맥아더는 또다시 국민당 군대를 끌어들이려고 하였다. 그렇지만 미국과 영국 정부는 전쟁이 확대되는 것을 우려하였고 맥아더의 요청은 여전히 받아들여지지 않는다. 이승만 또한 대만이 파병하여 한국을 원조할 경우 남한 신병들에게 보내는 미국의 무기장비의 보급이 감소될 것을 우려해 국민당의 파병을 원치 않는다고 견해를 표명하였다. 이에 소육린은 장개석에게 전보를 보내 다른 책략을 제시하였다. 그것은 "우리 측은 현 상황에서 한국 파병 문제를 주도적으로 다시 제기할 필요가 없을 것 같다. 만약 미국 측의 요구가 있고, 또한 동북 지방으로 진공할 계획을 가지고 있다면 우리 측은 한 편으로 소수의 정예부대를 한국에 파견하고 다른 한 편으로는 미국에 해공군과 장비 원조를 요구해야 할 것이다. 그리고 기회를 보아 한두 개 성(省)에서 성과를 올린 후 병력을 확대하고 유격전을 강화해야 한다"[142]는 것

---

141) 「什特科夫關于人民軍到東北進行整編等情況至扎哈羅夫電」(1950. 10. 31), 潘志華, 앞의 책, pp.394~395.

142) 邵毓麟, 앞의 책, p.246.

이었다. 여기에서 말하는 한 두개 성에서 성과를 올린다는 것은 대륙으로의 진공을 의미하는 것이다.

한국전쟁 발발 후 소육린은 처음에는 장개석에게 한국 파병을 주장하다가 미국이 제한전쟁으로 전략을 바꾸자 즉각 파병 문제를 다시 제기하지 말 것을 진언하였다. 그리고 또 다른 계략을 제시하는데, 그것은 위에서 밝힌 위(魏)나라를 포위하여 조(趙)나라를 구한다는 전략, 즉 '위위구조'(圍魏救趙)의 전략이었다. 이는 포위국의 거점을 공격함으로써 포위당한 우군을 구한다는 것으로, 중국 연해성인 복건성과 절강성 방면에 제2의 전장을 개척하여 병력을 확대하고 유격전을 강화한다는 전략이었다.[143] 그것은 마치 제2차 세계대전 중 스탈린이 영국과 미국에 유럽에 제2전선을 개척하라고 요구하던 것과 비슷하다고 할 수 있을 것이다. 한국의 이승만 역시 장개석이 중국 대륙에서 제2의 전장을 개척하기를 희망하고 있었다. 12월 5일 이승만은 소육린과 전세를 논의하면서 다음과 같은 견해를 표명하였다. 첫째, 한국 전체가 소련 제국의 손아귀에 들어간다 해도 계속 투쟁할 것이다. 둘째, 전세가 더 엄중해지면 미국의 민심을 격노시켜 원폭을 사용할 가능성이 있다. 셋째, 중국 정부군이 대륙 반격을 감행하여 전세를 역전하고 미국의 관점을 돌릴 수 있기를 희망한다.[144]

12월 8일 장개석은 연합국이 만약 해공군으로 그의 군대를 지원하여 대륙을 공격하면 유엔군은 한국에서 실패를 승리로 전환시킬 수 있을 것

---

143) 梁敬錞, 앞의 책, p.278.
144) 邵毓麟, 앞의 책, p.236.

이라고 선언하였다.[145] 12월 11일 장개석은 또 다시 미국은 해공군으로 대만 방위를 협조할 수 있지만 공격을 제지하지는 말아야 한다고 주장하였다.[146] 1951년 1월 10일 UPI는 "중국국민당 정부가 한국을 원조하기 위해 파병하겠다는 장개석 총통의 입장에는 변함이 없으며, 또한 대만 당국은 중국군의 대륙 반공에는 미군이 참전할 필요는 없으며, 다만 물 자원조가 필요하다고 하였다"[147]고 보도하였다. 이승만이 한국전쟁 전 북한 진공에는 무기만 필요할 뿐이라고 한 것과 비슷한 것이었다.

1951년 3월 24일 이승만은 유엔군이 한만 국경선으로 진군할 것을 호소하면서 "유엔이 선언한 목표를 달성하기 위해서 유엔군은 반드시 북진하여 압록강, 두만강을 따라 있는 한국과 만주 간의 자연적 경계선까지 진격하여야 한다. 군사적 견지에서 볼 때 이 선은 방어하기가 가장 쉬운 선이다. 만약 유엔군이 이 선까지 간다면 두 가지 일이 가능할 것이다. 즉 한국에서 그 정예부대를 섬멸당한 중공은 유엔군과 국군에 계속 대항한다는 것이 무익하다는 것을 알게 되어 정전을 요청할지도 모른다. 만약 그렇지 않다 하더라도 한국에서 유엔이 성공한 것을 보고 용기를 얻는 중국국민당군이 중국 본토를 공격하여 중공군을 격멸할 수도 있을 것이다. 국민당군이 이러한 행동을 취하기만 한다면 중국 본토에서 공산정권의 압박을 받으며 갖은 고생을 해 온 중국 인민이 총체적으로 궐기하여 국민당군을 후원하고 중공을 격멸시킬 수도 있다. 만약에 이런 일이 일어난다면 이것은 중공군의 종말을 고하는 것이 되는 동시에 세계 각처

---

145) 위의 책, p.247.
146) 위와 같음.
147) 위와 같음.

의 반공산주의자들을 고무시키고, 점점 커져가고 있는 반공의 기세에 힘을 합하고 세계를 공산주의자로부터 완전히 해방하도록 만들 것이다"[148] 라고 호언하였다.

5월 6일 장개석은 또다시 AP통신 기자에게 "중화민국 국군이 만약 대륙으로 반공(反攻)한다면 중공의 한국침략을 저지할 수 있을 것"[149]이라고 발언하였다. 소육린은 대륙을 공략하여 한국전쟁의 제2 전장을 개척하려는 장개석의 전략은 유엔연합군의 최고통수인 맥아더의 적극적인 지지를 받고 있을 뿐만 아니라 매카시 등 미국 상하원의 공감을 받아 미국 정부에 커다란 압력을 가하고 있다고 주장하였다. 소육린은, 특히 미국 하원의 공화당 영수인 마틴은 맥아더 원수의 말을 빌려 "반드시 아시아에서 제2의 전선을 개척하여 한국에서 미군이 직면한 압력을 감소해야 한다"는 요지의 연설을 하였는데, 그것이 트루먼과 맥아더의 직접적 충돌을 야기하는 발단이 되었다고 주장하였다. 그는 또한 한국의 이승만은 대만이 파병하여 한국을 원조하는 것을 원하지 않았지만 여전히 장개석이 대륙을 공격하여 한국전에 개입한 중공군을 견제하기를 기대하고 있다고 말하였다.[150]

아이젠하워가 미국 새 대통령으로 당선되자 이승만은 그가 아시아에서 제2의 전선을 개척하는 그의 꿈을 지지하리라는 몽상을 버리지 못하였다. 그는 아이젠하워 대통령이 중국국민당이 중국 본토에서 공산당과 싸울 수 있도록 대만 중립화를 해제하고, 장개석 군대가 본토를 공격할

---

148) 대한민국공보처, 앞의 책, p.50~51.
149) 邵毓麟, 앞의 책, p.247.
150) 위와 같음.

때 공군 등의 군사원조를 제공해 줄 것을 요청하였다.[151]

1950년 10월 24일 주은래는 중국 인민 정치협상회의에서 "미 제국주의는 동방에서 맥아더의 정책을 실천하고 있다. 미국은 일본의 기지를 이용하여 일본군국주의를 계승하고 있으며, 중국을 병탄하기 위해서는 동북을 점령하고, 동북을 점령하기 위해서는 조선을 먼저 점령해야 한다는, 갑오전쟁 이래의 구태의연한 역사를 답습하고 있다. 게다가 일본 제국주의가 40여 년에 걸쳐 진행했던 것을 미 제국주의는 4~5년 내에 해치우려고 하고 있다"[152]고 비난하였다. 주은래는 특히 여기서 '맥아더의 정책'이라는 것을 강조하였다.

역사에는 가설이 없다고 하지만 만약 중국이 파병하지 않고, 미국이 득의만만하게 맥아더의 정책을 밀고 나갔다면 중국은 대륙에서 맥아더와 장개석, 그리고 이승만의 '날뛰는' 최악의 상황에 직면하게 되었을 것이다. 또한 중국이 파병하고 미국이 좌절하여 맥아더가 주장하는 이른바 제2의 전선을 개척하였다면 중국은 두 전장으로부터의 압력을 받지 않을 수 없었겠지만, 미국 또한 결국 수렁에 빠져 헤어나지 못하였을 것이다.

결국 장개석과 이승만의 제2 전장에 대한 희망은 맥아더의 해임으로 끝을 맺게 되었다. 미국은 맥아더의 길을 선택하지 않았다. 그 결정적 요소는 중국이 참전한 후의 정세의 변화, 즉 미국의 실패 때문이었다고 할 수 있다.

후에 공개한 미국의 문서를 보면 미국이 38선을 넘은 것은 중국을 목

---

151) 대한민국공보처, 앞의 책, p.180.
152) 『周恩来外交文選』(中央文獻出版社, 1990), p.31.

표로 한 것이 아니었다고 한다. 이에 대해 중국의 심지화는 당시 중국의 지도자들은 사태의 향방과 미국의 북한 진공 의도에 대해 오판을 하였다고 분석하였다.[153] 즉 당시 상황에서 미국 정부 내의 갈등과 미국의 진의를 정확하게 파악하지 못했고, 맥아더가 주장하는 바를 미국의 정책으로 오판했다는 것이다. 다시 말하면 맥아더가 악역을 맡고 트루먼과 애치슨이 선한 역할을 맡았지만, 미국 참전의 목적이 중국침략에 있다고 오판했고, 결국 맥아더의 전쟁 발언이 모택동의 정책결정을 오도했다는 이야기가 되는 것이다. 그렇지만 어떻게 보면 당시의 상황에서 한국전에 참가한 유엔군 총사령관의 말을 미국의 정책으로 받아들이지 않는 것이 오히려 비상식적인 일이었을 것이다.

중국이 참전하지 않았거나 혹은 참전 후 미국에 패배하였다면 중국은 확실히 엄중한 도전과 위협에 직면하였을 것이다. 한반도에서 중국과 미국의 대결은 중국과 미국 간, 한국과 중국 간의 관계를 장기간의 대치관계로 고착시키게 되었다. 그리고 미국은 무력으로 중국을 정복할 수 없다는 사실을 깨닫게 되었다.

---

153) 沈志華, 앞의 책, p.133.

제10장
결론

중국의 한국전쟁 개입 원인을 밝힘에 있어서는 여러 가지 관점과 입장이 있을 수 있다. 그동안 대부분의 중국학자들은 중국과 미국과의 관계에 초점을 맞추고 참전의 결정과정을 많이 연구해왔다고 한다면, 해외의 학자들은 중국과 소련, 북한과의 관계에 많은 관심을 기울여왔다고 할 수 있다. 관심의 초점이 다르다는 것은 연구의 시각과 견해에 차이가 있다는 것을 의미하는 것이다.

본 연구는 이와 같은 기존의 입장과는 다른 시각에서 중국의 한국전쟁 참전 원인을 밝히고자 하고 있다. 즉 전후 세계적인 차원에서 전개되었던 미소의 경쟁 관계를 배경으로 하고 중국 국공 양당과 한반도 남북 두 진영의 관계, 다시 말하면 미소관계 속의 '양국 4자 관계'를 중심으로 중국의 참전 원인을 심층적으로 분석하고 있다.

우선 한국과 중국의 한국전쟁 참전을 검토하기 위해 중국과 한반도의 역사적 관계의 본질적 특징이 무엇인가를 살피는 것으로부터 논의를 전개하였다. 제1장에서 밝혔듯이 중국과 한반도의 역사적 관계는 유교를 바탕으로 하는 역사 이데올로기의 공유, 천조예치의 국제질서, 지정학적인 순망치한의 관계라는 구도 속에서 전개되어왔다고 요약할 수 있다. 제2차 세계대전이 끝난 후 쌍방의 관계는 자본주의와 사회주의라는 시대적 이데올로기, 미소대립으로 특징지워지는 새로운 국제질서, 그리고 중국과 한반도의 지정학적 구도 속에 전개되어 왔다. 그것을 역사의 반복이라고 할 수는 없겠지만 역시 중한관계의 역사적 관계구조의 특징적 국면들을 다시 한 번 극명하게 보여주는 장면이었다.

해방공간에서의 미소의 냉전적 대치구조 형성, 중국의 내전과 한반도 분열이라는 지정학적 격변은 마침내 한반도에서의 전쟁이라는 극적인 폭발점으로 분출되었다. 한국전쟁에 대한 중국의 참전원인을 밝히기 위해서는 당시의 이러한 모순과 갈등의 대결구조에 대한 이해가 필수적이지만, 이와 함께 중국과 한반도 간의 역사가 전개되어 온 위와 같은 특징들에 대한 검토 역시 매우 중요한 맥락을 갖는다는 것이 이 책의 입장이다.

한국전쟁 1년 전까지만 해도 중국을 대표한 정부는 장개석의 국민당 정부였다. 이 시기 장개석의 국민당 군대는 그야말로 풍전등화의 위기 속에 있었지만, 그럼에도 불구하고 그들은 아직 중국을 대표하는 무시할 수 없는 한 축의 세력이었다. 그 후 중국의 내전이 중국공산당의 승리로 귀결되고, 한반도에 병력을 파견하여 전쟁에 개입한 것은 중국공산당이었다. 이런 점에서 장개석 정부와 중국공산당, 그리고 남북한 간의 얽히고설킨 관계를 규명한다는 것은 중국의 참전 기원을 밝히는 데 있어서 매우 중요한 기초 작업이라고 아니할 수 없다.

이 책에서 자세히 밝히고 있다시피 국공 양당과 한반도 두 진영 간의 상호관계는 사실 중국의 제1차 국내 혁명전쟁 이래 양국의 역사 전개과정과 깊은 관련을 가지고 있었다. 다시 말하면 해방 후 중국공산당과 북한, 장개석 정부와 남한의 관계는 사실상 항일전쟁시기 두 진영 간의 갈등과 대치의 연속선상에서 이루어진 것이라고 할 수 있다는 것이다.

중국공산당과 북한은 중국의 동북 해방전쟁 기간 중 사실상의 동맹관계를 이루어 왔고, 장개석과 이승만 정권 역시 사실상의 반공연맹을 형성하였다. 이 책은 이러한 대치구조 속에서, 특히 장개석 집단이 중국공산당의 대만 공격을 막고 대만을 고수하기 위해, 나아가 '대륙반공'(大陸反攻)의 기회를 포착하기 위해 남북한의 충돌을 획책하였으며, 또 그것이 한국전쟁 전의 긴장 조성과 무관하지 않았음을 밝히고 있다.

앞에서 설명한 바와 같이 전후 김구를 중심으로 한 임시 정부의 정국 주도권 장악을 지원하던 장개석은 국공내전에서 중국공산당의 승세가 굳어지면서 이승만 정권과의 반공연맹을 모색하게 되었다. 장개석과 이승만은 이를 매개로 중국과 한국 문제에 미국을 끌어들인다는 지정학적 이해에는 공감을 하고 있었지만 각기 '대륙반공'과 '북진통일'이라는 서로 다른 동상이몽의 목표를 가지고 있었다.

중국공산당의 대륙 석권 후 한국과 대만은 미국의 동아시아전략에서 매우 중요한 전략적 지위를 갖게 되었다. 한국전쟁이 발발하기 전 한국과 대만은 명실공이 미국 동아시아전략의 두 교두보로 떠오르게 되었다. 이런 상황에서 맥아더의 동방정책의 구도 속에 맥아더와 이승만, 장개석, 요시다를 축으로 하는 극동 반공전선도 그 윤곽을 드러내게 되었다. 이에 대해 중국공산당은 전쟁에서 북한이 패퇴할 경우 중국은 미국뿐만 아니라 미국의 '대리인'이라고 본 장개석과 이승만의 반공연맹의 위협에 직면할 것을 우려하였다. 중국은 한국전쟁 발발 후 맥아더와 장개석, 이승만이 국민당 군대의 파병을 요구하고, 중국 참전 후 미국이 중국대륙에 제2의 전장을 개척하려하자 미국을 중심으로 한 자본주의 진영이 중국을 압박하고 있다고 인식하게 되었던 것이다. 만약 이런 상황이 현실화되고 중국이 미국의 반월형 포위망에 들게 되면 중국으로서는 하루도 편안한 날을 보낼 수 없게 될 것은 명백한 것이었다. 이런 의미에서 중국의 한국전쟁 개입은 국공 내전시기 중국공산당과 미국, 장개석 집단과의 투쟁의 연속이라고 볼 수 있는 것이다.

사실 한국전쟁이 발발한 후 미국이 한반도와 대만에 대한 정책은 맥아더의 정책이라 해도 과언이 아니었으며, 그것은 전쟁 전 정책의 연속이었다. 맥아더는 유엔군 총사령관에 취임한 후 한편으로는 38선을 넘어 압록강까지 전쟁의 불길을 당겨 중국 동북 지방으로 전쟁을 확대하고자 하였으며, 다른 한편으로는 미국 정부에 장개석의 한국 파병에 동의하도록 압력을 가하였고, 후에는 장개석이라는 '범'을 풀어 대륙을 공략함으로써 제2의 전장을 개척하려고 하였다.

맥아더의 목표는 압록강으로 만의 진군이 아니었다. 그는 분명히 만주를 공격하려 하였고 장개석 군대의 대륙 진공을 지지하였다. 그의 최종 목적은 중국에 대한 공산주의 통치를 깨뜨리는 것이었다. 한국전쟁 발발 후 중국이 파병할 때까지 미국의 정책을 좌지우지한 것은 바로 맥아더의 동방정책이었다. 그것은 곧 이 기간 미국의 대중국정책이 사실상 국공내전시기 정책의 연장선에 서 있었다는 것을 말해주는 것이다.

중국은 결국 미국이 38선을 넘어 북한 전역을 앞도하면서 압록강까지 진군하자 미국과의 전쟁을 피할 수 없다고 판단하였다. 중국공산당과 미국과의 관계라는 측면에서나 중국공산당과 한반도 관계라는 측면에서나 중국이 이러한 판단을 한 것은 자연스러운 것이었으며, 이 두 가지 요소가 중국의 정책결정에서 가장 중요한 요소로 작용하였다는 것 또한 의심할 바 없는 것이다.

다른 한편 중국공산당과 북한의 관계가 중국의 파병 결정과정에 중요한 요소로 작용했음을 두말할 필요가 없는 것이다. 이것은 양국의 역사적 관계로 보아도 그렇고 국제주의라는 맥락에서 보아도 마찬가지이다. 중국과 북한은 공산주의라는 동일한 이데올로기를 공유하고 있었으며 소련 진영의 체계 속에서 상호 밀접한 지정학적 이해관계를 공유하고 있었다. 시대가 다르고 함의는 다르지만 이 책의 제2장에서 밝히고 있는 역사관계에서의 세 측면이 새로운 의미로 강조되었던 것이다.

이러한 중국공산당과 북한의 특수한 유대를 떠나 중국의 한국전쟁 참전 문제를 검토하면서 중국 동북 지방의 문제를 고려해볼 필요가 있다. 만약 중국이 파병하지 않고 스탈린의 예상대로 북한군이 중국의 동북 지방으로 패주해올 경우 그 결과 역시 상상할 수 없는 것이었다. 중국에서 귀국한 조선족 장병들을 포함한 방대한 군사력이 동북으로 들어와 이 지역의 100만이 넘는 조선족과 함께 국내의 게릴라전을 지원하며 국토 수복투쟁을 벌이게 될 경우 동북 지구는 미국의 개입 없이도 한국전쟁의 또 다른 전장이 될 것이라는 것은, 중국공산당과 북한의 관계에서 얼마든지 가능한 것이었다. 뿐만 아니라 여기에 소련이 개입하고 이승만과 손잡은 장개석이 한반도를 통한 동북의 수복계획을 실행에 옮긴다면 중국이 바라는 평화적인 환경은 고사하고 동북 지방은 또다시 국제전의 소용돌이에 휘말려 들어갈 수밖에 없었을 것이다. 이런 의미에서 중국의 파병 결정은 중국과 한반도의 역사적 관계뿐 아니라 중국공산당과 북한의 현실적인 이해의 측면에서도 '필연적'이었던 것이다.

한국전쟁과 관련하여 한 가지 덧붙일 것은 한반도 남북에 각각의 정부가 수립된 후 소련과 미국이 한반도의 평화를 위한 어떠한 시스템도 구축하지 않은 채 군사고문단과 방대한 군사장비를 남겨둔 채 차례대로 철수하였다는 점이다. 당시는 국공내전이 중국공산당의 우세 국면으로 전환되면서 중국에서도 미소의 대치구도가 소실되고 동북아시아의 힘의 균형에 심각한 변화가 초래되던 시점이었다.

이렇게 한반도와 중국 동북 지방에서 미소의 직접적인 대립선이 소멸되면서 한반도와 대만이 동북아 국제정치의 새로운 초점으로 떠오르게 되고, 한반도에서는 남과 북이 미소 간의 대립을 대신하여 직접적으로 대치하게 되었다.

한편 한반도에서 남과 북은 '자신들의 방식'을 통한 평화통일이 가망이 없어지자 "방어를 위한 혹은 진공을 위한" 전쟁준비를 시작하게 되었다. 전쟁의 분위기는 무르익어 갔지만 어느 나라도 적극적으로 남북 간의 충돌을 조정하지 못하였다. '보이지 않는 손'에 의한 조정도 기대할 수 없었다. 남북 쌍방은 한반도 남부와 38선에서 한국전쟁 발발 이전에 이미 사실상의 치열한 전투를 벌이고 있었고, 이 '동방의 발칸'을 둘러싸고 있는 국가들은 '보이지 않는 국제전'을 치루고 있었다. 이러한 상황을 일본의 오코노기 마사오 교수는 한국전쟁의 기원을 국제, 국내 요소와 결합시켜 고찰하면서 한국전쟁을 '국내정치의 국제화, 국제정치의 국내화' 과정에서 국내, 국제적인 역량 간의 악순환이 확대되어 발생한 전쟁으로 국내, 국제 요소들이 상호 교착된 복합투쟁의 결과[1]로 규정하

---

1) 김학준, "6·25연구의 국제적 동향: 6·25연구에 관한 문헌사적 고찰", 김철범, James Irving Mateay 엮음, 앞의 책, p.53.

였다.

회고하여 보면, 제2차 세계대전 후 자본주의와 사회주의 두 진영의 '힘'과 '의지'를 대표하는 미국과 소련이 한반도를 분할 점령한 것은 전시 양대 정치세력으로 분열되어 있던 한국의 두 독립운동 진영의 급속한 내부 분열을 가속화하였고, 이들 안과 밖의 의지가 상호작용하고 충돌하면서 결국 한반도는 한반도의 분단과 전쟁의 길을 걷게 되었다.

한국전쟁은 결국 이와 같은 각 방의 힘과 진영의 '투쟁' 속에서 폭발하였다. 그것은 분명히 어느 일방의 의지의 산물이 아니라 각 국의 힘과 의지가 상호 작용하고 충돌한 결과인 것이다. 즉 내전으로 시작된 한국전쟁은 미국이 개입하면서 공개적인 국제전으로, 두 진영 간의 대립으로 에스컬레이션되었다는 것이다.

다시 엥겔스의 이론을 빌리자면 한국전쟁은 "무수히 서로 교차되는 힘의 양, 무수한 힘의 평행사변형"의 힘들이 상호작용한 역사적 사건이었다. 그것은 중국으로서는 원하지 않은 결과였지만 중국의 참전은 거의 선택의 여지가 없는 것이었다. 중국이 한반도를 전장으로 택한 것은 중국의 입장에서는 어쩔 수 없는 최선의 선택이었다고 할 수 있다. 한국전쟁을 통한 미국과의 대결이 없었다면 중국은 그 후 수십 년 동안의 평화적 환경을 확보하지도 못했을 것이다.

결국 중국의 한국전 참전은 한두 가지의 요소가 아닌 여러 가지 복합적 요인을 고려한 결정이라고 보아야 할 것이다. 서론에서 밝힌 바와 같이 중국이 한반도에 군사적으로 개입한 역사적 경험과 한국전쟁 파병을 검토해보면 그것은 공통의 이데올로기를 바탕으로 하는 관계, 동일한 국제질서의 일원이라는 관계, 지정학적 운명을 같이 하는 관계라는 유사한 특징이 있음을 발견할 수 있다. 역사가 되풀이 된다면 이러한 경우를 두고 하는 말일 것이고, 이러한 의미에서 중국의 한국전쟁 참전은 앞으로의 역사발전의 도정에도 시사하는 바가 크다고 생각한다.

옮긴이의 말

　이 책은 북경대학 김경일 교수의 북경대학 학위논문 「중국의 한국전쟁 참전기원-중국공산당과 남북한의 '양국 4자 관계'를 중심으로」를 보완하여 우리말로 옮긴 것이다. 잘 알려진 바와 같이 김경일 교수는 북한과 남한의 사정에 정통한 이민 2세대 학자로 기회가 있을 때마다 한반도의 평화와 통일에 대한 조언과 문제제기를 해온 학자이다. 옮긴이는 북경 유학시절 김 교수님과 인연을 맺은 후 그의 학문적인 성실성과 통찰력에 깊은 신뢰와 존경심을 가져왔다. 이제 그의 치열한 학문적 고민과 한국 문제에 대한 애정이 녹아있는 이 책을 우리 독자들에게 소개할 기회를 갖게 된 것은 옮긴이로서도 매우 큰 기쁨이 아닐 수 없다.

　한국전쟁은 50년 전에 끝난 과거의 전쟁이 아닌 지금의 한반도 질서를 기본적으로 규율하고 있는 현재 진행형의 모습으로 존재하고 있다. 이 비극적인 전쟁은 남과 북, 분단과 이산, 반민주와 군사화, 주변성과 의존성 등의 모습으로 우리 삶 속에 깊고도 완강한 그림자를 드리우고 있는 것이다. 그러나 옮긴이는 우리 사회는 아직 한국전쟁에 대한 전면적인 이해와 진정한 반성에 도달하고 있지 못하고 있다고 생각한다. 전쟁은 아직도 많은 진실의 규명과 반성을 기다리고 있다. 그럼에도 불구하고 소위 우리

사회의 진보와 보수주의자들은 −우리 사회에 진정한 보수와 자격있는 진보가 존재하는가는 또 다른 문제로 하더라도− 이 거대한 역사적 사변을 자신들의 외눈으로 재단하고 전쟁의 의미를 아전인수하고 있다.

사실 최근 우리도 적지 않은 전문가들의 노력을 통해 한국전쟁에 대한 탄탄한 연구실적을 쌓아왔고, 중국과 러시아 측의 자료들이 공개되면서 전쟁에 관한 새로운 사실들도 하나씩 진상이 밝혀지고 있다. 그러나 안타깝게도 전쟁의 연구는 아직도 많은 결손의 영역을 남겨두고 있는 것이 사실이고, 더욱이 미래의 평화를 위한 구상과 연결되지 못하고 있다.

이런 의미에서 이 책은 한국전쟁 연구에 또 하나의 새로운 연구실적과 문제의식을 추가한다는 의미를 가지고 있다고 하겠다. 저자는 그동안 논의의 사각에 있던 한국전쟁과 국공(國共)관계, 중국 동북 지방의 움직임 등을 중국·일본·한국의 광범한 자료를 통해 복원하면서, 중국공산당과 북한, 국민당 정부와 한국과의 이른바 '양국 4자' 간의 '힘'과 '의지'를 중심으로 한국전쟁의 배경과 중국의 참전과정을 꼼꼼히 분석해내고 있다.

우선 저자는 한국전쟁을 하나의 독립된 사건으로서 보다는 한중관계의 독특한 관계구조 속에서 관찰할 것을 제안하고 있다. 즉 저자는 중한관계를 문화적 경험과 구조의 공유, 천조체제라는 동아시아적 국제체제의 형성과 균열, 순망치한의 지정학적 구조와 그 변화라는 거시적인 관점에서 접근할 것을 제시하고 있는 것이다. 저자는 이와 같은 얼개를 염두에 두고 한반도를 둘러싼 각국 간의 역학관계를, 거시와 미시를 아우르며 다이내믹하게 분석하고 있다. 특히 저자는 종전 후 국공내전에서 패배한 장개석이 남북한 간의 충돌을 사주해 자신의 활로를 모색했던 과정과 당시 중국 동북 지방의 움직임 등을 자세히 추적하고 있는데, 이와 같은 논의는 한국전쟁에 관한 기존 연구의 미진함을 보완하는 동시에 후속 연구의 단서를 제공하고 있다는 점에서 큰 의의가 있다고 하겠다. 나아가 한국이민 2세대 학자로서 보여주고 있는 그의 독특한 시각과 문제의식은 날로 유동성이 증가하고 있는 남북관계와 통일 문제를 보다 넓은 역사적 공간과 경험을 통해 다시 한 번 반추할 계기를 마련해줄 수 있을 것으로 생각된다.

전쟁의 상처는 평화로만 보상되고 치유될 수 있는 것이다. 그러나 한반도에는 전쟁상태가 법적·제도적으로 종식되지 못하고 있으며 미래의 평화를 위한 장치는 아직 존재하지 않고 있다. 더욱이 최근 한중관계가 심화·발전되면서 우리는 과연 중국을 어떻게 보아야 할 것인가라는 새로운 고민을 안게 되었다. 미국과의 동맹을 통해 중국과의 균형(Balancing)을 추구할 것인가, 중국의 편에 설 것인가(Bandwagoning)하는 우리 시대의 화두는 자주와 예속을 고민하던 역사상의 고뇌와 크게 다르지 않다.

저자가 지적하고 있다시피 중국과 한반도는 간단히 건너뛸 수 없는 역사적·지정학적·문화적 인연을 가지고 있다. 그러므로 오늘날 중국이 건국 직후의 혼란을 채 수습하지도 못한 상황에서 왜 한국전쟁에 개입하였는가를 되새겨 보는 것은 '과거의 일'을 재론하는 것 이상의 의미를 가지고 있다. 그것은 중국이 소위 항왜원조(抗倭援朝)와 항미원조(抗美援朝)를 명분으로 한반도 문제에 극적으로 개입한 역사를 되돌아보는 작업이기도 하지만, 또한 최근의 남북관계와 북한의 위기를 중국은 어떻게 보고 있을 것인가, 그리고 한반도의 통일과 미래를 위해 우리가 지금 무엇을, 어떻게 고민하고 준비해야 하는가에 대한 '현재의 해답'을 요구하고 있기 때문이다.

오늘날 이 땅에 사는 한국인들은 "역사적으로 한국인은 참으로 비굴할 정도로 중국에 복종하였다"는 중국의 저명한 외교사학자 장정불의 고통스런 비아냥을 얼마나 마음에 새기고 있을까? 우리는 어쩌면 또다시 이러한 역사의 시험대에 서게 될지도 모르는 상황에 와 있다. 이제 우리의 눈과 우리의 몸으로 이 전쟁을 이해하고 새로운 평화의 개념과 아이디어, 비전을 제시해 나가야 할 것이 아닌가? 저자는 한국전쟁이 과거의 역사적 경험, 그리고 우리의 미래 문제와 무관하지 않다는 점을 우리들에게 일깨워주고 있거니와, 옮긴이는 이러한 지적 작업과 실천적 문제제기야말로 민족의 참화를 진정으로 반성하는, 전쟁의 진정한 이해를 상징하는 푯대가 된다고 생각해 왔다.

기실 저자와 옮긴이의 만남은 이러한 한반도 문제에 대한 애정과 문제의식을 공유하면서 시작되었다. 옮긴이는 유학시절 김 교수님으로부터 받은 도움에 항상 큰 빚을 지고 사는 느낌이었다. 그럼에도 이번 번역 과정에서는 이러저러한 핑계로 게으름을 피우고 일정에 차질을 드리게 되었다. 이 자리를 빌려 진심으로 감사와 죄송하다는 말씀을 드린다. 아울러 이 책의 번역 출판을 기획하고 늦은 원고를 재촉 없이 기다려주신 논형의 소재두 사장님께도 감사의 말씀을 드린다.

중국과 대만, 한반도의 남과 북, 그리고 중국의 동북 지방이 갈등과 충돌의 공간이 아닌 조화와 상생의 질서를 열어가는 새로운 '평화의 공간'으로 거듭나는 시대를 그려보며 옮긴이의 글에 갈음한다.

2005. 1.

홍면기

참고문헌

중국자료

1. 선집 및 당안자료 등

1. 中華人民共和國外交部 中共中央文憲硏究室 編, 『毛澤東外交文選』(中央文憲出版社·世界知識出版社, 1994)
2. 『毛澤東選集』(一卷本), (人民出版社, 1969)
3. 『周恩來軍事文選』(第4卷), (人民出版社, 1997)
4. 『周恩來文選』(下卷), (人民出版社, 1984)
5. 『周保中文選』(雲南人民出版社, 1985)
6. 中央檔安館 編, 『中共中央文件選集』(1945年), (中共中央黨校出版社, 1991)
7. _____, (1949年), (中共中央黨校出版社, 1992)
8. 『中國現代史資料選編』(黑龍江人民出版社, 1981)
9. 『朝鮮問題文件匯編』(第一集), (世界知識出版社, 1961)
10. 『現代國際關係史參考資料』(1939~1945), (外交學院, 1957)
11. 國際關係學院 編, 『現代國際關係史參考資料(上)』(1945~1949), (高等敎育出版社, 1959)
12. _____, 『現代國際關係史參考資料(上)』(1950~1953), (人民敎育出版社, 1960)
13. 魏宏運 主編, 『中國近代史資料選編』(5), (黑龍江人民出版社, 1991)
14. 楊昭全·李鐵環 編, 『東北地區朝鮮人民革命鬪爭資料匯編』(遼寧民族出版社, 1992)
15. 楊昭全 等編, 『關內地區朝鮮人民反日獨立運動資料匯編(1919-1945)』, (上·下冊), (遼寧民族出版社, 1978)
16. 『從延安到北京』(中央文獻出版社, 1993)
17. 『中共黨史資料』(第17輯), (中共黨史資料出版社, 1987)
18. 『文史資料選集』(第30輯), (中國文史出版社, 1995)
19. 軍事科學院軍事歷史硏究部 編, 『中國人民解放軍組織沿革和各級領導成員名

單』(軍事科學出版社, 1990)

20. 劉金質·陽淮生 主編, 『中國對朝鮮和韓國政策文件匯編』(1), (中國社會科學出版社, 1994)

21. 『中國中韓關係文件資料匯編(1919~1949)』(上·中·下), (中國社會科學出版社, 2000)

22. 『中國國民黨歷次代表大會及中央全會資料』(下冊), (光明日報出版社, 1985)

23. 何本方 主編, 『中華民國知識大詞典』(中國國際光播出版社, 1992)

24. 張存武·胡春惠 主編, 『近代中韓關係史資料匯編』(第12冊), (臺灣國史館, 1990)

25. 『中華民國史事記要(初稿)』(中華民國三十四年), (臺灣, 中央文物供應社, 1995)

26. 王功安·毛磊 主編, 『國共兩黨關係通史』(武韓大學出版社, 1991)

2. 저서 및 회고록

1. 牛軍, 『從赫爾利到馬歇爾- 美國調處國共矛盾始末』(福建人民出版社, 1989)

2. 資中筠, 『美國對華政策的緣起和發展』(1945~1950), (重慶出版社, 1987)

3. 華慶昭, 『從雅爾塔到板門店』(中國社會科學出版社, 1992)

4. 趙學功, 『朝鮮戰爭中的美國與中國』(山西高校聯合出版社, 1995)

5. 逢先知·李捷, 『毛澤東與抗美援朝』(中央文獻出版社, 2000)

6. 林利民, 『遏制中國-朝鮮戰爭與中美關係』(時事出版社, 2000)

7. 陳新明, 『三八線的較量- 朝鮮戰爭與中蘇美互動關係』(國際文化出版公司, 2000)

8. 張盛發, 『斯大林與冷戰』(中國社會科學出版社, 2000)

9. 王樹增, 『遠東-朝鮮戰爭』(解放軍文藝出版社, 2000)

10. 柴成文·趙勇田, 『板門店談判』(解放軍出版社, 1992)

11. 何仲山 等著, 『毛澤東與蔣介石-半個世紀的較量』(中國檔案出版社, 1996)

12. 軍事科學院軍事歷史研究部, 『抗美援朝戰爭史』(軍事科學出版社, 2000)

13. 『彭德懷自述』(人民出版社, 1981)

14. 洪學智, 『抗美援朝戰爭回憶』(解放軍文藝出版社, 1991)

15. 『周恩来傳』(第3卷), (中央文獻出版社, 1998)

16. 趙素芬, 『周保中將軍傳』(解放軍出版社, 1988)

17. 楊蘇·楊美淸, 『周保中將軍』(雲南民族出版社, 1998)

18. 『聶榮臻回憶錄』(解放軍出版社, 1986)

19. 『解放軍將領傳』(第二輯), (解放軍出版社, 1985)

20. 葛赤峰, 『朝鮮革命記』(商務印書館, 1945)

21. 馬 義, 『朝鮮革命史話』(自由東方社, 1946)

22. 楊昭全 等編, 『關內地區朝鮮人反日獨立運動資料匯編』(1919-1945)(上·下 册), (遼寧 民族出版社, 1987)

23. 師哲, 『在歷史巨人身邊』(中共中央黨校出版社, 1998).

24. 薛銜天 編, 『中蘇國家關係史資料匯編』(1945-1949), (社會科學文獻出版社, 1996)

25. 朱成甲 編, 『中共黨史研究論文選』(下册), (湖南人民出版社, 1984)

26. 常成·李鴻文·朱建華, 『現代東北史』(黑龍江教育出版社, 1986)

27. 朱建華 等 編著, 『國共兩黨爭奪東北紀實』(吉林人民出版社, 1999)

28. 『遼瀋決戰』(人民出版社, 1988)

29. 李松林 等著, 『蔣介石兵敗大陸』(河北人民出版社, 1995)

30. 中國朝鮮族歷史足迹編輯委員會, 『勝利』(民族出版社, 1992)

31. 戴常樂·劉聯華 主編, 『第四野戰軍』(國防大學出版社, 1996)

32. 韓俊光·姚作起, 『解放戰爭時期的東滿根據地』(延邊人民出版社, 1991).

33. 金東和 主編, 『閃 光的青春』(延邊人民出版社, 1992)

34. 『朝鮮戰局與世界形勢』(上海大公報出版, 1951)

35. 楊國楨·陳支平, 『明史新編』(人民出版社, 1993)

36. 周一良 編著, 『中朝人民的友誼關係與文化交流』(開明書店, 1951)

37. 梁漱溟, 『中國文化要義』(學林出版社, 1987)

38. 徐儀明 等 主編, 『中國文化論綱』(河南大學出版社, 1992).

39. 薛謀洪, 『朝鮮戰爭前後的美帝對亞洲的侵略』(世界知識社出版, 1950)

40. 『延邊朝鮮族自治州概況』(延邊人民出版社, 1984)

41. 董殿穩, 『挺進東北』(遼寧出版社, 1998)

42. 袁偉 等 編著, 『抗美援朝戰爭紀事』(解放軍出版社, 2000)

43. 張璉瑰, 『1945年以前國際政治中的朝鮮與中國』(黑龍江教育出版社, 1997)

44. 蔣經國, 『風雨中的寧靜』(臺湾, 幼獅書店, 1973)

45. 張群·黄少谷 編, 『蔣總統對世界自由和平之貢獻』(臺北, 1968)

46. 胡春惠, 『韓國獨立運動在中國』, 신성하 譯, 『중국안의 한국독립운동』(단국대학 교출판부, 1978)

47. 黄枝連, 『東亞的禮義世界-中國封建王朝與朝鮮半島關係形態 論』(中國人民大 學出版社, 1994)

48. 邵毓麟,『使韓回憶錄』(臺北, 傳記文學出版社, 1980)
49. 『顧 維鈞回憶錄』(第六分·七·八分册), (中華書局, 1988)
50. 蔣偉國,『蔣中正先生與中美關係』(臺北, 黎明文化事業股份有限公司, 1992)
51. 瀋志華,『中蘇同盟與朝鮮戰爭研究』(廣西師範大學出版社, 1999).

3. 논문(집)

1. 中國中俄關係史研究會編,『戰後中俄關係走向(1945－1960)』(社會科學文獻出
　　版社, 1997)
2. 「關于抗美援朝的對話」,『世界知識』(2000年 第20期)
3. 復旦大學 韓國朝鮮研究中心·美國研究中心,『冷戰以来的朝鮮半島問題國際學術
　　會議 論文集』
4. 胡喬木,「中國共産黨的三十年」,『新華月報』(1951年7月號).
5. 『中國現代史論集』(臺湾, 聯經出版事業公司, 1982)
6. 問生,「戰爭販子杜勒斯」,『新華月報』(1951年 2月號)
7. 「二月二十一日反對殖民制度鬪爭日告亞洲青年書」,『新華月報』(1950, 3)
8. 「金日成將軍會見記」,『新華月報』(1951. 4).
9. 于衡,「麦克阿瑟將軍訪華, 采訪二十五年之十六」,『傳記文學』(臺湾) (22卷, 4期,
　　1973.4)
10. 梁容若,「從 文化上看中韓交誼」,『中韓文化論叢』(臺湾).
11. 張群·黄少谷 編,『蔣總統對世界自由和平之貢獻』(臺北, 1968)
12. 梁敬錞,『中美關係論文集』(臺湾, 聯經出版事業公司, 1982).

4. 신문간행물

『吉長日報』
『晉察冀日報』
『申報』(上海)
『大公報』
『人民日報』(晉冀魯豫)
『東北日報』
『中央日報』(重慶)

『中央日報』(南京)

『新華日報』(重慶)

『解放日報』(延安)

『人民日報』(北京)

『延邊日報』

『新華月報』

한국자료

1. 저서 및 논문

1. 김학준,『한국 문제와 국제정치』(박영사, 1982)

2. 유영익 편,『수정주의와 한국 현대사』(연세대학교출판부, 1998)

3. 김철범, 제임스 매트레이 엮음,『한국과 냉전』(평민사, 1991)

4. 이종석,『북한-중국관계』(도서출판 중심, 2000)

5. 한국전쟁연구회 편,『탈냉전시대 한국전쟁의 재조명』(백산서당, 2000)

6. 김영호,『한국전쟁의 기원과 전개과정』(두레, 1998)

7. 소진철,『한국전쟁의 기원』(원광대학교출판국, 1997)

8. 한국정치외교사학회 편,『해방정치사의 인식』(대왕사, 1990)

9. 대학교재연구회 편,『한국문화사』(도서출판 한일, 1993)

10. 전해종,『한국과 중국』(지식산업사, 1979)

11. 신국주,『한국 근대정치외교사』(탐구당, 1976)

12. 신국주,『한국근대사 재평가』(정우당, 1994)

13. 백은봉,『한국사 100장면』(도서출판 가람기획, 1993)

14. 애국동지후원회,『한국독립운동사』(애국동지후원회, 1956)

15. 김기조,『삼팔선분할의 역사』(동산출판사, 1994)

16. 최영희,『격동의 해방 3년』(한림대학교출판부, 1996)

17. 노중선 편,『민족과 통일 I 』(자료편), (사계절, 1985)

18. 김남식 등,『해방전후사의 인식』(북한편), (한길사, 1989)

19. 이웅진,「신탁통치와 해방운동」,『개벽』(1946년 4월호)

20. 도진순,『한국민족주의와 남북관계』(서울대학교출판부, 1997)

21. 박명림,『한국전쟁의 발발과 기원』(I·II), (나남출판, 1996)

22. 홍순호, 『한국국제관계사이론』(대왕사, 1993)

23. 정일형, 『한국독립비사-UN과 한국』(모던출판사, 1950)

24. 『대통령 이승만박사 담화집』(대한민국공보처, 1953)

25. 『소련군정의 시말』(대한민국공보처, 1948)

26. 김철범, 『한국전쟁과 미국』(평민사, 1995)

27. 서대숙 등, 『한국현대사의 재조명』(도서출판 돌베개, 1982)

28. 박세길, 『다시 쓰는 한국현대사』(도서출판 돌베개, 1988)

29. 최덕신, 『남한에서 삼십년』(동경, 통일평론사, 1985)

30. 노민영, 『다시 보는 한국전쟁』(한울, 1992)

31. 임상준, 「국제정세와 동양 약소민족의 진로」, 『과학전선』(2호), (1946. 4)

32. 호건, 「민족 전쟁 절대 불가」, 『민정』(1948년. 9월호)

33. 「모스크바 3상회담의 의의」, 『개벽』(1946년. 4월호)

34. 김일철, 「조선 문제에 대한 이삼개 고찰」, 『개벽』(1947년. 8월호)

35. 「미소와 한국의 장래」, 『개벽』(1948년. 12월호)

36. 함상훈, 「외교와 무력에 의한 통일」, 『민성』(1949년. 3월호)

37. 조헌영, 「얄타협정과 극동 암운」, 『민성』(1949년. 8월호)

38. 「최근의 세계정세」, 『민주주의』(주보), (조선과학자동맹, 1947. 1)

39. 「공위에 있어서의 만주사태의 반영」, 『신한민보』(1-5), (1947. 8)

40. 김오성, 『지도자 군상』(제1권), (서울 대성출판사, 1946)

41. 이만규, 『여운형투쟁사』(민주문화사, 1946)

42. 심지연, 『조선신민당연구』(도서출판 동녘, 1988)

43. 김영훈, 『비록-분단과 전쟁』(도서출판 다나, 1994)

44. 양호민 등, 『한반도분단의 재인식(1945~1950)』(도서출판 나남, 1993)

45. 유영익 편, 『리승만연구』(연세대학출판부, 2000)

2. 신문 및 자료

『전국인민위원회 대표자대회 의사록』(전국인민위원회대표자대회서기부, 1945)

『자유신문』

『한성신문』

『경향신문』

『조선일보』

『한국통신』

『대동신문』

『신한민보』

『월간경향』(1987. 6)

『월간중앙』(1977. 5)

『사회화 사상』(1990. 6)

북한자료

1. 서적

1. 『김일성동지회고록, 세기와 더불어(계승본)』(조선노동당출판사, 1998)

2. 김일성, 『조국의 독립과 민주화를 위하여』(1-2), (국립인민출판사, 1949)

3. 8·15해방 1주년기념중앙준비위원회, 『반일투사연설집』, (8·15해방 1주년기념 중앙
    준비위원회, 1946)

4. 오기섭, 『모스크바 3상회의의 조선에 관한 결정과 반동파들의 반대투쟁』, 일본 게
    이오대학 도서관 소장.

5. 조선 5·1기념공동준비위원회, 『파쇼, 반민주분자의 정체』(평양, 1946)

6. 이강국, 『민주주의 조선의 건설』(조선인민보사, 1947)

7. 김종범·김동운, 『해방전후의 조선 진상』(제1집), (조선정경연구소 발행, 1945)

8. 『조국통일투쟁사』(1) (사회과학출판사, 1992)

9. 김두봉, 「북조선 노동당중앙위원회 제4차 회의에서 북조선 민주건설성과 및 위대
    한 소련의 원조에 관한 보고」, 『근로자』(1948. 12)

10. 김창만, 『모든 것은 조국건설을 위하여』(노동당출판사, 1947)

11. 『조선중앙년감』(조선중앙통신사, 1950)

12. 김일성종합대학 편저, 『조선민족해방투쟁사』(동방서사출판사, 1951)

13. 조선로동당직속 당력사연구소, 『인민의 자유와 해방을 위하여』(2), (조선로동당
    출판사, 1962)

14. 『조선민주주의인민공화국 대외관계사』(1), (사회과학출판사, 1985)

15. 『조선 문제를 위하여 소련은 어떻게 투쟁하였는가- 연합국 토론내용』(북조선인
    민출판사, 1948)

16. 국제 문제연구사, 『역사가 본 조선전쟁』(사회과학출판사, 1993)

2. 신문 및 정간물

『로동신문』
『해방일보』
『조선인민보』
『인민보』
『근로자』
『민주조선』
『民主朝鮮』(日文版)

일본자료

1. 小此木政夫, 『朝鮮戰爭』(中央公論社, 1986)

2. 和田春樹, 『朝鮮戰爭』(岩波書店, 1995)

3. 信夫淸三郎, 『朝鮮戰爭の爆發』(福村出版株式會社, 1969)

4. 神谷不二, 『朝鮮戰爭』(中央公論社, 1988)

5. 平松茂雄, 『中國と朝鮮戰爭』(勁草書房, 1988)

6. 朱建榮, 『毛澤東の朝鮮戰爭』(岩波書店, 1991)

7. NHK取材班, 『朝鮮戰爭』(日本放送出版協會, 1990)

8. 平山龍水, 『韓半島冷戰の起源』, 李盛煥 譯, 『한반도 냉전의 기원: 미국의 대한국
   정책 1942-1946년』(중문출판사, 1999)

9. 荻堰遼, 『朝鮮戰爭』(文藝春秋, 1993)

10. 櫻井浩 等編, 『解放と革命』(亞細亞經濟硏究所, 1990)

11. 『朝鮮民族運動史硏究』(靑丘文庫, 1989)

12. 和田春樹, 『金日成と滿洲抗日鬪爭』, 이종석 역, 『김일성과 만주 항일투쟁』(창작
    과 비평사, 1992)

13. 高崚石, 『朝鮮1945-1950革命史の證言』(社會評論社, 1985)

14. 民族問題硏究會, 『朝鮮戰爭史』(コリア評論社, 1967)

15. 進藤榮一, 『現代紛爭の 構造』(岩波書店, 1992)

16. 菅英輝, 「朝鮮戰爭とアメリカ合衆國」, 『北九州大學外國語學部紀要』(第68號),
    (北九州大學 1990年 3月)

17. 佐佐木春隆, 『朝鮮戰爭』(堰書房出版, 1976)

18. 佐佐木春隆, 「李承晩的の思想と鬪爭」(第50輯)(5), 『防衛大學校紀要』(人文科學分册, 昭和六十年三月.)

19. 和田春樹, 「東北亞戰爭としての朝鮮戰爭」, 『史苑』(第56卷, 第2號, 立教大學史學會, 1996年 3月刊)

미국자료

1. Peter Lowe, 『한국전쟁의 기원』 김시완 역(도서출판 인간사랑, 1989)

2. Rober R.Simmons, 『朝鮮戰爭と中蘇關係』, 林建彦·小林敬爾 譯(コリア評論社, 1976)

3. Allen S. Whiting, *China Crosses the Yalu, The Decision to Enter The Korean War*(Stanford: Stanford Univ. Press, 1960).

4. Bruce Cumings, *The Oringins of The Korean War*, 김자동 역, 『한국 전쟁의 기원』(일원서각, 2001)

5. _____ , 『朝鮮戰爭- 內戰と干涉』, 淸水智久 譯(岩波書店, 1990)

6. W·艾夫里爾·哈里曼, 伊利.艾貝爾, 『特使-與丘吉爾, 斯大林周旋記』(中文版), (生活·讀 書·新知三聯書店, 1978).

7. 伊利·雅克·卡恩, 徐隋林·劉潤生 編譯, 『毛澤東的勝利與美國外交官的悲劇』(中文), (群衆出版社, 1991)

8. 茲比格涅夫·布熱津斯基, 『競賽方案-進行美蘇競爭的地緣戰略綱領』(中文), (中國對外翻譯出版公司出版, 1988)

9. James. I. Matray, 具次列 譯, 『韓半島의分斷과美國』(乙酉文化社, 1989)

10. Thomas J. Christensen, "Threats, Assurances and the The Last Chance for Peace, The Lesson of Mao's Korean War Telegrams", *International Security*(Summer, 1992)

11. 美國務省秘密外交文件, 金國泰 譯, 『解放三年과 美國의 對韓政策 1945-1948』(도서출판 돌베개, 1984).

12. I. F. 斯通, 南佐民 等譯, 『朝鮮戰爭內幕』(中文), (浙江人民出版社, 1989)

13. Matthew B.Ridgway, 김재관 역『韓國戰爭』(正宇社, 1981).

14. William W. Stueck, 豊島哲 譯, 『朝鮮戰爭』(日文), (明石書店, 1999)

15. 「魏德邁中將致杜魯門總統的報告」, 『美國與中國的關係』(中國現代史資料編輯委員會翻印, 1957).

16. 羅伯特·吉爾平, 武軍·杜建平·松寧 譯, 『世界政治中的戰爭與變革』(中國人民大學出版社, 1994)

17. Golam W. Choudhry, "Reflections on the Korean War(1950-1953): The Factors behind Chinese Intervention," *Korea and World Affairs*, No.14(Summer, 1990).

18. 안나 루이스 스트롱, 「北韓, 1947年의 여름」, 金南植 等, 『解放前後史의 認識』(5), (한길사, 1990)

19. 邁克爾.沙勒, 王揚子·劉湖 譯, 『二十世紀的美國和中國』(光明日報出版社, 1985).

20. 鄒讜 著, 王寧 等譯, 『美國在中國的失敗(1941-1950)』(中文), (上海人民出版社, 1997)

21. Charles L. Mee. Jr, 『在波茨坦的會晤』(生活.讀 書.新知 三聯書店, 1978)

22. 亨利·基辛格, 『大外交』(海南出版社, 1997)

영국 · 러시아(구소련) 자료

1.(英國)『1942-1946年的遠東』(上海譯文出版社, 1979)

2. (英國) 愛德温, W · 馬丁, 『抉擇與分歧- 英美對共産黨在中國勝利的反應』(中共黨史資料出版社, 1990)

3. (前蘇聯) Andrei N. Lankov, 김광린 역, 『북한현대정치사』(오름, 1995)

4. (前蘇聯) E. M. ジユーコフ 等著, 『蘇聯の亞細亞政策』(日文), (サィマル出版會, 1981)

5. (俄國) 列多夫斯基, 『斯大林與中國』(新華出版社, 2001)

찾아보기

빙중운 52, 54

(ㅅ)
삼강성 51
삼균주의 92
삼민주의 62, 92
샌프란시스코회의 136
서경약 20
서광해 51
서북청년단 336, 338
서일붕 20
서특립 59~60
석국 330~331
석동수 220
섭감녕 변구 58~59
섭검영 57
섭영진 217~218, 220, 222, 383
소육린 68, 70, 116, 124~126, 128~129,
    136~137, 153, 194~195,
    237~241, 249~251, 257,
    259~260, 270~271, 275~277,
    279~288, 358, 363, 368, 371,
    373, 382, 390~391, 393
손과 103, 107, 182
손문 63, 65
송자문 95, 104, 109~110, 123~124,
    169, 173
수정주의 17
숙군 340~341
숙삼 58
순망치한 25, 29~30, 41, 45, 196,
    209, 251, 259, 386, 398, 406
스칼라피노 8, 226
스탈린 18, 21~22, 79, 81~82,
    96~97, 169~171, 175, 230,
    329, 352~353, 364, 367,
    387~389, 391, 401
스톤 45, 215, 287, 315, 359, 366, 371
스틸웰 82~83
시성문 20, 359
신규식 64
신민당 62, 74
신민주주의론 61

신사군 54~60, 192
신석우 259, 279
신성모 277, 279, 351, 354, 357, 360
신익희 313
신흥우 351
심지화 21~22, 367, 395
쐐기론 320
38선 80~83, 151, 153, 226, 228,
    231, 256, 279, 288, 304, 336,
    343~344, 347~348, 353, 355,
    357, 359, 362, 365~367, 379,
    382~384, 386, 394, 400, 402
4 · 12쿠데타 72
4야전군 219

(ㅇ)
아시아 · 오스트레일리아지역 노조대표
    회의 332
아이젠하워 393
안나 루이스 스트롱 336
안창호 72
애치슨 123~124, 173, 231, 245, 260,
    263~264, 269, 307, 309~311,
    313, 315, 317, 320~323, 329,
    363, 370, 373, 395
얄타회담 79, 81, 90, 96
양국 4자 관계 23, 25~27, 47, 155,
    397, 405
양수명 31
양적 20
에드가 스노우 82
여순반란사건 294
여운형 83, 95, 163
여정조 179
역사 이데올로기 25, 28, 30, 34, 397
연일제공 270
연합정부론 60
염석산 285~286, 363
오국정 123
오기섭 76, 92
오수권 189
오옥장 59
오철성 69, 77, 107, 109, 274,

최석천 52, 54, 74
최용건 48, 52, 74, 92, 205, 219, 347, 390
최용덕 277
친명배금 37
7·7사변 66
7도강회의 202

(ㅋ)
카이로선언 79, 81, 96, 105, 110, 118, 123, 135, 136
카이로회의 61, 79, 104, 106, 109, 117, 142, 156, 170
케난 112, 307
코너리 363
코민테른 49, 51~52
퀴리노 232, 244~246, 248, 252, 257, 260~267, 272~274, 371
크레어 세노트 계획 306

(ㅌ)
태평양 반공동맹 232, 246, 255, 259~260, 262, 266, 273, 371
테헤란회의 117, 170
토지개혁 162, 180, 198, 336, 343, 385
통일전선 56, 72, 94, 107, 161, 334
트루먼 114, 116, 120, 122~123, 133, 173~174, 186, 242~243, 264, 287, 290, 292, 295, 299, 306~309, 311, 315~316, 320~321, 323, 329, 367, 369~371, 373, 376, 379, 393, 395
티토 22, 320~322

(ㅍ)
파니카 383~384
팔로군 54~57, 59~60, 62, 75, 130~131, 176, 179, 187, 192, 194
팽덕회 385, 386
팽시로 54

포츠담회담 142, 157
프롤레타리아 국제주의 165
피터 로우 276, 282, 287, 365

(ㅎ)
하룡 52
하응흠 67, 176
하지 82~84, 89~91, 98, 126~127, 130~132, 134, 136, 145, 162~165
한국광복군 67, 70, 93, 128, 211, 341
한국국민당 73
한국대표부 69, 104, 115, 137
한국독립당 68, 72, 77, 107, 212
한국수련대 193
한국연합위원회 69
한국임시정부 26, 63, 65~67, 69~71, 73~75, 77~78, 87~89, 92~93, 103~107, 109~110, 112, 114~119, 121~129, 132~133, 136~137, 145, 157, 160~161, 281
한민당 254
한빈 62, 91
한시대 69
해리만 97, 169
해양세력 35, 45
허정숙 75
허헌 350
호법정부 64~65
호세택 144
호적 373
호한민 64
홍학지 20
화경소 21
황준헌 42
황지연 30, 40
황포군관학교 56
훈정 122